上海市高原学科（上海政法学院）资助，中央财政资助地方高校专项

法治政府概论

FAZHI ZHENGFU GAILUN

主　编：关保英
副主编：吴明熠　解晋伟

撰稿人：（按撰写章节排序）
关保英　解晋伟　万　佳　郎心昊　吴明熠
薛昕竹　于腾云　陈梦雅　万官典　王　潇
陈　程　江　淼　潘春青　刘　昊　刘世扬

中国法制出版社
CHINA LEGAL PUBLISHING HOUSE

序　言

法治政府概念及其框架体系的认知经历了一个较为漫长的发展过程。我国最早在20世纪80年代便对其有了相对确定的定义，但传统法治政府概念框架提出伊始，其内涵确定和与法治关系的论证仍具有缺乏完备性及严谨性等瑕疵，存在着一些较为片面的理论和实践认知，譬如存在着对治理理念、治理对象、治理规则及治理方式的误读。党的十八届四中全会通过的《中共中央关于全面推进依法治国若干重大问题的决定》，明确提出了要“深入推进依法行政，加快建设法治政府”的要求，对我国依法治国的理念作出了顶层设计，并就法治政府建设提出了诸多新理念与要求，例如行政决策终身追责制、行政体制革新、重大行政决策合法性审查和责任追究、构建诚信守法的法治政府、推进综合执法等。

同时，为实现2020年基本建成法治政府的目标，2015年12月中共中央、国务院印发了《法治政府建设实施纲要（2015—2020年）》，针对当前法治政府建设的实际，提出了“十三五”期间我国法治政府建设的总体要求，确立了法治政府建设七个方面的主要任务，并在各项任务之下进一步提出了四十四项具体措施。因此，我们认为对于法治政府的概念、内涵及其框架体系的论述应以依法治国系统化、结构化、动态化和技术化为背景，强调从开放式政府治理、价值化政府治理、过程化政府治理以及服务性政府治理等多个范畴进行讨论。

政府行政与法治的关系随着时代的变更也不断发生演变。1978年，在我国还未提出“有法可依、有法必依、执法必严、违法必究”的依法治国十六字方针的阶段，关于政府行政与法治关系的阐述表现为政府行政系统承担并发挥着行政相关法律规范的创制与实施功能，并在制度上赋予了行政法作为管理法的属性。在宪法确立了政府是法律执行者的身份之后，又赋予了中央政府及其各职能部门和部分地方政府相关行政规范性法律文件的制定权，这实际上使行政系统有了双重身份，即政府行政系统是行政法的造法主体，同时也是行政法的当然执行者。十六字方针诞生后，政府行政系统与法治的关系便着重强调了政府行政系统在行使行政职权和履行行政职责过程中自身应当接受和适用一定的行为规范，应当依据相应的行政法制度行事，为我国行政权行使的规范化提供了法治逻辑和法律上的解释。应当说明的是，这阶段所形成的政府法治的概念是以“制”为重点的，要求政府行政系统内部应当有一系列制度构造，在构造过程中尽可能通过法律规范予以规定。1999 年建设法治国家的要求在宪法第十三条修正案中被首次提出，政府行政系统与法治的关系也随之呈现出清晰的图景，即要求能够通过行政实在法对政府行政系统的权力运行活动进行约束和规范。由此可见，在《中共中央关于全国推进依法治国若干重大问题的决定》出台前，我国法治政府理论在经过若干个历史阶段的讨论后，已形成了一定共识。例如，行政机关职权的合理分配应遵循行政组织法的规定，以行政程序法确定的权力行使程序保证行政权行使的有序性，通过行政救济法寻求对行政活动产生的侵权进行事后救济，等等。正如《全面推进依法行政实施纲要》指出的：“行政机关依法履行经济、社会和文化事务管理职责，要由法律、法规赋予其相应的执法手段。行政机关违法或者不当行使职权，应当依法承担法律责任，实现权力和责任的统一。依法做到执法有保障、有权必有责、用权受监督、违法受追究、侵权须赔偿。”

《中共中央关于全国推进依法治国若干重大问题的决定》的提出赋予了法治政府全新的概念内涵，即法治政府就是依法行政的政府。政府权力的行使能够依照法定的权限和程序，既不失职又不越权。积极履行职责，防止不作为和乱作为，切实做到有权必有责，用权受监督，失职要问责，违法要追究。法治政府应要求职能科学，权责法定，执法严明，公开公正，廉洁高效，守法诚信。同时《中共中央关于全国推进依法治国若干重大问题的决定》中关于依法治国的指导思想、基本原则、实现目标也有诸多精辟的表述，其中提到了依法治国包括法治国家、法治政府和法治社会三个维度方面，并且三个方面存在着密切且有机而统一的逻辑关系。因此，本书依托这一主客观背景，深入探究并提炼出法治政府的纵向逻辑以寻求三者最终的有机统一。《中共中央关于全国推进依法治国若干重大问题的决定》指出：“全面推进依法治国是一个系统工程”，这个论断对于我国建设法治国家和法治政府以及法治社会具有划时代的意义，具体地讲，法治政府如果向上推演就是法治国家，若向下推演则是法治社会。总而言之，法治政府在依法治国体系之中具有承上启下的价值。

本书以《中共中央关于全国推进依法治国若干重大问题的决定》与《法治政府建设实施纲要（2015—2020 年）》中所表述的关于建设法治政府的主

要任务及基本要求为依托，在对法治政府新内涵的范畴作出理论解释的基础下，对构建法治政府提出了六大方面主要内容：一是全面履行政府职能；二是健全依法决策机制；三是深化行政执法体制改革；四是坚持严格规范、公正文明执法；五是强化对行政权力的制约和监督；六是全面推进政务公开。在研究方法上，本书编写立足于国内地方法治政府建设的实践，综合运用归纳法、综合分析法等方法对相关内容进行推理分析，并采用具体问题具体分析等方法对相关问题进行解析。

全书共分五篇，十八章：第一篇法治政府理念篇，详尽介绍了法治政府的基本原理，包括其概念、原则及总体目标，法治政府的演进历程及其纵向逻辑；第二篇法治政府理论篇，主要解释了《中共中央关于全面推进依法治国若干重大问题的决定》出台后法治政府新内涵的理论范畴，并着重分析了法治政府的构建体系及其绩效评估体系；第三篇法治政府构建篇，从行政立法、行政决策、行政执法以及权力监督体系等多个方面详尽分析了法治政府体系中这些相关内容的构建；第四篇法治政府程序篇，在系统分析法治政府行政程序的基础下，从行政处罚、行政强制、行政许可等三个主要方面切入进行相关程序构建的专题分析；第五篇法治政府革新篇，对法治政府中的政府治理、给付行政、信息公开、应急机制等几个重要问题进行了研究探讨。

本书是各参编作者共同努力的结果，由主编关保英教授负责整体设计和结构安排、逻辑观点的梳理，并撰写了部分章节。副主编解晋伟、吴明熠负责全书的校核、审稿工作及内容、文字的统稿，并撰写了序言和部分章节。本书的具体编写分工如下（以编选章节先后为序）：

关保英：第一章；

解晋伟：第二章；

万　佳：第三章、第九章；

郎心昊：第四章；

吴明熠：序言、第五章、第六章；

薛昕竹：第七章；

于腾云：第八章；

陈梦雅：第十章；

万官典：第十一章；

王　潇：第十二章；

陈　程：第十三章；

江　淼：第十四章；

潘春青：第十五章、第十六章；

刘　昊：第十七章；

刘世扬：第十八章。

本书在理解法治政府全新内涵的基础下，着重分析了法治政府的基本理论、构建体系与革新方向，具有独创性、系统性和针对性，体现了近年来作者们的研究成果。力求全面、准确地阐述法治政府的基本知识，同时介绍了我国政府法治的发展与现状，吸收了国内外相关研究的新成果，注重理论与实践的结合。就本书研究的深度和广度而言，尚有进一步拓展的空间，本书的编者们在以后的研究中也会进行更深入的探讨，也希望社会各界人士予以指正。

编　者

2017 年 4 月

目录

第一篇　法治政府理念篇

第一章　法治政府的基本原理 / 3

第一节　法治政府的概念 / 4

第二节　法治政府的基本原则 / 12

第三节　法治政府的总体目标 / 15

第二章　法治政府的演进历程 / 20

第一节　中国法治政府的发展概述 / 20

第二节　从民主法治建设到“依法治国”的确立 / 22

第三节　政府管理法制建设与“依法行政” / 25

第四节　法治政府的全面建设 / 30

第三章　法治政府的纵向逻辑 / 37

第一节　法治政府与法治国家 / 37

第二节　法治政府与法治社会 / 40

第三节　法治政府与法治文化 / 43

第四节　法治国家、法治政府与法治社会的统一 / 49

第二篇　法治政府理论篇

第四章　法治政府的新内涵 / 59

第一节　开放式政府治理范畴 / 59

第二节　价值化政府治理范畴 / 66

第三节　过程化政府治理范畴 / 70

第四节　服务型政府治理范畴 / 74

第五章　法治政府的构建体系 / 79

第一节　革新行政体制，促进政府职能转变 / 79

第二节　完善行政法制，确保各方面有法可依 / 91

第三节　深化行政权力运行机制 / 96

第四节　培养依法行政意识 / 104

第六章　法治政府的绩效评估体系 / 108

第一节　评估目标与评估构架确立 / 108

第二节　评估的主体 / 113

第三节　评估的基本内容 / 120

第四节　评估的方法 / 128

第三篇　法治政府构建篇

第七章　法治政府与行政立法 / 133

第一节　行政立法的界定 / 134

第二节　行政法规的立法及其程序 / 139

第三节　行政规章的立法及其程序 / 144

第四节　行政立法的模式转换 / 150

第八章　法治政府与行政决策 / 155

第一节　多元化行政决策机制 / 155

第二节　重大行政决策的法定程序 / 161

第三节　行政决策的行政法监督 / 171

第九章　法治政府与行政执法 / 176

第一节　法制统一下的行政执法 / 176

第二节　行政执法承诺制 / 181

第三节　行政执法责任制 / 188

第四节　行政执法工具规范体系 / 192

第十章　法治政府与权力监督体系 / 199

第一节　党内监督 / 199

第二节　民主监督 / 205

第三节　人大监督 / 211

第四节　宪法和法律监督制度 / 215

第四篇　法治政府程序篇

第十一章　法治政府与行政程序 / 221

第一节　行政程序的生成逻辑 / 222

第二节　我国行政程序的立法现状 / 227

第三节　行政程序法典的制定 / 233

第十二章　法治政府与行政处罚 / 242

第一节　行政处罚概说 / 242

第二节　行政处罚的种类与设定 / 248

第三节 行政处罚职权与管辖 / 253
第四节 行政处罚程序 / 256
第十三章 法治政府与行政强制 / 264
第一节 行政强制与行政强制法概说 / 264
第二节 行政强制措施的种类与设定 / 269
第三节 行政强制措施的实施程序 / 274
第四节 行政强制执行及其一般程序 / 278
第十四章 法治政府与行政许可 / 284
第一节 转型时期行政许可性质定位 / 284
第二节 《行政许可法》的立法背景 / 288
第三节 行政许可行政法制约的内容构设 / 292
第四节 行政许可的实施程序 / 298

第五篇 法治政府革新篇

第十五章 法治政府与政府治理 / 309
第一节 从政府管理到政府治理的转变 / 309
第二节 政府治理主体 / 319
第三节 政府治理系统 / 322
第十六章 法治政府与给付行政 / 327
第一节 给付行政概述 / 327
第二节 给付行政构建体系 / 339
第三节 完善多样化的给付行政程序 / 342
第十七章 法治政府与信息公开 / 345
第一节 政府信息及政府信息公开 / 345

第二节　深化行政公开下的透明政府建设 / 352

第三节　政府信息公开制度的完善与改革 / 356

第十八章　法治政府与应急机制 / 361

第一节　突发事件应急改革机制 / 362

第二节　公用事业紧急保障措施之临时接管 / 369

第三节　政府应急征用法律制度完善 / 374

参考文献 / 379

第一篇　法治政府理念篇

第一章　法治政府的基本原理

自党的十一届三中全会后，我国社会主义建设回归正轨，腾飞的不仅是经济建设，而且社会主义法治事业同样也取得了长足的进步。翻阅历年党、政报告，“依法治国”“法治政府”“法治建设”等词汇频频出现。1997 年，在党的十五大报告中，提出了“依法治国，建设社会主义法治国家”的治国方略；1999 年，全国人大第九届二次会议通过的《宪法修正案》，将“中华人民共和国实行依法治国，建设社会主义法治国家”写入宪法；2002 年，在党的十六大报告又以党的全国代表大会文件的形式第一次提出了“依法执政”原则和“推进依法行政”。由此可见，我国对法治的建设是何等重视。

1999 年底，国务院发布了《关于全面推进依法行政的决定》，要求“各级政府及其工作部门加强制度建设，严格依法行政。强化行政执法监督，不断提高依法办事的能力与水平”。2004 年初，国务院发布《全面推进依法行政实施纲要》，提出了我国建设法治政府的指导思想、奋斗目标、基本要求和具体实施策略，要求经过 10 年努力，基本上实现法治政府的目标，对建设法治政府的观念起到了积极的促进作用。2015 年 12 月，中共中央、国务院印发了《法治政府建设实施纲要（2015—2020 年）》，其中提出了七项任务：依法全面履行政府职能；完善依法行政制度体系；推进行政决策科学化、民主化、法治化；坚持严格规范公正文明执法；强化对行政权力的制约和监督；依法有效化解社会矛盾纠纷；全面提高政府工作人员法治思维和依法行政能力。以此七项任务，为建设法治政府提供有力保障。至此，我国法治政府建设的目标、依据、任务明确，从而标志着我国法治政府的建设驶入快车道。

第一节　法治政府的概念

“治大国若烹小鲜”，而法治便是一种精致的“烹调手法”。借助法的权威，将权力关进制度的笼子，使政府行为受到法律规则的制约，使政府既有行使权力的责任，又有遵守法律的义务；借助于法律的程序，使政府权力的运行既体现效率，又可实现公正；借助法律的价值，使政府权力的运行真正体现公民权利的核心，进而提升政府公信力。总而言之，建设法治政府的目的，就是建立政府与法律、政府与社会、政府与公民之间最优的关系。

一、法治原理的渊源

法治政府，是相对于人治政府而言的一种政府形式。对法治政府理解，首先要在具体的社会环境与语境下对“法治”进行界定。“法治”一词，并非舶来品，只不过，在我国古代法律文化中，法治被解释为君主治国的一种治国之术。春秋战国时期，法家就提出“圣君任法而不任智”“秉权而立，垂法而治”等理念，并依此主张进行了大刀阔斧的施政改革，也取得了积极的效果。但就其基本价值而言，却无法摆脱人治的根基，其最终目的也在于维护君主的统治，以求皇权永祚，与当代“法治”理念大相径庭。不得不说，现代法治理念，滥觞于西方。

（一）古希腊时期的法治思想

在西方，不论是倡导“rule of law”，抑或“rule under law”，不论是形式意义上的法治还是实质意义上的法治，其思想理论源头都可以追溯到古希腊文明时期。当时，涌现出了泰勒斯、德谟克利特、普罗泰哥拉、亚里士多德、伊壁鸠鲁等一大批杰出的思想家，提出了许多可贯穿古今的法治见解，依现世眼光来看，这些理念依然适用。例如，亚里士多德在其《政治论》中提出，法律之治优于一人之治，“人在达到完美境界时，是最优秀的动物，然而一旦离开了法律和正义，他就是最恶劣的动物”。依法而治则可以避免人治的弊病，“常人既不能完全消除兽欲，虽最好的人们也未免有热忱，这就往往在执政的时候引起偏向。法律恰恰是免除一切情欲的神祇和理智的体现"。[1] 他认为，邦国依法而治是最好的统治，因为统治者与被统治者都是公民权的自由人，他们之间政治地位是平等的，都享有法律赋予的权利，严格按法律行事，即使统治者也不敢胡作非为。最后，亚里士多德提出了法治的两重含义，"已成立的法律获得普遍的服从，而大家所服从的法律又应该本身是制订得良好的法律"。[2] 法治，首先应当是良法之治。

(二) 近现代西方的法治理念

英国是近代法治的发源地，霍布斯、洛克、休谟、斯密、边沁、戴雪、拉兹、哈特等思想家对法治理念的发展起到了的重要作用。约翰·洛克是英国自然法学派的集大成者。他以个人自由为基点，以自然法学为理论依据，对法治思想进行了系统的阐述。洛克主张用法律限制政府权力，以保护个人自由。他认为，法治是寓于自由与法律、法律与统治的关系之中的。洛克的法治思想无疑是具有实质法治主义色彩的，其法治思想包含了四大要素：法律的普遍性、持续性、公开性及法不溯及既往。在进入 20 世纪后半叶，由于福利政策的兴起，英国的法治思想更多地融入了形式法治的色彩。所谓形式法治论，是指要有实体法律的存在，形成实质规则，人们都能够照章行事，是任何有效法秩序的要求。而实质法治则更多体现传统自然法学派主张，即以自然正义与道德主张作为基石，以限制政府权力（包括制定法律的权力），保障个人自由。法治形式主义的代表人物是约瑟夫·拉兹，他认为，法治的含义就是"法的统治"，有广义与狭义之分。广义是人们应当服从法律并受法律统治，但在政治和法律理论中，法治取其狭义，即政府受法律统治并服从法律。而法学家威廉姆·韦德认为，法治的基本含义可分为四层，其一，任何事件必须依法而行；其二，必须限制政府的自由裁量权；其三，由完全独立于行政之外的法官来裁决政府行为的合法性争议；其四，法律必须平等对待政府和公民，政府不应当在普通法律上享有不必要的特权和豁免权。[3] 以此可见其形式法治主义理念。

德国是近代法治的另一个发源地，"法治国"一词便为德国首创。[4] 德

〔1〕［古希腊］亚里士多德：《政治学》，吴寿彭译，商务印书馆 1965 年版，第 168 页。

〔2〕同上，第 199 页。

〔3〕［英］威廉·韦德著：《行政法》，徐炳等译，中国大百科全书出版社 1997 年版，第 25—28 页。

〔4〕参见邵建东：《从形式法治到实质法治——德国"法治国家"的经验教训及启示》，载《法律评论》2004 年秋期。

国，不乏博学巨擘，涌现出了像康德、莫尔、梅耶、拉德布鲁赫、考夫曼等杰出的思想家，而思想家的承前继往，必然推动着思想浪潮的更新与前进。康德的法治思想的影响尤为深远。他将人的自由和独立置于法治国核心，认为人才是达成社会正义的最终目的而不是手段，强调法应当遵循自由原则，并应当具备协调人们自由的功能。德国最初的法治国思想同样带有浓厚的实质主义色彩，但在进入 19 世纪中后叶，也带上了明显的形式主义色彩。例如，罗伯特・封・莫尔主张，法治国的作用不应当只局限于消极、被动的保护公民的自由，国家还应当通过行政权力的介入，以推动国家教育、文化等诸多方面的发展。而行政权的介入应当需要在明确的法律规定下进行，行政权的运行应当合法化。奥特・梅耶则认为，法治国就应当是一个规范化了的行政法之国，无行政法可依的国家就不是法治国。由于对形式与程序的过分强调，严重束缚了法应有的自由价值，使得法治国很容易成为统治阶级推行专制的工具。比如强调立法者的权威而忽视公民的基本权利的保护，一旦立法者丧失了基本的正义理念，那么其很有可能颁布歪曲甚至反对基本权利的法律。纳粹德国正是将这种形式主义的法治理念推上了极端。针对纳粹德国引发的法治灾难，德国学者进行了深刻反思。拉德布鲁赫开始寻求一个超实证的法治理念，也摆脱法律实证主义所陷入的绝境。至此，第二次世界大战后的德国的思想家们，包括考夫曼、霍恩等人开始追求法向自然正义的回归。霍恩就认为，实质是需要考虑自由、平等、民主是否存在以及存在的状况如何，而重建新的法治国的行动，应当是从恢复这些价值开始。可以说，战后德国的法治国思想是既蕴含了早期自由主义的自然正义理念，又具备了形式法治理论观的诸多要素，同时又融合了福利国家思想的法治理念。

就两大法系而言，虽然就法治和法治国的内涵而言看似相近，但它们是在不同的法律背景下发展起来的，注定了有着不同的侧重点。大陆法系认为法律是一般的、抽象的客观化规范，因此法律保留原则起着关键作用，依因赋予了立法者维护法律秩序的重要角色；而普通法系则反对以权威的一般规则构建法律秩序，而追求在合乎社会共识下实现个案的正义，因此更加重视自然正义与正当程序所发挥的作用。无论是英美法系的“法治”还是大陆法系的“法治国”，都旨在实现对国家公权力的控制，以期保障公民的权利与自由。而两大法系的传统思想，在法律移植和法律价值观念的传播过程又吸收对方的合理内涵并渐近发展，进一步形成与每个国家与民族传统文化相结合的现代法治观念。概括而言，西方法治理念应当具备以下内涵。

其一，良法之治。法治的实现，应当以良法为根据。在实质上，良法所追求的应当是对公民权利与自由的保障；而在形式上，要求的是法律应当部门齐全，结构严谨，做到有法可依，有章可循。

其二，法律统治。不仅是要求有法可依，而且是要求法律至上。换句话说，就是有限政府，政府的权力应当是法律之下的权力。不仅如此，一切国家机关、社会组织、团体与个人都应当在法律的范围内活动，任何个人、社会团体与组织都不得存在高于法律的权威。

其三，权利保障。法治的根本目的是构建一种制度与体系，通过对政府权力的约束与限制，实现对公民权利与自由的保障。因此，法治不论是从形式上还是实质上，都是对自由、权利、义务、权力、责任等进行合理分配，构建社会的基本结构和运行机制，从而实现社会生活的有序化。〔1〕

二、我国法治政府的内涵

随着我国法治事业的推进，“依法治国”思想与理念对我国的法律制定与政府建设发挥的作用越来越大。法治的建设，是我党从治国方略这一全局高度提出的，因此，法治政府的建设不仅包括政府的狭义概念，即行政机关，还包括立法机关、司法机关。不过，在2004年，国务院颁布的《全面推进依法行政实施纲要》中指出了我国推进依法行政中所面临的问题，并明确提出“解决这些问题，适应全面建设小康社会的新形势和依法治国的进程，必须全面推进依法行政，建设法治政府”。〔2〕 2015年，国务院发布的国务院印发《法治政府建设实施纲要（2015—2020年）》，又提出了法治政府的七大任务，从这两份重要的文件中，我们可以看到在我国，法治政府的建设是取其狭义概念，即特指行政机关的法治建设。姜明安教授认为，法治政府在同一时空中使用是有别于法治国家、法治社会的语词，其自身有着特殊内涵，法治政府广义而言即为国家行使公权力的法治化，狭义则为国家行使行政权力的法治化，强调行政权的获得要有宪法和法律的依据，依法办事与依法行政，廉洁高效，权责统一。〔3〕 本书也采取对法治政府的狭义解释，内容也将以讨论行政机关的法治建设为主。

法治政府作为政府治理的一种基本形态已经得到了普遍的认可。不过，这种理念也必须同中国的实际国情相结合。余凌云教授认为，所谓的法

---

〔1〕 参见王人博、程燎原著：《法治论》，山东人民出版社1989年版，第249页。

〔2〕《全面推进依法行政实施纲要》（2004年）。

〔3〕 参见姜明安：《论法治中国的全方位建设》，载《行政法学研究》2013年第4期。

治政府，在中国的语境下，应为在继承与发展人类社会的法治文明并借鉴西方国家法治经验的基础之上，同时注重与中国政治理念、文化传统、社会诉求与具体国情相结合，是具有中国特色的丰富内涵的“法治政府”。[1] 因此，对法治政府的理解，必须同依法治国的理念相结合。

法治政府作为依法治国的重要组成部分，与依法治国有着不可分割的紧密联系。首先，依法治国是法治政府实现的前提与基础。依法治国，是一项艰巨而复杂的系统工程，包含立法、司法、执法、监督等环环紧扣的诸多环节，任何一环都不可能与其他环节脱离而单独实现。不奉行依法治国，就不可能为法治政府实现提供必要的环境与发展条件。其次，法治政府的实现是达成依法治国的核心与关键。《关于全面推进依法行政的决定》指出，“依法治国就是指广大人民群众在党的领导下，依照宪法和法律规定，通过各种途径和形式管理国家事务，管理经济文化事业，管理社会事务，保证国家各项工作都依法进行，逐步实现社会主义民主的制度化、法律化，使这种制度和法律不因领导人的改变而改变，不因领导人看法和注意力的改变而改变”。[2] 人民管理国家的“各种途径和形式”主要是行政管理，而一国事务中，行政事务占有绝对比例。行政机关作为与公民关系最为密切的机构，涉及面广、权力大、机构多，承担着大量和繁重的任务。可以说，实现依法治国的根本在于建设法治政府。最后，法治政府同时也是实现依法治国的难点。目前，我国行政机关权力集中庞大，行政决策的运行程序和机制不够完善，存在着有法不依、执法不严、违法不究等现象。可以说，依法治国的实现，首先要解决的就是法治政府的实现，而这些问题的产生甚至可以同我国特有的传统法治文化与环境相勾连。因此，这些问题的解决不可能一蹴而就，必定是一个艰难而长期的过程。如果法治政府的建设不能达成，则依法治国的宏伟目标最终也难以实现。

总之，法治政府就是政府的法治化状态，是法治理念在政府作用领域的实现。法治政府构建的核心问题就是政府与公民之间的关系，说到底，就是权力与权利的关系问题。因此，法治政府的关注点就实现行政权力的优化分配、依法用权、程序化用权及有效的权力监督，促使行政机关依法行政，不滥用权力的同时又不消极怠权。

---

〔1〕 余凌云：《法治国家、法治政府与法治社会一体化建设的途径》，载《法学杂志》2013 年第 6 期。

〔2〕 参见《关于全面推进依法行政的决定》（1999 年）。

三、法治政府的基本特征

2015年《法治政府建设实施纲要（2015—2020年）》中指出，“……到2020年基本建成职能科学、权责法定、执法严明、公开公正、廉洁高效、守法诚信的法治政府”。再综合学界的主流观点，我们可以总结出，法治政府应当具备以下特点：

（一）法治政府是有限政府

有限政府，是指政府的规模、职能与权力都是有限的，而这种限制主要是通过法律的规制而实现。上文提到，有限政府源于传统的自然权利理论、社会契约理论和分权制衡理论。具体表现为：其一，政府规模的有限性。现代政府应当是在有限国家财政高效使用的情况下，通过政府组织法对政府组织结构和人员编制进行限制，以控制其规模、防止其膨胀，以实现“小政府”。其二，政府职能的有限性。政府职能是政府治理的基础，也是政府权力的作用范围。法治国家，最主要的表现就是公民作为社会公共生活的主体，得以要求政府保障公民社会的自治性，这主要体现在社会自治与市场自治。也就是说，政府的职能不能太多，政府应当有所为，更应当有所不为。其三，行政权力的有限性。政府的权力完全来自于法律的授权，政府只能在法律的限度范围之内行使权力。对行政机关而言，法无明文规定不可为。这就意味着，行政机关的每一项权力，必须找到相对应的法律依据，无权机关不得擅权，有权机关不得滥权。如果超越，将会受到来自法律的约束，受到来自其他独立机关的制衡，受到来自社会的监督。

（二）法治政府是责任政府

英国最早对责任政府进行了研究，所谓责任政府，就是对其决策与行为负责的政府。《布莱克法律辞典》对责任政府的定义是“这个术语通常用来指这样的政府体制，在这种政府体制里，政府必须对其公共政策和国家行为负责，当议会对其投不信任票或他们提出的重要政策遭到失败，表明其大政方针不能令人满意时，他们必须辞职”。在法治的框架下，责任政府就是为了防止行政机关及其工作人员做错事后不承担责任。对于政府责任可以从两个方面进行理解：从广义上理解，政府责任是指行政机关及其工作人员应当积极履行其法定的职能，即增进公共利益和推动社会发展。从狭义上理解，政府责任就是指行政机关及其工作人员因其行政违法行为或者行政不当行为所应承担的否定性法律后果。

行政法意义上的行政责任是指狭义上的政府责任，其特点有三：

首先，政府责任的主体是指行政机关及其工作人员。在我国，行政机关包括各级人民政府及其职能部门，行政机关工作人员是政府公务人员的主要构成部分。行政权力的行使归根结底是通过具体的公务人员做出的，因此，责任主体理应包括行政机关的工作人员。

其次，政府责任的前提是行政机关及其工作人员的行政违法行为和行政不当行为。行政违法是指行政机关违反行政实体法和行政程序法。行政不当是指行政行为在形式上合乎法律规定的对象、范围、幅度和方式等，但在内容上是属于对自由裁量权的滥用，造成行政行为明显不合理、不公正、不适当。

最后，政府责任是一种法律责任。从广义上来讲，政府责任包括社会责任、政治责任、法律责任、道德责任。社会责任是指政府应当积极回应社会与公众的诉求，对自己的行为进行释明并接受社会与公众的监督。政治责任是指政府应当向其对应的民选代议制机构负责，行政机关及其工作人员必须为其违法与不当行为接受代议机关的质询、调查、弹劾以及罢免。道德责任是指政府工作人员的思想、生活与行为必须符合相应的社会道德规范。法律责任指政府责任的内容由法律设定，行政责任的追究以法律规定的行为、要件、范围、方式等为根据，并通过一定的程序来实现。政府责任的承担主要表现在行政机关及其工作人员如果违反法律规定的义务、违法行政职权，或不履行其职责就必须承担相应的法律后果。本书取其狭义解释，即政府责任是行政法律责任。

（三）法治政府是程序政府

程序政府是指政府活动应当受到行政程序的限制，遵循一定的方式、步骤、顺序、时间等。中国历史上一直存在重实体轻程序传统，其影响根深蒂固，想要马上根除其影响并不容易，这便需要着重强调程序政府建设的意义。

首先，程序政府是社会公正的保障。行政程序本身意味着一整套能够保障法律准确适用的措施以及由此形成的保障法律准确适用的常规机制，讲求执法程序可以减少在执法中适用法律的不当和偏向，约束执法者的自由裁量，促使其选择最接近事实的法条加以适用，从而以程序的公正保障实体的公正。

其次，程序政府是社会秩序的保障。一方面，行政程序通过设置避免冲突的一般原则而实现社会秩序。另一方面，程序公正所产生的示范作用远大于个案公正的意义。程序公正示范其他公权力组织公正实施其权力，也示范社会成员必须拥有程序良知，而这些都是维护社会秩序所不可缺少的。

程序政府的基本要求可以概括为两点。其一，程序政府应当遵循行政程序的基本原则。行政程序原则是指贯穿所有行政程序或者行政程序制度的基本准则和精神。一般来讲，在我国行政程序原则主要包括程序民主、程序公开、程序公平、程序效率等原则。其二，程序政府应当有健全的基本行政程序制度，并保障其有效实施。政府行为范围广泛，对象千差万别，在行政程序基本原则的指导之下，程序政府的建设应当注重程序制度的建设，例如，告知制度、听证制度、信任公开制度、回避制度、时效制度等。

（四）法治政府是透明政府

所谓透明政府，就是指政府权力行使的过程与结果，除了依法不能公开的以外，都应当向社会公众公开。政府透明是社会政治文明的重要基础，对于建立廉洁政府、高效政府、诚信政府具有重要的意义。首先，信息公开是公众监督要求。政府权力的扩大是社会发展的趋势，脱离监督的政府对权力的滥用将是公民的噩梦，因此通过信息公开，可以有效地阻止政府的恣意行事。其次，信息公开是民众参与的要求。信息的获取，直接影响到民主参与政府管理的有效性，同时公民履行国家管理职责的前提。政府信息的公开，公民可以利用此类信息对政府决策与行为提供意见，从而对行政行为施加影响。再次，信息公开是公民行使、实现知情权和表达自由的要求。最后，信息公开是建设廉洁政府的要求。阳光是最好的防腐剂，信息公开能有效地防止腐败赖以滋生的土壤。

（五）法治政府是高效政府

高效政府是指能够在有效实现政府目标、履行政府职能同时，在不违背公平正义的前提下保证高效率运转的政府。高效政府要求做到以下几个方面：一是在组织、机构上设置精干，职权分工合理明确，避免机构臃肿、人浮于事。二是利用现代科技，推行电子政务，实行一站式服务，方便行政相对人的同时提高行政效率。三是严格遵守法定程序。行政机关应当在法定时限内履行责权，即使没有法定时限，也应当按照合理期限，不得久拖不决。四是建立有效的效率评价体系，健全相应的激励与约束机制。

（六）法治政府是诚信政府

政府诚信是社会公众对政府信用的主观判断，是政府形象的核心要素。诚信政府的要求表现在以下几个方面。一是政府在行使权力时，主观上诚信，保持法律与政令决策稳定，不能朝令夕改；在行为的过程中，公开透明，不搞暗箱操作；政府言出必行，对自己的行为负责，同时建立相应的政府诚信评估机制。二是遵循信赖利益保护原则。首先，变更、撤销或废止行政行为时，如果行政相对人信赖行政行为并依此做出行为，行政机关应当保护公民已取得的利益；若变更、撤销或废止行政行为对行政相对人造成损害的，行政机关应当予以补偿。其次，应当遵守行政承诺。行政承诺是行政机在行政过程中对特定的行政相对人所做的承诺，行政相对人依据行政主体的承诺就可以与其发生行政法律关系，行政承诺的撤销或废止遵守一般行政行为的相关规定，相对人基于行政承诺发生的信赖利益应当受到保护。

第二节　法治政府的基本原则

所谓法治政府的基本原则，是指体现行政法治的内在精神和理念，贯穿行政机关和公务员在行使行政职权，进行行政活动时必须坚持和遵循的准则。[1] 法治政府的各项内容的确定、实施和落实，都要围绕基本原则展开，要符合基本原则确定的精神内涵。

从内容上来看，国务院2015年颁布的《法治政府建设实施纲要（2015—2020年）》中，认为我国法治政府的基本原则包括，“建设法治政府必须坚持中国共产党的领导，坚持人民主体地位，坚持法律面前人人平等，坚持依法治国和以德治国相结合，坚持从中国实际出发，坚持依宪施政、依法行政、简政放权，把政府工作全面纳入法治轨道，实行法治政府建设与创新政府、廉洁政府、服务型政府建设相结合”。以上内容可以概括为以下几个方面：一是坚持党的领导、人民当家作主和依法治国；二是法律面前人人平等；三是维护宪法权威；四是坚持依法治国与以德治国相结合。

一、坚持党的领导、人民当家作主和依法治国

坚持党的领导、人民当家作主和依法治国三者的有机统一，是社会主义民主政治的根本特点和优势，这也是我国法治政府理念区别于西方法治政府理念的根本所在。我国民主政治建设和法治建设的经验表明，党的领导是我国法治政府建设的根本保证，只有确保党的领导，才能保证中国的长治久安，才能保证经济建设的稳定有序，才能保证社会的健康和谐。推进法治政府建设，必须坚持党的领导。十八届四中全会公报指出：“党的领导是中国特色社会主义最本质的特征，是社会主义法治最根本的保证。把党的领导贯彻到依法治国全过程和各方面，是我国社会主义法制建设的一条基本经验。”习近平总书记强调，我们强调坚持党的领导、人民当家作主、依法治国有机统

---

〔1〕 袁曙宏主编：《全面推进依法行政实施纲要读本》，法律出版社2004年版，第53页。

一，最根本的是坚持党的领导。他特别强调坚持党的领导对推动法治政府建设的重要性，指出党的政策是国家法律的先导和指引，是立法的依据和执法司法的重要指导；党委要善于运用法治思维和法治方式，在推进国家治理体系和治理能力现代化中发挥重要作用。

二、法律面前人人平等

《宪法》第 33 条第 2 款，明确规定了“中华人民共和国公民在法律面前一律平等”，党的十八届四中全会明确提出了“坚持法律面前人人平等”的基本原则，这为依法治国、依法行政、公正司法提供了重要的依据。

首先，要认识到平等是社会主义法律的基本属性。从我国宪法和法律的有关规定中可以看出，法律面前人人平等的含义概括起来包括三个方面：一是任何公民，不分民族、种族、性别、职业、家庭出身等，都一律平等地享有宪法和法律规定的各项权利，同时也必须平等地履行宪法和法律所规定的各项义务。二是在公民的一切合法权益都一律平等地受到保护的同时，任何人不论其地位多高、权力多大、身份多特殊，一旦违法犯罪都毫不例外地要受到法律的制裁。三是不允许任何公民享有法律以外的特权，任何人不得强迫任何公民承担法律以外的义务，不得使公民受到法律以外的惩罚。

其次，要充分认识法律面前人人平等的重要意义。第一，充分显示中国特色社会主义制度的优越性，使人民在依法治国中的主体地位得到尊重和保障，有利于增强人民群众的主人翁责任感，提高公民参与社会管理的积极性。第二，鲜明地反对法外特权，有利于预防特权思想，有利于廉洁政府、服务型政府、责任政府的建设。第三，鲜明地反对歧视，有利于推行合法行政、合理行政。第四，要求人人都严格依法办事，有利于维护法律的权威，提高政府公信力，确保实现建设中国特色社会主义法治体系和建设社会主义法治国家这一全面推进依法治国的总目标。

三、维护宪法权威

十五大确立了“依法治国是党领导人民治国理政”的基本方略，1999 宪法修正案宣告，“中华人民共和国实行依法治国，建设社会主义法治国家”。党的十七大报告要求“加强宪法和法律实施，坚持公民在法律在前一律平等，维护社会公平正义，维护社会主义法制统一、尊严、权威”。习近平在纪念现行宪法公布施行 30 周年大会上的讲话中指出：“宪法是国家的根本法，是治国安邦的总章程，具有最高的法律地位、法律权威、法律效力，具有根本性、全局性、稳定性、长期性。”因此，可以说法治政府的建设必须树立宪法的权威。

宪法是我国的根本法，其应当在法治政府的建设中发挥重要的作用。依法治国、依法执政就是要坚持依宪治国，遵守宪法规范，倡导宪法理念，抵制和纠正一切违返宪法的行为。没有宪法权威就没有法治，没有法治就没有法治政府，因此，树立和维护宪法权威是实现法治政府的关键。

我国现行宪法颁布施行三十年来，经过四次修改，尊重宪法开始成为国家的基本价值观，但总体上看，宪法的权威没有完全树立起来。尊重宪法、维护宪法还没有成为全社会的自觉行动。在宪法实施中，权大于法、干涉司法的情况依然客观存在；一些现行的法律规范，与宪法精神不相吻合；在政治、经济、社会、文化等诸领域，不尊重或者损害公民基本权利的事情仍时有发生。因此，各级政府及其部门在依法行政中必须把维护宪法权威作为推进法治的重要内容，严格按照宪法和法律的规定行使权力，树立宪法、法律的权威性，确保整个法律体系和谐统一和执法的公正，防止在行政立法与执法中出现地方保护主义和部门保护主义。

四、依法治国与以德治国相结合

党的十八届四中全会《中共中央关于全面推进依法治国若干重大问题的决定》提出，建设中国特色社会主义法治体系，建设社会主义法治国家，必须坚持依法治国和以德治国相结合。这是全面推进法治政府建设必须把握的一个基本原则。任何一个社会的稳定和发展，既需要法律规范提供制度保证，也需要有道德规范提供精神支持。依法治国与以德治国相辅相成，缺一不可。法律是成文的道德，道德是内心的法律，两者都是治国理政的重要手段。德沃金在其《刺猬的正义》中详尽论述了道德对社会正义与法律制度的建设的重要影响。各级政府及其部门在依法行政中必须把依法治国与以德治国有机结合起来，既要注重法律制度的构成和法律作用的发挥，也要注重通过道德教育和道德教化，使人们从内心深处形成遵守社会规则的内在动因，以自律形式建设良好的社会秩序。

当然，以德治国不仅仅是行政机关对公民的道德教化与宣传，更主要的是行政机关工作人员以社会主义核心价值对自身的严格要求。这是因为，道德，是一种“自律”行为规范，首先体现为国家公务人员对自身行为的约束与素质的提升上；其次才体现为对他人的要求之上，而在这里，表现为以社会主义核心价值观作为遴选国家公务人员的道德标准。

第三节　法治政府的总体目标

2015年国务院颁布的《法治政府建设实施纲要（2015—2020年）》中指出，法治政府建设的总体目标为“经过坚持不懈的努力，到2020年基本建成职能科学、权责法定、执法严明、公开公正、廉洁高效、守法诚信的法治政府”。实现以上法治政府目标需要不断地努力，法治政府理念是一个舶来品，这便需要我国将西法的法治政令同我国本土社会资源、传统法治精神与现代施政理念相结合的创新和发展。

一、推进行政职能科学体系建设

关于政府职能定义，学者们众说纷纭，并没有形成统一的认识。有学者认为，政府职能就是行政体系下政府所扮演的角色和所发挥的功能[1]；有学者认为，政府职能就是它所体现的职能和功能[2]；还有学者认为政府职能是政府表现的职责和作用。[3] 不过，在不同的时期政府体现出了不同的职能，有的学者把政府职能的发展过程概括为自由经济时期职能非常有限的“守夜人”角色，后来转变为职能比较繁多的“福利国”“行政国”[4]，可见，政府职能应当是繁杂多变的。随着改革开放的发展、民主化改革的深入与从计划经济到市场经济的转变，传统的行政体制及其承载的政府职能也随之作了多次调整，经历了精简机构、审批制度改革和制度创新三个阶段[5]。在法治社会下，对法治政府职能来说，其有独特的形态和要求。

首先，法治政府的职能必然是有限的。中国长期以来，政府一直干涉社会、个人的各个方面，从而使得政府具有无限的权力，在我国向法治社会转型的过程中，政府的权力应当受到约束。科学的政府职能，就是指不仅实现了行政权力、社会权力及公民权利的明确划分，具体表现为：实现政企分开、政事分开，理顺政府与市场、政府与社会的关系，规范政府的经济调节、市场监管、社会管理和公共服务的职能，并且在此基础上实现中央政府与地方

---

〔1〕 许文惠、齐明山、张福成主编：《行政管理学》，人民出版社1997年版，第55页。

〔2〕 夏书章主编：《行政管理学》（第二版），中山大学出版社1998年版，第49页。

〔3〕 张国庆主编：《行政管理学概论》（第二版），北京大学出版社2001年版，第84页。

〔4〕 参见应松年：《政府职能的演变与行政规划》，载《郑州大学学报（哲学社会科学版）》2000年第1期。

〔5〕 参见石佑启、杨治坤、黄新波著：《论行政体制改革与行政法治》，北京大学出版社2009年版，第158—163页。

政府之间、政府部门之间的职能和权限明确划分。

其次，法治政府的职能必然是规范化、公开化的。长期以来，中国政府的职能设置比较混乱，其中一个重要的原因就是政府职能没有通过法律的形式表达出来，缺乏相应的制度保障，更多地依赖于工作人员自己或是一些工作守则。因此，只有通过法律把政府职能规范化、公开化，并提供相应的保障制度，才能确保政府职能的科学化。2015 年中共中央办公厅、国务院办公厅印发了《关于推行地方各级政府工作部门权力清单制度的指导意见》，开始推动政府权力的清单化，责任化，标志着我国政府权力的规范化和公开化。

二、形成权责法定与执法严明的行政风气

对行政机关的权力运行而言，法治政府的基本要求就是权责法定与执法严明。法治政府应当将权责法定与执法严明贯彻到行政权力行使的全过程，要求行政权力的取得和行使有法律依据，依法办事，而且违法行政必须承担法律责任。行政风气的建设不可能一蹴而就，需要在日积月累中形成。这就需要通过在制度的建设与实施中得以实现。

具体来说，权责法定与执法严明风气建设可以从下述几点做起。

（一）观念要件

观念是人们关于“权责法定”与“执法严明”的认知、评价，是一种法律意识。树立“权责法定”与“执法严明”的行政风气，首先，培养权利本位观念。权利本位是人民主权原则和基本人权原则的具体体现，反映到法治政府的框架内，权利本位观念的意义在于界定权利与权力的关系。主权属于人民，行政权力的创设与行使的终极目的在于实现人民的权利。其次，树立法律至上观念。法律至上观念只承认法律一种权威，一切政府权力或政治权威均在法律之下，不允许存在有凌驾于法律之上的特权。政府守法，并对法律负责。由于法律是人民意志的体现，法律至上在本质上就是人民意志至上。[1] 最后，要促成守法观念。法治政府下的守法观念，不仅要求公民守法，更要求行政机关及其工作人员自觉守法，这也是“权责法定”与“执法严明”的要求。

（二）实体要件

实体要件是指法治政府运作所应当遵循的法律与制度。观念的培养固然重要，但必须同法律与制度相结合才能发挥其作用。“权责法定”与“执法严

---

〔1〕 参见徐显明：《论“法治”的构成要件》，载《法学研究》第 18 卷第 3 期，第 38—39 页。

明”的行政风气同样需要有法律与制度加以规制方可完善。

首先，保障权利与义务的法定化。就权利而言，法律首先需要对权利进行确认，为政府权力设定边界。同时，还得建立相应的预防机制和救济机制。预防机制要求明确政府权力的界限与分工，设定政府权力行使的程序，规范政府权力的动作，使其严格依法办事。救济机制要求为公民权利受到行政行为的侵害时提供法律救济。就义务的法定化而言，是指公民承担的义务应当有法律规定。除此之外，行政机关不得要求公民承担法律之外的义务。

其次，限制权力与明确政府责任。对行政机关限制权力可以通过三种方式加以限制：实体限制，包括以权利制约权力和以权力约束权力；程序限制，即法律为政府权力的行使设定合理的、严格的、适用的程序，以便把权力纳入可控的范围内；道德限制，权力的运行应当以人为本、尊重人的尊严，体现社会主义核心价值观。另外，根据权责法定的原则，行政机关及其工作人员行使权力的同时必须承担相应责任，行政机关及其工作人员不但要为自己滥用职权的行为和怠于行使职权承担责任，还应当积极回应公民的权利要求，以及对在行政过程中做出的具有法律效力的承诺承担责任，并建立严格的责任追究制度，确保责任的承担。

（三）程序要件

程序要件是指法治政府建设过程中所应当遵循的各种程序。对于“权责法定”与“执法严明”的行政风气的培养，程序要件有着相当大的影响，法律程序具有限制恣意、保证理性选择、作茧自缚以及反思性整合等特征和功能〔1〕。英国是不成文法国家，其法治环境可以说是依靠惯例和程序培养起来的。法治政府中，程序要件主要表现为行政程序和行政惯例。行政程序和行政惯例能保护相对人的合法权利，提高行政效率，以及监督行政主体依法行使职权，进而树立“权责法定”与“执法严明”的风气。

三、确保形成公开公正、廉洁高效的行政环境

按照系统论观点，一个开放的系统与其外部环境之间有着有机的关联，进行着物质、能量及信息的交换。〔2〕系统的运作受制于环境，同时也在改变着环境。我国法治政府就是一个开放、特殊、动态且复杂的系统，同样

---

〔1〕参见季卫东著：《法律程序的意义》，中国法制出版社 2004 年版，第 17—34 页。

〔2〕郭红岩：《从系统论看我国社会主义法律体系的构建》，载马海涛、李亮主编：《国际法学法理与实践》，中国法制出版社 2006 年版，第 143 页。

与其外部环境之间进行着物质、能量及信息的交换，受制于环境，同样也改变着环境。因此，一个公开公正、廉洁高效的行政环境影响着法治政府的建设，同样法治政府的建设必然要形成一个公开公正、廉洁高效的行政环境。

首先，法治政府的建设必须考虑行政环境的现实。我们构建法治政府必须从我国的国情、历史、现实特点出发，法治政府的建设才能有的放矢。2004年《全面推进依法行政实施纲要》中明确指出了我国法治政府建设所面临的问题，例如，“……行政决策程序和机制不够完善；有法不依、执法不严、违法不究现象时有发生，人民群众反映比较强烈；对行政行为的监督制约机制不够健全，一些违法或者不当的行政行为得不到及时、有效的制止或者纠正，行政管理相对人的合法权益受到损害得不到及时救济……”正是考虑到我国行政环境的现状，法治政府的建设才更加注重行政环境的建设。

其次，法治政府的建设必须依赖于行政环境的协调与保障。特定的行政环境是法治政府运行的基础条件，没有这样的条件就谈不上法治政府的运行与发展。公开公正、廉洁高效是法治政府的基本特征，营造公开公正、廉洁高效的行政环境，可以有效地阻止行政机关的恣意行事，可以更好地促进公民的民主参与，可以有效地提升政府的公信力。

最后，法治政府的建设与行政环境是有机的统一。法治政府运行作用于行政环境，改变着行政环境。同时，行政环境也向法治政府提出各种需求，并影响和制约着法治政府的建设，只有两者相互协调，相互适应，才能真正发挥法治政府的作用。

四、其他

此外，法治政府建设的目标还应当包括以下几点：

第一，就行政机关工作人员而言，特别是领导干部，依法行政的观念应当得到加强，形成尊重法律、崇尚法律和遵守法律的法治氛围；并且应当培养国家公务人员与践行依法行政相应的业务能力，具体表现为，善于运用法律手段管理经济、文化和社会事务，能够依法妥善处理各种社会矛盾。

第二，就行政法律制度建设而言，行政机关制定行政法规、规章和规范性文件时，能够实现宪法的目的，符合法律规定的权限和程序，能够充分反映广大人民的根本利益，能够为社会主义物质文明、政治文明和精神文明协调发展提供保障。

第三，就法律实施和行政决策而言，法律、法规、规章能够得到全面、正确的执行；公民、法人和其他组织合法的权利和利益得到切实保护，违法行为得到及时纠正与制裁；经济社会秩序得到有效维护；行政决策实现科学化、民主化、规范化；政府提供的信息全面、准确、及时，制定的政策、发布的决定相对稳定；行政管理做到公开、公平、公正、便民、高效、诚信。

第四，就权力监督和纠纷化解而言，行政机关权责相符，行政监督机制得到完善，政府的内部监督、专门监督与外部监督高效而有力；形成一套高效、便捷、成本低廉的防范、化解社会矛盾的机制，社会矛盾得到有效防范化解，政府应对突发事件和风险的能力明显增强。

第二章　法治政府的演进历程

法治是一个源自西方的概念，中国漫长的集权统治下并没有法治理念生存与发展的土壤。经过几代人的努力，法治理念虽然被中国所接受，但是在与中国传统理念的冲撞中，法治的进展磕磕绊绊，甚至还出现了倒退与反复。所以，法治对于中国的价值，中国实现法治历史进程及现实条件，都是值得研究的。

第一节　中国法治政府的发展概述

中国现代法治理念始于清代，不幸的是，它是在西方列强的坚船利炮敲打之下国门洞开后，伴随着国弱民衰的屈辱感一同发展起来的。可以说，中国政府对法治理念的吸收并非出于自愿，更多的是一种充满抵触的被动接受。概括地说，自清末开始的政府现代化在中国经历了两个阶段：第一阶段是从 20 世纪初到 40 年代末，第二阶段是 20 世纪 80 年代始至今的 30 多年时间。其间的百年动荡史，与这两个阶段相对应，不仅有两次大规模的对法治理念的引鉴和学习热潮，也有两次大规模的国家立法运动。

一、从清朝末年到新中国成立初期

在 19 世纪末，一系列军事行动的失败引发了中国社会内部前所未有的危机。清政府被迫采取一些改革以缓解内外交困的时局。兴民权、立宪法、开议院等主张成为当时热门的话题。虽然改革并没能挽救清王朝的覆亡，但是依旧为后世留下法治遗产，例如《钦定宪法大纲》和《重大信条十九条》。在 20 世纪的上半叶，虽然中国社会经历了多次革命与战争，政权更迭频繁，但建立现代法律体系的过程并未中断，清王朝颁布的法律大多被北洋政府吸收沿用，而南京国民政府的立法也是对前清和北洋政府创立现代法治的延续。晚清开始的中国法治现代化试图解决一些基本问题，例如政治权力分配、权力制衡、司法独立、行政程序化等，由于诸多原因，虽然被世人百般诟病，但是作为一种思想与制度的变革，仍具有一定的吸收与借鉴的意义。

但是，这种变革与尝试在 1949 年新中国成立之后却被中断。中国共产党取得政权后，废止了南京政府的所有法律制度，取而代之的是新的纲领、政策、法律与命令，一切与旧政权有关的制度、机构、人员、观念、理念，无论好坏与否，均被批判。学者对这一阶段的改革褒贬不一，但客观来说，是弊大于利。正如梁治平指出，中国在 20 世纪 80 年代前的 30 多年里没有调整日常交往的民事法或商事法，没有律师，法院虽然还存在，但极度萎缩，因而是一个高度人治和将法律的应用降低到最低程度的国家。可以说，这段时间，是中国法治历史上的一次倒退。

二、改革开放后至今

20 世纪 80 年代初，中国开始了改革开放，同时又重新启动了法治现代化的步伐，这是中国法治的第二阶段。在这一时间段里，政府机构与法律体系得以恢复，而且大量颁布了新的法律，制定了庞大的立法规划。在改革开放后的 20 年里，法治进程取得了明显的成果。法律教育规模迅速扩大，法律职业人员大量增加，各种立法数量激增。为了适应上述变化，政府力图在立法、司法、行政等诸多方面引入和借鉴发达国家与地区的经验，开始了各种形式的国际交流与合作。从某种意义上来说，20 世纪 80 年代的法治现代化是清末改革的延续，它们都是试图由传统的人治社会向现代化的法治社会的转变。但是这次法治现代化运动并不是一次简单的历史重复，伴随政治、经济、文化等诸多条件的政变，中国的法治现代道路得到了认真思考与重新定位。

法治，毫无疑问是起源于西方的理论，但是中国法治政府的建设，不可能照搬西方的经验，必须同中国的基本国情相结合。因此，现阶段中国法治政府的建设理念是结合了中国特色社会主义理论的产物。

第二节 从民主法治建设到“依法治国”的确立

这一阶段，是我国法治政府建设的初期。以十一届三中全会为开端，结束了我国一段时期的社会动乱，逐步肃清了法律虚无主义的毒瘤，加强了社会主义民主，建设社会主义法制，重新树立起了法律的权威，拉开了我国法治政府建设的序幕。这一阶段，主要以健全法律制度为重心，政府管理由人治模式开始向法治模式转变。

一、改革开放初期的民主法制建设

党的十一届三中全会公报明确指出，“为了保障人民民主，必须加强社会主义法制，使民主制度化、法律化”，“从现在起，应当把立法工作摆到全国人大及其常委的重要议程上来”，“做到有法可依”。这表明，我国在这一阶段的重点是建立法律制度，树立一条明确的社会主义法制纲领。公报强调“有法可依，有法必依，执法必严，违法必究”，这是我国法治原则的引申和发挥。公报在突出强调“法律面前人人平等”的同时，还指出了达到这个目标的组织和思想保证：“检察机关和司法机关要保留应有的独立性，要忠实于法律和制度。忠实于人民利益，忠实于事实真相。”这表明我国开始司法机关的独立性提高到了社会主义法治的高度。尤其重要的是，公报第一次明确指出法律的崇高地位：“必须……使这种制度和法律具有稳定性、连续性和极大的权威性……不允许任何人有超越法律之上的特权”，这是对我国社会主义法治目标的高度概括。在党的十一届三中全会上，“制度化、法律化”的社会主义法治思想成为中国未来法制建设的总纲领、总目标。在改革开放的头十多年里，中国民主法制建设各方面的发展都是在这个总纲领的指导下进行的。这一时期民主法制建设的理论及实践成果成为“依法治国”最直接、最重要的渊源。

（一）民主与法制的结合

民主与法制的结合为依法治国开辟了道路。邓小平指出：“要继续发展社会主义民主，健全社会主义法制。这是三中全会以来中央坚定不移的基本方针，今后也决不允许有任何动摇……社会主义民主和社会主义法制是不可分的。”[1] 此论断把社会主义民主与社会主义法制紧密结合起来，揭示了社会

---

〔1〕《邓小平文选》第2卷，人民出版社1983年版，第359页。

主义民主与法制的内在联系，为我国发展社会主义民主，健全社会主义法制指明了方向。

至此，法制的重要性得到了重视，立法力度得到了强化，法制逐步具有权威性，为行政机关的活动提供了基本的规范和程序，使行政走上法制化的道路。1979 年《地方各级人民代表大会和地方各级人民政府组织法》，把各级地方政府的组织机构、职权范围和职责以具有宪法性的法律固定下来；1982 年《国务院组织法》，确定了国家最高行政机关的组织机构、职权和职责范围，并使其权责法定化；1982 年《宪法》，以根本法的形式把国家机关尤其是国务院和地方各级政府的法律地位和职权、职责予以法定化；1986 年《治安管理处罚条例》，规定了行政权力运行的实体问题和程序问题；1983 年《民事诉讼法（试行）》，规定了人民法院受理公民对行政机关违法行政提起行政诉讼案件；1986 年《民法通则》，规定了行政机关违法行使职权给公民造成财产损失的应当承担民事责任。

与此同时，开始了行政体制改革，废除了干部职务终身制，逐步实现党政分开，政企分开，使党的领导制度化、法律化。建立国家公务员制度，对政府中行使国家权力、执行国家公务的人依法进行管理，建立公开制度和社会协商对话制度。完善了人民代表大会制度，健全民主的、科学的行政决策制度和完善了监督机制等。在经济生活方面，运用法律建立新的经济体制和运作机制，包括运用法律手段，以契约形式确立所有权与经营权分离的具体形式；规范市场行为和形成正常的市场秩序；通过完备经济法规体系逐步健全以间接调控为主的宏观经济体系，保护多种所有制经济的发展及其合法权益等。以上这一切，有的在这一时期已经得以实现，有的则处于努力实现的过程中。

（二）人治与法治关系论

早在古希腊时期，柏拉图即提出“贤人政治”的观念，其在《理想国》一书中，将国家比作大海上航行的船只，只有贤人才有能力当好船长，将船上的乘员安全地送到目的地。然而，亚里士多德则认为，人有其固有的弱点，人治往往意味着专断与任性，法治则力图确立非人格的统治，以除去人性中固有的弱点。

在人治与法治的问题上，我国经历了坎坷的发展道路。众所周知，我国经历了漫长的人治社会。经历了十年的“文革”浩劫，执政党意识到，没有好的制度，好人也会变坏。十一届三中全会后，在总结我国民主与法制建设的经验教训后，对过去存在的人治问题进行了深刻批判，并提出了依法治国的主要法治原则。从 1979 年到 1992 年间，中国初步建立起了社会主义法律体系。这个时期立法速度快、数量多。据统计，在这一时期，除全国人大通过了 1982 年《宪法》和 1988 年宪法修正案以外，全国人大及其常委会共制定法律文件 240 多件。国务院制定了近 700 件行政法规，同时还有数量庞大的地方性法规、规章及部门规章。

在这一时期，虽然人治现象还存在，以权代法的事件时有发生，立法不够完善，有法不依、执法不严的现象仍然存在。但总体上来讲，法治环境已大大改善，法治观念已基本形成。

二、依法治国的确立

在党的十一届三中全会以后，经过十年间的摸索与发展，我国民主与法制的建设在思想上取得长足的进步，使我国逐渐摆脱了传统意识形态的教条，开始探索、理解“法治”的真正内涵。“必须使民主制度化、法律化”，意味着对法律至上的肯定，意味着公民、社会组织尤其是政府对法律的服从，明确了法治的核心在于建立法律高于任何个人与组织、法律支配权力的机制。

1982 年，在总结“文化大革命”中对法制与民主破坏的惨痛教训之上，党的十二大通过了新的党章，规定了“党必须在宪法和法律的范围内活动”。同年，将这一精神写入宪法：“一切国家机关和武装力量，各政党和各社会团体，各企业事业组织都必须遵守宪法和法律。”“任何组织或者个人都不得有超越宪法和法律的特权。”除了宪法修正案外，有关社会、政治、经济的重大法律相继出台或得到修正，中国立法长期停滞不前以致废弃的状况得以改变，从而为依法治国，建设法治政府奠定了一定的制度基础。

在上述背景之下，1995 年，法学界开始讨论“依法治国，建设社会主义法制国家”。这次讨论明确提出了“法制”与“法治”的区别与联系。“法制”一词侧重讲一个国家的法律体系与制度，任何国家，包括专制国家，都是有法制的。而“法治”则是相对于“人治”而言，侧重于“治”，是一种治国理念与治国原则。1996 年 2 月，江泽民发表了题为《依法治国，保障国家长治久安》的讲话，其中指出：“加强社会主义法制建设，依法治国，是邓小平同志建设有中国特色社会主义理论的重要组成部分，是我们党和政府管理国家和社会事务的重要方针。实行和坚持依法治国，就是使国家各项工作逐步走上法制化和规范化；就是广大人民群众在党的领导下，依照宪法和法律的规定，通过各种形式和途径参与管理国家、管理经济文化事业、管理社会事务；就是逐步实现社会主义民主的制度化、法律化。实行和坚持依法治国，对于推动经济持续快速健康发展和社会全面进步，保障国家长治久安，具有十分重要的意义。”[1]

1996 年 3 月，全国人大第八届第四次会议通过《国民经济和社会发展“九五”规划和 2010 年远景目标纲要》，其中明确规定要“依法治国，建设社会主义法制国家”。这是我国首次以正式文件形式确认依法治国方略。1997 年 9 月，党的十五大报告以党的纲领性文件的形式第一次提出“依法治国，建设社会主义法治国家”。在此报告中，首次将“法制国家”改为“法治国家”。1999 年 3 月，宪法中增加了“中华人民共和国实行依法治国，建设社会主义法治国家”的规定，这在我国社会主义法治史上具有里程碑的意义，标志着我国进入建设法治国家与法治政府的时代。

新中国成立后，我国的法治建设经过了从“革命法制”到“社会主义法制”，再到“建设社会主义法治国家”的历程。今天作为依法治国方略的“法治”上升为一种治国的宪法原则和国家法治化建设的重要目标。按照依法治国的宪法要求，法律在建设社会主义法治国家中应有普遍的权威，即“党要在宪法和法律的范围内活动”，国家行政机关作为执法机关要严格依法行政；国家司法机关要严格依法办案，公正司法；市场经济主体由法律来规范和保障。这一宪法原则本身为建设法治政府创造了良好的环境。

第三节　政府管理法制建设与“依法行政”

改革开放以后，经济建设的飞速发展使中国经济及社会环境由此产生了前所未有的变化。中国从计划经济向市场经济的转变，从本质上要求中国政府建立与市场经济相适应的政府管理及符合市场原则的制度性安排。社会结构转型使原有的简单社会结构变得复杂，不再是可能简单地将社会群体以工人、农民、知识分子这样的阶级成分作划分，这从客观上对中国政府的行政理念和方式提出了全新的要求。同时，社会观念、价值观念、思维客观上的复杂与多样化，从主观上要求中国政府转变传统的管理模式，向全新的管理模式转化。

在中国经济和社会发生转型的同时，中国政治同样也发生了很大的变化。在政治体制方面，中国开始由高度集权的政治体制向适度分权的政治体制转

[1]《中共中央法制讲座汇编》，中国法制出版社 1998 年版，第 105 页。

型；在社会管理领域，政社合一、政社不分的体制逐渐为政社分开后的社会自我组织、自我管理、自我发展的态势所代替；从政府管理模式来看，开放式管理正日益取代封闭式管理；在行政文化领域，社会本位、权利本位、竞争本位等自主性、主体性社会文化日益发展，开始在当代中国政治、行政文化中占据主导地位。

政治、经济、社会三个方面的转变，成为中国政府管理与职能转变的主要推动力。

一、中国政府管理面临着全新挑战

任何社会的转型期都会出现政治生态与政治体制之间的紧张关系甚至是冲突。从我国的政府管理实践与行政生态的关系来看，党的十一届三中全会以来，我国破除了“以阶级斗争为纲”的指导思想，政府工作的重心转移到“以经济建设为中心”。但随着经济的发展，我国社会的其他方面也发生了巨大的变化。传统的政府管理模式，如采取直接的行政手段干预经济生活，各个经济、社会单位都是政府附属的做法，已经越来越不能适应经济发展的需要。中国行政生态变化与传统政府管理模式之间的矛盾主要体现在：

第一，计划经济时代，政府对社会管理的范围与方式同社会主义市场经济条件下政府职能的要求之间存在尖锐的矛盾。传统体制下的“全能政府”是对社会的全方位管控，管理范围过于宽泛。但在市场经济条件下，政府不能直接干涉企业的生产管理，凡属市场竞争性的行业和产业，均应当由企业独立经营，企业不隶属于政府。政府的主要职责在于基础设施的建设和社会公共事务。因此，政府从经济活动直接竞争者脱身而出，成为社会的服务者，是现阶段政府管理适应行政生态变化所面临的主要问题。

第二，社会结构与社会功能机制变化，以及社会问题的增多与传统政社不分的管理模式之间存在矛盾。随着人们物质生活水平的提高、生活方式的丰富化，以及价值取向多样化，社会结构从无差别的大众社会转向公民阶层分化，传统上政社不分和自上而下的行政管理模式，已不能适应当下经济社会发展的需要。如何创造更多的就业机会，控制贫富差距的扩大，缩小城乡发展差距，以及如何保护弱势群体等问题成为政府亟待解决的问题。

行政生态的重大变迁必然要求政府管理作出与之适应的转变。中国政府的转型，不仅是经济增长对政府建设的要求，也是社会发展对政府建设提出的紧迫课题。[1] 发展社会主义市场经济，实现社会文明进步，保障社会和谐，这些客观上都要求中国政府改革向法治政府推进。

二、《行政诉讼法》颁布与"依法行政"的提出

1984年，全国人大常委会委员长彭真根据国家民主政治和商品经济发展的需要，认识到在国家管理领域加强法治的重要性，提出国家管理"要从依靠政策办事逐步过渡到不仅仅依靠政策还要建立、健全法制，依法办事"[2]，中国政府法制化的建设开始起步。1987年，党的十三大又提出了实行党政分开、进一步下放权力、改革机构、完善民主政治、加强法制建设等政治体制改革的措施，这使我国法学界解放思想、大胆探索，开始对传统法律文化与苏联行政法学理念展开了深刻反省，从而引发了一场关于法的本质的大讨论。在这场大讨论中，尽管对行政法的本质没有达成共识，但是建立了行政法是控制和监督行政权力的法律的观点。

1989年4月，《行政诉讼法》的颁布，这反映了我国行政立法在指导思想和价值取向上的一个重大转变，正式标志着我国开启政府管理法制化的进程。《行政诉讼法》的颁布，开启了中国"民告官"的历史，对法治政府的构建具有划时代的重要意义，标志着我国开始步入对政府行政行为行使事后监督和对行政行为侵害公民权利的法律救济阶段。表明我国开始从注重对行政权力的确认和维护向注重对公民权利的赋予和保护转变，开始通过行政诉讼来促进政府依法行政。但是由于受计划经济的影响，新颁布的行政诉讼法仍然保留有"行政法是国家管理法"的痕迹，并且受案范围十分有限，致使在实施中不能很好地监督行政权力的行使，从而未能实现其控权的真正目的。但是，随着《行政诉讼法》的颁布，行政法是"控权法"的思想开始在我国法学界成为主流思想。

1992年3月，"依法行政"被第一次写入了《政府工作报告》，这意味着中央政府开始自觉将自己的行政活动纳入法治化的轨道。1993年，八届全国人大一次会议通过的《政府工作报告》中明确指出，"各级政府都要依法行政，严格依法办事。一切公职人员都带头学法、懂法，做执法守法的模

---

〔1〕 刘靖华、姜宪利著：《中国政府管理创新·总论》，中国社会科学出版社2004年版，第163页。

〔2〕 彭真：《在首都新闻界人士座谈会上的讲话》，载《人民日报》1984年4月8日，转引自杜飞进著：《法治政府建构论》，浙江人民出版社2011年版，第135页。

范”。[1] 这是我国第一次以政府文件的形式确立了依法行政原则。

三、法治政府建设的重大举措

“依法行政”的提出，意味着我国政府自觉将行政行为纳入法治化的轨道，同时也标志着我国拉开了法治政府建设的序幕。

（一）行政法律体系的完善

1994年出台的《国家赔偿法》，第一次提出政府机关侵害公民合法权益需要赔偿。1996年，《行政处罚法》第一次以法律的形式对行政行为的设立与实施进行了规范。1997年，中共十五大报告明确提出，“一切政府机关都必须依法行政，切实保障公民权利，实行执法责任制和评议考核制”。1999年3月，九届全国人大二次会议将“依法治国”写入宪法。并于4月底，把《行政复议条例》升级为《行政复议法》，将抽象行政行为纳入行政复议的范围，拓宽了行政救济的事项。同年11月，国务院发布了《全面推进依法行政的决定》，对各级政府及其部门的依法行政工作提出了明确要求，并进行了重点部署，正式导入了“依法行政的原理”[2]。2000年，《立法法》颁布实施，规范了行政法规、部门规章和地方政府规章的制定主体、立法权限、规范性文件的效力、立法程序等方面的内容。国务院于2001年制定了《行政法规制定程序条例》和《规章制定程序条例》，相应地规定有关行政法规和行政规章立项、起草、审查、决定、公布、解释与备案等立法基本程序。2003年，十届全国人大常委会第四次全体会议通过了《行政许可法》，把“法治政府”“有限政府”的理念确立为中国行政体制改革的重要目标，并以此为标志，包括国务院废除《城市流浪乞讨人员收容遣送办法》，代之以《城市生活无着的流浪乞讨人员救助办法》等在内，一系列法律法规正全方位地完善着中国行政法律体系。

（二）《行政许可法》出台对建设法治政府的重大意义

《行政许可法》的制定，揭开了建立现代法治理念下的依法行政的新篇章，反映了我国法治政府建设正在得到全面的落实。《行政许可法》对法治政府建设具有重大的意义。

首先，《行政许可法》使政府权力有了法律边界。以往，政府的权力没有法律限制，只依据行使的具体权力划分为若干部门，并没有具体规定各行政

---

〔1〕《中华人民共和国全国人民代表大会常务委员会公报》。

〔2〕季卫东：《从法治到民主的里程碑》，载《财经》2004年第6期。

部门什么可以干，什么不可以干，应当怎么干，其结果就是政府权力往往没有界限。《行政许可法》不仅规定了哪些事项可以设定行政许可，而且规定了不得设定行政许可的四类事项：公民、法人或者其他组织能够自行决定的；市场竞争机制能够有效调节的；行政组织或者机构能够自律管理的；行政机关采取事后监督等其他行政管理方式能够解决的。这不仅为个人、法人和社会组织等留足了空间，为公民个人自由、社会自治、市场经济竞争提供了充分的法律基础，还为政府的行政许可设定了法律的边界，政府的行政权力进入了有限政府的境界。

其次，《行政许可法》使政府可以依法规范自己的行为。依法行政是法治政府建设的重要内容，我国社会主义市场经济发展，社会全面进步以及加入世贸组织的新形式，对依法行政提出了许多更高的新要求。《行政许可法》的实施，需要清理完善行政许可的有关制度，规范行政机关行政许可行为，强化对实施行政许可的监督。过去主要强调政府治理整顿市场经济，管治公民行为，规范社会组织行为需要法律依据，《行政许可法》的出台，丰富和发展了依法行政的内容，使政府权力的设定有了坚实的法律依据。

再次，《行政许可法》使民主行政进入程序民主的时代。《行政许可法》的出台，使得民主行政内涵增添了新的内容。《行政许可法》第 19 条规定，行政许可的设立，起草单位应当采取听证会等形式听取意见，并向制定机关说明该行政许可的必要性，对经济和社会可能产生的影响以及听取和采纳意见的情况。《行政许可法》第 20 条第 3 款还规定了“公民、法人或者其他组织可以向行政许可的设定机关和实施机关就行政许可的设定和实施提出意见和建议”。必须听证的行政许可在做出前必须举行听证程序，费用由政府机关负责等。这些规定，不仅体现了民主行政的本质内涵，而且表明在民主行政的过程中，让人民参与行政权力的设定和运作。

最后，《行政许可法》使政府权力配置更加清晰化。《行政许可法》规定，全国人大及其常委会可以立法设行政许可，行政法规具有在法律尚未制定的时候可设定行政许可。国务院发布决定设定行政许可只限在必要的时候，除临时性行政许可事项外，国务院应当提请国家立法机关制定法律或者自行制定行政法规。国务院各个部门不能以行政规章的形式设定行政许可，对立法主体设立行政许可的权限做出了明确的规定。与此同时，还规定了“地方性法规和省级政府规章不得设定由国家统一确定的公民、法人或其他组织的资格，自治的行政许可，不得设定企业或者其他组织的设立登记及其前置性行政许可，并且禁止为地方保护主义、分裂统一市场设定行政许可"〔1〕。这些规定明确界定了立法机关、中央和地方行政机关在行政许可设立方面的权力划分，使得立法与行政、中央与地方的关系进入法律化、清晰化的阶段。

第四节 法治政府的全面建设

2004年初，国务院发布《全面推进依法行政实施纲要》，标志着我国法治政府全面建设的开始。《全面推进依法行政实施纲要》广泛征求并充分吸收了专家学者和有关部门的意见，力求成为法治政府的建设行政纲领。根据其要求，实行依法行政，合理行政。程序正当，高效便民，诚实守信，权责统一的要求，规范行政行为，提高行政效能，防止权力滥用，建设具有现代意识的法治政府。

如果说，2004年的《全面推进依法行政实施纲要》是法治政府建设的行动纲领，那2015年，国务院发布的《法治政府建设实施纲要（2015—2020年）》可以说是中国法治政府建设的宏伟蓝图。这是继国务院2004年颁布《全面推进依法行政实施纲要》十年之后关于依法行政的又一规划性文件。2015—2020年，既是全面建成小康社会的“收官”阶段，又是全面推进依法治国的“攻坚”阶段，还是布局实施“十三五”规划的经济“调整”阶段。《法治政府建设实施纲要（2015—2020年）》恰逢开篇布局之际出台，既是落实党的十八大关于2020年法治政府基本建成这一目标的具体规划，又是贯彻“四个全面”战略布局的重要举措，也是推进我国“十三五”规划的有力保障，是新的历史时期法治政府建设的纲领性文件。从主要内容来看，《法治政府建设实施纲要（2015—2020年）》着眼于新目标、立足于新形势、面向新问题，形成了新重点，是新时期我国法治政府建设的“方向图”“任务书”“责任状”和“时间表”。

一、《法治政府建设实施纲要（2015—2020年）》是新时期我国法治政府建设的“方向图”

《法治政府建设实施纲要（2015—2020年）》第一部分鲜明简洁地规定了

---

〔1〕 参见《行政许可法》第15条第2款。

法治政府建设的指导思想、总体目标、基本原则和衡量标准，凸显了对于实现“两个一百年”奋斗目标、实现中华民族伟大复兴中国梦的意义，是新时期我国法治政府建设的“方向图”。

首先，《法治政府建设实施纲要（2015—2020年）》肯定了法治政府的指导思想。改革开放以来，特别是党的十五大确立依法治国、建设社会主义法治国家的基本方略以来，我国依法行政取得了巨大的成就，积累了丰富的经验。这些经验可以概括为：一是以马克思列宁主义、毛泽东思想、邓小平理论、“三个代表”重要思想、科学发展观、习近平总书记系列重要讲话精神为指导，忠实履行宪法和法律赋予的职责；二是坚持以全面建成小康社会、全面深化改革、全面依法治国、全面从严治党的战略布局；三是围绕建设中国特色社会主义法治体系、建设社会主义法治国家的全面推进依法治国总目标；四是坚持依法治国、依法执政、依法行政共同推进；五是坚持法治国家、法治政府、法治社会一体建设，深入推进依法行政，加快建设法治政府；六是培育和践行社会主义核心价值观，弘扬社会主义法治精神，推进国家治理体系和治理能力现代化。《法治政府建设实施纲要（2015—2020年）》正是通过总结、提炼这些依法行政实践中积累的基本经验，使之制度化，来规范行政机关的权力和公务员的行为，以此推动法治政府建设的向前发展。

其次，《法治政府建设实施纲要（2015—2020年）》明确了法治政府建设的基本原则。法治政府的基本原则，是指导各级政府推进依法行政、全面建设法治政府的政治性原则和法律性准则，集中体现了我国建设法治政府所应当遵循的政治方向和应当体现的法治精神，是法治政府的核心与灵魂。

从内容上来看，国务院2015年颁布的《法治政府建设实施纲要（2015—2020年）》认为，我国法治政府的基本原则包括“建设法治政府必须坚持中国共产党的领导，坚持人民主体地位，坚持法律面前人人平等，坚持依法治国和以德治国相结合，坚持从中国实际出发，坚持依宪施政、依法行政、简政放权，把政府工作全面纳入法治轨道，实行法治政府建设与创新政府、廉洁政府、服务型政府建设相结合”。以上内容可以概括为以下几个方面：一是坚持党的领导、人民当家作主和依法治国；二是法律面前人人平等；三是维护宪法权威；四是坚持依法治国与以德治国相结合。

最后，《法治政府建设实施纲要（2015—2020年）》确认了法治政府建设的基本目标与衡量标准。《法治政府建设实施纲要（2015—2020年）》中明确了法治政府建设的基本目标与衡量标准。“经过坚持不懈的努力，到2020年基本建成职能科学、权责法定、执法严明、公开公正、廉洁高效、守法诚信的法治政府。”第一次明确了法治政府所具有的本质特征。可以说，这是将西方先进法治理念与中国特色社会主义理论的结合，同样也是法治政府建设的雄伟目标与考虑现实国情结合。《法治政府建设实施纲要（2015—2020 年）》还明确了法治政府的衡量标准，“政府职能依法全面履行，依法行政制度体系完备，行政决策科学民主合法，宪法法律严格公正实施，行政权力规范透明运行，人民权益切实有效保障，依法行政能力普遍提高”。为我国法治政府评估机制的建设与标准确定了主体方向。

二、《法治政府建设实施纲要（2015—2020 年）》是新时期我国法治政府建设的“任务书”

第二部分对各级政府依次规定了依法全面履行政府职能、完善依法行政制度体系等七个方面的具体任务，并且有针对性地布置了 40 项相关的具体措施，是新时期我国法治政府建设的“任务书”。

从《法治政府建设实施纲要（2015—2020 年）》内容来看，从七个方面概括了法治政府建设中所应当坚持和明确的建设任务。一是依法全面履行政府职能；二是完善依法行政制度体系；三是推进行政决策科学化、民主化、法治化；四是坚持严格规范公正文明执法；五是强化对行政权力的制约和监督；六是依法有效化解社会矛盾纠纷；七是全面提高政府工作人员法治思维和依法行政能力。

（一）依法全面履行政府职能是建设法治政府的内在要求

所谓法治政府，就是行政主体按照合法行政、合理行政、程序正当、高效便民、诚实守信、权责统一的要求，行使权力，履行职责，承担责任。一方面要求政府在法治化轨道上行使行政权力，防止权力任意扩张，行政行为的主体、权限、依据和程序都要严格遵守法律规范，做到不越权、不滥权；另一方面要求政府全面履行法定职能，经济调节、市场监管、社会管理和公共服务等方面职能都要履行到位，该管的一定要管住管好，做到不缺位、不失职。同时，要有强烈的责任意识和担当精神，积极回应社会公众的需求和关切，对人民群众反映强烈的问题，事不避难，敢抓敢管，切实履行好法定职能。

（二）建设法治政府的关键是完善依法行政制度体系

完善依法行政制度体系，有助于提高政府立法质量，构建系统完备、科学规范、运行有效的依法行政制度体系。《法治政府建设实施纲要（2015—

2020年)》对依法行政制度体系的建设提出了具体要求，主要表现在以下几个方面：

首先，完善政府立法体制机制。政府立法，是宪法和法律实施的保障，也是我国整个法律体系的重要组成部分。良好的政府立法体制机制能够增强法律的科学性和民主性，提升法律权威，促进法治政府建设。

其次，加强重点领域的政府立法。为了更好地实施政府管理职能、提供公共服务，政府要针对社会重点领域出现的新问题、新形势进行改革。面对改革过程中出现的损害法律权威的违法现象，政府要及时立法，实现立法和改革决策相统一、相衔接。

再次，提高政府立法的公众参与程度。只有在立法过程中提高公众参与的广度与深度，畅通公众参与立法的渠道，不同利益群体的利益才能够反映到立法中去，制定出来的法律才能够符合社会发展规律，法律文本才能够在现实社会中得到更好的落实。

复次，加强规范性文件的监督管理。制定规范性文件是行政机关实现其管理职能的基础，加强规范性文件的监督管理，是依法行政、建设法治政府的一项基本要求。

最后，建立行政法规规章和规范性文件清理长效机制。政府应当建立行政法规规章和规范性文件清理长效机制，对那些不适应改革和经济社会发展要求的法律、法规和规章，及时地进行修改和废止。

（三）推进政府决策的科学化、民主化、法治化是法治政府建设的前提和基础

没有高度规范的科学化、民主化、法治化的政府决策机制，法治政府的建设就会流于形式。法治政府的建设对行政决策机制提出了更高的要求，需要长期渐进的发展过程。

首先，完善专家咨询制度。在当代社会，现代化大生产与社会的多元化使政府决策的范围越来越广，决策内容包罗万象，这必然使政府决策的难度也越来越大。任何决策者或决策部门在知识、思想和观念方面都存在一定的局限性，因此，借助各个领域专家和研究机构的智慧，对于提高公共行政决策质量和效益具有显著的作用。

其次，发展民意调查制度。政府决策中的民意调查制度是指决策机构针对某一问题，通过发放调查问卷、访问、接受网上评议等方式了解民众的意愿和反应，从而为决策或调整决策提供信息的制度。政府通过民意调查，一方面能够获得公众对政策问题的看法，另一方面也把政府决策的信息传达给

了公众。通过民意调查，政府的决策不仅拥有更加充分的信息，而且也奠定了良好的民意基础。

再次，完善政务公开制度。政务公开从广义上讲，是指国家政务活动中，凡是涉及公共事务、公共服务的事项，只要不属于中国机密，都应当向社会和群众公开，接受社会和群众的监督。政务公开体现了公共权力的民主性。

最后，建立决策听证制度。决策听证制度是公共决策领域司法审判活动制度的一种借鉴。决策听证又称为辩明性听证，指的是政府决策过程中听取有关团体、专家学者的意见，尤其是听取与该决策有利害关系的当事人的意见。在法治政府的建设中，行政决策听证制度的确立有利于促进行政决策的科学化和民主化。

（四）坚持严格规范公正文明执法，是全面推进依法治国的基本手段

首先，坚持严格规范公正文明执法，是全面推进依法治国的基本要求。行政执法机关的执法能力和执法水平如何，很大程度上反映着政府法治形象，体现着国家法治文明程度，影响着法治中国建设进程。只有坚持严格规范公正文明执法，做到有法必依、执法必严、违法必究，才能确保宪法和法律得到全面正确实施，推进社会主义法治国家的建设进程。

其次，坚持严格规范、公正文明执法，是促进社会公平正义、维护社会和谐稳定的重大举措。如果执法不严、执法不公，处罚不当、应罚不罚，甚至徇私枉法、以权谋私，社会就会对政府秉公执法的能力失去信任，就会引发大量社会矛盾、影响和谐稳定。促进社会公平正义、维护社会和谐稳定，是行政执法工作最重要的价值追求所在。

最后，坚持严格规范公正文明执法，是维护国家法律权威、提升执法公信力的重要途径。行政执法机关履行职权的基本方式就是执法，而行政执法的基本要求在于严格规范、公正文明。只有坚持严格规范、公正文明，做到执法的目的与执法手段相协调、相统一、执法效果与社会效果相统一，才能不断提高执法公信力，切实维护国家法律的权威和尊严。

（五）强化对行政权力的制约和监督是法治政府的本质要求

“全面推进依法治国，必须强化对行政权力的制约和监督；坚持人民当家作主的主体地位，必须强化对行政权力的制约和监督；推进国家治理体系和治理能力现代化，必须强化对行政权力的制约和监督”。[1]

---

〔1〕 宁吉喆：《强化对行政权力的制约和监督》，载《人民日报》2014年12月2日，第7版。

行政机关的权力是广泛而经常行使的，行政机关及其公务人员的行为与公民的合法权益有着密切的关系。如何减少与避免行政权力滥用对公民权利的侵害，权力制约与监督制度起到至关重要的作用。具体来说，行政机关的行政管理活动及其工作人员遵守法律、执行法律的情况均应受到立法机关、司法机关、社会组织、社会舆论及行政系统自身的制约与监督。其中，来自行政系统外部，例如，立法机关、司法机关、社会组织、社会舆论的监督属于外部监督，来自行政系统内部的自身监督属于行政机关内部监督。一个追求法治化的政府必然也应当是一个自律的政府。

（六）依法有效化解社会矛盾纠纷是法治政府的基本任务

当前，我国已经进入全面建成小康社会的决定性阶段。有效维护群众权益、妥善化解矛盾纠纷，是我们党治国理政面临的重要课题，是新的形势任务对党和政府提出的重大要求。在推进社会主义法治建设的进程中，必须建立健全依法维权和化解纠纷机制，推动形成运用法律手段、通过法律渠道、依照法律程序维护权益、化解纠纷的社会氛围。

建立完善各种纠纷解决制度有机衔接、相互协调机制。调解、仲裁、行政裁决、行政复议、诉讼等纠纷解决制度，各具特色、各有优势，在化解矛盾纠纷中各自发挥独特作用。要建立完善多元化纠纷解决机制，实现各种纠纷解决制度有机衔接、相互协调，形成社会矛盾纠纷化解网络和工作合力。要切实贯彻执行有关法律规定，进一步完善调诉对接、裁审协调、复议诉讼衔接的机制，确保不同纠纷解决制度既能在各自领域和环节中有效发挥作用，又能够顺畅衔接、相互配合、相互支撑，强化纠纷解决效果。

（七）全面提高政府工作人员法治思维和依法行政能力是法治政府的主要目标

政府工作人员特别是领导干部牢固树立宪法法律至上、法律面前人人平等、权由法定、权依法使等基本法治理念，恪守合法行政、合理行政、程序正当、高效便民、诚实守信、权责统一等依法行政基本要求，做尊法学法守法用法的模范，法治思维和依法行政能力明显提高，在法治轨道上全面推进政府各项工作。

三、《法治政府建设实施纲要（2015—2020年）》是我国法治政府建设的“责任状”与“时间表”

《法治政府建设实施纲要（2015—2020年）》在第三部分既规定了各级政府及其部门部署、带动和开展法治工作的工作责任，又突出了党政主要负责人作为推进法治建设第一责任人的领导责任，还明确了各级领导班子和领导干部政绩考核中的相关责任。而且，正文中有十处明确规定了法治政府建设相关工作的具体时间要求，并且兜底性规定没有明确规定时限的工作原则上应当在2019年年底前完成，是我国法治政府建设的“时间表”。

第一，加强党对法治政府建设的领导。党的领导是社会主义法治最根本的保证。党的十八届四中全会《中共中央关于全国推进依法治国若干重大问题的决定》指出，必须加强和改进党对法治工作的领导，把党的领导贯彻到全面推进依法治国全过程。贯彻落实这一战略部署，需要明确党对法治工作领导的主要内容，做到党领导立法、保证执法、支持司法、带头守法。

第二，落实第一责任人责任。党的领导是法治政府建设的根本保证。但是法治政府的基本特征是有限政府，法治政府的政党活动也不能例外。执政党必须在宪法与法律的范围内领导法治政府的建设。对不认真履行第一责任人职责，本地区本部门一年内发生多起重大违法行政案件、造成严重社会后果的，都应当依法追究主要负责人的责任。

第三，强化考核评价和督促检查。建立健全与完善考核评价和督促检查机制是法治政府建设的基本保障。没有健全完备的考核与督促机制，就难以实现法治政府建设的整体目标。因此，法治政府的推进与建设需要通过对责任人的考核与评价来实现建设成果与任务完成情况的评估，同时实现对法治政府建设的督促。考核评价与督促机制的建设，要充分认识法治政府条件下考核与督促的特点和作用，从而使考核与督促具有针对性与规范性。

第三章　法治政府的纵向逻辑

第一节　法治政府与法治国家

一、法治政府与法治国家的逻辑关联

在法学研究的过程中，法律概念的意义是相对确定的。我国法学家张文显教授曾经指出，通过对法律的“自然性质”和“社会性质”的确定，法律概念能够帮助人们认识和评价法律事实结构。[1] 从法治政府与法治国家的内涵上来说，它们是外延宽泛的法律概念，在不同的语境中可以做不同的解释。学界很多人都曾将这两个概念放在一起界定，通过学术著作、论文或其他形式表明自己观点。如张文显教授的观点是法治政府是被法治国家包含的，“对于法治国家来说，法治政府是其最核心、最根本的部分”。[2] 十八届四中全会提出全面推进依法治国，为建设社会主义法治国家明确了任务和目标，包括建立科学完备的法律规范体系、加强宪法和法律的实施，坚持依法执政，实现民主政治的制度化和法律化，深入推进依法行政，建立法治政府，严格保证公正司法、提高司法公信力，完善权力制约与监督机制以及增强全社会的法律意识和法律素质。中

---

〔1〕 张文显著:《法哲学范畴研究》，中国政法大学出版社 2011 年版，第 57—58 页。

〔2〕 张文显主编:《法理学》，人民出版社、高等教育出版社 2010 年版，第 369—373 页。

国社会科学院学部委员、法学研究所所长李林的观点是，法治国家应该有一系列的原则和标准，具体包括："法治国家应该是人民当家作主或者主权在民的国家；法治国家是坚持宪法法律至上的国家；法治国家是尊重和保障人权的国家；法治国家要坚持依法执政的原则，要坚持民主立法、科学立法和高质量的立法，要坚持依法行政。"〔1〕站在国家的层面来看，政府的确是一个更为具体的概念。

法治政府与法治国家从概念上形成了逻辑关联。法治政府可做广义和狭义之分，广义的法治政府，说的是一切权力的来源、政府的行为都要实现法治化，所有的国家机关包括立法机关、司法机关、行政机关都属于法治政府的范畴。狭义的法治政府则意味着政府在行使行政权力的时候要受到法律的限制，本书所指的法治政府正是由行政系统的法治化而言的。法治国家的概念最早出现于德国，被称为"法治国"，德文为 rechtsstaat，是指一种法治化的国家状态，是一种在国家层面上的法治化的形式，这种看法以德意志帝国为代表，在当时被认为是"和平与法律秩序的守卫者"。而现代意义上的法治国家实际上是一个多维的概念，从最基本的含义来看是整个国家权力（国家立法权、监督权、重大问题决定权、行政权、司法权等），特别是其中的行政权力与社会大众的利益切实相关必须要依法行使。从这个意义上讲，狭义的法治政府与法治国家存在逻辑上的相互关联性。

法治政府与法治国家在法治化的范畴内互为前提。法治国家包括立法层面的国家机构、司法层面的国家机构、行政系统层面的国家机构。因此，法治国家是包括法治政府在内的一个更大的概念。只是说在不同的语境下，法治国家相对抽象，而法治政府则是具体的东西，二者互相促进、互相补充，在法治化的国家环境下也必将实现法治政府，法治化的政府更加有助于建成法治国家。如果法治政府出现问题，法治国家也会出问题，二者是不可割裂的。

二、法治政府与法治国家的结构趋同性

法治政府和法治国家有着共同的目标和价值，在任何时候都不能割裂开来看。在中国法治建设的当下，公民拥有更强的法律意识，更完善的社会法制，在坚持依法治国的背景之下，法治政府与法治国家不仅在逻辑上相互关

〔1〕杜晓：《权威解析三个"法治"为何要"一体建设"》，载《法制日报》2013 年 3 月 1 日，第 4 版。

联，结构上也更为趋同。以对行政权力的规制为原则，依法行政为核心，以保障公民权利为根本目的，最终实现法治化的价值理念。政府与国家的政治架构是紧密相连的，围绕着依法行政这一核心，形成了完整的价值追求。

首先，依法行政是法治政府和法治国家的核心。行政权力作为国家权力中的重要一项，通过政府机关的管理和行使体现出来，具有强制性及执行性等特征。现代社会政府权力逐渐呈现了一种膨胀和扩大化趋势，对这种现象必须严格加以规范，防止对公民的权利造成侵害。政府是国家的政府，更是百姓的政府，坚持依法行政为核心，促进法治国家、法治政府的建设。

其次，严格规制行政权，保障公民权利。国家发展兴衰成败的关键性因素就是平衡好国家权力和公民权利的关系，这自然也是法治政府所面临的问题。“权力导致腐败，绝对的权力绝对地导致腐败”〔1〕，这是一条亘古不变的真理。政府拥有无限的权力后必然会侵犯公民的权利，因此必须通过相应的法律制度加以规制，使之得以有序行使。通过对政府权力合法的规制的方式达到维护公民合法权益的目的，是建设法治政府的实质，同样也是法治国家建设的目标之一。

最后，集中体现法治价值理念，并伴随多种发展模式。法治国家与法治政府建设的出发点，当然是法治的理念，应当以良法之治为出发点，追求民主、公正等普遍被社会大众认同的价值取向。不论是法治国家还是法治政府，其建设和发展的模式并不是一成不变的，各国按照本国国情形成各种不同的法治模式，如美国模式、英国模式等，中国特色社会主义的法治国家和法治政府，自然也有属于自己的中国模式。笔者认为，其实不论是法治政府还是法治国家，只要做到了规范地管理行政权力，保障公民合法权益的行使，推动社会有序发展，并且将法治理念贯彻到依法治国始终。那么其过程选择何种“模式”或者说实行什么样的制度去达到最终的目标都不是最重要的，因为这并不是衡量一个国家及其政府法治实现与否的唯一标准。

三、法治政府与法治国家的层次疏离

尽管法治政府与法治国家具有逻辑上的关联性和结构上的趋同性，但是政府与国家说到底还是不同层面的概念，不可始终一概而论。《现代汉语词典》中对于国家的解释是：（1）指阶级统治的工具，同时兼有社会管理的职

---

〔1〕［英］阿克顿著：《自由与权力》，侯健、范亚峰译，译林出版社2014年版，第294页。

能；（2）指一个国家的整个区域。[1] 对于政府而言，是国家权力的执行机关，也即国家行政机关。[2] 从国家与政府的外延上来看，政府是一个国家存在所必备的要素之一，因此法治国家其实相对于法治政府是更高层面上的概念，在同一维度上来看法治政府与法治国家，前者仅就国家行政权的行使进行法治化、规范化；而后者则包含了整个国家的权力（即国家立法权、司法权、行政权、监督权等）的法治化。在不同维度上单独来看二者的概念，前者既可以在广义上规制国家行政权的法治化，也可以在狭义上仅指政府代表国家行使行政权力的法治化；而后者则站在更加宏观的角度泛指整个公权力（其中包括国家机关、政党及社会团体共同拥有的国家和社会全部的公权力）的法治化。

从法治政府与法治国家在建设上的关系来看，前者是后者的关键，后者是前者的前提条件。首先，建设法治国家关键先要建立起法治的政府。政府，换言之，国家行政机关在国家机关的构成中所占比重是最大的，行政机关所涉及的职位和人数也是最多的，可以说政府是国家与公民相互对话的直接媒介。因此可以说，只要法治政府建设好了，法治国家建设的目标和任务也就大部分实现了。政府承担起了一国所有内政外交的职责，国家的法治化也体现在政府处理内政外交政务的法治化上面，政府的管理方法和处理政务的法治化的程度也在一定程度上体现了一个国家法治建设的程度。其次，建设法治政府以建立起法治的国家为前提条件。既然政府是在国家下面一个层次的概念，那我们倒过来往前论证，要建设一个法治的政府，必须有一个科学完备的法律体系才能依法行政。要建立完善的法律体系首先国家要具备健全的立法机关，并保证立法工作能够正常有序地开展，国家立法权恰恰是法治国家中国家权力重要的一项，因此，一个法治的国家是建设法治政府的前提。

第二节　法治政府与法治社会

一、法治政府与法治社会的逻辑关联

一方面，从最简单的“社会”一词的概念来看，《现代汉语词典》给出的解释为：（1）由一定的经济基础和上层建筑构成的整体；（2）泛指由于共

[1] 吕叔湘、丁声树主编：《现代汉语词典》，商务印书馆2005年版，第520页。
[2] 参见吕叔湘、丁声树主编：《现代汉语词典》，商务印书馆2005年版，第1741页。

同物质条件而互相联系起来的人群。[1] 从一般的含义中我们可以找出两个外延相似的关键词，整体和人群，其所代表的是由普通个体而组成的普通百姓群体，而政府作为国家行政机关所代表的则是国家的形象。在马克思主义思想家看来，国家是社会在一定发展阶段的产物，但这并不是说国家就等同于社会。政府处在国家与社会居间的地位，将国家的政策落实以维护社会的发展，反映社会的诉求使之在国家层面产生普遍意义，正是政府职能的展现，体现出政府与社会在逻辑上的关联。

另一方面，法律意义上的逻辑关联。就“法治社会”这一概念而言，在国内有迹可循的资料中最早于 1959 年就有学者开始使用了[2]，在此后多年的发展，法治社会的概念被广泛应用，但社会的法治化发展不可能朝夕之间便可成就，法治社会不断完善的过程实际上就是在逐步建设法治政府。政府随着社会的发展而产生，服务于社会而存在，法治政府对于公权力的限制是离不开社会公众的普遍参与的，公民在参与的过程中促进法治社会的发展完善。从最终目标来看，政府的规范化、法治化就是为了建设和谐美好的社会，而这个社会就是法治社会。

二、法治政府与法治社会的结构趋同性

首先，二者都以法治为基础。法治政府与法治社会最基本的相同之处当然也是围绕“法治”展开，即二者都受到法律的规制。换句话说，不论是政府还是社会都要遵从法律至上原则，法治是共同的基础。不仅在政府层面要严格执法、依法行政，承担相应法律责任，同时也要求社会大众尊重法律、服从法律权威，以良好的法律秩序推动社会和谐稳定发展。在依法治国和构建社会主义和谐社会的双重背景下，政府的首要任务就是通过依照法律行使行政管理的职能，从而营造一个良好的法治大环境。在此之上引导全社会学法懂法、守法用法的良性循环，逐步培养社会公民法治意识，并运用法治思维做事情。

其次，二者具有相同的阶级力量。在我国“一切权力都是属于人民的”，人民作为国家的主人是被明确写入《宪法》中的。社会主义制度的不断完善，法治国家总目标和总任务的提出在一定意义上正是对这一理念的实

---

〔1〕 吕叔湘、丁声树主编：《现代汉语词典》，商务印书馆 2005 年版，第 1204 页。

〔2〕 参见炽亚：《国际法律学家会议发表德里宣言》，载《现代外国哲学社会科学文摘》1959 年第 5 期。

践，从而使人民群众成为法治政府和法治社会最坚实的阶级力量，人民的权利和利益自然也是法治政府和法治社会的力量之源。

最后，二者具有相同的价值追求。法治政府和法治社会构建的共同出发点和落脚点就是实现和维护好人民群众的根本利益。马克思主义认为："国家和法是阶级社会的必然产物，法律及其运行从根本上都是统治阶级共同意志的体现，社会利益则是代表人民共同意志和根本利益的体现。"〔1〕社会主义的国情决定了人民是国家和社会的主人，法治政府和法治社会在遵循法律规定的前提下，必定以人民的利益为价值追求，切实保障人们的合法权益得到保护。

三、法治政府与法治社会的层次疏离

首先，体现在法治标准上的层次疏离。法治政府是以政府的合法性为标准，也就是说，从政府权力的产生、组织到政府行为都要具有合法性，并且权责是一致的。这种合法性不仅体现在纵向的职级之间，还横向跨越政府的部门与部门之间，机关与机关之间，甚至政府与其他非政府团体、社会大众之间，都要严格依照法律的要求，但是政府在行使权力的同时，也要相应承担由此带来的后果。而法治社会的标准是在全社会的范畴中，保证和维护法治的良性运作，使社会在法治的维护下有序发展。相对于法治政府这样的政治法治化的秩序而言，法治社会的秩序层面更加侧重人类最基本的需求，更好地实现资源和财富的有序分配和占有。对于法治社会而言，首先要达到法治的政府，只有政府实现法治化了，才能为法治社会的进一步发展提供基础和保障。

其次，体现在法治范畴上的层次疏离。法治政府的范畴很明显，就是局限在政府行政权力的法治化上，也就是说拥有行政权力的国家机关，要注重对自身权力的规范化、法治化行使。我们之所以限制政府权力，就是因为这种权力有着先天扩张性，若不加以限制就会膨胀甚至滋生腐败。如在社会主义市场经济快速发展的今天，转变政府职能"把该放的权力放下"，简政放权将更加有利于"权利本位"的市场经济，同时列出"权力清单"不仅能够遏制权力膨胀，消灭寻租空间，更重要的是提高政府行政效率，坚持依法行政。法治社会的范畴则是侧重于维护社会大众的合法权益，法治社会下的法治政

---

〔1〕 中共中央马克思恩格斯列宁斯大林著作编译局：《马克思恩格斯全集》（第 21 卷），第 194 页。

府，不应当只是消极地停留在法律的界限内，而应该更多地去积极为社会和人民提供更好的生活环境和社会条件。

最后，体现在进入新的历史阶段后的层次疏离。在法治发展的过程中，法治政府与法治社会显然是法治国家的必经道路和必然选择，但是随着法治的逐步深入，二者最终的走向却存在明显的层次疏离。在构建法治国家的初期，政府法治化与社会法治化的目标和任务是相互补充不可分离的。但根据马克思辩证主义的观点来看，世界上的事物不是一成不变的，都必然会有一个产生、发展和灭亡的过程，所以马克思、恩格斯提出的“国家消亡论”认为国家与阶级在一定的历史条件下总会消亡的[1]，既然如此，那么法治国家和法治政府的目标和任务在相应条件下也会随之而转化，最终使社会的法治化变为最重要的任务。因而，在未来的某一天进入更高的历史阶段时，国家和政府的法治化任务会逐渐虚化，对法治社会的追求成为更高的目标。

第三节　法治政府与法治文化

一、法治思维与法治文化

“法治思维”现在对于我们来说并不算是一个陌生的概念，然而从党的十五大会议提出“依法治国”到党的十八大会议上正式提出“法治思维”，历经十五年的漫长时间，究竟经历了一个怎样的发展过程呢？

1997 年，党的十五大报告中提出“建设有中国特色社会主义的政治”，“发展民主必须同健全法制紧密结合，实行依法治国”，同时“深入开展普法教育，增强全民的法律意识，着重提高领导干部的法制观念和依法办事能力”，明确了对干部在思维意识上的法制新要求。2002 年，党的十六大报告中提出“加强社会主义法制建设”，“加强法制宣传教育，提高全民法律素质，尤其要增强公职人员的法制观念和依法办事能力。党员和干部特别是领导干部要成为遵守宪法和法律的模范”。2007 年，党的十七大报告中写道：“深入开展法制宣传教育，弘扬法制精神，形成自觉学法守法用法的社会氛围。”到十七大的时候，各领域的立法及完善工作进行得如火如荼，而对于民众法律意识的要求，从普法宣传和教育提升到了自主学习并且能够守法用法上面。直到 2012 年党的十八大报告，正式用“法治思维”“法治方式”等字眼，强化法治在国家治理和社会管理中的重要作用，以及对于党员干部个人

〔1〕 参见［德］弗里德里希·恩格斯著：《家庭、私有制和国家的起源》，人民出版社 2003 年版。

能力的评价作用。从上述四届中国共产党全国代表大会中我们能看出，从最初的“法律意识”“法制观念”到如今的“法治思维”“法治方式”的演变，后者都是建立在前一届大会的基础上，结合当时的国情进行补充和完善。在“法治思维”的概念正式提出之后，一时成为社会热议的焦点，究竟如何才能培养好的法治思维并运用法治方法行事，成为大家讨论的话题。

“法治思维”是一个复合词语，思维是指：“在表象、概念的基础上进行分析、综合、判断、推理等认识活动的过程，是从实践中产生的。”而法治是一个相对人治来说的概念，意思是以法律为准则治理国家。对于法治思维这一概念，目前并未有一个完整统一普遍被认同的内涵，学界有很多研究成果对其进行界定。中央政法委秘书长汪永清认为：“法治思维是基于法治的固有特性和对法治的信念来认识事物、判断是非、解决问题的思维方式。”[1] 华东政法大学的陈金钊教授认为：“法治思维是指受法律规范和程序约束、指引的思维方式。由于在不同的历史时期，法治建设有不同的重点，因而法治思维的内容也会呈现出不同的样态。在现阶段，法治思维的核心在于限制、约束权力任意行使。从整体的角度看，法治思维不仅是指依法办事，而且包含了对公平、正义、权利、自由的价值追求。从方法论的角度看，法治思维讲究逻辑推理、修辞论辩和理解解释的技术手段。”[2] 北京市丰台区委常委、纪委书记李正斌认为：“所谓法治思维，就是指人们以法治理念为指导，运用法律规范、法律原则、法律精神和法律逻辑，对所遇到的问题进行综合分析、推理判断和形成决定的思维过程；它是以合法性为起点，以公平正义为中心的一个逻辑推理过程。”[3] 尽管各家表述的都有差异，但其实质并未跳脱出法治的大范畴来理解思维的过程，只是在有关法治与思维的活动认识上各有见地，表达也不尽相同罢了。对于笔者而言，法治思维其实很简单，就是在法治的要求下通过大脑对问题进行认识、分析和处理的方式，是一种非实物形态的逻辑化的思考过程。在人类社会文化发展的过程中，人们相互之间对于法治概念的认知尽管存在不一致性，但对同一理论背后的实质、原则、精神层面的把握普遍存在共识，因此法治思维也必然要以掌握相关法律概念为前提，在其基础上找寻自己的理解。

法治思维属于法治社会下的文化范畴。广义的法治文化涵盖了制度、精

---

〔1〕 汪永清：《善于运用法治思维和法治方式开展政法工作——深入学习习近平同志关于法治思维和法治方式的重要论述》，载《长安》2014 年第 8 期，第 14 页。

〔2〕 陈金钊：《法治思维和法治方式的意蕴》，载《法学论坛》2013 年第 5 期。

〔3〕 李正斌：《法治思维和法治方式》，载《北京人大》2013 年第 5 期。

神以及物质三个方面的内涵。分析过法治思维的概念后我们知道，法治思维正是属于精神方面的法治文化。精神方面的法治文化大致细分为三个层面。首先是法治意识和法治观念层面，这是在现代法治社会的背景之下，全体成员在精神层面上都应具备的最基本的东西，作为法治国家、法治政府、法治社会一体建设的基础力量，对于普通公民而言，不仅要有权利意识，更重要的是自觉遵守自身的法律义务。党员和领导干部作为思想先进的一批人，除了基本的权利义务观，更重要的是能够起到带头作用，尊重法律权威、守法用法。其次是法治思维和法治理念层面，在这个层面之下，对于法治的了解不仅仅停留在认识的层面，而是开始了解和分析，尝试运用法治思维解决问题。最后是法治的价值追求和自身的态度层面，表现为人们内心之中对于法治的价值观和认同感，一个人如果对法治有着强烈的认同和尊崇，会将自己精神层面的认同运用到日常行为之中，这是法治文化的最高层面。由此可见，法治思维是在法治意识的基础上发展而来的，下一步如何能够将法治思维运用出来则是社会主义法治文化在更高的层面上对我们所做的要求。

二、法治思维与行政能力

2015 年中共中央国务院印发的《法治政府建设实施纲要（2015—2020年）》中指出，要全面提高政府工作人员法治思维和依法行政能力，政府工作人员特别是领导干部要牢固树立宪法法律至上、法律面前人人平等、权由法定、权依法使等基本法治理念，以身作则、以上率下，在法治轨道上全面推进政府各项工作，这是建设法治政府的关键所在，同样也是对法治政府下的政府工作人员的全新要求。诚然，政府工作人员利用法律思维办事，对于提高行政能力是有重要影响的。

（一）深入学习法律法规，夯实法治思维与提高行政能力的基础

提高法治思维非常重要的基础和前提就是扎实的法律知识储备，政府工作人员特别是领导干部，如果没有一定的法律知识储备或者基础知识不扎实，就不可能运用正确的法治思维处理工作。领导干部作为法治政府工作的推动者、领导者，将会面临错综复杂的问题，因此也必精确掌握相应的法律知识。第一，在法律知识内容的学习上要有针对性和实用性。从实际工作的角度出发，我们不可能苛刻地要求每一位政府工作人员都像专业的法律工作者一样，细化到每条每款都能够信手拈来，需要的法律内容都能够熟练运用，这是不现实的。只要做到认真学习宪法和宪法性法律，了解国家政策和

制度的基本内容，熟练掌握本职工作中经常涉及的基本法律法规及相应程序，有针对性地进行学习即可，学习法律法规的最终目的是要运用在实践中，政府工作人员应时刻注重法律法规学习的实用性。第二，要注重多元化和有效性相结合的学习方法。不断创新法治政府工作人员学法用法制度，创新法律法规教育的方式方法，最终建立起学法用法长效机制。通过各种培训、学习、知识讲座、课题交流和考试等形式，在政府工作人员的观念中建立起法治意识和法律精神，通过学习法律知识并在实践工作中运用，使内在专业修养和外在工作能力共同发展，法治思维和执政能力共同提高。

（二）加强法治实践锻炼，落实法治思维与提高行政能力的目标

培养法治思维和行政能力的根本途径是要将学习到的东西最终运用于实践当中。《法治政府建设实施纲要（2015—2020 年）》中要求注重通过法治实践提高政府工作人员法治思维和依法行政能力。意思是说，政府工作人员特别是领导干部，在法治实践中要善于运用相应的法律知识对现实问题进行分析思考和解决，养成法治思维习惯，具体做到以下几点：

第一，积极参加法治活动。学习再多的法律知识，如果不运用到实践中都是纸上谈兵，而通过参加各种法治活动，能够将书本上学到的法律知识转化为处理事情的方法和手段，将头脑中的知识转变为解决问题的方法的过程，其实就是在逐步培养政府工作人员的一种法治思维模式，证明学习法律知识不是“无用功”，而是切实可行的助力。

第二，强化法治作风建设。习近平总书记曾指出，要以法治思维和法治方法抓作风建设，实现作风建设制度化、规范化、常态化。运用法治思维和法治方式抓作风建设非常重要，这需要树立法治权威并且依靠法治的力量，做到言必合法、行必守法，让法治方式成为解决矛盾、处理问题的唯一选择，坚决杜绝权大于法、以权压法的现象，切实做到权为民所用，利为民所谋。

第三，严格依法依规办事。政府工作人员在日常工作中，要严格按照各种法律规范确定的职权范围和限度行事，不能越权，要严格按照法定的程序行使权力，避免公民的合法权益遭到侵犯。在处理问题的时候，判断某种行为是否合法，是否要受到处罚，应当承担何种限度的法律责任都应当以事实为根据、以法律为准绳，通过法治思维的运用，以法律的标准进行客观理性的评价。在维护法治权威的要求下，理性文明地执法是前提条件，正确地引导民众的舆论走向是关键环节。

第四，善于发挥法治的引导、规范、保障、惩戒作用。法治的作用能够帮助政府工作人员在实践中预防打击犯罪、规范社会秩序、维护社会稳定、

保障市场经济平稳运行。运用法治思维方式引导人民群众正确表达自己的诉求，鼓励人民群众通过多种多样的纠纷解决机制化解矛盾，从而达到维护社会稳定、保证法律权威的目的，形成“遇事找法、办事依法、处理事情用法、化解矛盾靠法”的良性循环。

第五，完善制约监督机制。“将权力装进制度的笼子里”是习近平总书记一直以来强调的重点，运用法治思维和法治方法打击腐败，让权力在阳光下运行，展现实体和程序的双重公正，坚决杜绝“权力凌驾于法律”“不作为乱作为”“金钱案关系案”等腐败的现象。全面推行执法责任制，是完善制约监督机制的重要手段，是确保有权必有责、用权受监督的重要手段。

（三）完善考评机制，推进法治思维和提高行政能力的常态化

政府工作人员的法治思维能力要从多种渠道提高，让法治思维成为一种法治信仰。《法治政府建设实施纲要（2015—2020年）》中的措施指出，要完善政府工作人员法治能力考察制度，不论是从公务员的招录考试还是工作以后的晋升考核，法律知识的考试比重必然会逐步加大，特别是对于领导干部的政绩考评，都将是对其行政能力衡量的重要依据。在法治政府的要求下建立起一套法治绩效综合评价体系，引导政府工作人员将法治思维主动、自觉地运用到日常工作中去。

三、法治政府与法治文化的统一

（一）行政立法与法治文化的统一

行政立法中最凸显法治文化特点的地方就是要树立法律至上的观念。在现代法治的观念中，法律至上包括两个最核心的原则即法律优先和法律保留，这两项原则也是确定行政立法权限的重要原则。其中，法律优先指的是上位法效力优先于下位法，任何低位阶的法律规范不得抵触高位阶的法律规范。法律保留原则中的法律不仅仅指行政立法，而是在多层次的国家立法中，涉及一些重大社会公共利益和公民合法权益的事项，只能由法律给予明确的规定，法律以外的其他规范性文件则不能作出规定。在法治政府的要求下，行政机关立法时遵循法律优先和法律保留的原则十分重要，政府部门依法办事尤为突出，不能仅仅依照“红头文件”，让文件成为行政机关违法行政的借口和理由。法律至上的观念作为一种法治理念的模式，与法治文化的核心是一致的，只是在行政立法中的法治理念是更高层次上的理念，更具有抽象的意义，在政府法治文化建设和革新工作中，应该更多地宣传和推广法律至上的理念，将法律至上更好地贯彻到行政立法之中，特别是公民参与等对

立法有着实质性的影响制度，对法治文化的建设和形成具有非常大的价值的。

（二）行政执法与法治文化的统一

法律的生命力在于实施，法治政府的关键也在于行政执法。客观来说，政府机关行政执法还存在一些明显的问题，要纠正这些执法中的问题其实是需要进一步革新执法人员的执法理念的，在执法人员的思想层面上建立一种全新的法治文化，对行政执法观念进一步强化，在进行行政执法的工作时，严格按照法定程序行使自由裁量权，并时刻注意把握好裁量的范围和幅度，对行政执法与法治文化统一有着重要影响，具体应做到以下几点：

第一，尊重和保障人权。政府工作人员在进行执法的过程中应特别重视尊重和保障相对人的合法权益。2004 年《宪法》首次明确规定“尊重和保障人权”以来，在建设法治政府的过程中对于执法的人权保障就是一个由形式法治向实质法治转化的过程，我们的终极目标就是要维护好人们的合法权益。比如在实践中不乏争议的城管部门，在行使自己维护城市秩序的职责同时，也具有兼顾并维护好百姓的合法权益的义务。因此，在法制文化中对于人权的保障和尊重是非常必要的。例如，《行政许可法》第 47 条规定，“行政许可直接涉及申请人与他人之间重大利益关系的，行政机关在作出行政许可决定前，应当告知申请人、利害关系人享有要求听证的权利”。有关行政机关对于符合条件的申请是有权力做出行政许可的，但是对于申请人、利害关系人的知情权、听证权、陈述申辩权等应该享有的权利，在作出行政许可之前必须予以保证，让各方群众充分行使自己合法权利，以确保行政执法的公平、公正、公开。这就需要政府部门加大贯彻实施法治文化建设的力度，给行政执法人员建立起一种尊重和保障相对人权利的意识，发自内心的依法行政。

第二，树立程序正义观。我们首先要明确行政程序的概念，即行政主体行使权力时作出的行政行为所应遵循的方式、步骤、顺序和期间的总和。[1] 行政程序能够规范和制约行政权力的行使，维护和保障相对人的权利，同时也是提高行政效率的关键。因此，可以说法治的关键是程序问题，依法行政的核心是依程序行政。政府机关对于法律程序方面的文化建设工作应重视以下几点：（1）强化程序意识。不论是行政机关还是执法相对人，大家关注的普遍是执法结果如何而忽略执法中的程序问题，但往往就是执法程序最容易出问题，对于执法机关而言，缺乏程序意识就意味着在职责的履行上必然会大打折扣。对于执法对象而言，缺乏程序意识则可能导致自身合法的权益遭

---

〔1〕 参见应松年、杨小君著：《法定行政程序实证研究》，国家行政学院出版社 2005 年版。

受侵犯而浑然不知。（2）理解程序价值的多重内涵。行政执法程序价值具有多重内涵，执法部门必须对其进行全面的理解并建立起正确的执法程序观，即以“高效行政”为目标，合法合理并对公权力进行限制，保证公开、参与，力求在执行中弥补实体法规定的不足。在法治政府文化的建设中，我们要研究和解决的行政执法方面的问题是如何使执法人员作出可预见的政府行为，并减少因行使自由裁量权而导致的错误行政行为。

第三，控制自由裁量权的行使限度。合理性原则是行政法基本原则之一，同时也是合法性原则的补充和延伸，它要求行政行为不仅要合法同时要合理。这是在行政自由裁量权行使的基础上提出的，在法律规定的范围内，行政主体有自由选择处罚的权力。自由裁量权的正确行使既能够对具体的违法行为进行相应的处罚，又能够对违法者进行正确的引导教育。行政机关行使自由裁量权不是自由无限制的，在符合法律精神的前提下，还要考虑相关因素、排除不相关因素的干扰，而且处罚要适度手段要适当。执法实践中存在多种多样的方法手段可以达到行政执法目的，这样做是为了能够尽量减少甚至避免相对人合法权益的损害，在行使过程中根据统一的标准裁量处罚，加强监督，杜绝权力寻租。这就要求执法人员不仅要拥有法律相关的专业知识，更重要的是具有一种法治意识，从内涵上正确理解法律精神，这同样也是建设法治文化的内涵要求。

（三）行政监督与法治文化的统一

行政机关作为行政权力的行使主体，一言一行都要受到各方面的监督。广义的行政监督有内部监督和外部监督之分。内部监督指的就是行政系统内部的监督，不论是政府管理机关还是公职人员，都应当从自身出发树立起权责并存的法治意识，做到“有权必有责，用权受监督，失职要问责，违法要追究”。外部监督上，公民当然也具有监督政府行政工作的权利，但是能否积极行使自己的监督权，还要看公民个人法律思想觉悟的高低。只有公民拥有主张自己权利的精神并积极地行使，才能形成权利和权力之间的良性互动。因此，在建设法治政府文化的过程中，也对依法监督和被监督作出了要求，以此保证行政机关始终在法治的控制之下运行。

第四节　法治国家、法治政府与法治社会的统一

中共中央总书记习近平曾多次强调：“坚持依法治国、依法执政、依法行政共同推进，坚持法治国家、法治政府、法治社会一体建设，促进国家治理

体系和治理能力现代化。”为了实现两个一体化的建设，我们需要做的有很多，但是其中最为关键的必然是全面推进科学立法、严格执法、公正司法、全民守法，因为从理论的角度上来讲，这正是法治中国所必须具备的条件，即拥有科学完备的法制体系、严格有效的执法规则、公平公正的司法制度，并且社会大众能够严格按照法律规则行事。

一、科学立法

科学立法能够让立法的引领与推动的作用最大限度地发挥。立法即“法定主体以客观经济关系为基础，依照法定职权和程序，对社会资源进行的制度性分配，是以国家名义发现、认可和创制法律的活动，是具有规范性、国家强制性的普遍行为规则之结果得以发生、存在和产生效力的过程”[1]。法治建设所应具备的前提是要通过立法能够将抽象的社会发展需要转化为具体的法律规范，随着中国社会主义法律体系的建成，“一个部门齐全、结构严谨、内部和谐、体例科学的完备的法律体系”[2]。已经初步形成，但这并不是说我国的立法任务已经完成了，随着社会的不断发展，法律也要适应社会的进步，因此如何提高立法的质量无疑是当前工作的重点。习近平总书记在中共中央政治局第四次集体学习上强调，“要完善立法规划，突出立法重点，坚持立改废并举，提高立法科学化、民主化水平，提高法律的针对性、及时性和系统性。要完善立法工作机制和程序，扩大公众有序参与，充分听取各方面意见，使法律准确反映经济社会发展要求，更好协调利益关系，发挥立法的引领和推动作用”。可见，要做到法治国家、法治政府与法治社会的统一，其前提便是做到科学立法。

首先，科学立法要求观念上的科学化。尽管我国已经基本建成社会主义法律体系，但是如何在现有的基础上进一步完善中国特色社会主义法律体系，依然是一项长期且艰巨的任务。这当然就需要我们结合中国的基本国情，辩证地总结国外的立法经验，并充分结合民众的需求。坚持以人为本、执政为民，需要我们既要考虑到大多数人的利益，又要兼顾特殊群体的利益。既要追求社会与经济的双重发展，又要注意生态的保护，做到可持续发展。将重点放在体制的完善、民生建设、文化建设及对于公权力的约束、私权利的保护等方面的立法上。

---

〔1〕 江国华著：《立法：理想与变革》，山东人民出版社 2007 年版，第 5—6 页。

〔2〕 李步云：《实行依法治国，建设社会主义法治国家》，载《中国法学》1996 年第 2 期。

其次，科学立法要求程序上的民主化。一个民主的立法程序才是科学的，首要表现在立法主体的广泛性上，在广泛参与的基础上，保证人民的利益和意愿的真实表达，而社会民众的广泛参与不仅仅表现在立法讨论的参与上，而且，更多的是对自己真实想法的表达以及对立法实施的监督。我国2015年修订后的《立法法》新加入了公众参与机制，第5条明确规定："立法应当体现人民的意志，发扬社会主义民主，坚持立法公开，保障人民通过多种途径参与立法活动。"征询机制、协调制度、听证制度、多数通过制度、立法监督等立法程序中的制度，都在一定程度上体现了民主化。

最后，科学立法要求全方位的法治化。在依法治国全面推进的过程中，能够确保法治中国下的社会各层面都能够推进法治化，各领域严格按照法律标准行事，让科学立法在法治的轨道上运行。立法的法治化表现在以下几个方面："立法权限的法制性、立法内容的合法性和立法过程的法定性。"〔1〕首先，法制性的立法权限，要求明确按照法律的规定，科学、民主地划分，对于立法程序中包括的提案、审议、表决、公布等事项权力的归属都要遵照法律的规定不得滥用。这样才能既保证立法的独断性得到限制或消除，又能很好地树立法律的权威性，确保科学立法。其次，立法内容上保证合法性，即立法的内容合乎现有的宪法和法律的要求，不得与之相抵触〔2〕。这里的合乎要求既体现在宪法和法律的精神层面，即所追求的价值目标是相同的；又体现在内容上的协调统一，即存在不同位阶的情形下，下位法能够与上位法保持一致。最后，立法过程的法定性，这显然是科学立法的必然选择，因为只有立法过程做到合法运行才能最大限度避免权力滥用，制定出令人信服的法律规则。

二、严格执法

明代张居正曾说："天下之事，不难于立法，而难于法之必行。"前人的经验告诉我们，制定法律的意义不是为了束之高阁，而是在于如何更好地为实践所用。法律只有得到严格的执行才能体现其权威与价值，如果实施不力或只做表面功夫，那法律制定的再完善也是无济于事。正因如此，党的十八届四中全会中才强调："法律的生命力在于实施，法律的权威也在于实施。"

---

〔1〕 杨心宇著：《法理学导论》，上海人民出版社2002年版，第348页。

〔2〕 当然，前提是既定的宪法和法律首先就是具有合法性的，并被社会各界所认可的、普遍执行的。

在全面推进依法治国的总目标是需要立法、执法、司法、守法等各个因素和诸多环节共同配合完成的。随着中国特色社会主义法律体系的形成，解决了有法可依的问题后，法的执行逐渐地成为了法治建设中关键的环节。

在我国，法律的执行绝大多数是由行政机关完成的，各级政府是否能够切实做到严格执法，最能体现一个国家法治的程度，因此严格执法关系到法治中国的建设成效。行政机关的执法内容并不是事无巨细的，它包括了从国家管理到社会生活的诸多方面，在行政执法的过程中，通过将各种社会关系有秩序地进行组织管理从而实现法对社会的调整。然而，当前在行政执法过程中仍然存在一些亟待解决的问题，如执法不规范、不作为、乱作为的现象时有发生，因此严格执法对于法治政府的建设来说是一项十分复杂且重要的工作。习近平总书记曾指出："要加强对执法活动的监督，坚决排除对执法活动的非法干预，坚决防止和克服地方保护主义和部门保护主义，坚决惩治腐败现象，做到有权必有责、用权受监督、违法必追究。"这项要求的提出，就是针对行政机关及其工作人员在执法过程中防止出现胡乱作为、滥用权力导致执法不严的情况而提出的。"地方利益和地方保护主义，执法者的腐败，执法者的执法手段不足，执法者人身安全保障不力，都是导致执法不严的重要原因。"〔1〕因此，严格执法必须做到以下几点：

首先，严格执法必须做到程序上的法治化。在我国，大约 80%的法律、90%的地方性法规和几乎所有的行政法规的执法工作都是由行政机关负责的，可以说行政机关的行政能力与人民群众的日常生活联系得十分紧密。也正是因为这样，行政主体在行使权力的过程中才会出现权力滥用的情况，为防止这种情况的发生，行政机关在行政执法时必须以宪法和法律为最高权威并严格按照法律规定行事。"人民对政府的监督，最有效的办法是要求政府依照汇集了人民意志的法律来行使行政权力，使政府的抽象行政行为和具体行政行为都纳入制度化、法律化的轨道。"〔2〕法治化的程序是控制执法权最好的途径，英美法系国家最早地认识到了这一点的重要性，行政程序法律制度随之被制定出来。在英美法系国家的影响下，我国在依法治国的过程中，也对行政程序法治化的制度进行了各种探索，相继颁布实施了一系列的法律制度，如《行政处罚法》《行政复议法》《行政许可法》《行政强制法》以及 2014 年终于表决通过修订的《行政诉讼法》等，以及各地方的法律文件，这

---

〔1〕胡建淼：《"依法治国"基本方略的新提升》，载《瞭望新闻周刊》2013 年 6 月 29 日。
〔2〕王玉周：《法治建设必须坚守好公正这条生命线》，载《天津日报》2015 年 2 月 12 日。

些都表明我国行政执法正在按照一个法治化、制度化的轨道正确地前行。

其次，严格执法必须对行政权力加强监督和制约。由于行政执法对象的复杂多变，任何法律规定都不可能穷尽实践中遇到的所有情况，因此法律赋予行政主体一定的行政自由裁量权以满足非穷尽性的需求，从而更好地实现社会目的，这体现了法律精神。然而自由裁量权最可能导致权力的滥用，为了有效防止这种情况，各国也进行了各种尝试并提出了许多可供借鉴的理论。如法国是最先提出权力滥用概念的，并由行政法院通过复审滥用行政自由裁量权行为实现监督，不仅如此，20 世纪 80 年代法国又发展了“均衡原则”，以及英国的“合理原则”、德国的“比例原则”、日本的“无瑕疵裁量请求权和裁量零收缩理论”都是对自由裁量权的监督和控制的手段。近年来，随着依法治国的逐渐深入，我国已经建立起了一套具有中国特色的行政权力运行制约和监督体系，包括党内监督、人大监督、民主监督、行政监督、司法监督、审计监督、社会监督、舆论监督等，这八项监督各具特色又分工明确，在不同层面对行政权力进行多角度的监督制约，从而形成一个科学有效的制约监督机制。

最后，严格执法应充分保护公民权利。行政执法是公权力的行使，是属于国家机关及其工作人员的行为，因此，执法主体与执法对象之间存在一种权利和地位的不平等，在执法过程中很容易忽视公民的权利。近年来政府“权力清单”的形成，一时间引起了社会各界的广泛关注，通过对行政权力的梳理，列明政府能做什么不能做什么，不仅有效推动了各级政府全面履行职能，更能够借此来保障公民权利。对于问责制度的完善，也是保护公民权利的有效途径之一。如今社会存在一种“拍脑袋决策，拍胸脯保证，拍屁股走人”的恶劣现象，这对于人民群众是极不负责任的行为，因此党的十八届四中全会围绕健全依法决策机制、杜绝违法决策提出了一系列重要举措，其中建立“重大决策终身责任追究制度及责任倒查机制”成为亮点，这代表了谁决策谁就要负责而且是终身负责。在行政执法中加强保护公民的权利是严格执法的必然要求，同时也是使依法治国方略顺利推进的应有之义。

三、公正司法

党的十八届四中全会中审议通过的《中共中央关于全面推进依法治国若干重大问题的决定》中强调了司法公正对法治建设具有重要的意义和作用，“公正是法治的生命线。司法公正对社会公正具有重要引领作用，司法不公对社会公正具有致命破坏作用”。制订详细的计划确保司法公正、提高司法公信力。“必须完善司法管理体制和司法权力运行机制，规范司法行为，加强对司法活动的监督。”法律在实施和运行过程中，司法作为最重要的环节，在国家强制力作为后盾的前提下，国家机关行使的一项重要的权能，它调整着社会关系，维护着社会的秩序。是司法公正作为维护社会公正的最后一道防线，对于社会法治具有重要的引领作用，“在每一个司法案件中都能让人民群众感受到公平正义”是公正司法的最终归宿，也是法治建设的重要目标。

我国司法的公正旨在确保法院独立行使审判权，检察机关独立行使检察权，并且不受任何行政机关、社会组织和个人的干涉。当然，司法的公正最终是要依靠制度来保证的，我们必须做到几点：首先，十八届四中全会提出“在司法调解、司法听证、涉诉信访等司法活动中保障人民群众参与，完善人民陪审员制度，构建开放、动态、透明、便民的阳光司法机制。”通过建设审判流程、裁判文书、执行信息三大平台信息公开制度，推进公正司法。其次，在尊重司法权内在运行规律的前提下，推进权力运行机制。去行政化是司法权运行机制改革的核心与关键，长期以来，法检内部层级管理和呈报审批制度的弊病导致了司法裁判责任不清、处理案件效率低下等问题，四中全会决定中特别提出了完善主审法官、合议庭、主任检察官、主办侦查员办案责任制，落实谁办案谁负责。最后，强化外部监督，为权力行使活动架上高压线。在加强对司法活动的监督上面，四中全会明确从两个方面进行规定：其一是法律监督，即完善检察机关对司法权的监督，从刑事诉讼、行政诉讼、民事诉讼中进行法律监督；其二是人民监督员的监督，即绝不允许法外开恩，杜绝“关系案、人情案、金钱案”。

司法公正彰显了司法力量，同时对于构建社会主义和谐社会具有现实意义，人民法院作为一个拥有绝对司法权威的存在，最终目的是通过公正司法营造一个公众普遍遵从、富有公信力的司法秩序。不论是人民法院还是人民检察院，都有义务在司法体制改革中遵循公正司法的内在生成规律，不断强化司法监督，推动司法公正。

四、全民守法

法治可以说是一种状态，但同时也是一项要求，这种要求中既包含了政府，也包含了公民。卢梭曾说：“一切法律中最重要的法律，既不是刻在大理石上，也不是刻在铜表上，而是铭刻在公民的内心里。”法律关系主体对于法律认知的重要性正是由法治而突出的，法治状况的衡量标准之一就是人们法律意识的高低。法治的各项要求所反映的也必须是社会生活的实际情况，只有人们在内心中普遍认同和接受了，才能让我们真正地贯彻法治。法律实施的重要主体是人民群众，依法治国基本方略得以实施的社会基础也是建立在人民群众知法、信法、守法的基础上的。习近平总书记曾多次强调："各级领导干部要带头依法办事，带头遵守法律，牢固确立法律红线不能触碰、法律底线不能逾越的观念，不要去行使依法不该由自己行使的权力，更不能以言代法、以权压法、徇私枉法。"那么，如何在中国实现全民守法呢？

第一，法治宣传教育要深入。应该深入开展法制的教育宣传，弘扬社会主义法治精神，在社会主义法治国家的建设中，法治文化的建设同样不能忽视，通过对法治的宣传教育，不仅仅是让人们学法、懂法，更重要的是弘扬一种法治的文化，要在法治教育中逐步建立起国民对法律的尊敬和信仰，进而使人们在生活中能够尽量体现法律的思维和行为模式。这就要求我们在法治宣传教育中，一方面，对于实际生活中执法和司法案例的公开，可以从观念上教育群众尊法守法；另一方面，将社会优质资源集中，力求在法律工作者队伍的培养上能够精益求精，回馈给社会更加优质的法律服务。

第二，道德教育要兼顾。人民群众在享受权利带来的利益的同时，更要自觉履行义务。法律是一种规范化的秩序，大多数的法律规范都是从社会的道德规范中衍生而来的，因此法律也是道德的底线。但是纯道德与纯法律之间有一条暗沟的存在，单靠法律条文的堆砌是不能够完全建立起法治的秩序的。自古以来"道德教化"的治理原则一直都是上位者治国理政的首选。党的十八大以来，社会主义核心价值观一直是中央高度重视培育和践行的，因为这不仅是科学的世界观、方法论，更是正确的人生观、道德观。这与全民守法的精神是契合的，全面推进依法治国离不开社会主义核心价值观的教育，法治与德治相辅相成不可偏废。

第三，应当加强社会自治建设。社会自治的建设包括了城乡居民自治、社区自治、地方自治、行业自治和社会组织等多种形式，通过社会自治的建设，可以最大限度地激发公民的主体意识培养公民的新型政治文化，调动公民的参政积极性，增强公民的社会责任，提高公民的治理能力，塑造公民的政治认同和社会团结。同时，社会自治所体现的社会管理职能，大大减轻了政府的行政负担和行政成本，对于维护社会稳定具有重要的作用。

第二篇　法治政府理论篇

第四章　法治政府的新内涵

第一节　开放式政府治理范畴

一、经济改革与政府管制的关系

自我国 1978 年确立改革开放以来，到 2001 年中国正式加入世界贸易组织，再到如今“一带一路”倡议，中国突破了原来计划经济时期的发展桎梏，并在经济方面取得了举世瞩目的成绩。在过去的三十余年中，我国经济总量从世界第十，跃居第二；从低收入经济体，进入到了中高收入经济体的行列；综合国力增强，国际地位提高……我国的经济社会发展之所以能取得这样的成绩，靠的就是改革。但我们要看到，确立以市场为主导的经济虽然使我国取得了不错的成绩，也带来了一定的问题。比如，目前我国经济市场混乱、监管不力、深化改革进程不乐观、市场化改革存在诸多困扰等。

党的十八届三中全会已经对全面深化改革作出了战略部署，其中经济体制的改革是重点，而处理好政府和市场的关系则是经济改革的核心问题。也就是说既要使市场在资源配置中起决定性作用，又要充分发挥好政府的作用。

（一）构建开放型经济新体制

无数历史经验告诉我们，封闭不是当今世界的发展之路。面对世界多极化和经济全球化的不断推进，我们已经将对外开放作为我国长期的基本国策。然而要想使我国的发展跟上急剧变化的国际政治经济环境，就需要站在新起点上，全面推进各项改革，深化经济结构调整，突破现有发展障碍，把我国建设成为开放型的经济强国。

确立改革开放政策后，我国在经济发展中创造了“中国速度”。但在这一高速发展阶段后期，我国的经济发展呈现出“新常态”的特点。所谓新常态，是指区别于过去的发展状态但短时间内不会消失的一种状态，其特征具体来说就是：经济增长速度从高速增长转为中高速增长；经济结构不断地优化升级，不仅仅只重视数量而是开始重视质量；经济发展动力从最初的要素驱动和投资驱动转向为更符合时代发展的创新驱动。经济发展新常态是高速发展后期的必然状态，但并不意味着我们要在这样的时期懈怠。相反地，我国的发展仍然处于重要战略机遇期，我们要更加发挥主观能动性、适应经济发展新常态，更有创造精神地推动我国经济发展。

2015 年 5 月 5 日，中共中央国务院发文《关于构建开放型经济新体制的若干建议》中指出，构建开放型经济新体制的总体要求是：

1. 建立市场配置资源新机制

在物质尚未充分满足的当今时代，资源配置还是主要依靠市场来调节。因为市场是一只无形的手，通过市场现实情况有利于我们更准确地了解供需和发展方向。在改革开放的背景下，我们不应只看国内市场，而是要使国内和国际市场深度融合，促进国际国内要素之间自由有序地流动，建立更加公平开放竞争有序的现代市场经济体系。

2. 形成经济运行管理新模式

过去我们发展经济是摸着石头过河，在管理上自然也就不够规范。要想在新形势下取得进一步的发展，就要求我们必须适应国际大潮流，按照国际化和法治化的要求，在我国营造出良好的法制环境，坚持依法管理开放型经济，建立起和国际标准相适应的管理模式。为此我们必须做到政府所作出的管理行为必须有系统的法律规范参考，使政府管理必须纳入严格的法治化轨道上来。经济行为要坚持市场化，坚决反对政企不分、政府过分管控经济的行为。给经济行为最大程度自由的同时，要建立健全企业履行主体责任，让企业对自己的行为承担责任。政府不干涉经济行为但可以依法对经济行为进行监督，并且要进一步给社会公众以广泛参与对经济行为监督的途径，确保我们的经济发展朝着良好方向发展。

3. 形成全方位开放新格局

在改革开放初期，我国东南沿海是主要开放地区。东部开放带来了大发展的成果，未来我们要更加坚持全方位的自主开放和对等开放，拓展开放型经济发展新空间。在继续坚持东部率先开放、西部大开发、东北振兴、中部崛起的区域化总体发展战略基础上，要重点实施“一带一路”倡议和京津冀协同发展战略和长江经济带战略，以此来推动我国东西部的双向开放，缩小地区发展差距，更好地利用我国各区域的优势，形成共同发展进步的全方位开放新格局。

4. 形成国际合作竞争新优势

我国在发展过程中长期处于劣势地位，主要原因就是我们的发展缺乏创新，大部分依靠简单劳动力，缺乏尖端技术。要使我国在未来的国际发展中具有更好的前景，必须在巩固和拓展传统优势的基础上，加快培育竞争新优势。在新形势下要更加注重科技创新，将质量效益视为竞争的核心，市场环境竞争有序、政务环境透明高效、法治环境公平正义，全面提升中国在全球合作中的地位。

（二）经济改革的同时要加快转变政府职能

经济要发展，就必须将应属于市场的放手交给市场。经济改革离不开政府的指导和调控，但政府却不能过多地干预市场。所以经济改革不仅仅要狠抓经济这一块，还要加快转变政府职能，坚持政企分开、政资分开、政事分开、政社分开，简政放权、放管结合、优化服务。只有政府职能切实转变，经济改革才能大刀阔斧地向更好的方向发展。

1. 转变政府职能要深化行政审批制度改革

以前我们的政府管得太多太冗杂，对很多无须审批的事项要求过于复杂，大大降低了效率，影响了经济改革的进程。今后我们要全面清理行政审批事项，全部取消非行政许可审批事项。

对于生产经营活动方面的许可，要最大限度地减少，给生产经营活动一定的自由空间。对于投资项目的审批、核准的范围，要最大限度地缩小，让投资活动的辐射范围更加广泛。对于各类机构及其活动的认定，要最大幅度地减少，由此才能提高大众创业的主动性和创造性。

对于直接面向基层，由地方实施更方便有效的行政审批事项，应当一律交给基层管理。加大取消那些约束企业生产经营的行政许可事项，鼓励大众创业创新，并要做好已取消和下放的行政审批事项的落实和衔接。

2. 政府要完善宏观调控职能

市场是看不见的手，政府的宏观调控就是看得见的手，政府要配合才能使经济改革更加规范化。为此，政府应当健全发展规划、财政税收、投资管理以及金融等方面的法律制度，加强发展战略、政策以及标准的制定与实施。

开放型经济应当由市场决定价格。加快转变政府职能应当更加完善由市场决定价格的机制，全面开放竞争性领域商品的价格。政府定价的种类要缩减，对于需要政府定价的种类和项目，要制定并以公示的形式公开定价目录清单。

3. 政府要加强市场监管

市场开放后，难免会出现鱼目混珠、鱼龙混杂的乱象。作为行政主体，政府更要在开放型经济形势下加强市场监管，认真清理妨碍市场统一和公平竞争的规定和做法。对于行业垄断、地区封锁、部门保护等不公平的做法，要坚决破除。

随着互联网和智能手机的广泛使用，当前电子商务在监管方面出现了很多漏洞。比如，当前很多人选择在外卖软件上订餐，但外卖商家是否具有卫生许可证和经营许可证却没有保证，甚至出现了“幽灵餐厅”〔1〕。尽管我们一再说要开放市场，但并不意味着允许这些不合理乱象存在。为此，我们对该领域应加强市场监管，在简化对生产经营活动方面的许可审批的同时，要加强事中和事后监管，完善市场监管体系。

与此同时，也要加强社会信用体系的建设，建立健全全国统一的社会信用代码制度和信用信息共享交换平台〔2〕，推进企业信用信息公示“全国一张网”建设，使市场监管更加透明和便民。

4. 强化生态环境保护

无论是已经进入发达水平的国家，还是像我们这样正在快速发展的发展中国家，似乎都不可避免地在经济发展过程中遇到了严重的环境问题。以世界上第一个工业化国家的英国为例，先进的工业化无疑是英国成为当时世界上最发达的国家的重要原因。但是工业化时期英国的空气受到严重污染，大多数城市空气中充满了氯气、一氧化碳、硫酸、甲烷等 200 多种致癌物质。19 世纪下半叶，英国一些重要的工业城市上空的尘埃越来越多，日照时间大大缩短，其首都伦敦更是在工业化之后，由于城市上空充满烟尘而形成“雾都”。〔3〕 近些年来我国也遇到了严重的雾霾问题，尤其在北方冬季情况更为严重，大大影响了国民身体健康。经济改革带来的环境问题虽然看似不可避

---

〔1〕 参见《三亚美团外卖现“幽灵餐厅”老板宁弃大单也不透露地址》，载《国际旅游岛商报》2016 年 10 月 6 日。

〔2〕 参见《法治政府建设实施纲要（2015—2020 年）》。

〔3〕 刘金源：《工业化时期英国城市环境问题及其成因》，载《史学月刊》2006 年第 10 期。

免，但我们却不能任由其发展蔓延。

我们必须在坚持经济改革的同时，加强政府对生态环境的监管。加快建立和完善能够有效约束开发行为的法律制度，坚持我们的经济改革不仅仅追求效益，而是建立起绿色发展、循环发展、低碳发展的经济改革理念。为了鼓励环保创新，应当对资源性产品的价格和税费进行深化改革，实行资源有偿使用制度和生态补偿制度，做到尽量不损害，损害有补偿。

在前些年，有些地区领导干部为了私利不惜牺牲当地空气质量，只追求效益，过分追求 GDP 指数。为了避免这样的情况再度发生，还应当健全生态环境保护责任追究制度，对领导干部实行自然资源资产离任审计。以求通过多角度政府管制，从各个方面保证经济改革朝着良性的方向发展。

二、重大行政决策法定程序的确立

建设开放型政府是为了使我们的管理更加符合时代发展，提高管理效率。开放型政府应当更加注重决策的合理合法化。出于提高各级政府决策的科学化、民主化、法治化水平，健全依法决策机制等方面的考虑，中国共产党十八届四中全会公报确立了包括公众参与、专家论证、风险评估、合法性审查、集体讨论决定五个程序在内的重大行政决策法定程序，完善了重大行政决策程序制度，明确了决策主题、事项范围、法定程序、法律责任，强化了决策法定程序的刚性约束。

（一）增强公众参与实效

在过去很多年中，一旦有事关公众利益的重大行政决策，总是会激化政府和老百姓之间的矛盾，信访机关也无法很圆满地调和数量繁多的此类情况。其实政府和人民之间当然不是对立的关系，政府服从于中国共产党的领导，而中国共产党依靠的是人民的力量。虽然在发展和治理的过程中难免会出现一些矛盾，但并不是没有好的方法去解决。从前矛盾频繁出现的原因是重大行政决策的制定和实施由行政机关主动做出，并不能够尽善尽美地考虑到老百姓的需求，老百姓自然会有不满的声音。但是如果我们在确立重大行政决策的时候增强公众的参与度，让公众对事关自身利益的事情自己做主，这种矛盾就会淡化，既提高了政府的工作效率，也实现了政府为人民服务的宗旨要求。

以旧房改造为例，在当前“钉子户”现象频发，各地区拆迁矛盾激化的当下，上海市解决这个问题的方法成为全国范围内的优秀榜样。2011 年上海市出台了《上海市国有土地上房屋征收与补偿实施细则》（以下简称《实施细则》），对上海市的旧区改造进行了具体的启动和补偿程序规定，并创设了当时上海独有的“事前征询制度”，事前征询制度分两轮进行，所以又被称为“两轮征询制”[1]。第一次征询的目的是解决“是否改造”问题。《实施细则》第12条明确规定，“因旧城区改建房屋征收范围确定后，房屋征收部门应当组织征询被征收人、公有房屋承租人的改建意愿；有90%以上的被征收人、公有房屋承租人同意的，方可进行旧城区改建”。也就是说，当有90%以上的被征收人获得公有房屋承租人同意进行改造的，方可确定可以对该区域旧房进行改造。第二次征询的目的是解决“补偿安置”问题。《实施细则》第21条明确规定，“因旧城区改建需要征收房屋的，房屋征收部门应当在征收决定作出后，组织被征收人、公有房屋承租人根据征收补偿方案签订附生效条件的补偿协议。在签约期限内达到规定签约比例的，补偿协议生效；在签约期限内未达到规定签约比例的，征收决定终止执行。签约比例由区（县）人民政府规定，但不得低于80%”。也就是说在确定了可以进行旧房改造之后，还要在80%以上居民同意了补偿方案之后，正式的改造工作才可以实施。如果比例没有达到《实施细则》的规定，那么政府不能强制拆迁改造，而是暂停该项目，由居民自治组织协调或者居民之间相互协调，待到比例符合规定时再实施改造工作。这样就有力地调动了居民参与重大决策的积极性，也加快了政府征收的速度和效果。由此可见，重大行政决策应当增强公众参与实效。

（二）强化专家论证效力

政府在社会治理中主要起到统筹优化的作用，但政府并不是万能的，并不能在方方面面都以最专业的方式作出行政决策。因此要加强具有中国特色的新型智慧库建设，建立起行政决策咨询论证专家库，对于专业性和技术性比较强的决策事项，政府应当在决策作出前组织专门人员对该事项实施的细节以及可能会对其他方面的影响作出专业性分析，在专家意见的基础上作出最合理的决策。

（三）提高风险评估质量

重大行政决策的作出必须严谨，因为社会系统的各个方面都是相互影响的，一个环节的失误很有可能造成别的方面的损失。比如，城市建设可能会导致历史文化建筑的损毁，区域经济发展可能会造成生态环境的破坏等。因

---

〔1〕 刘雨修：《上海市旧区改造公共参与机制的完善》，载《上海政法学院学报》2014年第3期第29卷。

此，重大行政决策做出前必须提高风险评估质量，通过对风险源、风险点进行深入细致排查和综合分析研判，确保政府对社会一方面的治理不会影响社会稳定。

（四）进行合法性审查

开放式政府并不意味着政府的行政是懈怠的，相反，开放式政府的治理职能更应当受到监督。依法治国要求政府所有的行为都应当在宪法和法律的范围内进行，开放式政府自然也不例外。中共中央、国务院印发的《法治政府建设实施纲要（2015—2020年）》中明确提出："要建立行政机关内部重大决策合法性审查机制，未经合法性审查或者审查不合法的，不得提交讨论。"与此同时，我们还应当重视重大行政决策制定的法律顾问的建设，保证决策做出后和做出前都有合法性要素的保证。

（五）集体讨论决定

在过去的很多年，许多决策都是因为有关领导干部的一句话而做出的，这种错误的做法与我国开放式政府的建设明显是非常对立的，少数人专断绝不能成为现代政府治理社会的方法。重大行政决策是否科学化、民主化，能够直接影响到政府行政管理活动的效能，因此我们应当贯彻落实重大行政决策集体讨论制度。对于重大行政问题，必须经由政府常务会议或者全体会议、部门领导班子会议的集体讨论，行政首长在集体讨论的基础上才能够做出决定。而且如果行政首长拟做出的决定和会议组成人员的讨论多数意见不一致，应当在集体讨论会上说明理由，并如实记录存档。

三、政府行政与社会系统的良性互动

开放式政府应当是与社会系统广泛联系的，如果政府拒绝与社会系统之间的联系，会使政府管理陷入脱离实际的泥沼中。墨守成规不是开放、故步自封不是开放。只有以包容的心态和智慧与时俱进，随着社会的发展进步，深入了解人民的需求，根据社会出现的新状况找出解决问题的新办法，才是开放式政府的应有之义。

（一）政府行政需要与社会系统相互促进

政府负责我们社会的统筹管理，所以政府在很多问题的处理上并不具有专业性，而社会系统恰恰相反，比如社会组织，总是在一定的领域内开展组织活动；比如集团企业，总是在某一行业中从事经营管理……这些社会系统在自己的专业领域范围内往往比政府了解得更加深入，也更加懂得问题的存在原因和解决的途径。因此，政府行政应当是开放的、包容的，政府在行政过程中应当保持与社会系统的良性互动，与社会系统之间相互促进，共同发展。唯有这样，才能避免政府治理出现滞后性的问题，保证我们政府的治理与时俱进。

（二）政府应当对社会系统的活动提供帮助

人民将掌握的国家权利交给政府，由政府集中进行社会管理，所以政府合法的行政权力来自于人民。政府的职能是管理社会服务人民，为了社会朝着更良性更高效的方向发展，政府应当对社会系统提供必要的扶持和帮助。比如公益性组织的生态恢复活动和大学生创业，这些活动能够在很大程度上促进社会的发展，但是由于财力有限，这些活动和计划往往受到牵制而难以取得良好的结果。作为国家的公共管理机构，政府有责任为社会系统中有益于人民的活动提供必要的帮助，如减少税收、免息贷款、财政扶持等。社会系统的这些活动也能够促进社会的和谐和进步，减少政府的负担，最终能够实现政府行政和社会系统之间的良性互动。

（三）政府行政与社会系统之间要相互监督

英国历史学家阿克顿勋爵有句名言说："权力导致腐败，绝对权力导致绝对的腐败。"政府掌握了极大的权力，没有监督当然难以避免腐败。对政府的监督应当是全面的，有来自党的监督、有来自权力机关的监督、有来自行政系统内部的监督……当然，也有来自广泛社会系统的监督。只有接受全面而严格的监督，我们的政府才能成为开放式的政府。另外，由于社会是个庞大而复杂的系统，我们不能够保证所有的组织、机构等都能认真承担社会责任。因此政府也应当切实履行对社会系统的指导和监督职责，确保在政府的治理下，社会系统合理有序地运转。

第二节　价值化政府治理范畴

一、政府治理与政治体制

当今世界上大多数国家实行的政治体制是民主体制，民主体制大致分为自由民主体制和人民民主体制。欧美国家大多采用自由民主体制，以中国为首的社会主义国家采用人民民主体制。我们普遍认为，自由民主和人民民主在性质上的区别是：前者是代议型民主，后者是代表型民主。[1] 以我国为代表的人民民主体制，其建立的基础是长期、稳定的民心，关注人民的基本需

[1] 王绍光：《代议型民主与代表型民主》，载《人大论坛》2014年第3期。

求，侧重内容偏向于实质性民主。我们一般认为，一国的政治体制与该国的政府治理息息相关，西方学术界认为自由民主体制是体现民主规范的唯一正统，但新中国成立后在政治经济国际地位上的迅速崛起和欧美国家的逐渐衰落，恰恰说明了问题并非这样。政治体制虽然给政府治理提供了价值化方向，但并不能单纯地说哪种政治体制才是正确的，重要的是采用适合自己国家的政治体制。而我国长期的历史文化决定了我们适用人民民主体制更符合国情。而且，我国的人民民主体制决定了我国政府治理要紧紧依靠人民的主体地位。

《宪法》第 1 条规定：“中华人民共和国是工人阶级领导的、以工农联盟为基础的人民民主专政的社会主义国家。社会主义制度是中华人民共和国的根本制度……”第 2 条第 1 款规定：“中华人民共和国的一切权力属于人民。”从 1949 年建立新中国开始，到 1956 年实现社会主义过渡，我们在政治制度层面上实现了人民当家作主。然而要在政治领域真正实现人民当家作主，就应当扩大公民有序政治参与的民主之道。宪法第二章“公民的基本权利和义务”中规定了一些公民有序政治参与的具体内容。比如第 34 条规定：“中华人民共和国年满十八周岁的公民，不分民族、种族、性别、职业、家庭出身、宗教信仰、教育程度、财产状况、居住期限，都有选举权和被选举权；但是依照法律被剥夺政治权利的人除外。”第 41 条第 1 款规定：“中华人民共和国公民对于任何国家机关和国家工作人员，有提出批评建议的权利；对于任何国家机关和国家工作人员的违法失职行为，有向有关国家机关提出申诉、控告或者检举的权利，但是不得捏造或者歪曲事实进行诬告陷害。”宪法中的这些条文都为政府治理中扩大公民有序政治参与提供了宪法上的依据。

宪法只是第一层面上的保证，要扩大政府治理中公民的政治参与，还要政府健全和完善听证制度、完善公民对立法的参与制度等。

听证制度是一种比较直接的民主方式，现代的听证制度可以涉及立法、行政、司法等诸多方面，政府举办听证会应当认真坦诚，避免走过场。公民对立法的参与我们已经做出了许多尝试，比如最引起国内外广泛关注的对法律草案的全民讨论。当然，由于立法是一项很专业化的工作，并不是所有法律都适合广泛征求意见，所以我们并不是要求对所有的法律，而是只对那些与公民利益切实相关的法律草案交由全民讨论。

通过落实宪法对公民民主权利的规定，以及提高政府行政过程中对公民广泛参政的程度，我们的政府治理就能够和政治制度更加适应。

二、政府治理与依宪治国

当我们提到民主政治，与“有限政府”这个专业名词是分不开的。有限政府理论的基本含义是指无论国家公共权力掌握在谁手里，其权力都应当是有限的、受到制约的。因为从权力本身就是一种恶的观点来看，无论哪个阶级掌握了国家权利，如果对权力不加约束，就必然会导致权力的滥用。有限政府理念的产生和形成是在封建君主专制发展到顶峰的时期，如孟德斯鸠生活的法国君主专制时代，洛克经历的英国君主时代和克伦威尔的专制时代。无数历史表明，我们不能否认过大的权力确实存在恶的一面，正是因为想使行政权力受到一定的约束，宪政慢慢发展起来。我国在民国时期就确立了“军政、训政、宪政”通过革命一步步还政于民的三部曲。1949 年成立新中国以后，经过一系列的恢复发展，曾于 1954 年通过了首部宪法。由于“文化大革命”的爆发和结束，我国的宪法几经修改，最终于 1982 年 12 月 4 日正式通过并颁布了当前现行宪法。

中国共产党的十八大指出，到 2020 年基本建成法治政府是全面建成小康社会的重要目标之一。我们的党依法治国离不开依宪治国，这是因为从依法治国的内涵和价值追求上看，宪法是实现依法治国的根本保障。必然地，建设法治政府依法行政一定也离不开依宪行政。依宪治国是中国政府治理的前提。

宪法序言中写道：“社会主义的建设事业必须依靠工人、农民和知识分子，团结一切可以团结的力量。”政府作为统治阶级行使国家权力进行阶级统治的工具，其治理的成果好坏与我们的切身利益息息相关。政府的治理不能是封闭独断的，要充分接纳吸取广大人民的智慧，依靠人民的力量进行治理。

《宪法》第 3 条第 1 款规定：“中华人民共和国的国家机构实行民主集中制的原则。”民主集中制表现在民主基础上的集中和集中指导下的民主。政府实行行政管理时应当充分考虑当地的实际情况，选择更加适合当地发展的方法进行管理。与此同时，也要服从党的领导，在国家确立的政策方针下进行治理。

《宪法》还规定了：“国家根据各少数民族的特点和需要，帮助各少数民族地区加速经济和文化发展。”新中国成立以来，我们始终坚持各民族共同发展，考虑到部分少数民族由于历史、地理和文化原因发展比较滞后，我们也强化了对少数民族帮扶的力度。以海南省为例，2016 年 11 月 30 日，海南省人大常委会表决通过了《海南省散居少数民族权益保障规定》，规定指出在有海南省少数民族聚居镇的市县，人民政府应组织科技人员、教师、医务人员等专业技术人员到少数民族聚居镇定期工作，实现政府对少数民族科教文化事业的帮助。[1] 除此之外，许多地区也都在大力发展当地民族特色旅游，促进少数民族地区经济发展。中国经济发展不再是过分依靠消费，大众创业、万众创新是时代的新主题，在这样的新形势下，各级人民政府应当扶持少数民族创业，在人才引进技术改造方面给予少数民族帮助。

宪法的权威并不仅仅是因为它的稳定性，宪法作为国家的根本大法应当得到具体实施，政府治理依照宪法进行是一个国家治理能力现代化的根本保证，我们应当谨防政府权力不受限，用宪法规范政府的管理行为，使政府治理与依宪治国相统一。

三、政府治理与文化传统

中华民族是有着五千年文明的民族，也是世界上唯一个古代文明与现代文明没有断裂的民族。这与中华民族固有的传承精神有关，传统文化思想在世世代代中国人的脑海里根深蒂固。现代中国能够屹立于世界民族之林，与勤劳勇敢、艰苦奋斗的中华民族优良传统是分不开的。正是因为文化传统对我们有着深厚的影响，所以我们不应在发展的过程中摒弃优秀的传统文化，现代的政府治理应该更加重视继承传统文化中优秀的内容。

“和”文化是贯穿中国传统文化的精髓，无论是“和实生物”“和而不同”，还是“以和为贵”……中国人对“和”的认同感是深厚的。最初在中国古代朴素唯物主义中已经存在大量的“和”思想，如周易中提到“一阴一阳之谓道”。“和”不应仅仅是封建时期治理国家的理念，在现代中国社会中，我们将这一文化传统赋予了新的内涵——“和谐”。我国在党的十六届六中全会上正式提出了构建社会主义和谐社会的美好目标。

和谐社会要求政府承担起保护生态环境的责任。古人“万物合一”的生态智慧，告诫我们人类不可能脱离自然而独立存在，人与自然是相互依存才能世代持续发展。近代中国由于闭关锁国在经济上曾远远落后于西方发达国家，建立新中国后，为了赶超经济强国我们做出了许多努力，也取得了令人骄傲的成绩。但是我们在过去一段时间的经济发展上存在严重的错误。为了发展制造业对森林大量砍伐，导致水土流失严重；为了发展工业大量排放污染废气，导致空气质量严重低于国际标准；为了发展城镇化非法占用耕

〔1〕 参见海口网 2016 年 12 月 1 日《海南少数民族聚居镇将纳入旅游发展规划》。

地，使良田不再……我们不能再重蹈过去二三十年的覆辙，政府严格治理发展中的不和谐现象，对不达标的企业严肃整顿。坚持经济治理与环境治理相统一。

中国自古有对人本思想的发展。孟子曾经说过“天时不如地利，地利不如人和”，唐太宗也曾借孔子“水能载舟，亦能覆舟”之言，以舟喻君主，以水喻庶民，表明人民和统治者之间的关系。现代中国更是在共产党的领导下确立了人民民主专政的政体，中国政府是人民实现阶级统治的工具，因此，政府在依法行政的过程中要坚持以人为本，为人民服务，关注民生。

当然，传统文化中不仅有精华，也有糟粕。官僚主义思想也是中国传统行政文化中的重要组成部分。在封建社会，皇权主宰一切，皇帝被赋予天子的地位，是整个封建社会的唯一统治者。[1] 官僚主义是封建社会残余思想的重要表现，在漫长的历史时期中，这种对权力的崇拜也深深影响了中国人的思想。在目前的行政环境中，许多领导干部的“官僚主义”思想仍然存在，脱离群众、唯我独尊的现象屡见不鲜，甚至曾经还有领导干部将党与人民对立，质问媒体“代表党还是代表人民”……对于这种严重与执政为民理念相违背的行为，我们要坚决抵制，坚决将“官本位”的思想从现代政府体系中剔除。树立重视法治素养和法制能力的用人导向，把法制观念强不强、法治素养好不好作为衡量干部德才的重要标准。对于特权思想严重、法制观念淡薄的干部，要进行批评教育、督促整改，问题严重或者违法违纪的，要依法依纪严肃处理。

正如现代文化不可能脱离了传统文化而存在发展一样，现代政府的治理理念和行为也必然会受到传统文化的影响。但政府治理要对传统文化取之精华，去其糟粕，使我们的政府治理始终坚持正确的价值方向。

第三节　过程化政府治理范畴

一、政府治理与政府职能

政府治理是政府作为国家管理的主体依法对各项事务进行整治和管理的动态过程。而政府职能，是指行政主体对国家政治、经济、文化等其他社会公共事务进行管理的时候所应承担的职责和应具有的功能。具体来说，政府

---

〔1〕 参见刘绪义：《文化传统中的负面观念及其对依法行政的影响》，载《求索》2015 年第 12 期。

职责是指政府作为国家当局应当完成的主要工作任务，是政府对社会必须履行的基本义务。而政府功能是指政府依托国家权力，为履行其社会角色而对各种重要的社会关系进行调控的活动。由此可见，政府治理能力的高下以及治理效果的好坏，与一国的政府职能显然是分不开的，通过推进政府职能的转变，能够提高政府治理能力。从另一方面来说，政府治理能力的创新也能够反过来推动政府职能的转变。

（一）通过推进政府职能转变，提高政府治理能力

随着社会生产力水平的提高，经济社会和生活的方方面面日益复杂化，原先的政府治理方式对比日新月异的社会生活显得单一而滞后，政府的社会治理水平亟待提高。政府职能转变和机构改革是全面深化改革的重要内容，也是提高治理体系和政府治理能力现代化的重要方面〔1〕。政府履行职责应当在范围上扩大，但在履责形式上收缩。也就是说，伴随经济的发展和社会生活的变化，政府职能转变一是要逐渐放松对各种社会关系的不必要干预，让这些社会关系主体自身通过沟通和协商实现自我调节。二是随着社会生活的复杂化，民众对政府服务的期望值也在不断提高，政府应当从经济发展、基础设施等各个方面，拓宽政府公共服务职能，以实现政府在纷繁复杂的现代社会中能够更好地实现社会治理。

（二）以政府治理创新推动政府职能转变

在工业化和城市化的宏观背景下，现代政府所需要担负的治理事务已经远远超过了以农耕为主要生产方式的时代，只有积极推动政府治理创新，才能为社会发展营造良好的发展环境，为经济社会健康发展探索新路径。〔2〕

政府治理创新要做到治理不越位，减少对市场和企业不必要的干预。把政府管不了也管不好的事交给市场去调控，减少政府对企业各种冗杂的检查和考察活动，使企业能够不受行政干预，确保自主生产运营。

政府治理创新要做到不缺位。对于社会发展中凸显的各种困难，政府应当提高行政效能和办事效率，创新治理方法，实行一站式服务。也就是说，政府治理创新要该放手的放手，该管的管到位。

（三）政府治理要全面履行政府职能

依法全面履行政府职能是2020年法治政府基本建成的衡量标准之一，也是建设法治政府的内在要求，因此政府治理要依法全面履行政府职能具有重

---

〔1〕 参见周骥：《推进政府职能转变，提高政府治理能力》，载《宁波日报》2015年1月15日。

〔2〕 参见《以治理创新推动政府职能转变》，载《人民日报》2014年10月20日，第07版。

要性和紧迫性。所谓全面履行政府职能，指的是在依法行使政府职责，不越权、不滥用权力的前提下，政府能将经济调节、市场监管、社会管理以及公共服务等社会各方面的职能都履行到位，做到不缺位不失职[1]。

依法全面履行政府职能是提高政府公信力和执行力的必然途径，当下一些地方政府存在违法违规，失信于民的问题，使得政府治理不得民心。要想下决心解决这些现象，就必须强调政府治理要全面严格地履行政府职能，遵守法定程序、行使法定职权，才能树立起良好的政府形象，使政府治理更具有权威和公信力。

二、行政系统中的行政行为

从广义上来说，行政有公行政和私行政之分。我们通常所说的政府的行政部门是从事公行政的部门，而公司企业中的行政部门中的行政指的是私行政。两者最大的区分是，以公共利益还是以营利性为目的。公行政即公共行政，其组织管理活动的目的是调控社会公共利益。私行政则是由社会组织基于非公共利益目的，对其内部事务进行的组织与管理活动。我们在专业内所讨论的行政，属于公行政。

现代社会，随着社会生活对公权力干预需求的变化，行政系统内部的行政行为也出现了滞后性。完善政府治理是个循序渐进的过程，需要从方方面面逐步进行，对于行政系统中的行政行为，需要做到更加规范化和制度化。

（一）加强行政系统中行政行为的规范化

早在党的十六大报告中，就提出了："要加强权力的制约和监督，建立结构合理、配置科学、程序严密、制约有效的权力运行机制。"这表明了我们党决心要建立起更加规范、严密、有效率的行政管理系统。在社会经济文化不发达的时候，解决矛盾有时候仅仅需要一个德高望重的调解人便可，无须规范化的程序和原则，但是随着社会的发展，人们对于公平和效率的诉求越来越高。政府办事能力是一个国家治理水平高下的重点，如果行政系统中诸多行政行为的做出仍然是马马虎虎，必然会导致社会的不稳定。因此，加强行政系统中行政行为的规范化对于优化政府行政来说至关重要。行政系统中行政行为规范化的加强包括完善政府内部层级监督、制定相关行政行为规范准则、对于行政行为不符合规范的行为纠正和处罚等，这是规范行政系统中行政行为的客观要件。

---

〔1〕 参见徐绍史：《依法全面履行政府职能》，载《人民时报》2014 年 11 月 28 日。

（二）健全行政执法人员管理制度

要想规范行政系统中的行政行为，必须保证行政执法人员能够严格遵守规范办事。健全行政执法人员的管理制度是规范行政系统中行政行为的主观要件。政府工作人员，特别是领导干部，要牢牢树立权由法定、权依法使的基本法治理念，办事恪守合法行政、合理行政、程序正当、高效便民等依法行政的基本要求。

与此同时，要加强对政府工作人员的法治教育培训。政府工作人员要系统地学习中国特色社会主义法治理论以及与自己所承担工作密切相关的法律法规。每年组织开展行政执法人员通用法律知识、专门法律知识等培训，并通过年度考察测试，保证执法人员依法行政理念的更新。

三、内部行政行为与外部行政行为的联结

内部行政行为与外部行政行为是行政法学中的两个重要概念。总的来说，所谓内部行政行为，是指行政主体基于隶属关系，对系统内部的组织、人员和财务所作出的一种内部管理行为；所谓外部行为，则是指行政主体对与其非隶属关系的外部相对人所作出的行政行为。[1] 我们传统上区分内部行政行为和外部行政行为主要是从行为主体、隶属关系、事务性质这几个方面来划分的。以行为主体为划分标准的观点认为：行政机关之间以及行政机关和行政机关工作人员之间的行为是内部行政行为；行政机关与公民、法人或其他组织之间的行为是外部行政行为。以隶属关系为划分标准的观点认为：凡是行政主体和行为相对人之间有隶属关系，就属于内部行政行为；反之不具有隶属关系的则是外部行政行为。以事务性质为划分标准的观点认为：对属于行政机关内部性质的事务进行管理的行为，应当视其为内部行政行为；而对行政机关外部事务进行管理的行为是外部行政行为。

由上可见，我国对于内部行政行为和外部行政行为的区分研究已经比较成熟，但从哲学的角度来看，事物之间并不是完全排斥的，而是广泛联系的。随着社会的发展，越来越多的例子都表明，内部行政行为与外部行政行为之间并不是完全的非此即彼，也就是说，有些行政行为既带有内部行政行为的属性，也带有外部行政行为的属性。有学者把这种称为“双效重合行政行

---

〔1〕 何钐：《内部行政行为与外部行政行为的界分标准学说分析》，载《法制博览》2014 年第 3 期。

为”[1]。

湖南省某县曾在2007年由该县卫生局和人事局联合组织一批卫生工作人员的招聘。招聘公告中写道：“报考卫生部门的，按综合成绩从高分到低分的排名，按县直全额拨款事业单位、限制差额拨款单位、乡镇卫生院的顺序依次聘用。中专毕业生只能被聘用去乡镇卫生院。”该县刘某为大专院校毕业生，在该次招聘考试中排名较靠前，按照公告刘某可以去县直全额拨款事业单位工作，结果却将他安排到了比较偏远的乡镇。刘某不服这样的安排，将该县卫生局以违反招聘公告为由告上法院。但该县法院认为该项分配为行政机关的内部行政行为，不予受理。[2]

上面这个案例中，虽然法院将其以内部行政行为认定，但是我们认为它并不是一个典型的内部行政行为，因为在公告公布、刘某报考时，刘某与行政机关并不属于隶属关系。但由于工作安排是对已录取的人做出的，所以它也不是一个纯粹的外部行政行为。这就说明内部行政行为与外部行政行为之间是存在一定的联结的。对于此类行政行为产生的纠纷应当如何解决，是完善我国政府治理急需解决的一个问题。2015年我国行政诉讼法进行的修改完善了这类问题的解决，新法中规定：“公民、法人或者其他组织认为具体行政行为所依据的国务院部门和地方人民政府及其部门制定的规章以外的规范性文件不合法，在对具体行政行为提起诉讼时，可以一并请求对该规范性文件进行审查。”该补充规定明确了对除规章以外的规范性文件的可诉性规定，对于解决内部行政行为与外部行政行为相联结范围内的事务有着重要的意义。

第四节　服务型政府治理范畴

一、行政权力与社会权利之间的张力

广义上的权力有两种属性：一是属于国家的公权，二是属于社会的共权。在这里，我们所指的权力是国家权力，也就是由政府所掌握的公权力。

权利是与义务相对应的一个概念，是指应享有的利益。权利是现代自由主义政治及法学的核心观念。

在不同的社会阶段，政府职权有不同的表现形式。在18世纪到19世纪

---

〔1〕 杨生：《一种特殊重合行政行为探析》，载《行政法学研究》1994年第4期。

〔2〕 肖穆辉、赵楠：《内部行政行为与外部行政行为之模糊领域分析》，载《黑龙江省政法管理干部学院学报》2009年第1期。

期间，广大资本主义国家正处于自由资本主义时期，社会对自由的呼声很高。在这一阶段，政府扮演“守夜人”的角色，推行消极行政，即行政权的范围很小，政府实施行政管理的主要方式是单方面强制和命令。

到了19世纪末至20世纪60年代，国家对社会社会生活的干预增强，政府的管理模式从原来的有限控制渐渐转变成全面控制。尽管该阶段政府的行政渗透到社会生活的各个领域，但政府实施行政管理的方式仍以单方面强制和命令为主。

20世纪70年代以后，行政的强制性弱化，以行政指导为代表的非强制性行政行为被广泛推广。无论是发达国家还是发展中国家，在此之后，政府的“服务者”身份更加显著。

以中国为例，在中国封建社会，社会矛盾主要是地主和农民之间的，也就不存在政府权力与社会权利之争。新中国成立后，由于法制发展不完善，行政权力与社会权利之间曾出现过激烈的冲突，公民权利被恣意践踏。从十一届三中全会开始，中国开始恢复法制。党的十五大确立了“有法可依，有法必依，执法必严，违法必究”的法制十六字方针。党的十八大又提出了“科学立法，严格执法，公正司法，全民守法”的法治新十六字方针。对比新旧十六字方针我们不难看出，原先我们一味强调对政府权力的控制，现在我们提出了新的，从立法到执法再到司法，最后到整个社会的法治理念。从片面强调政府的法制到扩大到整个社会的法治，显示我国发展过程中行政权力与社会权利之间的关系变化。

服务型政府是伴随社会发展而出现的一种新型行政模式，伴随行政权力与社会权利之间张力的存在，政府行为由原先的统治型向管理型再向服务型转变，是一种必然的趋势，也存在一个发展过程。目前，我国的服务型政府建设正处于发展时期，要合理调节行政权力和社会权利之间的关系，必须要加强服务型政府建设，使行政权力能够更多更好地满足社会权利的实现。

服务型政府不能只重视发展经济，而要全面考虑到社会发展和人民群众的利益。服务型政府需要确立服务理念，转变原来“统治者”的观念〔1〕，确立政府作为公共机构应当以提供公共服务为工作核心，维持社会公平和社会秩序，将国家税收收入用于有益于全体社会成员的公共服务。例如，建设国防安全、进行社会救助、完善社会福利等，通过这些公共服务实现对社会财

〔1〕 罗杰群：《服务型政府的构建与社会阶层和谐的实现》，载《中国行政管理》2007年第11期。

富的再分配[1]。

服务型政府还应当全面尽职实施社会管理。新时代我们的社会面临很多问题，如果不做出相应调整仍然停留在过去的服务范畴内，政府的治理就是不完善的。例如，我们国家当前出现的自然环境受破坏问题、生态平衡受威胁问题……这些问题与人民的生活甚至生存息息相关，政府应当在社会发展过程中发现新问题、解决新问题，才能更好地实现服务型政府治理。

二、基本公共服务均等化

基本公共服务均等化是一个比较新的概念，也是伴随社会发展程度提高而出现的一个概念。改革开放以来，毋庸置疑的是经济得到了快速发展，但社会急剧转型带来的现实结果却是诸多不和谐现象的存在。按我们的期待，社会发展成果应该由社会全体共享，但实际上总是由强势群体首先享受。相反地，社会发展的代价应该由全社会共同承担，而实际上却总是由弱势群体主要承担。这样就形成了社会矛盾。既得利益者们由于一直享受利益，便认为这样的社会好，且希望维持现状。而弱势群体中的人则对社会滋生出一种不满情绪，期待也能够享受到公平。社会矛盾愈积愈深，冲突愈演愈烈。在这种背景下，针对影响社会和谐的突出矛盾，提出基本公共服务均等化是十分有必要的。

基本服务均等化的内涵是，政府以公平公正为原则，为公民提供与经济发展水平相适应的公共产品和服务，以实现公民在生存和发展上最基本的条件的均等。基本公共服务主要内容包括基本民生性服务、公共事业性服务、公益基础性服务、公共安全性服务等，只有做好了上述这些基本公共服务，才能将社会发展的成果公平地分享给全体社会成员，使得发展成果人人共享，普遍受益。

目前我国基本公共服务面临的挑战主要是随着城市化的发展，城市和农村享受的资源供给不公平。我国作为一个农业大国，农民的数量远远高于城市人口，但最优质的资源都集中在城市。相比农村，城市拥有更好的教育资源，更先进的医疗设备，更优质的服务质量，更合理的服务制度……

要想提高我国基本公共服务均等化水平，促进社会公平，就必须要求我们的政府提高服务供给能力、提高服务质量、严格落实服务政策。政府服务

---

[1] 燕继荣主编：《服务型政府建设：政府再造七项战略》，中国人民大学出版社 2009 年版，第 7 页。

供给能力的提高是实现基本公共服务均等化的内在要求。政府能力的提高表现在各个方面，比如确保财政横向和纵向两方面的平衡，尽可能把有限的财力用在刀刃上，发挥公共财政的最大效益[1]。提高服务质量是实现基本公共服务均等化的核心，尤其是提高短板方面的质量，这是我们政府治理工作重点要解决的问题。严格落实服务政策是实现基本公共服务均等化的保障，好的政策本身只是摆设，只有当把政策严格落到实处，才能使我们的社会变得更公平更美好。

如果一个国家区域间的基本公共服务差距较为明显，那么必然会对社会和谐稳定造成危害。促进基本公共服务均等化不仅可以在相当程度上缓解我国欠发达地区的经济状况、改善贫困地区人民生存状态、刺激国内消费水平提高，也能够在很大程度上促进社会和谐，有利于完善我国政府治理。

三、服务理念与服务输出

中国曾在新中国成立初期确立计划经济的发展模式。计划经济时代的政府，是包办的政府，无所不能、无所不办，虽然这种模式设定的初衷也是为了按需分配，实现社会的公平，但是由于经济发展水平太低，物质生产远远无法满足人们的需求，我们将体制改成市场经济。与政治统治型政府或者说经济建设型政府相对的概念就是服务型政府。市场经济条件下社会会发展更加多面性，公民需求更加多样化，为了优化发展环境，中国必须把构建服务型政府当作提高政府治理质量的目标，明确政府的服务理念。

服务型政府应当是民主的政府。在社会主义国家，政府是人民进行阶级统治的工具，民主是政府权力合法性的来源。为了更好地实现人民利益，应当建立起民主制度和程序，实现民主选举、民主监督等，树立政府治理过程中民主的服务理念。

服务型政府应当是关注民生的政府。民生问题关系千家万户的幸福，关乎整个社会的发展水平，是衡量政府治理能力的重要标准。在国民幸福指数比较高的国家，无一例外地，政府都将改善民生确立为自己的服务理念。我们的政府也可以学习北欧一些福利国家，以有效的政策和手段，将税收收入尽可能完善地用于服务国民，使社会安定和谐、人民安居乐业。

服务型政府应当是开放透明的政府。作为履行一国行政管理职能的政

---

〔1〕 蒋云根：《提升基层政府公共服务供给能力的路线思考》，载《甘肃行政学院学报》2008年第3期。

府，其行政行为和行政政策与公民的利益息息相关。一个政府的服务质量如何与其服务理念是否公开透明有着密切的关系。过去一些地方存在这种现象：行政政策不公开，处理结果不透明，对公民和法人任意进行行政处罚，玩弄权术，利用政府权力欺骗群众。没有开放透明服务理念的政府必然会贪婪腐败，视为人民服务的职能而不见。

服务型政府应当是高效廉洁的政府。政府要负责我们整个社会方方面面的管理，而社会问题纷繁复杂，服务要落到实处，必然要求政府高效廉洁。效率和效益低下的政府管理跟不上社会的需求，此时的政府往往被看成是低能的而不是服务型的政府。政府掌握着巨大的行政权力，一旦出现腐败，便会导致服务上的塌陷。因此，服务型政府必须树立高效廉洁的理念。

构建服务型政府意味着优化政府在社会发展中的地位和角色。优质的服务理念能够优化服务输出，使政府治理更加符合社会多样化的需求，有利于促进社会经济的发展、人民幸福指数的提高、综合国力的增强。

第五章　法治政府的构建体系

第一节　革新行政体制，促进政府职能转变

行政体制革新是我国制度改革中非常关键也是具有相当重要性的环节。从宏观的角度出发，在我国政治体制改革进程中它既是其中的重要一环，也成为建立健全社会主义市场经济新体制的关键所在。狭义上的行政体制革新通常意味着政府的法治化运作、政府职能的转变等方面内容的实现，即将政府行政工作全面纳入法治轨道，并在法治政府的建设中与政府管理体制有关的权责法定、职能科学、公正透明、服务行政、廉洁高效等要求相结合。而新行政体制的确立完善是一个艰难而又漫长的过程，政府职能的转变尤其是政府的角色定位在这一过程中如何与民主政治体制建设以及社会主义市场经济体制的新要求相适应显得至关重要。〔1〕

为加快实现建设法治政府的目标，以完成行政体制的革新，党的十八届四中全会通过的《中共中央关于全面推进依法治国若干重大问题的决定》明确了依法全面履行政府职能的要求，以对“不作为、乱作为”的行政执法现象予以纠正。党的十八大召开以来，中共中央、国务院均作

---

〔1〕 参见刘莘著：《法治政府与行政决策、行政立法》，北京大学出版社 2006 年版，第 38 页。

出了具有根本性、全局性、综合性、整体性和递进性的改革部署以促进政府职能的适当性转变[1]。从政府职能的定义出发，所谓政府职能，即行政机关依法对整个国家和社会的公共事务进行管理活动时所具有的功能和发挥的作用及其限度[2]。因此促进政府职能作出与政治经济体制相适应转变的关键在于其发挥功能及作用限度的调整。针对《中共中央关于全面推进依法治国若干重大问题的决定》所明确的依法全面履行政府职能的要求，中共中央、国务院印发的《法治政府建设实施纲要（2015—2020年）》对其目标的规定指出要“牢固树立创新、协调、绿色、开放、共享的发展理念，坚持政企分开、政资分开、政事分开、政社分开，简政放权、放管结合、优化服务，政府与市场、政府与社会的关系基本理顺，政府职能切实转变，宏观调控、市场监管、社会管理、公共服务、环境保护等职责依法全面履行”[3]，因此在体制改革部署落实的实践中，应从宏观上重点着眼于政府在职能转变中与相关的市场、社会和公众的关系以及政府行政权力在关系网中具体运作模式的明确，否则将导致改革部署与落实之间的隔阂，并制约着改革的成效。

一、厘清政府与市场的关系

政府与市场关系的确定状态并非经过预先设定，而是根据社会发展不断调整的客观产物。从政府介入干预市场程度的角度观察两者关系的历史演变发展，二者关系经历了一个从政府放任市场调控经济到政府全面干预市场调控经济，再到政府对市场调控经济的有限介入的发展过程。

（一）西方国家政府与市场关系的历史变迁

随着资产阶级革命对早期君权政府专制统治的瓦解，自由竞争的市场理念和自由放任的政府干预理念也随之兴起，私人经济活动的调节以及资源配置的实现都由自由市场的机制加以完成，而政府则成为“守夜人”的角色，即“管得越少的政府则被定义为是越好的政府”，对经济发展的管控职能因受到市场的严格制约而大大削减，社会经济的发展主要由“市场法则”进行调整，在“看不见的手”的引导下自然调节经济秩序，相反，政府之于社

---

〔1〕 参见石亚军：《当前推进政府职能根本转变亟需解决的若干深层问题》，载《中国行政管理》2015年第6期，第8页。

〔2〕 参见邓雪琳：《改革开放以来中国政府职能转变的测量——基于国务院政府工作报告（1978—2015）的文本分析》，载《中国行政管理》2015年第8期，第30页。

〔3〕 中共中央、国务院印发《法治政府建设实施纲要（2015—2020年）》，载《中华人民共和国国务院公报》2016年第1期，第6页。

会经济领域更倾向于“无为而治”的状态而放任市场经济的发展。而摆脱各方束缚的市场经济在一定期间内也获得快速的增长，但“如果没有一个明智政府的积极推进，任何一个国家都不可能有经济的进步”[1]。市场机制毕竟只是社会资源的配置方式，随着西方经济危机的相继爆发，也暴露出了“看不见的手”并不是万能的，其具有先天不可克服的缺陷。首先，市场机制调控无法到达长期总供求关系的均衡，仅能作短期调节；其次，市场机制决定了其仅能满足部分的私人利益，随着市场经济发展带来的专业化分工，对其产生的公共产品的生产提供以及公共资源的配置利用等社会公共利益领域无法实现兼顾；最后，市场调控无法自发地趋向经济适度增长、物价稳定和充分就业。这些问题无法完全依赖市场自身力量进行解决。

市场调控经济的局限性也充分说明了：市场的短期调节缺陷需要一个市场之外的“宏观稳定阀”[2]，同时对于公共产品服务领域的提供也需要一个“超市场”的特殊主体承担其发展职能，否则这些问题将成为市场周期波动和引发利益矛盾的根源，并由此产生了论证政府干预市场经济必要性的凯恩斯主义理论。因此，承担保持社会总供求关系的基本协调均衡以及公共产品服务配置提供职责的“超市场”主体也被确定为政府。政府的经济调控职能得到大大强化，在保持宏观稳定以及提供公共物品方面发挥了重大作用，也有效化解了经济危机，在一定时期内带来了经济繁荣。受凯恩斯主义的影响，人们渐渐意识到政府在面对复杂多变的市场经济也成为必要性的存在，但政府作为以权力为核心的上层建筑产物，其运作机制本身具有权力自我扩张的内在负面性。正如凯恩斯主义认为，“政府的干预是全面的，不仅市场失灵的方面需要政府干预，市场有效的地方也需要政府给予保护，以防出现市场失灵”。[3] 随着权力急剧扩张、职能扩大，政府开始对经济、社会公共领域进行全面干预，形成“无所不管、无所不包”的全能型政府，同样，社会在面对全能政府的固有弊端时，也有着需要付出的成本与代价。政府职能无须成本的自然扩张，必将导致行政机构和人员的臃肿和庞大，其财政开支也将大幅增加，政府作为非营利组织，其运作成本来源于纳税人，因此政府权力越扩张，人民的负担也将越重，同时缺乏完全理性的政府权力行使若没有健全的制约机制，也将逐步侵蚀市场机制。第一，政府的过度干预

---

〔1〕［美］W. 阿瑟·刘易斯著：《经济增长理论》，梁小民译，上海三联书店 1994 年版，第 475 页。

〔2〕参见刘莘著：《法治政府与行政决策、行政立法》，北京大学出版社 2006 年版，第 43 页。

〔3〕杜进飞著：《法治政府建构论》，浙江人民出版社 2011 年版，第 159 页。

必将对市场主体的自主权产生侵犯，限制其主动性和积极性；第二，政府的过度规制将导致市场经济活动效率低下，烦琐的行政流程将使市场主体失去灵活性，在市场竞争中失去机会，处于被动；第三，政府的过度规制可能违背市场规律，造成重大损失，相较于市场主体而言，政府对市场信息的反应并不十分准确、灵敏；第四，政府的干预权可能会在市场活动中滋生腐败，作为以权谋私、权钱交易的手段，阻碍市场经济的发展。全面干预的“看得见的手”也纷纷出现了失灵状况，也同样表明政府全面干预市场经济已失去其历史合理性。

（二）我国法治政府构建中政府与市场关系的模式选择

鉴于“市场万能论”以及“政府迷信论”的先后失灵，政府在市场经济调节活动中的角色定位也进行了由“守夜人”到“全面干预者”再到“有限介入者”的转变。与西方政府与市场关系的演变进程有所不同，对于二者关系，我国在新中国成立初期存在着为复苏满目疮痍的国民经济而遵循的马克思主义计划经济传统，其最突出的特点即政府对市场经济活动所实行的是一种高度中央集权的“全面干预”。政府不仅要负责宏观经济的运行，而且直接对各市场主体的微观经营活动进行介入，市场的人、财、物、产、供、销等都严格受制于政府部门的计划，从而形成了一个责任无限、职能万能、权力高度集中、机构设置繁杂、人员庞大的行政管理体系。[1] 改革开放以来，我国实现了由计划经济体制转向社会主义市场经济体制的伟大变革，但由于建设时间较短，政府的“越位”（如对市场准入设置人为壁垒）、“缺位”（如社会保障和公共服务方面的工作达不到社会预期）及“闯位”（如直接干涉企业微观经营）等“失灵”现象在某些范围内仍广泛存在。政府对宏观调控与微观管理的界限没有清晰的把控，在经济调控的实践中往往将二者混为一谈，即假借宏观调控之名行微观管理之事，经济和法律上的调控手段也上升为行政手段。行政权力不断进入经济生活进行微观管理，不仅无法达到宏观调控的效果，而且使市场配置资源的信息扭曲，造成市场规则的破坏，价格机制的混乱，甚至造成政府职能的自我强化，致使政府与市场的矛盾加重，而矛盾的严重化更使政府介入经济的动机得到强化，形成恶性循环。[2]

由此看来，我国在政府与市场的关系的演进过程中从未放弃或否定政府

---

〔1〕 王珏著：《市场视野中的政府改革》，长春出版社 2008 年版，第 62 页。

〔2〕 参见乔惠波：《正确处理政府与市场的关系和完善社会主义市场经济体制》，载《河北经贸大学学报》2015 年第 4 期，第 78、79 页。

调控经济的职能，在西方市场经济国家逐步走出“政府万能”的误区时，我国却仍坚守着“政府万能”的迷信，市场发挥的调控作用十分有限。长期计划经济的实行以及政府全面干预经济在我国也形成了由政府主导的“大政府—小市场”经济发展模式的定式思维。哈耶克在其《法律、立法和自由》一书中提出“市场不是政府设计出来的事物，而是自发发展起来的自然现象，因此个人行动在理论上无须证明其合理性，相反，政府的干预行动必须证明其合理性”，英国宪法学家戴雪也在其归纳的法治原则的要素中提出应“排除政府专断”〔1〕，因此针对我国法治政府构建中政府与市场关系的模式优化，应主要从政府职能的层面进行调整，但从西方市场经济的成功实践来看，防止政府失灵并不意味着排除政府干预，政府与市场在经济调控中都各具其用，关键问题并不在于要不要政府干预，而应着眼于在市场经济活动中政府应该管什么，不该管什么的问题，如何将政府干预与市场机制有机地结合到一起，达到政府对市场调控经济的有限介入。

根据西方的公共选择理论，只有当事实证明政府干预的解决手段所付出的代价成本明显低于市场调节手段且富有成效时，政府才能采取行动。为使政府与市场的关系得到正确处理并得以有机结合，党的十八届三中全会提出：“经济体制改革是全面深化改革的重点，核心问题是处理好政府和市场的关系，使市场在资源配置中起决定性作用和更好发挥政府作用。”〔2〕从理论上更为明确地定位了政府和市场的关系，是继 1992 年党的十四大以来首次将市场在资源配置中的基础性作用上升到“决定性作用”的高度，是对市场在经济调控中作用和地位认识的重大突破，也意味着对市场规律更加尊重，以及更加突出市场机制的作用发挥。

根据党的十八大精神所明确界定的政府与市场的关系，将其二者关系具体化的关键在于厘清政府与市场的边界。而边界的准确界定并不是一蹴而就的，需要结合考虑多方面因素，并遵循以下几项原则：

一是适度性原则，又称政府有所为、有所不为原则。政府介入市场经济活动的边界是根据市场机制失灵来界定的，市场机制在经济活动中起着关键决定性的调节作用。因此，凡是能通过市场调节解决且不损害社会公平正义的经济事务都尽量交由市场去解决，政府应主要在克服或弥补市场失灵更好地发挥作用，并在操作上对市场机制的正常运作不加以限制。通过一系列的

---

〔1〕 参见［英］戴雪著：《英宪精义》，英文版第 10 版，第 202—203 页。

〔2〕《中共中央关于全面深化改革若干重大问题的决定》，人民出版社 2013 年版，第 5 页。

"有所不为"来达到"无为而治"，进而实现真正的"有所为"。[1] 据此，《法治政府建设实施纲要（2015—2020 年）》为基本理顺政府与市场的关系，以达到依法全面履行政府职能的目标，在其措施 1、2 中提出："深化行政审批制度改革。全面清理行政审批事项，全部取消非行政许可审批事项。最大程度减少对生产经营活动的许可，最大限度缩小投资项目审批、核准的范围，最大幅度减少对各类机构及其活动的认定。"[2] 以及"大力推行权力清单、责任清单、负面清单制度并实行动态管理。……实行统一的市场准入制度，在制定负面清单基础上，各类市场主体可依法平等进入清单之外领域"。[3] 很好地防范了政府"越位"现象的发生，也为政府和市场关系的具体落实提供了现实保障。

二是职能优化和强化原则。优化是对政府职能范围的优化，其范围的确定取决于市场的需要，做到市场延伸的程度范围即政府职权收缩的程度范围，对不属于职权范围的事坚决不介入，将"市场"留给市场，政府的经济干预范围不能介入其他市场主体的行为领域，并从市场能够发挥作用的微观经济领域退出，专注于公共服务产品的提供以及宏观上的经济调控，二者各司其职。强化是政府必须切实管理好属于其职权范围内的事项。据此，《法治政府建设实施纲要（2015—2020 年）》在其措施 4、5 中提出："完善宏观调控。健全发展规划、投资管理、财政税收、金融等方面法律制度，……完善主要由市场决定价格的机制，大幅缩减政府定价种类和项目。"[4] 以及"加强市场监管。清理、废除妨碍全国统一市场和公平竞争的各种规定和做法，破除部门保护、地区封锁和行业垄断"。[5] 对政府"缺位""闯位"等现象加以完善。

三是间接性介入原则。政府对市场经济的介入必须以市场调节机制的充分利用为前提，政府需要以市场作为中介间接体现其调控经济的发展意向。此外，还要求政府熟练掌握和运用价格、利率、汇率等经济杠杆，使市场主体根据杠杆信息的变化确定经济活动的发展。[6]

四是政府权责法定化原则。政府介入市场的权限、介入程度以及与职权

---

〔1〕 杜进飞著：《法治政府建构论》，浙江人民出版社 2011 年版，第 162 页。

〔2〕 中共中央、国务院印发《法治政府建设实施纲要（2015—2020 年）》，载《中华人民共和国国务院公报》2016 年第 1 期，第 6—7 页。

〔3〕 同上，第 7 页。

〔4〕 同上，第 7 页。

〔5〕 同上，第 7 页。

〔6〕 参见王珏著：《市场视野中的政府改革》，长春出版社 2008 年版，第 137 页。

相统一的责任应有法律法规上的明确规定，政府超出其法定权限对市场经济实施干预将承担相应的违法责任。不受制约的权力将滋生腐败，通过法制对政府权力加以规范，能使其在为其他经济主体提供服务上更好地发挥作用，在很大程度上规避了政府失灵的情况产生，并有效地防止了“权力寻租”的发生。同样，《法治政府建设实施纲要（2015—2020年）》在其措施3中提出：“优化政府组织结构。完善行政组织和行政程序法律制度，推进机构、职能、权限、程序、责任法定化。……推进各级政府事权规范化、法律化。”[1]

综上，政府与市场关系的厘清，既要对“市场失灵”的问题进行弥补，更要警惕“政府失灵”的现象，二者各司其职、各归其位才能更有效地促进政府职能的转变、行政体制的变革。

二、重塑政府与社会的事务边界

对政府与社会事务边界的重塑确定实质上是对政府的职能范围的重新界定，即政府对社会事务履行管理职责的界限范围。古今中外不同理论学派不同理解的讨论，从自由主义到干预主义再到介于二者之间的中间理论不断演进，政府与社会的关系格局也经历着“政府放任—社会自治”“大政府—小社会”“小政府—大社会”的演变，但理论上看似清晰的边界界定却因实践的复杂性、差异性而显得十分模糊。因此政府与社会的事务边界的重塑，必须理论联系实践，与实际问题相结合，切实解决当下问题。此外，二者边界确定后的关系不应形成单边分立状态，二者所重塑的边界关系应在双边边界确定的基础上形成双向强化功能的相互依赖关系，建构“强政府—强社会”的关系格局。

（一）从“大政府—小社会”到“小政府—大社会”

所谓“大政府”“小政府”的概念并非指其规模上的大小，而是从其所承担的职能多少来进行区分的。政府的基本职能包括政治职能和公共职能两大部分。典型的小政府一般只针对两大职能的有限部分进行履行，如国防、外交、税收、治安等传统领域，而其他部分领域则交由社会自行调配，即政府仅在其最必要的范围内履行职能。与之相反的大政府的职能范围则大大突破其基本职能中传统职能领域的边界，广泛延伸到其他社会公共领域部分，在维护社会活动基本秩序的同时，还在举办社会福利和社会

---

〔1〕 中共中央、国务院印发《法治政府建设实施纲要（2015—2020年）》，载《中华人民共和国国务院公报》2016年第1期，第7页。

保险，劳动力培养，教育、文化、医疗卫生管理，产业结构比例调整，知识产权保护，资源开发和利用，消费结构指导，产品质量监控等领域均发挥着重要作用。

我国在政府职能模式上与近代主要资本主义国家不同的是，其在总体上不存在由“小”到“大”的变化历程，在高度计划经济的体制下，我国的政府职能模式从一开始便被定位为全能型的“大政府”，社会的每一个角落均无可避免地受到政府行政权力不同程度的影响，一切社会事务均由政府包揽，造成政府与社会的事务边界基本混淆一同，导致政府职能侵占了社会组织的职权，社会为政府所鲸吞。而“大政府”的极端形式也逐步暴露其权力扩张、机构臃肿、侵犯自由民主、腐败及权力滥用等缺陷。同时，社会的高度分化使其各方面在信息、人才、产品交流都存在错综复杂的横向联系，政府到社会的纵向联系环节也是纵横交错，形成网络社会，在众多联系环节的相互作用下，社会组织的自我管理能力也日益增强。此外，政府所运用的层级管理方式对网络化的社会已难以实现其管理职能。随着经济和社会的发展所带来的社会主体利益关系的多元化以及社会组织自主经营决策的需求，以政府为中心的集权计划体制已无法适应社会发展的需要，社会生活的自主化成为不可逆的趋势。因此，在重塑政府与社会的事务边界的过程中，政府向社会让权也成为对我国政府职能进行重新界定和优化的重要内容，即对二者事务边界的重塑，也即“小政府”的重建，充分激发社会活力，并综合借鉴西方法治理论中相对合理的部分，转变为“小政府—大社会”的平衡关系。

政府的职能范围具有一定的历史时期性，会因社会发展的状况而变化，因此在实践中政府与社会的事务边界难有统一具体化的标准，但可根据已有的理论内涵抽象出二者事务边界划分在应然状态下所应遵循的一般原则。

一是社会自治原则。所体现的是政府对社会的有限介入，基于西方公共选择理论所确立的理论观点，政府介入的具体限度应以特定的社会发展的效率最大化为标准，首先体现在其能力限度，即对于社会的需求，政府是否在技术层面有能力加以满足。若答案是肯定的，政府则具备了对此需求加以干涉的责任能力并可以承担此职责，否则，政府的贸然干预将可能导致好心办坏事。其次应进行经济限度的考量，若政府与社会都具备满足社会需求的能力，那么就应引入成本效益的比较，也就是如果政府对社会需求的满足相较于社会付出的成本较低，则可由政府承担此职责。反之，政府就不必承担此责任。英国的约翰·密尔继承了亚当·斯密的功利主义思想后认为，“社会自由是对政治暴虐的防御”。美国政治哲学家诺齐克则主张了“最弱意义的国家”，强调政府职能仅限于防止暴力、偷窃、欺骗和强制履行契约等功能，政府对社会的介入必须保持在最低水平。[1] 因此，凡是由社会能发挥作用的就交由社会完成，社会自治到哪里，政府的职能就收缩到哪里，把“社会”交给社会，要求政府从社会能够自行解决、发挥作用的领域退出。

二是政府职能的优化和强化原则。首先，政府职能的优化就是对属于自己职能范围的事项，政府应当坚决履行。这些职能具有其他组织不可替代性，只能由政府加以履行。如国防、外交等政治职能。其次，政府职能的强化就是要提升政府的能力，对属于自己职能范围的事，必须强有力地加以履行。

但原则上的笼统设定并无法严格划清政府与社会事务职能的边界，公共职能的某些模糊地带会对政府与社会在如何分工上产生混淆，进而造成实践中政府对应当由其履行的职能没有完全履行，而对不应由其管理的部分行使职权的问题。这样一方面政府无法达到社会良好的治理效果，另一方面对社会自治造成侵蚀，产生一个被“过度管理的社会”，给人民造成负担。

据此，党中央、国务院所印发的《法治政府建设实施纲要（2015—2020年）》在其措施6、7中指出：要“创新社会治理。加强社会治理法律、体制机制、能力、人才队伍和信息化建设，提高社会治理科学化和法治化水平。完善社会组织登记管理制度。适合由社会组织提供的公共服务和解决的事项，交由社会组织承担。……全方位强化安全生产，全过程保障食品药品安全”[2]。以及要“优化公共服务。着力促进教育、卫生、文化等社会事业健康发展，强化政府促进就业、调节收入分配和完善社会保障职能，……建立健全政府购买公共服务制度”[3]，从社会治理和政府职能两个方面分别为政府应承担公平和平衡社会竞争环境的责任以及社会应实现有效的自我治理的论断提供了强有力的理论依据，并首先对政府与社会在履行处于模糊地带的职能加以层次的划分，即对于两者都可行使的模糊职能，政府主要在宏观层面履行，例如在教育、卫生、文化等宏观领域行使职能。而社会，具体化为社会中介组织，则从中观领域介入调节或监管，例如在保障食品药品安全上发挥作用。其次对此职能的履行方式将二者加以区分，社会中介组织履行职

---

〔1〕 参见刘丹著：《法治政府：基本理念与框架》，中国法制出版社2008年版，第37页。

〔2〕 中共中央、国务院印发《法治政府建设实施纲要（2015—2020年）》，载《中华人民共和国国务院公报》2016年第1期，第8页。

〔3〕 同上，第8页。

能的方式主要在于提供具体的、直接的管理，而政府的职能履行则需要通过社会组织来间接实现。即政府职能履行的重点是通过制定公共政策，培育、规范社会中介组织，而非直接提供服务，但政府应负最终的责任。〔1〕

（二）从“小政府—大社会”到“强政府—强社会”

针对政府与社会的事务边界界定所形成的“小政府—大社会”模式并不是将二者的功能分立开来各自发挥作用。在现代化的进程中，政府与社会的关系应既能保证社会的自主性和独立性，又能充分发挥政府对社会生活的控制与协调，二者在双边边界确定的基础上形成双向强化功能的相互依赖关系，建构“强政府—强社会”的关系格局。

政府与社会并非处于对立关系，且就两者的关系合理阐述，社会中介组织应是政府的伙伴，而非政府的伙计。〔2〕党的十八大以来，国家治国理政的理念完成了由管理到治理的重大转变，其核心便在于政府、社会、市场等多元主体参与共治。治理主体的多元化也意味着政府不应再被界定为国家唯一的权力主体，而社会也不再只能处于被治理的地位，其权力行使只要得到公众的认可也可成为不同层面上的治理主体，成为政府共同治理的伙伴，帮助政府处理公共事务，在政府的支持下承担公共服务工作。其机制的运行便在于多元主体形成权力依赖和合作伙伴关系，最终构成一个自主自治的网络体系。党的十八届三中全会也曾提出，要创新社会治理，提高社会治理水平，改进社会治理方式，激发社会组织活力，使政府治理和社会治理共同发展、相得益彰，使政府与社会可以形成拾遗补阙、服务替代、协同增效的协作关系。〔3〕而这种相互依赖的关系也使政府与社会拥有了共同的收益空间，通过政府的作用出台新的制度安排，在介入社会发展活动过程中，充分尊重社会调动各项资源，培育社会成长，使其具备自我服务、自我发育的能力，而“强化”的社会也会对政府的“强化”起到敦促作用，从而实现“双赢”的局面并形成良性的互动。

重塑政府与社会边界是“前因”，政府与社会协同共治是“后果”。〔4〕“强政府—强社会”的关系模式对于我国这样幅员辽阔、发展失衡和文化多元的国家而言，更能实现社会成长和政府权力的共同建设，带来更广泛的社会

〔1〕徐宇珊：《政府与社会的职能边界及其在实践中的困惑》，载《中国行政管理》2010年第4期，第37页。

〔2〕参见宋世明：《厘清政府、市场和社会边界》，载《当代江西》2013年第11期，第12页。

〔3〕同上，第12页。

〔4〕同上，第12页。

福利和更大的社会稳定。

三、构建行政权力与公众权利的良性互动系统

行政权力与公众权利之所以能够形成良性的互动关系，其理论基础从终极根源上看，便是政府行政的公共权力产生于公民的直接或间接授权，这也决定了政府的公共行政运作必须以民主为核心。同时卢梭认为："作为主权权威的参与者，就叫做公民；作为国家法律的服从者，就叫做臣民。"〔1〕因此行政权力与公众权利良性互动理念树立的前提便在于，对传统权力理念中政府对公民所实行的自上而下、单方面管理和控制的政府与公民关系进行重新确立和调整。从政府的角度出发，政府要维系和巩固社会的安定团结，就必须强调"忠于人民"；从公民的角度来看，作为政治角色的公民就应当享有陈述、申辩以及被倾听的权利，应通过各种行政程序的运作对其表达自由的权利进行切实保障，使其可以"放声疾呼"。〔2〕以趋实现政府与公民达到一种平等互利关系。

政府与公民关系的重塑具体到行政权力与公众权利的良性互动系统的构建上，其关键便在于在行政运作的过程中保障公众的参与。我国《宪法》规定："人民依照法律规定，通过各种途径和形式，管理国家，管理经济和文化事业，管理社会事务。"也为公众的参政权提供了宪政的基础。公众参与的过程也就是行政主体行使行政权与私人参与行政所形成的互动的过程，在这个过程中也必定存在各种冲突和对峙，通过对话和协商解决公共利益与私人利益及私人之间利益冲突，既要强调坚守原则的必要性，也重视妥协的价值性，以达成"和谐双赢"的共识。一方面，有利于公众权利重塑和强化行政权力，使行政管理更具有效性和稳定性；另一方面，也有利于行政权力对公众权利的确认和保障，实现对个人权益全面合理的保护。

具体而言，从行政权力的角度出发，因历史发展形成的理论认为，权力是权利让渡的结果，没有权利也便无权力，"任何国家权力无不是以民众的权利让渡作为前提的"〔3〕，因此行政权力的运作在公众参与的情况下必须达到让其认可、满意的效果。美国学者戴维·奥斯等人在《改革政府：企业精神如何改革着公共部门》一书中提出，要按照企业家精神重塑一个"企业化政

---

〔1〕［法］卢梭著：《社会契约论》，何兆武译，商务印书馆 1994 年版，第 26 页。

〔2〕参见杜进飞著：《法治政府建构论》，浙江人民出版社 2011 年版，第 162 页。

〔3〕卓泽渊著：《法治国家论》，中国方正出版社 2001 年版，第 62 页。

府”，其首要原则便在于“质量只有由顾客来决定”，由此也将传统的管理行政权重塑成服务行政权。此外，“顾客决定质量”的公众参与也保证了权力运行的品质，公众参与行政也增进权利与权力之间的互相了解，更能掌握准确必要的信息，在协商合作、集思广益中能更准确、高效地行使行政权，使其得到强化，运作中也具备了更强的适应性。

从公众权利的角度出发，公众享有哪些权利虽完全取决于行政法的明文规定，但在权利具体落实的过程中，不乏基于地方保护、部门利益、个人私欲等原因对公众权利作以折扣和减损，而公众参与行政则使其权利在行政权力运作的过程中得到充分的表达，有效地制约了权力腐败的滋生，对于行政的不作为，则依法要求其履行，对于权力运作造成的权利的侵害，则通过监督机制及时纠错，使公众权利在得到有效保障的同时也得到行政权力实际运行上的确认。

因此，行政权力与公众权利的良性互动系统的构建，其实质上便在于公众参与行政制度保障系统的完善，使公众权利能有效渗透到行政权力运用中去。

一方面在于参与的途径完善。公众参与的最终实现，依赖于具体畅通的参与途径，针对不同的公众参与类型，设置不同的实现途径。具体包括：(1）以增强决策可接受性的公众参与应包括听证、调剂、斡旋、咨询、公民会议等途径加以实现。(2）以获取政府信息的公众参与的实现途径包括公众发起申请、接触、公民调查等。(3）以构建政府与公众之间合作关系的公众参与应以政府支持、知情公众相互学习等作为实现途径。

另一方面在于参与后的效果完善。一则凡是法律予以明确规定的公众权利，行政主体必须积极主动地、全面有效地予以确认和保障，为其权利的真正享受提供便利条件。二则要积极回应公众权利的诉求，拓宽公众权利的内容，努力提升行政权力运用水平，善于运用弹性、柔和的手段行使权力，为公众权利的完善发展做好准备。

总之，利用公众的参与，无疑更能强化政府责任，规范权力运行，增进对话沟通，保障公众权利，构建权力与权利之间的良好互动系统，也进而从根本上确立了权力主体与公众之间的信赖关系。[1]

---

〔1〕 参见杨海坤、关保英著：《行政法服务论的逻辑结构》，中国政法大学出版社 2002 年版。

第二节　完善行政法制，确保各方面有法可依

一、推进行政法规、规章与其他规范性文件的全面制定

法治对政府行政的要求是多维度、全方位的，对繁杂丰富的政府行政内容加以概括、抽象后便能够发现，法治政府最基本的要求便在于依法行政，即权力的产生、内容、行使方式、行为后果都应遵循法律，而这一点实现的必要前提便在于有法可依，具有完备的行政法律体系。根据西方资产阶级民主与法律发展的论断，每个人都天然地享有权利，但政府行政基于对作为整体的所有个人权利的捍卫便必然要求对每个人的个人权利加以各自的限制〔1〕，而政府的行政权力也并非无限，它对个人权利的限制亦受到限制，即应以保障个人天赋权利的需要为限度，而这种限度需要为法律所设置，基于此，也针对行政与法律的关系提出了“无法律即无行政”的要求，也从侧面体现出了社会对行政权应服从于立法权的期望。

对此，党中央、国务院所印发的《法治政府建设实施纲要（2015—2020年）》对依法行政制度体系的完善提出了总的目标，即要“提高政府立法质量，构建系统完备、科学规范、运行有效的依法行政制度体系，使政府管理各方面制度更加成熟更加定型，为建设社会主义市场经济、民主政治、先进文化、和谐社会、生态文明，促进人的全面发展，提供有力制度保障”。同时为目标的落实提出了相应的措施，既要“完善政府立法体制机制。严格落实立法法规定，坚持立改废释并举，完善行政法规、规章制定程序，……推进政府立法精细化，增强政府立法的及时性、系统性、针对性、有效性”。也要“加强重点领域政府立法。……实现立法和改革决策相统一、相衔接，做到重大改革于法有据”。〔2〕

这也反映出了一套适合现代政治、经济、文化协同发展的健全完备的行政法律体系是法治政府的基本条件之一。即实行法治的前提条件应是在政治生活、经济文化、社会生活等各个方面的建设上全面系统地实现有法可依，并妥善解决有章可循的问题。迄今为止，我国已制定了一批能够反映现代民主与法治观念、反映现代公共管理发展趋势的法律对政府行政进行规

---

〔1〕 参见［法］莱昂·狄骥著：《宪法学教程》，冷静译，辽海出版社、春风文艺出版社1999年版，第5页。

〔2〕 中共中央、国务院印发《法治政府建设实施纲要（2015—2020年）》，载《中华人民共和国国务院公报》2016年第1期，第8—9页。

范，但仍有很多领域存在不足甚至空白，也存在现行法律不适应社会经济发展而产生需要修缮的问题。因此，形成完备、系统的行政法律体系还需要开展大量的立法工作。

二、协调统一行政法规范体系

法治政府的构建需要一套完备、系统的行政法规范体系作为其制度支撑，但我国目前所制定形成的行政法规范体系仍存在许多方面的问题，对法治政府的构建造成了一定程度上的阻力，因而协调统一我国行政法规范体系的要求也被顺势提出。

协调统一的对策、方法应针对问题的发现而提出，我国行政法规范体系存在的问题主要体现在以下几个方面：

1. 行政法规范的制定存在主体越权立法的现象。这与我国设定行政立法权限的根据中尚有不明确之处存在密切关系，甚至存在为部门利益而站在自身角度制定法规或规章，恣意扩大、强化部门权力，全然无视立法权限的限制，直接违背了法律体系内在的效力等级原则，妨碍法制的统一。这也从另一方面反映出了我国行政法规范制定监督的虚化，上级行政机关对下级行政机关违法或不适当的行政法规范未尽到合法性和适当性审查的义务。

2. 行政法规范的制定主体过多，造成规范适用上的混乱。这同样是由立法权限划分不明确、不科学所导致的结果，现实中虽然许多行政主体并不具备法律上的行政立法权，但其出台的文件仍属规范性文件，具有一定的适用性，且对于规范性文件的出台并无权限上的限制，因此也成为行政主要借"法"争利，借"法"扩权，推行"行政意图"的工具。由于这种不严谨，在现实中也出现了对于同一事项具有多项规定，甚至产生相反规定的现象，造成实践中适用上的冲突和混乱，破坏了法制的统一。

3. 行政法规范的制定缺乏对程序的重视。一方面，我国行政立法程序中的发布与备案是使各类规范互不冲突的重要步骤，涉及其他部门职权而未经协商自行发布，造成的法律冲突会使当事人无所适从；另一方面，规范的制定往往简化或未真正落实一些重要程序，如征求意见、审查等，造成立法结果对当事人权利的侵害，也降低了规范执行的效果。

4. 行政法规范制定相对比较粗糙。如概念模糊、表述不清、结构混乱、前后矛盾、语言晦涩等问题，严重影响了行政效率，也成为某些行政主体任意解释、随意执法的“合法依据”。[1]

5. 行政法规范的修改、废止以及清理工作不受重视。部分行政法规范与经济社会的发展要求已不相协调，或其上位法已出现修改、废止等情况，而其仍对社会经济生活发挥作用。

因此我国行政法规范体系的协调统一应从以下几个方面展开：

1. 加强上级对下级行政法规范的监督。通过上级的备案审查或对下级抽象行政行为的附带审查等途径对下级行政机关违法或不适当的行政法规范予以撤销，或改变其不适当的行政法规范，以保证法制的统一。行政机关上下级之间直接的隶属关系，也使得这种监管方式最为直接有效。

2. 通过立法或法定解释理顺行政法规范制定中设定立法权限的各个依据之间的关系，防止在行政法规范制定上矛盾和混乱的现象。

3. 加强对规范性文件的监督管理，行政规范性文件繁杂混乱的现象产生正是由于其科学合理的监管体系的缺乏。由此《法治政府建设实施纲要（2015—2020 年）》也在其措施 12 中提出要“加强规范性文件监督管理。完善规范性文件制定程序，落实合法性审查、集体讨论决定等制度，实行制定机关对规范性文件统一登记、统一编号、统一印发制度。……加强备案审查制度和能力建设，把所有规范性文件纳入备案审查范围，健全公民、法人和其他组织对规范性文件的建议审查制度，加大备案审查力度，做到有件必备、有错必纠”[2]。

4. 加强行政法规范的解释工作。对行政法规范内容中模糊粗糙的部分加强法律解释，行政法规范在内容上要具体明确，语言上要简洁准确，逻辑上要清晰缜密，并具有可操作性，才能切实解决实际问题。而含糊笼统的规范在面对生动繁杂的日常事务时很难发挥其调整作用。

5. 新制定的行政法规范应注意符合立法程序上的要求。规范的制定应通过举行座谈会、听证会等形式征求有关机关、组织和公民的意见。[3] 此外，《法治政府建设实施纲要（2015—2020 年）》还规定了“对实践证明已经比较成熟的改革经验和行之有效的改革举措，要及时上升为法律法规规

〔1〕 参见刘莘著：《法治政府与行政决策、行政立法》，北京大学出版社 2006 年版，第 145 页。

〔2〕 中共中央、国务院印发《法治政府建设实施纲要（2015—2020 年）》，载《中华人民共和国国务院公报》2016 年第 1 期，第 9 页。

〔3〕 刘莘著：《法治政府与行政决策、行政立法》，北京大学出版社 2006 年版，第 143 页。

章”[1] 的要求。

6. 行政法规范应进行适时的修改或废止，并建立配套的规范实施绩效评估体系以及常态的改废制度，以有效解决规范间的冲突与矛盾。对此，《法治政府建设实施纲要（2015—2020 年）》也指出：“对不适应改革和经济社会发展要求的法律法规规章，要及时修改和废止。”以及“建立行政法规、规章和规范性文件清理长效机制。根据全面深化改革、经济社会发展需要，以及上位法制定、修改、废止情况，及时清理有关行政法规、规章、规范性文件。……清理结果向社会公布”[2]。

行政法规范体系的协调统一不仅是保持其对社会生活的适应性有着重要作用，也是法治政府构建中不可或缺的一环。

三、加强行政立法的民主参与机制

亚里士多德认为法治应是良法之治，法必须是为了公共利益，而不能以为实现某一阶级或某个个人利益为目的进行制定。因此，良法之治必须充分尊重法律下人的自由和权利，其结果应是人民的自愿服从，而不是寄托于武力和强制来维持社会秩序。行政立法作为法治背景下的一项行政活动，因而其本质应是民意整合的结果，立法应当符合民主的要求。只有这样行政立法才能具备正当性的属性，才能获得广泛的社会基础支持。因此，行政立法过程中应当充分保障民众的参与，而“不能把希望寄托在行政机关不与公民广泛讨论的情况下能自觉、先觉的表达公民的真实意愿”[3]。通过各种方式加强民主参与的程度，尊重民众的意愿，充分反映公共利益和需求，获得民众的认同与支持，使外在的法律规范内化为民众自身的行为准则，使他律变为自律。

但目前实际中部分行政主体在行政立法的过程中，就民主参与还未完全建立具体有效的形式与程序，主要表现在未健全与听证、咨询、论证相配套的制度，对于参与的主体也没有进行明确的界定，使得听证、论证、咨询等制度的功能没能很好地发挥作用。此外，虽然专家、学者参与行政立法审议表决的比例增大，也一定程度上弥补了部分审议表决人员缺乏法律素养的问题，但立法主体对人员选择的偏向也导致了学者、专家没能充分发挥作用。

---

〔1〕 中共中央、国务院印发《法治政府建设实施纲要（2015—2020 年）》，载《中华人民共和国国务院公报》2016 年第 1 期，第 9 页。

〔2〕 同上，第 9 页。

〔3〕 沈荣华、周传铭著：《中国地方政府规章研究》，上海三联书店 1999 年版，第 132 页。

因此现实中行政立法的民主参与机制还需在其形式上进一步地加以完善。

首先，应建立健全与听证、咨询与论证相配套的制度体系。听证程序即听取当事人和利害相关人意见的一项程序性制度，当行政立法可能造成对当事人的不利时，听证程序即转化为一项必经程序，使行政立法更能趋向理性，体现民主和公正的价值。咨询与论证即咨询专家和邀请专家论证，专家的专业知识和技能帮助使日趋复杂化、专业化的行政立法议题更加科学化、合理化。因此制度体系的建立健全应帮助两者在各自的维度充分发挥作用。对此，《法治政府建设实施纲要（2015—2020年）》也提出了要"建立有关国家机关、社会团体、专家学者等对政府立法中涉及的重大利益调整论证咨询机制。拟设定的制度涉及群众切身利益或各方面存在较大意见分歧的，要采取座谈会、论证会、听证会、问卷调查等形式广泛听取意见"〔1〕的要求。

其次，行政立法应公开征求意见。其目的在于使行政立法活动能充分吸取民众的有益意见，使行政立法更具民主性。一是涉及的是相关立法的公开，其中又包括了公开的内容、公开的方式、公开的期间等内容的合理设置，确保民主能准确充分地了解立法事项；二是涉及的是民众信息的反馈，对于民众对行政立法发表的意见应保证其能反馈至立法决策层，以供参考和吸收；三是涉及的是民众意见的采纳，对于是否采纳和如何采纳民众意见，立法机关应在具有合法依据的基础上进行充分论证分析，并给予明确的说明理由。由此，《法治政府建设实施纲要（2015—2020年）》也对此加以了设置，即"除依法需要保密的外，法律法规规章草案要通过网络、报纸等媒体向社会公开征求意见，期限一般不少于30日。加强与社会公众的沟通，健全公众意见采纳情况反馈机制，广泛凝聚社会共识"〔2〕。

最后，行政立法应设置协商程序。协商程序即行政法规范正式确立前，由受其影响的利益团体和行政机关选取的代表对立法草案的内容进行协商谈判，并将谈判结果送交行政立法主体作为参照。因立法正式确立前已经谈判获得妥协，也使得最终对约束人们权利的规定更具可接受性。〔3〕据此，《法治政府建设实施纲要（2015—2020年）》也指出要"健全法律法规规章起草征求人大代表意见制度，充分发挥政协委员、民主党派、工商联、无

---

〔1〕中共中央、国务院印发《法治政府建设实施纲要（2015—2020年）》，载《中华人民共和国国务院公报》2016年第1期，第9页。

〔2〕同上。

〔3〕参见刘莘著：《法治政府与行政决策、行政立法》，北京大学出版社2006年版，第210页。

党派人士、人民团体、社会组织在立法协商中的作用”[1]。

第三节 深化行政权力运行机制

一、完善权责统一的决策机制

在党中央、国务院为构建法治政府所明确“推进行政决策科学化、民主化、法治化”的总体要求下，《法治政府建设实施纲要（2015—2020年）》也对行政决策提出了“制度科学、程序正当、过程公开、责任明确，决策法定程序严格落实，决策质量显著提高，决策效率切实保证，违法决策、不当决策、拖延决策明显减少并得到及时纠正，行政决策公信力和执行力大幅提升”[2]的目标。而权责统一的决策机制则成为其实现的内核保障。权责统一的决策机制的完善涉及两个维度的问题，即行政决策的主体享有的决策权应有法律上的规定以及享有法定决策权的主体若不按照法律的规定行使权力，将承担相应的法律责任。因此，完善权责统一的决策机制的关键也就在于这两个维度问题的完善。

（一）行政决策权的法定化

法律保留原则作为法治的首要原则，具体化到行政法领域中是指“行政主体的行为必须得到法律的预先授权，其行为才能具备合法性”[3]，即“无法律不行政”的原则。因此在法治政府框架下行政主体的决策权的合法性便是具有法律上的授权，这就要求决策权的体系结构必须得到依法确立，建立起多阶层、多方位的权利体系，实行合理分权，实现各行政主体依法行使各自决策职责的要求。

针对我国目前行政系统内部存在的决策主体职权、范围划分不明确的问题，主要体现为中央和地方、党政之间、政企之间的职权划分不明确，决策主体与咨询主体之间关系紊乱，咨询主体常迫于决策主体的压力违背科学规律为主体决策服务，甚至存在越权直接作出决策的情形。因而必须以法律规定的形式对各种决策主体的决策权加以确定，要将行政决策主体的职责与其他职责分开，明确各行政决策主体的权限、范围，使各主体之间的决策权界

---

〔1〕 中共中央、国务院印发《法治政府建设实施纲要（2015—2020年）》，载《中华人民共和国国务院公报》2016年第1期，第9页。

〔2〕 中共中央、国务院印发《法治政府建设实施纲要（2015—2020年）》，载《中华人民共和国国务院公报》2016年第1期，第9页。

〔3〕 参见陈新民著：《中国行政法学原理》，中国政法大学出版社2002年版，第35页。

限清晰化，减少渎职或越权行为。

（二）健全行政决策法律责任制

决策法律责任的构成主要在于行政决策主体未按照法律的规定行使决策权力，从其表现形式上看主要包括实体上的越权决策、玩忽职守、以权谋私，以及程序上的未遵循法定决策程序进行决策。责任制度的具体化在于对责任主体、责任条件、责任类型、追责机制以及其他方面的建构。

第一，责任主体的确定。应遵循谁决策，谁负责的原则，即个人决策，个人负责；集体决策，集体负责的原则。对于“个人决策，个人负责”的原则，决策主体领导班子的每个成员都应是责任主体，在行政首长负责制的行政体制下，有过错的行政首长应负领导责任，其他成员根据决策分工，对其职责范围内的决策负责。也即决策权力掌握到哪里，责任也就追究到哪里，做到权责统一，也有效防止了首长专断的现象产生，但对违法决策曾提出合理意见或反对的，可免除责任。对于“集体决策，集体负责”的原则，在集体组织中普遍实行的集体领导和个人分工负责的领导体制下，行政首长和各分管领导以及委员会委员都是责任主体，而并非其中的某人独自承担，但越权者作出的决策，应由其承担责任。

第二，责任条件的确定。即决策应承担法律责任的情形，主要包括实体上的越权决策、玩忽职守、以权谋私，以及程序上的未遵循法定决策程序进行决策。但因“不可抗力”引起的决策失误进而导致的损害应由国家补偿，决策主体不承担责任；但若由主观上的故意或过失所引起的，则构成违法决策，国家应承担赔偿责任，决策主体承担相应责任。

第三，责任的类型。主要包括经济责任、行政责任和刑事责任。经济责任是指决策主体对于违法决策所产生的经济损失承担法律责任；行政责任是指决策主体违反行政法规范作出决策引起的法律后果；刑事责任是指决策主体作出决策的行为过程触犯了刑事法律规范而引起的法律责任。另外，在确定责任类型时应坚持责罚相当的原则。

第四，确立追责机制。即明确追究责任的主体、程序，以免法律责任制度流于形式。主体的确立应避免与决策主体具有直接隶属关系。程序的确立应保证追责的公正和排除外部因素的干扰。

第五，对决策的奖励机制。明确规定对具有良好效益的行政决策给予奖励，激励决策主体作出符合实情、贴合民意的决策。

对于权责统一的决策机制的完善，《中共中央关于全国推进依法治国若干重大问题的决定》明确指出了“建立重大决策终身责任追究制度及责任倒查机制，对决策严重失误或者依法应该及时作出决策但久拖不决造成重大损失、恶劣影响的，严格追究行政首长、负有责任的其他领导人员和相关责任人员的法律责任"〔1〕的要求，同时《法治政府建设实施纲要（2015—2020年）》也提出了"健全依法决策机制。完善重大行政决策程序制度，明确决策主体、事项范围、法定程序、法律责任，规范决策流程，强化决策法定程序的刚性约束"以及"严格决策责任追究。决策机关应当跟踪决策执行情况和实施效果，根据实际需要进行重大行政决策后评估。健全并严格实施重大决策终身责任追究制度及责任倒查机制，对决策严重失误或者依法应该及时作出决策但久拖不决造成重大损失、恶劣影响的，严格追究行政首长、负有责任的其他领导人员和相关责任人员的党纪政纪和法律责任"〔2〕等措施。

二、细化社会矛盾化解机制

行政对社会矛盾的有效化解是法治政府的基本内涵之一，包括对社会矛盾产生前的预防以及社会矛盾产生后的有效解决两个方面。对此，党的十八届四中全会通过的《中共中央关于全面推进依法治国若干重大问题的决定》明确了要"健全依法维权和化解纠纷机制。强化法律在维护群众权益、化解社会矛盾中的权威地位，引导和支持人们理性表达诉求、依法维护权益，解决好群众最关心最直接最现实的利益问题"的要求，并采取"构建对维护群众利益具有重大作用的制度体系，建立健全社会矛盾预警机制、利益表达机制、协商沟通机制、救济救助机制，畅通群众利益协调、权益保障法律渠道"等手段化解社会矛盾。〔3〕同时，《法治政府建设实施纲要（2015—2020年）》也针对有关依法有效化解社会矛盾纠纷的总体要求设置了实现目标，即"法人和其他组织的合法权益得到切实维护，公正、高效、便捷、成本低廉的多元化矛盾纠纷解决机制全面形成，行政机关在预防、解决行政争议和民事纠纷中的作用充分发挥，通过法定渠道解决矛盾纠纷的比率大幅提升"〔4〕。

---

〔1〕《中共中央关于全面推进依法治国若干重大问题的决定》，载《中国法学》2014年第6期，第10页。

〔2〕中共中央、国务院印发《法治政府建设实施纲要（2015—2020年）》，载《中华人民共和国国务院公报》2016年第1期，第9页。

〔3〕《中共中央关于全面推进依法治国若干重大问题的决定》，载《中国法学》2014年第6期，第15页。

〔4〕中共中央、国务院印发《法治政府建设实施纲要（2015—2020年）》，载《中华人民共和国国务院公报》2016年第1期，第12页。

（一）社会矛盾产生前的预防机制

对于社会矛盾的预防，其核心便在于维护好群众的权益，解决好群众最关心最直接最现实的利益问题。对此，《法治政府建设实施纲要（2015—2020年）》也针对矛盾防范机制提出了具体化的措施，即“构建对维护群众利益具有重大作用的制度体系，建立健全社会矛盾预警机制、利益表达机制、协商沟通机制、救济救助机制。及时收集分析热点、敏感、复杂矛盾纠纷信息，加强群体性、突发性事件预警监测。强化依法应对和处置群体性事件机制和能力。依法加强对影响或危害食品药品安全、安全生产、生态环境、网络安全、社会安全等方面重点问题的治理”〔1〕。因此，只要对群众的权益给予充分的保障，社会矛盾也将会得到有效的防范。

（二）社会矛盾产生后的解决机制

《中共中央关于全面推进依法治国若干重大问题的决定》在对社会矛盾的预防机制作出明确的制度构建导向的同时，也明确了要健全社会矛盾解决机制的要求，即应“完善调解、仲裁、行政裁决、行政复议、诉讼等有机衔接、相互协调的多元化纠纷解决机制。加强行业性、专业性人民调解组织建设，完善人民调解、行政调解、司法调解联动工作体系。完善仲裁制度，提高仲裁公信力。健全行政裁决制度，强化行政机关解决同行政管理活动密切相关的民事纠纷功能”。并“把信访纳入法治化轨道，保障合理合法诉求”〔2〕。因此对于社会矛盾的解决，其核心便在于行政对公众权利救济体系的完善，与此同时也要“加大普法力度，引导和支持公民、法人和其他组织依法表达诉求和维护权益”〔3〕。具体而言，我国现行由行政主体主导的权利救济机制主要由行政复议、行政调解、行政裁决、仲裁、信访、人民调解几大部分制度组成，而社会矛盾的有效解决也依赖于这几大部分制度的健全完善。

第一，应完善行政复议制度。行政复议是运用行政系统内部的层级监督关系形成的对行政权的监督形式，因此其对权利的保护相较于行政诉讼而言来得更直接、更全面。对此《法治政府建设实施纲要（2015—2020年）》也

〔1〕中共中央、国务院印发《法治政府建设实施纲要（2015—2020年）》，载《中华人民共和国国务院公报》2016年第1期，第12—13页。

〔2〕《中共中央关于全面推进依法治国若干重大问题的决定》，载《中国法学》2014年第6期，第15页。

〔3〕中共中央、国务院印发《法治政府建设实施纲要（2015—2020年）》，载《中华人民共和国国务院公报》2016年第1期，第13页。

明确了“加强行政复议工作。完善行政复议制度，改革行政复议体制”的要求。对行政复议制度的健全完善，首先，需要政治、经济体制、法治意识等方面进行转变为其营造适合其健康发展的社会环境，否则行政复议的健全完备只能是句空话。其次，明确行政复议的准司法性，应将其准确定位为“形式上的行政行为和实质上的司法行为”〔1〕。由此也带来了复议的专业性、公正性的要求。据此《法治政府建设实施纲要（2015—2020年）》也指出要“健全行政复议案件审理机制，加大公开听证审理力度，纠正违法或不当行政行为。提高行政复议办案质量，增强行政复议的专业性、透明度和公信力。县级以上地方政府要依法加强行政复议能力建设，推动相关机构设置、人员配备与所承担的工作任务相适应，充分发挥行政复议在解决行政争议中的重要作用。切实提高行政复议人员素质，落实办案场所和有关装备保障，行政复议经费列入本级政府预算”〔2〕。再次，应进一步扩大行政复议的范围，充分保障因错误行政而受到侵害的权利。最后，应加强对行政复议的监督，对复议权力的滥用加以制约。

第二，合理改革行政信访制度。国务院所颁布的《信访条例》将信访定义为公民、法人和其他组织采用书信、电话、走访等形式，向各级行政机关反映情况，提出意见、建议和要求，依法应当由有关机关处理的活动，因而从整个救济制度设置的构想上出发，应将其设置为能对失当、失职行为发挥救济作用的救济机制〔3〕，弥补行政复议、诉讼等其他救济机制所难以覆盖到的方面。同时要“把信访纳入法治化轨道，规范信访工作程序，通过群众诉求表达、利益协调和权益保障渠道，维护信访秩序。优化传统信访途径，实行网上受理信访制度，健全及时就地解决群众合理诉求机制。严格实行诉访分离，推进通过法定途径分类处理信访投诉请求，引导群众在法治框架内解决矛盾纠纷，完善涉法涉诉信访依法终结制度”〔4〕。

第三，健全完善行政调解、行政裁决、仲裁制度。在行政调解上进一步对调解的范围加以明确，并规范调解程序；在裁决制度上加强行政机关解决同行政管理相关的民事纠纷的能力，及时化解纠纷；在行政仲裁上对其公信

---

〔1〕杜进飞著：《法治政府建构论》，浙江人民出版社2011年版，第189页。

〔2〕中共中央、国务院印发《法治政府建设实施纲要（2015—2020年）》，载《中华人民共和国国务院公报》2016年第1期，第13页。

〔3〕参见林莉红：《论信访的制度定位——从纠纷解决机制系统化角度的思考》，载《学习与探索》2006年第1期。

〔4〕中共中央、国务院印发《法治政府建设实施纲要（2015—2020年）》，载《中华人民共和国国务院公报》2016年第1期，第13页。

力予以保障的同时，充分发挥其解决纠纷、化解矛盾、促进和谐的作用。

第四，贯彻落实人民调解制度。加强调解组织建设，“实现村委会、居委会人民调解组织全覆盖，推进企事业单位、乡镇街道、社会团体、行业组织中人民调解组织建设”。[1] 形成人民调解组织网络，重点调解消费者权益、劳动关系、医患关系、物业管理等领域纠纷，促进平等协商、公平公正地解决社会矛盾。

三、强化行政权力监督机制

监督行政是法治政府的内在要求，由于现实中行政执法人员法治意识的薄弱以及管理体制的不完善等因素，导致了行政权力的滥用对相对人权利的侵犯，行政权趋于膨胀、扩张的天然属性也决定了监督机制的必要性，使行政权力行使上的偏差得到及时的纠正，使被管理相对人以及其他利害相关人的合法权益得到充分的保障和落实。《中共中央关于全面推进依法治国若干重大问题的决定》对此也明确了“强化对行政权力的制约和监督”的要求，具体上“加强党内监督、人大监督、民主监督、行政监督、司法监督、审计监督、社会监督、舆论监督制度建设，努力形成科学有效的权力运行制约和监督体系，增强监督合力和实效”。[2] 据此，对于行政权力监督机制的强化可根据发挥监督作用的主体类型具体划分为内部监督机制的强化和外部监督机制的强化两大部分。致力于科学有效的行政权力运行制约和监督体系基本形成，惩治和反腐败体系进一步健全，违法行政行为得到及时纠正，违法行政责任人依法依纪受到严肃追究等目标的达成。《法治政府建设实施纲要（2015—2020年）》也指出，要通过“健全行政权力运行制约和监督体系。坚持用制度管权管事管人，坚持决策权、执行权、监督权既相互制约又相互协调，完善各方面监督制度”等措施，“确保行政机关按照法定权限和程序行使权力”。[3]

（一）行政权力内部监督机制的强化

《中共中央关于全面推进依法治国若干重大问题的决定》明确指出，“加

---

〔1〕 中共中央、国务院印发《法治政府建设实施纲要（2015—2020年）》，载《中华人民共和国国务院公报》2016年第1期，第13页。

〔2〕《中共中央关于全面推进依法治国若干重大问题的决定》，载《中国法学》2014年第6期，第11页。

〔3〕 中共中央、国务院印发《法治政府建设实施纲要（2015—2020年）》，载《中华人民共和国国务院公报》2016年第1期，第11页。

强对政府内部权力的制约，是强化对行政权力制约的重点”，并“完善政府内部层级监督和专门监督，改进上级机关对下级机关的监督，建立常态化监督制度”。[1] 因此，行政权力内部监督机制主要有机关内部层级监督以及专门机关监督两种方式。

第一，行政机关内部监督机制，是基于行政系统内部的直接隶属关系，实行的自上而下的监督，是根据宪法规定的国家机构民主集中制的组织和活动的原则而产生的。根据法律的规定，上级行政机关可改变或撤销下级不当的行政行为，并通过任免、考核或奖励等方式对公务人员进行管理。可以看出，行政系统内部的层级监督相对于其他监督方式具有更直接的效果，但也存在上下级之间庇护的可能缺陷，因此对改进行政机关上下级之间监督机制，建立健全常态化、长效化的监督机制具有重要意义。具体操作上应“对财政资金分配使用、国有资产监管、政府投资、政府采购、公共资源转让、公共工程建设等权力集中的部门和岗位实行分事行权、分岗设权、分级授权，定期轮岗，强化内部流程控制”[2]，以防止行政权力的滥用。

第二，专门机关监督，一是监察监督，依照监察法等法律规范的规定，要求监察机关切实履行监察职责，对行政机关行使权力的效能进行监督，保证行政主体恪尽职守、科学民主地行使行政权力，确保廉洁政府的建设。二是审计监督，即依审计法的规定对各级行政机关的财务活动进行审核和稽查，对违纪违法的财务决策进行处理。作为一项经济监察活动，其关键在于“健全有利于依法独立行使审计监督权的审计管理体制，建立具有审计职业特点的审计人员管理制度，基本形成与国家治理体系和治理能力现代化相适应的审计监督机制”[3]，并将审计职能全面覆盖到对国有资产、公共资金、干部履行经济责任情况等领域。

（二）行政权力外部监督机制的强化

除行政系统内部的监督机构建构之外，应强化执政党监督、人大监督、民主监督、司法监督、社会监督、舆论监督等外围监督力量对行政权力的行使进行约束。一是执政党的监督。具体内容包括，在党委的领导下，各行政机关党组织以主要负责人作为第一责任人，加强党风廉政建设和反腐败工

---

〔1〕《中共中央关于全面推进依法治国若干重大问题的决定》，载《中国法学》2014年第6期，第11页。

〔2〕同上，第12页。

〔3〕中共中央、国务院印发《法治政府建设实施纲要（2015—2020年）》，载《中华人民共和国国务院公报》2016年第1期，第12页。

作，对违反党纪的行政机关任职的党员加以处分，并进行思想作风、法纪和道德方面的教育。二是人大的监督。一方面人大及其常委会以法律监督，听取和审议预算、决策、立项、人事任免、质询、视察和调查等方式对政府行使权力加以监督[1]，对违法的权力行使加以撤销并罢免有责任的相关行政人员；另一方面行政机关应认真执行向人大报告工作，接受询问和质询，报备法规规章，认真研究处理人大有关的审议意见。三是人民政协、民主党派和其他社会组织对行政实行的民主监督。一方面政协可依法对行政损害群众权益的行为加以调查研究，以会议、提案以及提出批评、建议和举报等形式进行监督；另一方面行政机关对政协委员提出的意见和建议应及时予以研究办理，并“健全知情明政机制，政府相关部门向政协定期通报有关情况，为政协委员履职提供便利、创造条件”[2]。四是司法监督。“它具有强大的威慑力度，是国家适用法律监督上运用强制力维护社会秩序的最后一道防线”[3]，司法审判机关可依公众的申请对行政行为的合法性进行审查，撤销违法行为，判决行政机关积极履行行政职责。同时行政机关应对依法出庭应诉制度进行完善，为法院受理行政案件提供便利，尊重生效裁判并对确定的义务予以执行，积极配合检察机关对行政违法行为的监督。五是社会的监督。社会监督的强化主要应畅通监督的渠道，方便公众举报和反映问题，并建立健全投诉举报的登记制度，及时调查处理行政违法行为。同时行政机关应全面推进政务公开，“推进决策公开、执行公开、管理公开、服务公开、结果公开”[4]，“拓宽政府信息公开的渠道，明确政府信息公开范围和内容”[5]，使公众对政府权力行使有充分的认识，并及时回应公众关切的问题。六是舆论的监督。新闻媒体素有国家“第四种权力”之称[6]，能公开反映对权力行使的意见，对行政违法行为加以披露，对其进行有效的监督。应根据实际的需要，制定新闻法，将舆论的监督权、批评权等权利及其侵权责任予以明确。政府也应加强与新兴媒体的互动，重视和规范舆论监督，推动舆论监督规范

---

〔1〕 参见陈振明著：《政策科学——公共政策分析导论》，中国人民大学出版社 2003 年版，第 337—338 页。

〔2〕 中共中央、国务院印发《法治政府建设实施纲要（2015—2020 年）》，载《中华人民共和国国务院公报》2016 年第 1 期，第 12 页。

〔3〕 孔令望等著：《国家监督论》，浙江人民出版社 1991 年版，第 281 页。

〔4〕《中共中央关于全面推进依法治国若干重大问题的决定》，载《中国法学》2014 年第 6 期，第 11 页。

〔5〕 中共中央、国务院印发《法治政府建设实施纲要（2015—2020 年）》，载《中华人民共和国国务院公报》2016 年第 1 期，第 12 页。

〔6〕 甄树青著：《论表达自由》，社会科学文献出版社 2000 年版，第 179—182 页。

的法治化。

此外，监督机制若缺少问责机制的支撑将形同虚设。因此，应“完善纠错问责机制，健全责令公开道歉、停职检查、引咎辞职、责令辞职、罢免等问责方式和程序”[1]，增强问责的实效性和针对性，并加大问责力度，坚持有错必纠、有责必问。

第四节 培养依法行政意识

一、全民守法信法护法氛围形成

全民守法信法护法氛围形成，一方面需要行政机关依照其法定职权发挥促进作用，要求其在社会各个方面全面做到依法行政，使公众自觉地去信赖法律、遵守法律、拥护法律。另一方面民众作为社会组成的基础要素，全民守法信法护法氛围的形成，也意味着社会整体法治文化的发展，同时也体现了全民法律意识水平的普遍提高，进而对行政机关形成反作用力，督促其更好地依法行政。具体而言，全民守法信法护法氛围的营造应主要从民主的行政立法、法制教育普及、机关干部守法以及全民守法机制等方面的完善进行开展。

（一）行政立法的民主化

法治政府的构建需要广泛的社会群众基础和法治思想文化条件，法律制度在国家经济社会文化生活中全面有效地发挥作用，不能仅靠行政的强制，而主要靠民众的自觉遵守和维护。而良好健全的法律是全民守法信法护法的制度前提，卢梭曾说过，“一切法律之中最重要的法律，既不是刻在大理石上，也不是刻在铜表上，而是铭刻在公民的内心里”，且“法治乃良法之治”，毫无疑问，立法只有真正反映民意、体现民利、汇集民智才是良法的形成标准，也才能更容易得到民众的自觉遵守和热心维护，赢得民众的称道。

因此，行政机关对于人民群众最关心、最直接、最现实的利益，应在制定法律的过程中，将其置于优先和重要的位置，立法工作应把实现好、维护好、发展好最广大人民的根本利益作为其根本出发点和落脚点，立法优劣的检验应以人民群众是否拥护、是否支持、是否满意作为根本标准，只有在立法内容上真正体现人民群众意志，才具备了良法的实质要求。因而在立法方

---

〔1〕《中共中央关于全面推进依法治国若干重大问题的决定》，载《中国法学》2014年第6期，第11页。

式上必须充分吸收公众参与立法活动，切实听取民众的意见和建议。随着社会阶层的多元化以及民众意志和利益的差异化，在各项立法起草和出台的全过程和各环节中，对这种客观存在的差异性都应当认真面对和积极回应，耐心倾听不同民众的呼声，对各界民众的不同需求进行细致了解。同时，还要积极对公众参与立法的方式予以创新，扩大公众的参与度和立法工作的透明度。只有人民在立法上真正拥有主权，才能为良法的形成奠定制度基础。

（二）行政机关积极推进法治教育普及

“教育是法治的先决条件”，通常公民对法律的概念仅限于宪法、刑法，却对与生活息息相关的法律法规视而不见。这不仅因为立法、执法、司法各有侧重并具备不同功能，民众从中受到的教育不可能全面、系统，而且不同行业、岗位和层次的社会成员对法制的认识和需求程度必然存在差异，因而专门的法治宣传教育实属必要。“各级党委和政府要加强对普法工作的领导，宣传、文化、教育部门和人民团体要在普法教育中发挥职能作用”〔1〕，把法律融入行为作为未来加强法制教育的重要方面，从小学到初高中甚至大学、从城市到农村，“把法治教育纳入国民教育体系，从青少年抓起，在中小学设立法治知识课程”〔2〕，避免漏洞和空白。

应注重法治教育普及的实效性。判断能力人并非生来具备，仅能在学习中才能对知识进行逐步累积，并梳理经验，总结教训，由此才能获取参与社会活动的各种能力。要深入开展法治宣传教育，“把法治教育纳入精神文明创建内容，开展群众性法治文化活动，健全媒体公益普法制度，加强新媒体新技术在普法中的运用，提高普法实效”〔3〕，量化全社会树立的法治意识，即全社会树立法治意识就是要在全社会形成守法光荣、违法可耻的社会氛围，形成“全民自觉守法、遇事找法、解决问题靠法”〔4〕的思维模式和行为方式。

（三）机关干部带头守法

“奉法者强，则国强；奉法者弱，则国弱”，干部带头守法至关重要，他们的引领和示范对提高全社会的法治意识有重要作用。所谓“上好之下必有甚之者也”，模仿向来是人的本能，部分人的行为方式和思维态度往往会对另

〔1〕《中共中央关于全面推进依法治国若干重大问题的决定》，载《中国法学》2014 年第 6 期，第 14 页。

〔2〕同上，第 14 页。

〔3〕同上，第 14 页。

〔4〕同上，第 14 页。

一部分人产生显著影响。在守法问题上，机关干部是否遵守法律，往往会影响着人们对法律遵守与否态度。鉴于此，《中共中央关于全面推进依法治国重大问题的决定》也提出，“各级领导干部要对法律怀有敬畏之心，牢记法律红线不可逾越、法律底线不可触碰，带头遵守法律，带头依法办事”，“坚持把领导干部带头学法、模范守法作为树立法治意识的关键”等要求。[1]

（四）完善全民守法机制

公民守法机制的完善对全民守法信法护法氛围的形成在一定程度上具有积极促进的作用。一方面对公民在公共场所的行为准则进行完善，对模范守法公民的先进事迹进行大力宣传，并鼓励守法者对法律意识薄弱者进行教育，让更多人主动积极地参与到全民守法中来。另一方面健全守法义务与守法责任相统一的公民守法体系，“牢固树立有权力就有责任、有权利就有义务观念。加强社会诚信建设，健全公民和组织守法信用记录，完善守法诚信褒奖机制和违法失信行为惩戒机制，使尊法守法成为全体人民共同追求和自觉行动”[2]。

我国正处在深化改革的关键时期，各种利益矛盾相互交织，只有每个人心中有法，时刻守法，真诚信法，全社会积极行动起来，才能全面推进法治政府构建。

二、行政执法法治信仰建立

“法律必须被信仰，否则将形同虚设。”行政执法中确立法治思维的首要要求就是执法者内心法的信仰的确立，即对于法律的正确性形成内心确信。执法过程中执法者面临着各种各样的价值观体系以及行为规范与指南，而法律仅作为其中的一种价值判断，在利益多元化和社会角色分配多元化的今天，难免可能会产生法律与其他社会价值准则和行为规范相冲突，也不能否定地认为其他的社会准则滞后于法律。在复杂的选择格局下，仅从即时利益的角度出发，执法者就很可能放弃法律准则而选择其他价值准则。然而法的信仰核心便在于法律之上，一国的法律体系中存在良法恶法，执法者在执法过程中担心某些社会进程受到阻碍而选择放弃对法的信仰，所造成的结果将是对整个法治体系的破坏，其付出成本将远远超过对某些社会进程产生的

---

〔1〕《中共中央关于全面推进依法治国若干重大问题的决定》，载《中国法学》2014年第6期，第14页。

〔2〕同上，第14页。

阻碍。

三、全面树立法规意识与观念

依法行政意识的培养离不开行政主体人员法规意识与观念的全面树立，换句话说，全面树立法规意识与观念是行政主体人员依法行政意识形成所必不可少的关键前提。

树立法规意识与观念，即是要树立“宪法法律至上、法律面前人人平等、权由法定、权依法使等基本法治理念，恪守合法行政、合理行政、程序正当、高效便民、诚实守信、权责统一等依法行政基本要求”〔1〕。因此，首先，应加强对行政人员的法治教育培训，“完善学法用法制度，把宪法法律列入党委中心组学习内容，列为党校、行政学院、干部学院、社会主义学院必修课”〔2〕，组织开展法治专题培训班，增大法治专题讲座举办的频率，并加大对公务员任职培训中法律知识部分培训的力度。其次，法治培训应关注其成效，对行政机关工作人员法规意识考查测试制度加以完善，加强领导干部任职前法律知识的考查并将结果作为其任职前重要的考量因素，“对特权思想严重、法治观念淡薄的干部要批评教育、督促整改”〔3〕，树立重视法规意识与观念的用人导向，增加法律知识内容在公务员录用考试中的比重，将法规意识考核量化为行政工作人员依法晋升考核制度。最后，应通过法治实践提高法规意识与观念，落实“谁执法谁普法”的普法责任制，“建立行政执法人员以案释法制度”〔4〕，使行政执法人员在普法、执法的过程中不断强化自身的法规意识与观念。

---

〔1〕 中共中央、国务院印发《法治政府建设实施纲要（2015—2020年）》，载《中华人民共和国国务院公报》2016年第1期，第12页。

〔2〕《中共中央关于全面推进依法治国若干重大问题的决定》，载《中国法学》2014年第6期，第14页。

〔3〕 中共中央、国务院印发《法治政府建设实施纲要（2015—2020年）》，载《中华人民共和国国务院公报》2016年第1期，第13页。

〔4〕 同上，第14页。

第六章 法治政府的绩效评估体系

第一节 评估目标与评估构架确立

一、评估目标的具体性分析

对于政府绩效评估的目标追求的理解，应从其本身的概念出发进行界定。一般意义上的政府绩效评估是指在政府试图实现某种行政目标的过程中，依据可量化的指标对工作过程、结果、效率等各方面进行评估，以改善工作绩效的一套体系。[1] 由此可以分析得出，绩效评估的目标便在于通过评估，为政府实现其行政目标提供明确的完善方向，以期更好地实现政府的行政目标。因此，评估目标的具体性是由政府绩效的目标取向所决定的，即不同历史时期对政府职能定位的不同，致使政府的绩效目标取向不同，也使不同时期评估的具体目标取向之间有所差异。例如，在西方的自由资本主义时期，政府的职能被定位为充当“守夜人”的角色，即管的越少的政府是越好的政府，政府绩效的目标取向便在于充分地简政放权，放任市场对经济的调节，因而此时绩效评估的目标具体性便体现在为政府更好地简政放权提供改进方案，以期更好地实现“放任型政府”的建设；在市场失灵后的经济危机时代，政府的

[1] 马怀德著：《政府绩效评估指标体系研究报告》，中国人民大学出版社 2010 年版，第 4 页。

职能定位则转变为“干预型”的角色，政府绩效的目标取向也转向对市场经济的全面干预，绩效评估的具体目标也转变为了对完善政府干预的全面性提供方向，以期更好地实现“全能政府”的建设。因而，通过对评估目标具体性的特征分析，可以得出，对政府绩效评估具体目标的有针对性的设定，并有效地开展评估活动，其前提在于对当前政府绩效的目标取向的科学界定。

在目前构建法治政府的背景下，法治政府的建设目标决定了其绩效的目标取向。因此，法治政府绩效评估的具体目标也应根据该建设目标进行有针对性的具体设定。由于法治政府具有丰富的理论内涵，因而也具备了多元化的建设目标，基于党的十八届四中全会通过的《中共中央关于全面推进依法治国若干重大问题的决定》及相关理论研究，绩效评估的目标对此也具体化为：为更好地规范行政立法、进行科学民主决策、公正文明执法、政务信息公开、明确有利监督提供完善方案，以期法治政府的早日构建。

二、评估构架的可操作性论证

评估体系的结构与框架是否具备可操作性主要取决于对“谁来评估、评估什么以及怎么评估”三个维度问题的科学合理的设定。

（一）“谁来评估”

“谁来评估”主要指的是评估主体设定的问题。绩效评估主体作为直接或间接介入参与政府绩效评估过程的个人、组织或团体，可通过对评估内容和范围的选择，对评估活动的方向产生影响，在评估活动结果的形成中起着决定性作用。因此，评估主体既是保证绩效评估构架具有可操作性，又是保证评估结果具备客观真实性的基本条件。绩效评估过程从其本质上看是“由感知、注意、学习、记忆、表象、推理、问题解决等构成的心理活动过程或认知过程”[1]。因此，评估主体的心理因素在评估的过程中不可能不发生作用，在评估实践中，不同的评估主体往往因其感情、态度、经验、知识等方面的不同对同一评估事项得出具有差异性甚至截然相反的评估结论。正如詹姆斯·J. 威尔逊所言：“如果研究是由执行决策的人或者他们的朋友进行的，所有介入社会问题的政策都会产生预期的效果；如果研究是由独立的第三方，特别是那些对政策持怀疑态度的人来主持的话，没有一个介入社会问题的政策会产生预期效果。”[2] 为确保符合保证构架的可操作性以及对政府

---

〔1〕 唐琦玉著：《政府效能评价体系》，湖南人民出版社 2012 年版，第 48 页。

〔2〕 ［美］托马斯·R. 戴伊著：《理解公共政策》，彭勃译，华夏出版社 2004 年版，第 291 页。

绩效具有客观、科学的反映，因而在评估主体的设定中应在主体具备操作可行性的前提下兼顾其客观独立性和专业性。具体而言，主要参考两点：一是与行政过程或结果的利益相关程度，一般我们认为，评估主体与行政过程或结果的利益相关度越低，则越能体现其客观性，但反映的精确性有待商榷。二是评价的内容标准，即针对不同的评估的标准应由不同的评估主体进行评估，才能体现其客观性和专业性，如“社会大众是政府工作是否体现公正性的评价者”[1]。因此，只有在评估主体的选择上尽力贴合客观、合理、独立、有效等方面的要求，评估的构架体系才能有效地运作。目前大多数学者认同应遵循利益相关、独立化、多元化、公开公平化、专业化、代表性等原则进行主体设定。[2]

随着新兴公共治理理论的发展，对于多种评估主体选择上的要求，政府绩效评估主体的组成或结构也呈现出了多元化的趋势。对于绩效评估主体划分，实践中最为常见的划分方法便是根据评估主体是否属于行政系统内部的组织体系，划分为内部评估主体和外部评估主体。内部评估主体主要由行政机关构成，包括政府的上级主管部门以及政府决策、执行、咨询、监督等自身组成部门；外部评估主体主要由行政机关以外的组织或个人组成，包括政党、权力机关、社会公众、法律专家、第三方专业性评估机构等组成。

（二）“评估什么”

主要针对的是评估指标内容的设置。政府绩效评估指标内容的设置是一个科学、严谨的过程。绩效评估的结果是否能科学定位政府绩效目标和客观反映政府的绩效状况，使其具有客观性、准确性和说服力，直接取决于评估指标体系是否经过科学设计。政府绩效评估的科学构建应主要考虑如“指标体系是否与特定的使用目的密切相关、指标之间是否具有一定的逻辑关系、指标是否综合考虑了评估对象所有方面”[3] 等方面的因素。因此，要使评估体系具备科学合理性，就必须与当下法治政府的构建目标紧密贴合，主要包括有行政立法的规范、科学民主决策、公正文明执法、完善政务公开及明确有力监督五个方面的建设目标，并以此为据，按照可操作性、系统全面性、有效性、可比性、独立性等基本原则，对评估指标内容展开精心设置。同时评估指标体系应包括准则指标、具体指标及各指标权重等内容，并根据绩效

---

〔1〕 高兴武：《公共政策评估——体系与过程》，载《中国行政管理》2008 年第 2 期。

〔2〕 参见郑方辉、冯健鹏著：《法治政府绩效评价》，新华出版社 2014 年版，第 105 页。

〔3〕 参见刘旭涛：《关于政府绩效评估体系的四个基本问题》，载《新视野》2005 年第 6 期，第 44 页。

评估理论和方法，采用德尔菲法和层次分析法确定准则指标和具体指标的权重，采用相关分析法、辨别力分析法等多种方法对评估指标进行相关性和隶属性分析，再进行实证筛选和修正。[1] 另外，制定的评估指标体系应主要以规范性文件的形式表现出来，以保障其权威性。如《广东省法治政府建设指标体系（试行）》所规定共设有“8 项一级指标，40 项二级指标，108 项三级指标；8 项一级指标的总分值为 100 分；各项二级指标、三级指标的具体分值，由考评主体按照政府与部门分开、区分部门类别的原则，结合年度依法行政工作部署，在制订考评方案时予以明确”，其中 8 项一级指标的分值权重在规定中均有体现：“制度建设（占总分值的 15%）、行政决策（占总分值的 10%）、行政执法（占总分值的 20%）、政府信息公开（占总分值的 10%）、社会矛盾防范和化解（占总分值的 10%）、行政监督（占总分值的 15%）、依法行政能力建设（占总分值的 10%）、依法行政保障（占总分值的 10%）。”评估指标内容的明确具体化，也满足了评估构架可操作性的要求。

（三）“怎么评估”

主要解决的是评估采取的方法选择的问题。对评估指标的具体细化分解，使评估构架体系具备可操作的参照对象，而科学有效的评估方法的选择才是评估构架最终具备可操作性的关键所在。

从方法论上看，政府绩效评估方法可作定量分析评估方法和定性分析评估方法两种区分。定量分析评估方法是指对政府绩效的数量特征、数量关系与数量变化进行分析，将政府绩效的具体指标进行量化，并通过建立与之相适应的数学分析模型进行分析、计算，以数量结果反映衡量绩效成果。定量分析法主要可划分为比率分析法、趋势分析法、结构分析法、相互对比法、数学模型法等多种基本分析方法。实践证明，采取不同的定量分析方法对同样的评估指标和评估数据进行分析可能会导致评估结果之间有所偏差，甚至产生显著的差异。各类定量法均有其优劣点，因此为保障政府绩效评估结果的可信度和可靠性，评估主体应结合评估目的、评估的指标内容选择适当的定量分析评估方法，同时也可采用不同类型的定量方法对评估结果进行相互印证和补充。从绩效评估指标本身出发，并非所有的政府绩效指标内容都完全以量化的形式表现出来或表现出来了也并非能反映其绩效的真实状态。例如，“学生的某一科目的考生分数可以显示出他（她）在班级中的排名，但不一定能唯一地反映出他（她）掌握该科目知识的真实程度，再者，如何通过

---

〔1〕 参见郑方辉、冯健鹏著：《法治政府绩效评价》，新华出版社 2014 年版，第 105 页。

评估进一步改进他（她）的学习，这些问题仅仅通过分数本身难以完全解决，需要通过进一步的主观价值分析来解决”[1]。因而定量分析评估方法在适用上也存在其缺陷，因此，对政府绩效的评估应进一步引入定性的评估方法。定性分析评估方法是指依靠绩效评估人员丰富的实践经验以及主观的判断和分析能力，对部分无法获得数据和无法量化的绩效指标作出评估。定量分析评估方法和定性分析评估方法都各有优势，但也各具局限性，因此采取二者相结合的方式对政府绩效加以评估。

三、评估目标与评估构架的统一

绩效评估目标与评估构架体系之间形成双向互助、相互依赖的关系是二者之间统一的必要条件。一方面，绩效评估目标的具体化有利于评估构架体系对评估指标内容进行更具针对性的完善；另一方面，科学完备的评估构架体系也有助于通过对现存问题的准确评估，进而以提出具有针对性的完善方案的方式以及评估本身所具有的过程作用，具体实现绩效评估的目标。通过科学的评估构架体系进行评估也能将其功能充分地体现出来：一是确定未来工作计划和目标；二是为政府进行其他环节的管理提供客观依据；三是加强政府工作人员的自我管理；四是构建行政系统内部相互沟通与反馈的平台；五是对行政机关工作人员内在潜力的不断发掘。

在行政立法规范和科学民主的决策方面，科学完备的评估构架体系能通过对行政机关过去立法和决策的信息收集、整理和反馈，精准地发现其立法和决策中存在的问题，例如越权立法、制定粗糙、对旧法未及时修改、废止和清理以及决策未经法定程序作出等，并以对问题的完善确定行政机关未来一段时间内立法和决策改进的方向并制定相应的计划，以更有效地规范立法和决策。

在公正文明执法方面，科学严谨的评估构架体系也能通过对行政执法中实际情况信息的收集、归纳和分析，针对性地反映实际行政执法中存在的薄弱环节，如执法不全面、执法越权等现象，并以此作为行政机关加强某一方面的执法环节的管理提供客观依据，以最终实现行政执法的公正与文明。

在明确有力监督方面，科学合理的评估构架体系一方面对行政机关工作人员强化了明确的工作需求，使其责任感增强，通过绩效评估反映出的目标与现实能力的差距，可以提高行政机关工作人员的工作绩效和行政能力，以

---

[1] 唐琦玉著：《政府效能评价体系》，湖南人民出版社 2012 年版，第 146 页。

不断增强行政主体的自我监督、自我管理；另一方面绩效评估的过程即是信息相互沟通与反馈的过程，通过这个过程，也能在行政系统内部构建一个相互沟通和反馈的平台，有助于行政机关上下级之间相互了解、互相监督，以弥补不足，调整行为方式，不断提升绩效水平。

第二节　评估的主体

一、内部评估主体

内部评估指的是评估政府绩效的活动由来自政府行政系统内部的组织开展实施，包括行政机关内部按隶属关系实施的上下级之间的互相评估、同级行政部门之间相互实施的评估及行政业务部门开展的自我绩效评估。对此，内部评估主体可进一步划分为一般评估主体和专门评估主体两大类。

（一）一般评估主体

一般评估主体主要存在以下几种类型：

1. 行政机关上下级之间互为绩效评估主体。具体指的是各级人民政府按照行政隶属关系与其下级政府及本级的行政职能部门、国务院各部委和直属机构与地方各级政府相应的工作部门以及上级行政主管部门与下级相应的行政部门针对各自的行政绩效实施的自上而下和自下而上的评估。作为政府绩效评估中最直接、最主要的一种评估模式，凡是具有隶属关系的行政机关之间都应实施双向的绩效评估。

2. 同级行政职能部门之间互为绩效评估主体。此类绩效评估的重点在于对被评估部门在与评估部门开展业务的过程中，就该业务领域范围内被评估部门的绩效表现进行评估。具体而言，指的是处于同一层级上的各行政职能部门就其主管的职能范围内对其他有关职能部门在此范围内开展业务的绩效进行评估。行政业务的开展可能是单向的，也可能是相互的，因此，此类绩效评估发挥作用的方向可以是单向的，也可以是双向的，即可由某一行政职能部门对其他同级的职能部门进行绩效评估，也可由各行政职能部门相互之间就对方的绩效表现进行评估。但在实际操作中，此类横向的评估往往不会单独进行，而常作为纵向评估的组成部分实施，同级评估的主体也往往不是作为执行主体而是以参与主体的身份出现。[1]

3. 行政业务部门自身作为绩效评估主体。即作为被予以绩效评估对象的

〔1〕参见郑方辉、冯健鹏著：《法治政府绩效评价》，新华出版社 2014 年版，第 106 页。

行政业务机关对自身业务的实际绩效进行自我评估和报送。

（二）专门评估主体

专门评估主体是指行政系统内部专门设立组织开展全面的法治政府绩效评估的行政机关。现有的内部绩效评估主体主要包括行政监察部门和国家审计机关以及具有国家机关性质的专门绩效评估机构，例如，全国绩效审查委员会、功绩制保护委员会等。国家审计机关相对于其他同级行政职能部门可独立行使审计监督权，绩效审计作为由西方国家发展来的政府绩效评估方式，是指审计机关依法针对资源的利用效率对各级行政机关、直属机构进行审计评估，也成为许多国家审计机关的主要职能之一。现阶段我国审计机关的职能也逐步由单纯的财务审计向绩效审计发展，虽然目前我国的监察和审计还不足以对法治政府绩效评估形成完全覆盖，但其独立性及成熟性决定其仍是行政内部评估的重要组成部分。对此，中共中央、国务院印发的《法治政府建设实施纲要（2015—2020年）》也明确提出“各级监察机关要切实履行监督责任，确保廉政建设各项任务落实。完善审计制度，健全有利于依法独立行使审计监督权的审计管理体制，……基本形成与国家治理体系和治理能力现代化相适应的审计监督机制。对公共资金、国有资产、国有资源和领导干部履行经济责任情况实行审计全覆盖”[1] 的要求。

政府绩效的内部评估的优势在于对政府绩效信息的掌握，严密的绩效评估组织程序加以对政府及其行政部门实际运行状态的了解，能使评估活动更加理性、也具备更高的权威性，同时熟悉政府运作流程，评估成本较低。

但内部评估建立在结构秩序和信任的基础上，容易出现主观性的偏差，由于利益关联性导致部门之间评估相互吹捧或互相损毁，非专业化导致评估质量不高，同时内部评估所选择的评估指标及方法受上级影响较大以及社会参与度不高以至于客观性和可信度受影响。显然这些内部评估的固有缺陷需要通过外部评估加以弥补。

二、外部评估主体

外部评估主体指的是组织开展政府绩效的评估活动的非行政系统机构的组织或个人。就我国的法治政府绩效评估而言，外部评估主体主要包括政党、权力机关、社会公众、专家学者、第三方评估机构。

---

〔1〕 中共中央、国务院印发《法治政府建设实施纲要（2015—2020年）》，载《中华人民共和国国务院公报》2016年第1期，第12页。

（一）政党

中国共产党的领导是我国社会主义法治最根本的保证，在政治、思想和组织上领导并监督各级行政机关开展工作，保证各级政府依法履行职能。因此对于法治政府的绩效，党有能力作出有效的评估，也应当成为法治政府绩效评估的主体之一。在理论上得到论证的同时，《中共中央关于全面推进依法治国若干重大问题的决定》和《法治政府建设实施纲要（2015—2020年）》都明确了要加强党内监督、政府应自觉接受党的监督的要求，也提供了制度上的支持。此外，我国的政党制度是中国共产党领导下的多党合作与政治协商制度，《中共中央关于全面推进依法治国若干重大问题的决定》和《法治政府建设实施纲要（2015—2020年）》也同时明确了要加强民主监督、政府要自觉接受民主监督、及时研究办理政协委员提出的意见和建议、要向政协定期通报有关情况等要求，也为各民主党派参与法治政府绩效评估提供了充分的空间。

（二）权力机关

我国的权力机关，即各级人民代表大会。其一方面作为我国的立法机关，对政府是否切实履行其制定和发布的法令负有监督的职能，对依法进行政府绩效评估带有强制性、主动性、制度化的特点[1]。另一方面它又是民意机关，是人民意志的代表，享有对政府进行监督的权利，而有权利必定有其对等的义务，只有对政府要接受监督的义务加以明确，才能真正使监督权得到落实，才具备对政府绩效进行评估的可能性。我国权力机关主要通过以下方式对政府绩效进行评估：

1. 听取和审议政府工作报告。《法治政府建设实施纲要（2015—2020年）》也对政府要“认真执行向本级人大及其常委会报告工作制度，并认真研究处理人大及其常委会组成人员对政府工作提出的有关审议意见”[2] 的义务作出了明确的要求，因此听取和审议的过程即是对政府过去一年总体绩效进行评估的过程，并在审议得到及时处理时得到反馈。

2. 对政府提出询问和质询。《法治政府建设实施纲要（2015—2020年）》也明确了政府应接受询问和质询制度的义务，通过向相关行政机关提出询问和质询，要求其必须在规定时间内予以答复的形式来达到对政府监督式的绩

---

[1] 参见王义著：《困境与变革：政府绩效评估发展论纲》，湖南人民出版社2007年版，第36页。

[2] 中共中央、国务院印发《法治政府建设实施纲要（2015—2020年）》，载《中华人民共和国国务院公报》2016年第1期，第12页。

效评估。

3. 其他对政府监督行为。主要包括受理社会公众对本级行政机关及其工作人员的申诉和意见、对人事任免的审查、对预算和决算的审查、对公众关注的热点问题和政府的重大管理问题进行评价，通过这些监督活动，及时对政府行为给予评价，推进政府对公共事务的有效处理，并最终起到法治政府绩效评估的作用。

（三）社会公众

法治政府是服务政府。社会公众作为被服务的对象，其对政府绩效的评估最具有权威性，也最具有借鉴意义和参考价值，同时社会公众的满意度也能最直接地反映政府的绩效。正如桑玉成从公众参与政府行政立法绩效评估的角度出发，认为“公众是行政立法后评估最根本的依据，立法是否有绩效以及绩效的大小，其人民最有发言权或评价权。通过人民群众对行政立法的认可和赞同的评价机制，可以非常客观地对行政立法后的效能做出公正合理的评价”[1]。随着“新公共管理”模式的兴起，社会公众也被定位为“顾客”，因而绩效评估内容对“顾客”的服务质量更有所侧重，评估主体更加突出社会公众等被服务对象的地位，并对社会公众公开评估结果且直接对他们负责，也充分体现了在绩效管理中强调以民主为导向的发展趋势，而民主的尺度主要由公众参与的普遍性、充分性和广泛性来衡量。因此，要使政府的绩效得到更直观的反映，就应确立社会公众对于评估政府绩效的核心地位，并对绩效评估的实施、操作等方面作详尽的规定。

法治政府绩效的优劣评估，旨在为社会公众提供更好的更优质的服务，也就是考察政府的工作在多大程度上满足了社会公众的需要。“顾客满意”的引入，使政府的服务功能得到强化，“顾客”参与绩效评估能反映出“顾客需求”与“服务”的差距，迫使它们提升高服务质量和提高服务效率，而“顾客需求”与服务的差距的准确反映，其前提便在于对政府各部门有关绩效方面信息的有效获取。因此，社会公众对政府绩效有效的评估有赖于广泛的政务公开，并与社会公众绩效评估相辅相成。同时，以社会公众的满意度为评估导向，有助于消除一些对法治的误解，确保了法治政府建设的完善方向。

社会公众参与政府绩效评估也存在其固有缺陷，过度的公众评估将对行政的现实运行过程造成阻碍，导致行政的作用效能低下。正如王锡锌认

[1] 参见桑玉成：《论政府绩效评估的基本原则》，载《城市管理》2005 年第 3 期，第 16—18 页。

为，“过分依赖公众的主观评价的行政活动，其目标就不可避免地会丧失确定性和一致性。因为‘公众需求’并非确定性的概念，它会随着时间和空间的变化而改变，如果将公众主观评价作为行政立法后评估的主要方式，公共行政的专业性和目标管理就不可能达成”[1]。

社会公众主要通过以下几种途径、方式对政府绩效进行评估：

1. 社会公众投诉、举报制度。投诉举报作为一种对政府行政行为的社会监督，是社会公众对政府绩效的直接反映，也是政府提高行政效率、改进服务质量的一项重要环节。一方面社会公众可通过写信、邮件、电话等渠道直接向政府行政部门进行投诉举报、反映问题。《法治政府建设实施纲要(2015—2020年)》也明确要求应“建立对行政机关违法行政行为投诉举报登记制度，畅通举报箱、电子信箱、热线电话等监督渠道，方便群众投诉举报、反映问题，依法及时调查处理违法行政行为”[2]，以充分保障社会公众的投诉、举报权，对社会公众的投诉、举报作出反馈并加以改进。另一方面社会公众可借助媒体工具对政府绩效形成舆论监督，监督的过程也就是一个评估的过程，通过舆论来纠正行政违法行为，提高政府服务质量。同时政府也应推进“发挥报刊、广播、电视等传统媒体监督作用，建立健全网络舆情监测、收集、研判、处置机制”[3]。此外，社会公众还可通过专设的行政信访机构反映问题和提出要求。

2. 社会公众满意度调查。这是对政府绩效最直观的反映，满意度调查主要包括方便性、公务员态度、环境、服务过程和结果等五个方面的内容，可以由政府组织进行、委托社会中介研究机构进行或独立的调查机构自发进行。

3. 社会公众代表小组。公众自行推举一定数量的代表组成专门小组对政府绩效进行监督和评估，对行政机关形成定期考察机制，并随时将公众的意见反馈给行政机关。例如香港特区政府统计处就组建了一个 Liaison Group，即贸易事宜客户联络小组，其职能便在于代表服务对象与政府进行沟通、反映意见，使政府在充分了解民意的基础上改进服务水平。[4]

4. 社会公众代表座谈会。公众自行推举一定数量的代表与政府自己的派

---

〔1〕 参见王锡锌：《对“参与式”政府绩效评估制度的评估》，载《行政法学研究》2007年第1期，第7—13页。

〔2〕 中共中央、国务院印发《法治政府建设实施纲要（2015—2020年)》，载《中华人民共和国国务院公报》2016年第1期，第12页。

〔3〕 同上，第12页。

〔4〕 参见王义著：《困境与变革：政府绩效评估发展论纲》，湖南人民出版社2007年版，第39页。

出代表以座谈会的形式进行对话、沟通，使政府机构能充分倾听公众对政府绩效的反馈意见。

5. 社会公众代表参与到绩效监督委员会。政府应组织社会各方代表组建绩效监督委员会对政府的工作绩效进行监督，公众代表可通过公众意见收集，对公众要求进行反馈。

在我国，社会公众评估在政府绩效评估体系中仍存在所占比重较小，公众参与评估的方式、范围、程度十分有限，缺乏常态化的制度保障、程序保障，执行上过于随意等问题，总体上看，公众评估的作用还十分有限。

（四）专家学者

政府绩效评估活动具有很强的专业性、技术性，专家学者在科学研究的基础上对政府绩效进行研究设计、客观分析，使评估工作更具实际意义。因此，具备理论学术优势的专家学者参与政府绩效的评估工作能使评估结果更具科学合理性、可行性。同时专业性的评估也将大大降低政府的时间成本、经济成本，将原用于绩效评估的时间和财政支出在其他行政管理领域发挥作用，大大提高政府的职能效能，反过来对下一次政府绩效评估起到积极作用。但我国目前，专家学者参与政府绩效评估的范围仍十分有限，仅在重大决策项目的执行绩效方面参与较多，而对于一般项目参与有限，在制度设计上也存在许多缺陷，同时专家学者同样存在客观理性上的缺陷可能导致信息扭曲的结果。

（五）第三方评估机构

第三方评估指的是由与政府无利益关系或隶属关系的第三方组织机构开展实施的政府绩效评估活动。因而第三方评估机构应是实质上独立于政府机关外的社会组织或第三机构，既与政府没有直接隶属的层级关系，也不存在利害层面上的关系，同时又具有自我管理和自我控制活动的能力并不受外界的干涉。在我国现行法规中主要体现为依法成立的高等院校、科研机构、法律服务机构、行业协会、社会中介机构等组织。因传统单一模式的行政系统内部的自我评估存在有其固有缺陷，相较之下，第三方开展的政府绩效评估活动一般更具广泛的群众基础，更容易得到全面的意见信息和公众的认同。同时第三方机构的中立性特点、评估的专业化、科学统一的评估标准也使其得出的评估结果更具有公信力和客观公正性。

客观公正性的评估作为第三方评估的优势是基于其立场的中立性所体现出来的，而机构独立性是促成其中立性的关键所在，因此客观公正的评估结论的得出必须有赖于机构本身的真正独立。目前我国的第三方的评估一般表现为基于政府的委托下的一个或多个第三方评估机构对政府绩效进行单独或联合评估。政府的行政行为是指包含由抽象行政行为到具体行政行为的一整套动态流程行为。笔者通过北大法宝系统对近年来在立法及执法上第三方评估的法律法规的检索，经过整理筛选后的相关法律法规共计包括 2 篇法律、16 篇部门规章、20 余篇地方性法规、60 余篇地方政府规章、200 余篇地方规范性文件,〔1〕相关法律法规中都规定有“×××机关部门作为评估机关，负责组织实施。评估机关可以根据需要，将其中的部分事项或者全部事项委托高等院校、科研机构、社会团体进行”，“×××机关委托×××作为第三方机构负责评估事宜”等条款。也表现出目前我国的第三方评估活动大多拘泥于机关委托形式，同时也引出了第三方评估机构的独立性问题，既包括第三方能否独立于行政机关展开评估而不受支配和干预，同时由于多头联合评估的情形存在，也包括了第三方机构之间能否独立开展评估工作。

从前者的角度来看，现实中第三方评估的主体的大部分仍属部门组织实施下的第三方评估，评估方法多采取在机关定性评估和定量评估相结合的自我评估基础上引入第三方机构开展实地调研、数据验证、专家论证、会议座谈等方式。同时第三方独立评估的主体也多为部门直属事业单位，评估的开展有赖于政府的财政拨款，并不能实质上摆脱与政府部门利益的关联性，基于政府绩效指标的要求，评估无法全面客观地开展，评估结果由发现问题加以完善转变为行政行为效益成果的表扬，丧失其应有的客观公正性，只能称之为“准第三方评估”。从落实的角度看，第三方评估主体未达到相对超脱，在整个评估规则制定、执行的运行过程中都受制于政府意识形态的干涉和支配，实质处于机关牵制下的被动状态，因而其评估功能并不能有效地得到完全独立的发挥。从后者的角度来看，现状中的委托第三方评估经常会邀请多家第三方机构，并联合进行评估工作，导致各机构的独立性受挫、结论的相互借鉴，而结论的单一性往往导致的是结果的局限性和缺乏全面性。

此外，第三方机构独立开展评估也存在其固有的缺陷，其评估的开展将受限于信息获取的能力以及政府部门的排斥（不排除存在以“保密、没有义务提供这方面资料”为由拒绝提供信息的情形的可能性），在一定程度上并不能获得真实的情况，使其丧失权威性；对评估机构的经验和职业道德依赖性

---

〔1〕检索步骤：1. 北大法宝→法律法规→勾选“中央法规司法解释”“地方法规规章”“法律动态”“立法背景资料”等 4 个子库。2. “标题”：评估 or 评价：（1）“全文”+“在结果中检索”：立法 or 执法→第三方 or 委托→绩效 or 效益 or 效果；（2）“全文”+“在结果中检索”：立法 or 执法→第三方 or 委托→成本 or 消耗 or 支出。

较大；评估成本较高；同时专门的政府绩效法的缺乏，也给第三方机构介入绩效评估带来难度。

综上所述，无论何种绩效评估都在一定程度和方面上存在不可避免的局限性，都不能完全替代其他评估主体而成为一枝独秀。对于内部评估主体而言，由于政府工作的复杂多样性，难以通过其组织内部的单一主体对政府绩效的好坏作出准确评估，同时其评估活动缺乏民主性的缺陷也需要外部评估主体加以弥补。对于外部评估主体而言，其在绩效评估活动中由于获取信息能力的限制，仅能掌握部分信息，面临着信息不对称的问题，需要内部评估机关在信息收集方面给予便利。正如清华大学公共管理学院朱旭峰教授认为，“社会力量不见得能与决策者的利益剥离开，而体制内的评估者也可视为立场中立”。在绩效评估体系中，各种评估主体都存在着对政府绩效的某种利益需求。从利益相关者的角度看，他所希望得到的就是他最需要的东西，也当然成为他最希望评价的内容，因而选择什么样的评估主体与绩效评估的目的和内容有着密切的关联性。〔1〕 各评估主体都能以各自的角度根据自己所掌握的信息针对政府绩效的某个方面做出自己的评估，因而任一评估主体都不能占评价系统的100%而完全排斥其他评估主体，绩效评估主体应当是混合多元的，对于不同的评估内容应设置相应不同的评估主体，以保证评估结果的准确客观性。因此，基于政府公共管理的逻辑以及行政民主化的理论，应构建一个由行政机构内部主导、社会公众广泛深度参与、专家学者以及第三方评估机构等组成的多元主体绩效评估体系，克服外部主体缺位的弊端，由此形成内部评估与外部评估的双向推动。〔2〕

第三节　评估的基本内容

在紧密结合当下法治政府构建中有关规范行政立法、科学民主决策、公正文明执法、完善政务公开以及明确有力监督等五项建设目标后，将法治政府绩效评估的基本内容相应地确定对行政立法的全面性与稳定性、行政决策权力的规范性、行政执法的社会效果、政务公开的完善效果以及行政监督体系的有效性等五项内容进行评估。

---

〔1〕 参见刘旭涛：《关于政府绩效评估体系的四个基本问题》，载《新视野》2005 年第 6 期，第 44 页。

〔2〕 参见盛明科：《服务型政府绩效评估体系研究的理论基础与现实依据》，载《湘潭大学学报（哲学社会科学版）》2008 年第 1 期，第 27 页。

一、行政立法的全面性与稳定性

对行政立法是否全面性和稳定性的具体评估主要体现在两个方面：一是在行政权力涉及的各个方面全面系统地实现有法可依；二是对于立法形成的行政法律规范不得随意进行变更或废止。

（一）行政立法的全面性

行政立法的全面性应体现在其立法范围对行政权力涉及的各个方面形成纵横交错的全面覆盖。从纵向上看，对行政权力的产生、内容、行使方式、行为后果都应具有法律上的规范；从横向上看，在政治生活、经济文化、社会生活等各个方面的建设上应全面系统地实现有法可依。

1. 行政立法的纵向全面性。行政权应服从立法权的期望，根据行政机关自身的职能配置，对该行政机关所享有的各项职能权力进行立法上的规范，使其权力的产生、权力的具体内容、权力的行使方式、权力的行使后果都得到统一的规范化、法治化，形成具体完备的权力清单体系和权力运行体系，避免有不受法律约束的特权存在以及越权行为、法外设权、违法用权等突破立法规范的情形发生。同时，对于行政机关在其职能履行的过程中的许多探索和创新点通过行政立法的行使加以制度化、规范化。

2. 行政立法的横向全面性。立法的横向全面性主要体现在一套适合现代政治、经济、文化协同发展的健全完备的行政法律体系的形成上，使得行政机关和社会公众在政治、经济、社会等各领域的活动中都有章可循。同时，对于“加快推进完善社会主义市场经济体制，发展社会主义民主政治，建设社会主义先进文化，创新社会治理，保障公民权利和改善民生，维护国家安全，保护生态环境和加强政府自身建设”[1] 等重点领域应加强行政立法。

此外，行政立法的全面性应被规范在《立法法》等相关法律规范对其内容上的各种限定，也就是说，行政立法的全面性应是法律规范限度内的全面性。《立法法》第 65 条第 2 款规定：“行政法规可以就下列事项作出规定：（一）为执行法律的规定需要制定行政法规的事项；（二）宪法第八十九条规定的国务院行政管理职权的事项”，第 82 条第 2 款规定：“地方政府规章可以就下列事项作出规定：（一）为执行法律、行政法规、地方性法规的规定需要

---

〔1〕 中共中央、国务院印发《法治政府建设实施纲要（2015—2020 年）》，载《中华人民共和国国务院公报》2016 年第 1 期，第 9 页。

制定规章的事项；（二）属于本行政区域的具体行政管理事项”，这些抽象化规定在实践中还需进一步具体化。同时还需对规范性文件的设定权限加以明确：“不得设定行政许可、行政处罚、行政强制等事项，不得减损公民、法人和其他组织合法权益或者增加其义务。涉及公民、法人和其他组织权利义务的规范性文件，应当按照法定要求和程序予以公布，未经公布的不得作为行政管理依据。”[1]

（二）行政立法的稳定性

行政立法要具备稳定性的要求便决定了立法必须具备较高的质量，除法定事由外不得被随意变更或废止。是否具备较高质量的行政立法应主要从以下几个方面进行认定：

1. 行政立法工作机制健全。首先，立法计划科学。编制行政立法计划应主动适应经济社会发展需要和改革，加强立法必要性、可行性论证和成本效益分析，做到立法进程与发展进程相适应。按照条件成熟、统筹兼顾、重点突出的原则，科学合理制订规章、规范性文件年度创制计划。其次，行政法规、规章、规范性文件制定合法。即符合法定权限和制定程序，条文内容不与上位法相抵触，并对规范性文件实行统一登记、编号与发布。最后，其他立法工作机制的健全。行政立法协商、公众参与、专家咨询论证、成本效益分析、社会风险评估、合法性审查、集体决定、实施后评估、定期清理等工作制度健全并落实。规章、规范性文件审议通过后，应及时在政府公报、政府网站或者公开发行的报刊上发布。规章、规范性文件修改、废止、解释工作制度健全并落实。

2. 行政立法严格依照法定程序制定。第一，立法公开机制健全，立法项目征集、论证、草案及起草说明向社会全部公开，并在网上公开立法全程。第二，立法程序规范，法规、规章和规范性文件草案按要求通过论证、听证或其他方式广泛听取社会各界意见，重要公众意见采纳情况及时反馈。提请审议的草案事先经合法性审查，并附有制定的必要性、可行性、采纳专家咨询论证和听取公众意见等内容的起草说明。第三，规范性文件实行有效期。除必须立即施行的情形外，规范性文件规定的施行日期与发布日期必须有时间间隔。

3. 行政立法监督机制健全。首先，立法后评估工作开展，规章实施二三

---

[1] 中共中央、国务院印发《法治政府建设实施纲要（2015—2020年）》，载《中华人民共和国国务院公报》2016年第1期，第9页。

年后，有下列情形之一应组织开展评估：直接关系人民群众切身利益或者对经济社会发展有较大影响的；人大代表、政协委员和社会各方面提出立法后评估建议较多的；当下政治、经济和社会等制度环境、条件等与立法时相差较多的，根据评估情况及时修改或者废止。其次，定期开展清理，根据经济社会发展、全面深化改革需要，以及上位法制定、修改、废止情况，对有关行政法规、规章、规范性文件予以及时清理，并将清理结果向社会公布。最后，备案审查制度的切实贯彻，根据《立法法》和《监督法》关于法规规章备案审查的框架性规定，将法规规章报送备案，对报送的规范性文件进行实质性审查，备案审查情况定期予以通报。

二、行政决策权力的规范性

行政决策权的规范行使必须严格按照其运行机制进行，因而对行政决策权力是否具备规范性可从相关决策机制的要求切入进行比对评估：

1. 行政决策权限机制。确定行政决策的权限范围，即对哪些事项享有决策权，由于政府许多的行政决策针对当地的重大事项，因而难免与本级人大的重大事项决定权发生冲突，因此必须厘清与本级人大职权范围的界限。

2. 行政决策程序机制。行政决策必须经公众参与、专家论证、风险评估、合理性审查和集体讨论决定等法定必经程序作出。第一，重大行政决策事先向社会公布，广泛听取社会公众意见，并通过适当途径反馈或者公布意见采纳情况及理由；按规定组织听证，听证参加人具有广泛代表性，听证程序规范合法，听证意见采纳情况及理由向社会公布。第二，坚持从实际出发，全面系统地掌握实际情况，按规定组织专家对行政决策的必要性、合法性、合理性、可行性等方面进行咨询论证。第三，建立健全部门论证、专家咨询、公众参与、专业机构测评相结合的决策风险评估机制，对社会稳定、环境、经济等方面的风险进行科学评估，并制定相应的处置预案，未经评估或者评估不通过的，不予决策。第四，决策在提交会议讨论前应交由法制机构或法律顾问委员会进行合法性审查，出具合法性审查法律意见书，未经合法性审查或者经审查未通过的，不得作出决策。第五，决策事项由政府常务会议或部门办公会议集体讨论决定。

3. 行政决策责任机制。按照“谁决策、谁负责”的原则，建立行政决策监督制度，明确监督主体、程序和方式。依法处分超越法定权限、违反法定程序作出决策的责任主体。

4. 行政决策跟踪反馈和后评估制度。决策实施后，通过抽样检查、跟踪调查等方式，及时了解决策实施情况并反馈决策机关开展研究。同时，适时开展重大行政决策后评估，并广泛收集利益相关方和社会公众对决策实施的意见和建议，并根据评估结果，决定是否需要作出调整或者停止执行相关决策的决定。

5. 其他行政决策机制。一是实行重大决策网上运行，建立重大行政决策网上运行系统。二是实行决策报告制度，决策出台前，向本级人大常委会报告、听取政协意见并向上一级政府报备。三是组织实施机制完备，重大行政决策的组织、协调、指导和管理明确具体部门负责，规范决策过程和决策事项的实施。

三、行政执法的社会效果

作为政府绩效评估中所占比重最高的评估对象，行政执法的社会效果又可细分为行政执法的实际效果和规范效果两大部分。

对于行政执法的实际效果，社会公众作为行政的对象，因此社会公众的满意度也能最直接地反映政府行政执法的实际效果。因此对于执法的实际效果的评估应主要针对社会公众对行政执法的总体满意度展开，并考察是否发生过因违法执法或者执法不当引发重大群体性事件的情形。

对于行政执法的规范效果，应主要从以下几个方面出发进行比对评估：

1. 行政执法体制不断完善。行政执法体制改革有序推进，不同层级政府的执法权限根据事权和职能界定，执法力量合理配置，基层执法力量得到加强，多元综合执法模式同步实施。同时改进和创新执法方式，坚持管理和服务并重，实现法律效果和社会效果的统一。

2. 行政执法工作机制完备。一是行政执法争议协调机制完善，及时解决行政执法主体之间在实施法律、法规、规章过程中产生的争议，行政执法协调意见的执行和监督得到有效落实。二是行政执法协作机制完善，不同执法领域、不同部门之间执法协作、联动、信息共享机制完备，执法合力、执法效率显著。三是案件移送机制在行政执法中的落实，行政执法与刑事司法信息共享、案件通报、案件移送等制度完备，行政处罚和刑事处罚无缝对接。四是行政执法经费保障机制健全，行政执法经费和行政执法人员工资收入由财政全额保障，罚缴分离和收支两条线管理制度严格执行，行政事业性收费、罚没收入全部上缴财政，行政机关及其执法人员无收费、罚没指标。五是行政处罚信息公开规范，一般程序的行政处罚信息按照规定向社会公开。

3. 行政执法主体合法。首先，行政执法主体依法界定，执法主体、执法依据、职责权限公开，执法主体定期清理、确认并向社会公布。其次，遵循行政执法委托规则，非行政机关的组织行使行政执法权有明确授权或者经依法委托。受委托的事项、协议等向社会公布。最后，落实行政执法主体合法性审查和行政执法人员资格管理制度，加强行政执法队伍管理，杜绝合同工、临时工等无执法资格人员上岗执法。

4. 行政执法行为合法适当。一是行政执法职责履行到位，坚持严格、公正、文明执法，依法履行行政执法职责，作出的行政执法行为符合法律、法规、规章的规定。二是行政执法程序正当，执法严格遵循法定程序，步骤清楚、要求具体、期限明确，两人以上执法、亮证执法、告知行政相对人权利、回避、重大行政决定听证、集体讨论决定等程序制度严格落实。三是行政执法公正合理，依法规范行政执法自由裁量权，细化量化本单位行政执法裁量标准，并向社会公开。四是行政执法决定合法，执法决定的作出有明确的法律依据，适用法律正确。五是实现行政执法信息化，加强行政执法信息化建设，实现所有行政执法部门全覆盖，行政执法案件全部网上运行。六是行政执法责任制全面落实，不同部门及机构、岗位执法人员的执法责任依法确定。

四、政务公开的完善效果

与行政执法相同，政务公开同样是行政机关向社会公众履行职能的一种方式。因此同样可将其细分为政务公开的实际完善效果和政务公开的规范完善效果。

对于政务公开的实际完善效果，政务公开的法律责任来源于公众知情权的享有，《政府信息公开条例》等相关法规规章只是将这项权利在行政管理领域予以确认。因而，政务公开也只是对应公民权利的一种法律义务，并不会因相关法律规范的变化而受限或取消。公民知情权的固有属性也决定了政务公开“以公开为原则，以不公开为例外”的基本原则，而不公开的情形取决于知情权的范围。一般理论认为，一项权利的边界就是另一项权利。因此，公开后可能会对其他权利产生影响的信息就应排除在知情权的范围之外，如涉及国家秘密、商业秘密、个人隐私等方面的信息。除此之外，政府都应依法履行其信息公开职能。因此，对于政务公开的实际完善效果的评估应主要针对社会公众对政府信息公开工作的总体满意度以及政府对社会公众申请公开政府信息的答复率和答复及时率展开，并考察是否发生过因不履行或者不正确履行政府信息公开法定职责，在行政复议或者行政诉讼中被撤销、确认违法或者责令履行等情况。

对于政务公开的规范完善效果，应主要从以下几个方面出发进行比对评估：

1. 政务公开机制健全。首先，建立健全党委领导、政府组织协调、纪检监察机关监督检查、相关职能部门共同参与的政务信息公开领导体制和工作机制。其次，完善政务信息公开工作考核、社会评议、年度报告、责任追究等配套制度，明确政务信息公开的范围、方式和程序。最后，每年公布本行政机关的政务信息公开工作年度报告。

2. 依法主动公开政务信息。除依法应当保密的外，凡涉及公共利益、公众利益、社会关切及需要社会广泛知晓的政务信息依法、全面、准确、及时公开。实现决策公开、执行公开、管理公开、服务公开、结果公开。例行发布、应急发布、政策解读、社会热点回应等制度建立健全。

3. 依法处理政务信息公开申请。依法受理并在法定期限内答复公民、法人和其他组织提出的政务信息公开申请。同时，严格执行依申请提供政务信息的收费规定，不违规收取费用，不通过其他组织或者个人以有偿服务方式提供政务信息。

4. 重点领域和关键环节政务信息公开规范及时。行政权力运行、财政资金使用、公共资源配置、重大建设项目批准和实施、社会公益事业建设等领域信息依法全面公开。政务依申请公开的信息办理流程明确，受理、交办、承办、答复和保存查备等环节规范。

5. 政务公开便捷高效。政务信息通过政府网站、政府公报、新闻媒体等便于公众知晓的方式公开。同时，政府的新闻发布工作规范及时，政府门户网站、公共信息终端、数字电视、手机资讯等政务信息公开载体的功能齐全，公众获取信息便捷。

五、行政监督体系的有效性

行政监督体系主要由行政系统内部的监督机制和外部的监督机制两大部分组成，对于行政监督体系是否具备有效性的评估是以行政机关为视角，对各类监督是否能有效发挥作用进行评价。行政监督的有效性是指内部监督和外部监督都发挥了有效的监督作用，但其作为政府绩效评估的基本内容，就应考量政府是否在强化行政权力监督方面发挥了积极作用。具体而言，一方面，对是否积极主动地接受外部监督进行评估，另一方面，对是否加强了其内部层级监督和专门监督力度进行评价。因此，对于行政监督体系的有效性，主要从以下几个方面出发进行比对评估：

1. 积极接受外部监督。一是落实报告制度，定期向本级党委报告推进依法行政情况，重大行政决策事项和立法项目报同级党委审议。二是自觉接受权力机关监督，依法向本级人大及其常委会报告工作，积极配合人大及其常委会的询问、质询和执法检查，认真办理并按时办结人大代表议案和建议，依法向本级人大常委会报备规章和规范性文件。三是自觉接受政协民主监督，主动听取人民政协对政府工作的意见和建议，认真办理并按时办结政协委员提案。四是自觉接受司法监督，认真贯彻《行政诉讼法》，行政机关负责人行政案件依法出庭应诉制度落实，自觉接受法院的司法监督，认真执行法院作出的生效判决和裁定，自觉接受检察院法律监督，及时办理检察院的检察建议。五是自觉接受社会监督，向社会公布投诉电话、通讯地址及电子邮箱，拓宽群众监督渠道。设立多种监督渠道，对人民群众检举、新闻媒体反映的问题，认真调查核实，依法进行处理。六是加强网络舆论监督，常态化的政民网上互动机制和快速反应机制健全，主动回应网上反映的行政执法热点问题及其他诉求，主动接受监督评议。

2. 强化内部层级监督。首先，内部权力制约机制完善，财政资金分配使用、国有资产监管、政府投资、政府采购、公共资源转让、公共工程建设等权力集中的部门和岗位实行分事行权、分岗设权、分级授权，定期轮岗，流程控制。其次，行政权力网上公开透明运行系统完备，拓展行政权力网上公开透明运行功能，实现行政决策、执行、监督权力全部网上运行。再次，形成常态化监督模式，出台的重大改革政策落实情况、法律法规规章落实情况、行政机关及其工作人员依法履职情况实现常态化督察，违法或者不当行政行为得到依法纠正。最后，严格行政执法监督，公众参与执法监督、行政执法公示、行政执法评议考核和责任追究、重大行政处罚和重大行政许可决定备案等监督管理制度健全，执行到位，每年都有重点地开展行政执法领域专项检查，查处行政执法中不作为、乱作为问题。

3. 专门监督作用充分发挥。一方面，行政监察制度落实，监察机关依法实施行政监察，重点领域、重点环节、重点岗位的监察措施完备，违规违纪行为得到查处。另一方面，审计监督依法开展，对公共资金、国有资产、国有资源和领导干部履行经济责任情况审计全覆盖，重大政府投资项目、专项资金、基金和捐助资金的审计监督到位，审计结果向社会公布。

第四节　评估的方法

一、收集、处理相关信息与数据

法治政府的评估过程从本质上看就是一个信息收集与处理、评估分析、作出判断并给予反馈的过程。评估的主要工作也就是评估信息采集与评估数据统计分析，作出评估结论。因此，绩效评估结果公正、有效的前提与基础便在于信息与数据材料准确、完整、客观的掌握，否则信息与数据的失真、残缺甚至歪曲将导致评估结果偏差的产生。广泛收集涉及被评估主体绩效的各方面信息与数据，包括横向与纵向比较所必需的信息。同时，信息与数据必须进行针对性的收集，即必须紧密贴合绩效评估的目的与指标有计划地开展信息收集工作。信息与数据的来源主要是政府公布的统计年鉴、统计公告、发布的信息、专家学者的研究成果和调查报告等。收集信息的方法主要包括文献检索法、问卷调查法、实地调研、访谈法、个案分析法、研讨会、信函调查、会议座谈和专家听证会等。同时，需要多种方法相互印证和补充，才能保证所收集的信息、数据更加客观、真实。

由于所收集的信息与数据大都属于原始资料，为避免信息污染和混乱的产生，评估主体应根据评估的视角和评估的目的对这些数据进行筛选、审核和整合，对不相关的信息数据予以排除。应遵循严谨、中立的原则对信息数据进行处理，不得在其过程中施加任何主观影响，更不得对信息数据进行篡改。同时需要采用多变量统计分析等方法对信息数据进行系统的整理、分类、统计和分析，进行系统的研究。

二、评估分析与解释方法

政府绩效主要由政府在整个行政管理活动过程中投入成本与产出效益所体现，其中涉及了许多行政管理要素，包括了质和量两个方面的维度。质的维度在于保证行政管理在预设框架内，并具有鲜明的政治性、公共性和权威性，而量的维度则关注行政管理活动对社会提供的服务的产出和投入之间的比率。[1] 当下的政府行政管理活动日趋多样性和复杂性，往往同时体现了多个层次维度。因此，要对政府绩效作出全面、准确的分析评估，必须运用多种评估分析与解释的方法对所收集、处理的信息数据进行分析、解释。

---

〔1〕 参见申喜连著：《政府绩效评估研究》，光明日报出版社 2013 年版，第 147 页。

（一）主观评估分析法与多指标综合客观评估法相结合的方法

两种评估分析方法是根据涉及政府绩效主观或客观的内容进行划分的。主观评估分析法是根据评估主体对政府绩效水平和服务态度的主观感知和内心体验对政府绩效进行衡量的方法。主要强调观察、分析、归纳与描述，评估政府的行为结果与预设目标是否具有一致性，更偏向于对绩效“质”的维度的关注。多指标综合客观评估法则是根据客观指标对政府绩效作出科学、精准评估的方法，主要强调将政府绩效的丰富行为量化为具体数量进行计算和测量，更侧重于对绩效“量”的维度的关注。

两种评估分析方法都各有所长，也各具缺陷，主观评估分析法虽能衡量出公众的满意程度，但却无法全面、直接、客观地衡量出政府一段时间内的绩效水平，而多指标综合客观评估法的功能恰恰与之相反。但评估的方法必须与政府服务及其绩效本身的价值取向和理念相契合。因此，对于政府的绩效分析应从工具理性和价值理性相结合的角度，综合运用两种分析方法，既能全面衡量政府绩效水平，又能对公众的满意程度加以评估，从而形成全面科学的政府绩效评估结果。

（二）定量评估和定性评估相结合的方法

对于定量评估和定性评估方法的优劣处，前文已加以详细论述，此处便不再赘述。在定量或定性评估分析方法的运用过程中，应避免陷入两种极端的误区。一是定量化误区。过分强调将评估指标客观量化，甚至以客观数字直接作为绩效指标本身内容，未考虑并非所有的政府绩效指标内容都完全以量化的形式表现出来或表现出来了也并非能反映其绩效的真实状态。因此，在现有技术条件下所有有价值的东西都能通过数字表现，其客观公众性还值得商榷。二是定性化误区。单纯的主观判断最大的问题在于难以排除对评估对象心理因素的影响，导致结果难以客观公正。因此，为在评估活动中更准确地发现问题、改进绩效，应采取定量与定性相结合的评估方式对信息材料加以分析。

（三）行政效率测定与评估的方法

主要可概括为以下五种方法：

1. 行政费用测定法。即以在相同行政管理活动中行政费用支出的大小来评估行政效率的高低。一是以单位费用为计量单位。以同类行政管理活动作为参照，对不同单位所支出费用进行比较，数量和质量相同的，费用低则效率高；支出相同的，数量和质量高则效率高。二是以人均费用为计量单位。以同类行政组织作为参照，对其辖区人口平均负担的行政费用数进行比较，负担重则效率低。三是以计件费用为计量单位。按工资算出每件工作耗费的平均费用，以此评估行政效率。

2. 行政功能测评法。即对行政管理功能的有效发挥程度进行测评，评估该行政管理活动能否有效实现行政目标。首先要明确各项行政功能的主要和次要目标，确定最高标准和最低界限。其次，进行分数等级划分，按行政功能实际的作用发挥，进行分数评定并计算总分，以此比较行政效率的高低。

3. 行政统计法。即编制多种统计表对某项行政工作所消耗的时间、人员和经费、物资进行统计，为评估行政效率提供直观依据。

4. 加权测评法。即通过对影响行政工作效率的各项组合因素进行评分测量，包括人员、经费、设备、制度、信息等方面的因素，再加权进行综合评分，以此评估行政效率的高低。

5. 最低标准比较法。即对各项行政工作分别建立最低要求标准，并通过信息数据所反映的行政实际效果与此标准进行比较，凡达到或超过标准的则效率高，反之则效率低。这种最低标准应是具有客观依据的公认规范标准，或是专家针对某项行政工作的性质所设定的最低标准。

第三篇　法治政府构建篇

第七章 法治政府与行政立法

2013年，社会管理变成了社会治理，2014年中共中央委员会第四次全体会议通过了《中共中央关于全面推进依法治国若干重大问题的决定》，2015年中共中央、国务院印发了《法治政府建设实施纲要（2015—2020年）》。《中共中央关于全面推进依法治国若干重大问题的决定》厘清了社会治理和法律调控之间的关系。社会在高度自治的同时由于人口繁多，群众提出的建议杂乱，很容易导致社会管理系统的瘫痪。所以在自治的同时亦必须坚持法律的调控，法治是治国理政的基本方式。《法治政府建设实施纲要（2015—2020年）》中写明衡量法治政府的标准是"政府职能依法全面履行，依法行政制度体系完备，行政决策科学民主合法，宪法法律严格公正实施，行政权力规范透明运行，人民权益切实有效保障，依法行政能力普遍提高"[1]。且《立法法》第1条规定："为了规范立法活动，健全国家立法制度，提高立法质量，完善中国特色社会主义法律体系，发挥立法的引领和推动作用，保障和发展社会主义民主，全面推进依法治国，建设社会主义法治国家，根据宪法，制定本法。"可以看出依法行政和立法活动在建设我国社会主义法治国家当中是不可或缺的。而行政立法的完备是影响依法行政的基石之一，且行政法规和行政规章是《立法法》中极为重要的组成部分。所以为了全面推进依法

---

〔1〕《法治政府建设实施纲要（2015—2020年）》第1条第4款。

治国，行政立法的完善与否起到了至关重要的作用。

第一节 行政立法的界定

一、行政立法的基本内涵

行政立法的基本内涵不仅仅局限于一句话或是一个方面，它在理论上往往充满了争议，有许多学者甚至为此展开了激烈的论战。但是在这里我们不做单一的界定，而是通过较为全面系统的角度去理解其基本内涵。笔者认为，行政立法可以通过动态以及静态这两个大的角度去细看。

（一）行政立法的静态解释

通过静态的角度，我们可以将“行政立法”作为名词来看待，而在此词性之下行政立法指代的便是行政性法律。从狭义上来讲，仅指由行政立法机关在获得立法机关授权之后根据实际需求所制定的行政法规以及行政规章。而从广义上来讲，可以指包括了全国人民代表大会、全国人民代表大会常务委员会、地方各级人大、国务院以及其他拥有制定规章权的政府部门所制定的行政法规、行政规章等行政法律规范性文件。

（二）行政立法的动态解释

通过动态的角度，“行政立法”可以作为动词来看待，在这里特指行政立法的活动，而根据行政立法活动的主体和内容的不同可以在多个方面进行划分。

1. 根据主体的不同可以分为三大类。第一，行政立法可以分为人民代表大会进行立法活动，主体为全国人大，值得注意的是全国人大可以进行授权，是间接而非直接的主体。第二，可以分为人民代表大会和行政机关制定行政管理的法律规范活动，主体为包括了全国和地方的各级人大、国务院以及拥有规章制定权的政府部门。第三，可以分为行政机关制定的具有广泛约束力的规范文件的活动，主体为包含了享有行政立法权的行政机关和并未享有行政立法权的行政机关。其中，第二种含义的范围最为广泛。

2. 根据内容的不同进行划分。其一，可以划分为全国人大及其常务委员会行使国家立法权所制定的行政性法律的活动，内容为狭义的法律。其二，可以划分为全数行政机关制定的具有广泛约束力的规范文件的活动，内容包含了行政法规、规章以及其他的行政规范性文件。[1]

此外，对于行政立法的基本内涵还有一种较为简单的便于概念理解的分

---

〔1〕 其他行政规范性文件是一种非正式的行政立法，它须与行政法规和行政规章加以区分。

类，即对行政立法的概念范畴进行划分，即行政立法是作为法律概念还是学理概念。[1] 前者根据我国《立法法》中规定，“法律、行政法规、地方性法规、自治条例和单行条例的制定、修改和废止，适用本法。国务院部门规章和地方政府规章的制定、修改和废止，依照本法的有关规定执行”。[2] 可以看出，行政立法是不包括其他行政规范性文件的。而后者则是对其他行政规范性文件做了包含，即包含了非正式的行政立法形式。要注意的是由于两者在实际运用中方向不同，所以还是要注意当下语境来进行理解和运用。

二、行政立法存在的逻辑基础

行政立法是在立法之后出现的概念，它是根据社会发展的需求，社会关系以及社会结构的不断变化而出现的一种必然结果，它是相对的，是在立法权的有限性基础之上诞生的。

（一）社会关系变化所造成的立法需求是行政立法存在的充分条件

早期在西方的自由资本主义时期，国家遵循严格的分权制衡原则，立法权至上，国家的行政机关无任何权利制定抑或是发布任何与法律相关的文件，而行政机关在该社会背景之下只能是立法机关的“执行者”，执行立法机关制定和发布的各项法令。西方在 19 世纪中叶以前，自由主义思想在社会中占主导地位，政府的职能在很大层面上只是消极地排除障碍。对社会而言大众最期冀的是达到“无政府”状态。而整个社会的经济则是由自由资本主义的商品经济来进行支配的。这就要求政府尽可能地少干预、不干预。而在此之下，行政是更加不可能去涉足立法领域的。在新中国成立之后颁布的 1954 年、1975 年和 1978 年宪法中明确规定了全国人大是唯一的立法机关，并享有独立的立法所有权。而随着时代的推移，人们的思想、经济的模式以及社会的性质都在不断地发生改变，顺应时代发展的需求而逐级进化。在西方尤以 19 世纪后半叶最为显著，自由资本主义开始被垄断资本主义取代，大众在社会的不断改变之下，希望政府能够履行调控的职责，能够更多地干预社会经济和生活，从而解决社会飞速发展带来的一系列社会关系复杂化、社会福利无法保障、大面积群众失业、环境污染加剧等问题。而在中国 1982 年宪法出台之前的这 20 年，除了全国人大进行立法活动之外，行政机关

---

〔1〕 曾华祥《行政立法的正当性研究》做了一个界定，他认为行政立法是一个学理概念而非法律概念，但在这里由于我们不做单一的界定，故将行政立法做了学理和法律两种概念分类，便于读者理解。

〔2〕《中华人民共和国立法法》（2015 修正）第 2 条。

迫于社会形势也在明知违宪的基础之上进行了一系列的立法活动。[1] 因此，可以看出，由于社会关系的不断变化而造成了的庞大的立法需求，导致立法机关立法的疲于应对，以及对行政立法需求的迫在眉睫。

（二）立法机关自身特性所造成的立法局限是行政立法存在的必要条件

社会政治经济是不断发展进化的，而立法机关在面对日渐加重和繁杂的任务上，开始逐渐无法满足社会发展下对立法技术以及立法数量的需求。现代立法的内容是专业的，往往需要很强的技术性，而这种技术性又是复杂的，但传统的立法机关所拥有的专门的立法技术知识者是欠缺的。所以，对处理这种需要有强有力技术支撑的立法需求难免捉襟见肘。另外，立法机关立法需要繁复的程序以及举行立法相关的会议。例如，西方的国会和中国的全国人大。在这样的制度之下，必然是不可能举行“年终会议”的，而立法机关立法的时间就受到了自身的局限，无法满足立法任务的急剧增加和紧急情况的发生。并且立法机关立法往往是我们所说的“骨骼式立法”[2]，它虽然架构清晰但缺少精细的规范。而行政机关却往往对现代立法需求的各个方面尤为熟悉，并且具有很大的灵活性，可以通过制定实施细则的方式对立法机关立法进行补充。这就表明了将社会事务交给有着专业知识和处理经验的行政机关是较为妥当的，它可以很大程度上提高效率。而行政立法相对而言也更容易进行修改。早在 1932 年，英国大臣权力委员会在一份报告中就曾概括道“议会立法时间是有限的，现代立法内容亦是极具技术性的，出于对紧迫时间快速处理的需要，在行政立法面临新情况具有较好的适应和从容尝试、不停完善的机会，使得行政立法是处理紧迫情况和保障人民利益的需要”。故立法机关开始将立法职能授予行政机构，从而促使了行政立法的诞生和延续至今的存在。

另外，我国《立法法》在 2015 年的修改之后特别增设的第 13 条规定[3]和《法治政府建设实施纲要（2015—2020 年）》中提到的为完善依法行政制度体系其目标是“提高政府立法质量，构建系统完备、科学规范、运行有效的依法行政制度体系，使政府管理各方面制度更加成熟更加定型，为

---

〔1〕 1954 年到 1966 年，我国国务院制定法规性文件 551 件，1978 年到 1982 年，国务院制定法规性文件 293 件。

〔2〕 参见李林：《政府立法的几个理论问题》，载中国法学网 2004 年 12 月 14 日。

〔3〕《立法法》第 13 条规定：“全国人民代表大会及其常务委员会可以根据改革发展的需要，决定就行政管理等领域的特定事项授权在一定期限内在部分地方暂时调整或者暂时停止适用法律的部分规定。”

建设社会主义市场经济、民主政治、先进文化、和谐社会、生态文明，促进人的全面发展，提供有力制度保障”[1]。也表明了为了更好地实现依法治国和满足立法需求，行政立法是必须存在的。

三、行政立法与行政规范性文件的制定

行政规范性文件，有狭义和广义的两种解释。狭义的解释特指除行政法规以及行政规章之外。行政机关遵照法律授予其应有的权力所能适用的范围以及法律规定的相关程序制定的。在一定的时间区间内能够重复多次适用，具有普遍约束力的，与无限定范围的公民、法人或者其他组织的权利义务有利害关系的各类行政文件。而广义的行政规范性文件包含了行政法规和行政规章。

在行政立法最基本的界定之中，相对而言较为宽泛的概念里面包括了狭义的行政规范性文件。而实际上却并没有任何一项法律中有对狭义的行政规范性文件作出专门的规定。虽然《宪法》《地方各级人民代表大会和地方各级人民政府组织法》以及类似《浙江省行政规范性文件管理办法》等法律法规对我国的行政机关及其职能部门和地方各级行政机关及其职能部门制定的行政规范性文件作出了相关规定，但它们却都并不属于中央立法层面。[2] 其中从浙江省的管理办法第 1 条的规定[3]中可以看出，行政立法和行政规范性文件在实际运用中是存在着争议的。其中，较大的争议集中在狭义的行政规范性文件领域和效力这两大问题上。行政立法包含了行政法规和行政规章，而狭义的行政规范性文件则是指一般使用“决议、决定、命令、公告、通知、意见”等名称的政令。[4] 以一般情况来说，行政法规以及行政规章的法律效力就其相应主体制定的其他行政规范性文件而言是具有更高的效力的，而不是同等。目前许多的法理学教科书都会将它们认为是效力同等。不过，以明确的法律渊源地位和严格的规范上来看，是缺乏逻辑基础的。所以，实际上行政立法的行政法规和行政规章其效力是明显区分于其他行政规范性文件的，前者效力是要高于后者的。也可以说，狭义的行政规范性文件是对行政

---

[1] 《法治政府建设实施纲要（2015—2020 年）》第 2 条第 2 款。

[2] 参见关保英著：《行政法学》（下册），法律出版社 2013 年版，第 442 页。

[3] 《浙江省行政规范性文件管理办法》第 1 条规定：“为了加强对行政规范性文件的监督管理，促进依法行政，保障政令畅通，预防行政争议，根据《规章制定程序条例》、《法规规章备案条例》及有关法律、法规规定，结合本省实际，制定本办法。”

[4] 2012 年《党政机关公文处理工作条例》对行政规范性文件的名称作出了规定。

立法下的行政法规、行政规章的一种补充形式。

而行政规范性文件的制定，以浙江省人民政府 2010 年 9 月 1 日起施行的《浙江省行政规范性文件管理办法》（以下简称《管理办法》）为例：

1. 须限制制定行政规范性文件的主体。例如，《管理办法》中规定："下列行政机关可以制定行政规范性文件：（一）地方各级人民政府；（二）县级以上人民政府所属工作部门、省以下实行垂直管理的部门；（三）县级以上人民政府依法设立的派出机关。法律、法规授权实施公共管理的组织可以在职权范围内制定行政规范性文件。县级以上人民政府所属工作部门、省以下实行垂直管理部门的内设机构或者派出机构以及不具有行政管理职能的机构不得制定行政规范性文件。"〔1〕

2. 须确立行政规范性文件制定的程序。例如，《管理办法》中规定："以县级以上人民政府办公室（厅）名义发布的行政规范性文件，应当经本级人民政府同意，按照本级人民政府制定的行政规范性文件实行管理。涉及两个以上行政机关职责的事项，应当由其共同的上一级行政机关制定行政规范性文件，或者由有关行政机关联合制定行政规范性文件。"〔2〕

3. 须规定行政规范性文件制定必须严格遵守的事项。例如，《管理办法》中的相关规定："制定行政规范性文件应当严格遵守法定权限和程序，符合法律、法规、规章和国家的方针政策；不得设定行政许可、行政处罚、行政强制等应当由法律、法规、规章设定的事项；没有法律、法规、规章为依据，不得规定限制或者剥夺公民、法人和其他组织合法权利，或者增加公民、法人和其他组织义务的内容。"以及"行政规范性文件草案应当由制定机关的法制机构进行合法性审查，未经合法性审查的，不得提请审议。县级以上人民政府可以对所属工作部门制定的行政规范性文件实行前置审查"〔3〕。

另外在《法治政府建设实施纲要（2015—2020 年）》中，为完善依法行政制度体系所采取的措施其中就有加强规范性文件的监督管理，所采取的具体措施有"完善规范性文件制定程序，落实合法性审查、集体讨论决定等制度，实行制定机关对规范性文件统一登记、统一编号、统一印发制度。规范性文件不得设定行政许可、行政处罚、行政强制等事项，不得减损公民、法

---

〔1〕《浙江省行政规范性文件管理办法》（浙政令〔2010〕275 号）第 6 条。

〔2〕《浙江省行政规范性文件管理办法》（浙政令〔2010〕275 号）第 7 条。

〔3〕《浙江省行政规范性文件管理办法》（浙政令〔2010〕275 号）第 8 条、第 11 条。

人和其他组织合法权益或者增加其义务。涉及公民、法人和其他组织权利义务的规范性文件，应当按照法定要求和程序予以公布，未经公布的不得作为行政管理依据。加强备案审查制度和能力建设，把所有规范性文件纳入备案审查范围，健全公民、法人和其他组织对规范性文件的建议审查制度，加大备案审查力度，做到有件必备、有错必纠”〔1〕。

第二节　行政法规的立法及其程序

一、行政法规的形式要件

行政法规是指国务院根据宪法和法律的相关规定，按照法定的程序制定的与社会和其自身息息相关的规范性文件的总称。行政法规的形式要件则是指行政法规在制定过程中形式上应当满足的前提。

1. 有权机关制定

《宪法》第 89 条规定：“国务院行使下列职权：（一）根据宪法和法律，规定行政措施，制定行政法规，发布决定和命令……”《立法法》第 65 条第 1 款规定：“国务院根据宪法和法律，制定行政法规。”《行政法规制定程序条例》第 1 条规定：“为了规范行政法规制定程序，保证行政法规质量，根据宪法、立法法和国务院组织法的有关规定，制定本条例。”规定了制定行政法规的国家机关只有国务院，其他任何具有立法权的行政机关都无权制定行政法规，并且其立法活动下制定的皆不能被称为行政法规。

2. 具有明确的工作要求

《行政法规制定程序条例》第 2 条规定：“行政法规的立项、起草、审查、决定、公布、解释，适用本条例。”行政法规制定的过程是十分复杂的，具有多环节性，往往牵一发而动全身，故必须要明确其工作步骤和要求。

3. 须使用规定的名称

《行政法规制定程序条例》第 4 条规定：“行政法规的名称一般称‘条例’，也可以称‘规定’、‘办法’等。国务院根据全国人民代表大会及其常务委员会的授权决定制定的行政法规，称‘暂行条例’或者‘暂行规定’。国务院各部门和地方人民政府制定的规章不得称‘条例’。”只要是“法”，不管是法律还是法规，规章都必须要通过法律文件的形式来表现。作为成文法，一旦离开了特定的表现形式，就不能为人所认知，故其在形式上

〔1〕《法治政府建设实施纲要（2015—2020 年）》第 2 条第 12 项。

都必须要有规定的名称。让人一目了然，一看便知其分类和效力。

4. 内容清晰具有可操作性

《行政法规制定程序条例》第 5 条规定：“行政法规应当备而不繁，逻辑严密，条文明确、具体，用语准确、简洁，具有可操作性。行政法规根据内容需要，可以分章、节、条、款、项、目。章、节、条的序号用中文数字依次表述，款不编序号，项的序号用中文数字加括号依次表述，目的序号用阿拉伯数字依次表述。”行政法规的语言文字和篇章结构是行政法规必不可少的表现形式。我们往往说内容决定形式，而行政法规自身作用的特定性[1]决定了行政法规的内容必须是简洁明了，逻辑严密和具有可操作性。

二、行政法规的规制事项

行政法规的规制事项即为行政法规所规范的行政事态，即行政法规调整的行政管理关系，简称为行政法规的客体。根据《立法法》第 65 条规定：“国务院根据宪法和法律，制定行政法规。行政法规可以就下列事项作出规定：（一）为执行法律的规定需要制定行政法规的事项；（二）宪法第八十九条规定的国务院行政管理职权的事项。应当由全国人民代表大会及其常务委员会制定法律的事项，国务院根据全国人民代表大会及其常务委员会的授权决定先制定的行政法规，经过实践检验，制定法律的条件成熟时，国务院应当及时提请全国人民代表大会及其常务委员会制定法律。”

故，行政法规的规制事项可以分为执行法律的规定需要制定行政法规的事项，为提高执行法律效力而制定的相关细则；履行依照宪法规定的国务院行政管理职能的事项，除《立法法》第 8 条规定的事项除外；[2] 依全国人大及其常委会授权应当制定法律的事项这三类。

三、行政法规的制定程序

《法治政府建设实施纲要（2015—2020 年）》中指出，为完善政府立法体

---

[1] 行政法规是以解决实际问题为主的，其各项制度和各项行政措施要求完备但不繁杂，需要具有极强的逻辑性。

[2] 《立法法》第 8 条规定：“下列事项只能制定法律：（一）国家主权的事项；（二）各级人民代表大会、人民政府、人民法院和人民检察院的产生、组织和职权；（三）民族区域自治制度、特别行政区制度、基层群众自治制度；（四）犯罪和刑罚；（五）对公民政治权利的剥夺、限制人身自由的强制措施和处罚；（六）税种的设立、税率的确定和税收征收管理等税收基本制度；（七）对非国有财产的征收、征用；（八）民事基本制度；（九）基本经济制度以及财政、海关、金融和外贸的基本制度；（十）诉讼和仲裁制度；（十一）必须由全国人民代表大会及其常务委员会制定法律的其他事项。”

制机制，需要按照纲要“严格落实立法法规定，坚持立改废释并举，完善行政法规、规章制定程序，健全政府立法立项、起草、论证、协调、审议机制，推进政府立法精细化，增强政府立法的及时性、系统性、针对性、有效性。完善立法项目向社会公开征集制度。通过开展立法前评估等方式，健全立法项目论证制度。重要行政管理法律法规由政府法制机构组织起草，有效防止部门利益和地方保护主义法律化。对部门间争议较大的重要立法事项，由决策机关引入第三方评估，充分听取各方意见，协调决定，不能久拖不决。探索委托第三方起草法律法规规章草案。定期开展法规规章立法后评估，提高政府立法科学性。对不适应改革和经济社会发展要求的法律法规规章，要及时修改和废止。加强行政法规、规章解释工作”。[1] 故完善行政法规的制定程序已经刻不容缓。

行政法规的制定程序必须是环环相扣，有条不紊的。它分为立项、起草、审查、决定、公布与解释这几大项。每一项程序都必须严格按照《宪法》《立法法》以及《行政法规制定程序条例》的规定。必须注意每一项程序进行的时间和应当符合的要求，不能任意的对制定的程序进行修改、遗漏或者调换。

	主体	客体	时间	注意事项[2]	备注
立项	国务院（编制） 国务院有关部门（拟订）	本年度立法工作计划	每年年初	列入国务院年度立法工作计划的行政法规项目应当符合下列要求： （一）适应改革、发展、稳定的需要； （二）有关的改革实践经验基本成熟； （三）所要解决的问题属于国务院职权范围并需要国务院制定行政法规的事项。	1. 国务院有关部门认为需要制定行政法规的，须向国务院报请立项，报送的立项申请，应当说明立项目的和依据，并拟确立的主要制度。 2. 对被报送的立项申请国务院法制机构拟定工作计划之后须报国务院批准。

[1]《法治政府建设实施纲要（2015—2020年）》第2条第9项。

[2] 立项、起草、审查、决定、公布、解释的注意事项，分别摘自《行政法规制定程序条例》第8条、第11条、第17条、第27条、第29条、第31条。

续表

	主体	客体	时间	注意事项	备注
起草	国务院（组织） 国务院相关部门（具体负责）或由国务院法制机构（起草或组织起草）	列入国务院年度立法工作计划的行政法规项目	紧接立项工作之后	起草行政法规，除应当遵循立法法确定的立法原则，并符合宪法和法律的规定外，还应当符合下列要求： （一）体现改革精神，科学规范行政行为，促进政府职能向经济调节、社会管理、公共服务转变； （二）符合精简、统一、效能的原则，相同或者相近的职能规定由一个行政机关承担，简化行政管理手续； （三）切实保障公民、法人和其他组织的合法权益，在规定其应当履行的义务的同时，应当规定其相应的权利和保障权利实现的途径； （四）体现行政机关的职权与责任相统一的原则，在赋予有关行政机关必要的职权的同时，应当规定其行使职权的条件、程序和应承担的责任。	1. 起草行政法规，应当多方听取意见，可采取召开座谈会、听证会等形式。 2. 起草部门应按照相关规定与有关部门协商，涉及重大问题的报国务院决定，在送审稿上由负责人签订署名，向国务院提供说明材料等。

续表

	主体	客体	时间	注意事项[1]	备注
审查	国务院法制机构	报送国务院的行政法规送审稿	在收到起草部门的送审稿之后	国务院法制机构主要从以下方面对行政法规送审稿进行审查： （一）是否符合宪法、法律的规定和国家的方针政策； （二）是否符合本条例第十一条的规定； （三）是否与有关行政法规协调、衔接； （四）是否正确处理有关机关、组织和公民对送审稿主要问题的意见； （五）其他需要审查的内容。	1. 国务院法制机构可以对其进行缓办或退回处理的情况：需制定的行政法规的基本条件尚不成熟的，有关部门对其存在较大争议未协商的，不符合相关规定的。 2. 国务院法制机构对送审稿内容涉及条例[2]规定的，应广泛听取相关人员和组织的意见，与起草部门协商后，对行政法规送审稿进行修改。
决定	国务院常务会议（审议）或国务院（审批）	行政法规	对报送国务院的行政法规送审稿进行严密审查之后	国务院法制机构对草案进行修改后的修改稿，必须报请总理签署。签署公布行政法规的国务院令载明该行政法规的施行日期。	国务院常务会议审议草案时由国务院法制机构或起草部门作说明。
公布	国务院公报和在全国范围内发行的报纸	行政法规	行政法规签署公布后	行政法规应当自公布之日起30日后施行；但是，涉及国家安全、外汇汇率、货币政策的确定以及公布后不立即施行将有碍行政法规施行的，可以自公布之日起施行。	1. 行政法规以在国务院公报上刊登的为标准文本。 2. 按规定必须备案。

[1] 立项、起草、审查、决定、公布、解释的注意事项，分别摘自《行政法规制定程序条例》第8条、第11条、第17条、第27条、第29条、第31条。

[2] 指《行政法规制定程序条例》。

续表

	主体	客体	时间	注意事项[1]	备注
解释	国务院	本身需要进一步明确界限或者作出补充规定的行政法规条文		具体应用中的问题由国务院法制机构研究拟订行政法规解释草案，报国务院同意后，由国务院公布或者由国务院授权国务院有关部门公布。	1. 行政法规的解释与行政法规本身具有同等的效力。 2. 可以提出行政法规解释要求的只有国务院各部门和省、自治区、直辖市人民政府。

第三节　行政规章的立法及其程序

一、行政规章的形式要件

行政规章是指国务院部门、国务院部门法制机构，省、自治区、直辖市和较大的市的人民政府及其法制机构，设区的市、自治州的人民政府，根据宪法、法律和行政法规的相关规定，制定和发布的规范性文件。行政规章的形式要件是指行政规章在制定的过程中形式上应当满足的前提。

1. 有权机关制定

《立法法》规定："国务院各部、委员会、中国人民银行、审计署和具有行政管理职能的直属机构，可以根据法律和国务院的行政法规、决定、命令，在本部门的权限范围内，制定规章。部门规章规定的事项应当属于执行法律或者国务院的行政法规、决定、命令的事项。没有法律或者国务院的行政法规、决定、命令的依据，部门规章不得设定减损公民、法人和其他组织权利或者增加其义务的规范，不得增加本部门的权力或者减少本部门的法定职责。"[2]《规章制定程序条例》规定："为了规范规章制定程序，保证规章质量，根据立法法的有关规定，制定本条例。"[3] 规定了只有国务院各部、

---

〔1〕 立项、起草、审查、决定、公布、解释的注意事项，分别摘自《行政法规制定程序条例》第8条、第11条、第17条、第27条、第29条、第31条。

〔2〕《中华人民共和国立法法》（2015修正）第80条。

〔3〕《规章制定程序条例》第1条。

委、直属机构、省、自治区、直辖市政府、较大的市政府是制定行政规章的主体，限定了制定机关的主体范围。故，只有规定中涉及的行政机关才有权制定行政规章，反之其他主体制定的规范性文件都不能称之为行政规章。

2. 须要严格遵循原则制定

《规章制定程序条例》规定："制定规章，应当遵循立法法确定的立法原则，符合宪法、法律、行政法规和其他上位法的规定。"第 4 条规定："制定规章，应当切实保障公民、法人和其他组织的合法权益，在规定其应当履行的义务的同时，应当规定其相应的权利和保障权利实现的途径。制定规章，应当体现行政机关的职权与责任相统一的原则，在赋予有关行政机关必要的职权的同时，应当规定其行使职权的条件、程序和应承担的责任。"〔1〕行政规章能够调整的范围比起行政法规要更加局限，它所调整的对象是局部的，往往是行政管理运用在现实问题中的所碰到的具体和特殊的问题，如果其调整的范围超出了规定，那规章本身便是无存在意义的。故行政规章的制定往往更加严格，必须严格遵守宪法、法律和行政法规等上位法的规定，遵循既定的原则。

3. 须使用规定的名称

《规章制定程序条例》相关内容规定："规章的名称一般称'规定'、'办法'，但不得称'条例'。"〔2〕名称往往决定了属性，一项法规出台如果使用了错误的名称，则有可能导致其效力的巨大差异，在执行上也会遇到诸多问题。故规章也必须使用其规定的名称，方便发挥其应有的效力。

4. 内容准确具有可操作性

《规章制定程序条例》相关内容规定："规章用语应当准确、简洁，条文内容应当明确、具体，具有可操作性。法律、法规已经明确规定的内容，规章原则上不作重复规定。除内容复杂的外，规章一般不分章、节。"〔3〕行政法规和行政规章都因为其自身的特性〔4〕需要更为严谨的逻辑和简洁具体的内容表述。但与行政法规不同的是，行政规章除特定需求之外，一般是不分章、节的。

5. 注意无效情形

《规章制定程序条例》相关内容规定："涉及国务院两个以上部门职权

---

〔1〕《规章制定程序条例》第 3 条。

〔2〕《规章制定程序条例》第 6 条。

〔3〕《规章制定程序条例》第 7 条。

〔4〕行政法规的自身特性参见上节注释，行政规章由于其对一般公民法人或其他组织在行政管理领域的权利义务作出规定，在处理实际问题上的限定范围更为确定，故其内容应更为简洁、明确。

范围的事项，制定行政法规条件尚不成熟，需要制定规章的，国务院有关部门应当联合制定规章。有前款规定情形的，国务院有关部门单独制定的规章无效。”[1] 行政规章的制定是为了调整具体存在的问题，故行政规章制定之初就必须是行而有效的，才能体现行政规章存在的意义，以及凸显出行政立法的优势。故注意无效情形是行政规章制定所需要注意的必不可少的形式要件。

二、行政规章的规制事项

行政规章的规制事项即为行政规章所调整的客体。《立法法》规定：“省、自治区、直辖市和设区的市、自治州的人民政府，可以根据法律、行政法规和本省、自治区、直辖市的地方性法规，制定规章。地方政府规章可以就下列事项作出规定：（一）为执行法律、行政法规、地方性法规的规定需要制定规章的事项；（二）属于本行政区域的具体行政管理事项。设区的市、自治州的人民政府根据本条第一款、第二款制定地方政府规章，限于城乡建设与管理、环境保护、历史文化保护等方面的事项。已经制定的地方政府规章，涉及上述事项范围以外的，继续有效。除省、自治区的人民政府所在地的市，经济特区所在地的市和国务院已经批准的较大的市以外，其他设区的市、自治州的人民政府开始制定规章的时间，与本省、自治区人民代表大会常务委员会确定的本市、自治州开始制定地方性法规的时间同步。应当制定地方性法规但条件尚不成熟的，因行政管理迫切需要，可以先制定地方政府规章。规章实施满两年需要继续实施规章所规定的行政措施的，应当提请本级人民代表大会或者其常务委员会制定地方性法规。没有法律、行政法规、地方性法规的依据，地方政府规章不得设定减损公民、法人和其他组织权利或者增加其义务的规范。”[2]

故，行政规章的规制事项可以总结成以下三点，为执行行政法规未规定法律规定的事项作出规定；为执行行政法规规定的事项作出规定；为属于本区域具体管理的事项作出规定。

三、行政规章的制定程序

行政规章的制定程序和行政法规的制定程序从《行政法规制定程序条例》

---

〔1〕《规章制定程序条例》第 8 条。

〔2〕《中华人民共和国立法法》第 82 条。

和《规章制定程序条例》的目录上来看都有立项、起草、审查、决定、公布与解释这六大项，但它们本质上有很大的区别。这是由两者调整对象以及自身性质的不同所决定的。行政规章的制定程序也必须依照顺序按部就班，对其中任何一项程序都不得遗漏或者更改。《法治政府建设实施纲要（2015—2020年）》也对其提出了具体要求。[1]

	主体	客体	注意事项[2]	备注
立项	国务院各部门或者省、自治区、直辖市和较大的市的人民政府法制机构[3]（汇总拟定执行）	需要制定的部门规章、地方政府规章	年度规章制订工作计划应当明确规章的名称、起草单位、完成时间等。	1. 立项之前相关主体须依需求报请。 2. 法制机构在立项执行之前须报本部门、本级人民政府批准。
起草	国务院各部门或者省、自治区、直辖市和较大的市的人民政府法制机构	列入年度规章制订工作计划的项目	起草规章，应当深入调查研究，总结实践经验，广泛听取有关机关、组织和公民的意见。听取意见可以采取书面征求意见、座谈会、论证会、听证会等多种形式。有不同意见的，起草单位应在上报规章送审稿时说明并附上相关材料。	1. 起草规章可以交由一个或几个内设机构（部门）具体负责。 2. 起草规章可以邀请或委托有关专家、组织。

[1] 具体要求参见本章第2节中行政法规的制定程序对《法治政府建设实施纲要（2015—2020年）》的引用。

[2] 立项、起草、审查、决定、公布、解释的注意事项，分别摘自《规章制定程序条例》第11条、第14条、第18条、第29条、第30条和第32条、第33条。

[3] 法制机构：特指国务院部门法制机构，省、自治区、直辖市和较大的市的人民政府法制机构。另下文所提法制机构亦作同等解释。

续表

	主体	客体	注意事项[1]	备注
审查	法制机构	规章草案送审稿	法制机构主要从以下方面对送审稿进行审查： （一）是否符合本条例第三条、第四条、第五条的规定； （二）是否与有关规章协调、衔接； （三）是否正确处理有关机关、组织和公民对规章送审稿主要问题的意见； （四）是否符合立法技术要求； （五）需要审查的其他内容。	1. 法制机构可以对其进行缓办或退回处理的情况：需制定的规章的基本条件尚不成熟的，有关部门对其存在较大争议未协商的，不符合相关规定的。 2. 法制机构对规章送审稿内容涉及条例[2]规定的，应广泛听取相关人员和组织的意见与起草单位协商后才能对规章送审稿进行修改。 3. 规章草案和说明由法制机构主要负责人签署。
决定	部务会议或者委员会会议、政府常务会议或者全体会议	部门规章、地方政府规章	法制机构应当根据有关会议审议意见对规章草案进行修改，形成草案修改稿，报请本部门首长或者省长、自治区主席、市长签署命令予以公布。	审议规章草案时，作出说明的可以是法制机构或者起草单位。

[1] 立项、起草、审查、决定、公布、解释的注意事项，分别摘自《规章制定程序条例》第11条、第14条、第18条、第29条、第30条和第32条、第33条。

[2] 指《规章制定程序条例》。

续表

	主体	客体	注意事项	备注
公布	部门公报或者国务院公报和全国范围内发行的有关报纸、本级人民政府公报和本行政区域范围内发行的报纸	部门规章、地方政府规章	公布规章的命令应当载明该规章的制定机关、序号、规章名称、通过日期、施行日期、部门首长或者省长、自治区主席、市长署名以及公布日期。部门联合规章由联合制定的部门首长共同署名公布，使用主办机关的命令序号。 规章应当自公布之日起 30 日后施行；但是，涉及国家安全、外汇汇率、货币政策的确定以及公布后不立即施行将有碍规章施行的，可以自公布之日起施行。	1. 规章以在部门公报或者国务院公报和地方人民政府公报上刊登的为标准文本。 2. 按规定向有关机关备案。
解释	规章制定机关	符合解释要求的规章	规章解释由规章制定机关的法制机构参照规章送审稿审查程序提出意见，报请制定机关批准后公布。	1. 规章的解释与规章具有同等效力。 2. 设区的市的人民政府规章被认为同上位法相抵触的，可以书面提出审查建议，由省、自治区人民政府法制机构研究处理。

第四节　行政立法的模式转换[1]

《法治政府建设实施纲要（2015—2020 年）》中，为完善依法行政制度体系而必要采取的重要措施之一便是提高公众在政府立法中的参与度，具体措施有："拓展社会各方有序参与政府立法的途径和方式。健全法律法规规章起草征求人大代表意见制度，充分发挥政协委员、民主党派、工商联、无党派人士、人民团体、社会组织在立法协商中的作用。建立有关国家机关、社会团体、专家学者等对政府立法中涉及的重大利益调整论证咨询机制。拟设定的制度涉及群众切身利益或各方面存在较大意见分歧的，要采取座谈会、论证会、听证会、问卷调查等形式广泛听取意见。除依法需要保密的外，法律法规规章草案要通过网络、报纸等媒体向社会公开征求意见，期限一般不少于 30 日。加强与社会公众的沟通，健全公众意见采纳情况反馈机制，广泛凝聚社会共识。"[2]

一、直接主义的行政立法

（一）直接主义的行政立法存在的必要性

直接主义的行政立法，顾名思义，就是在间接主义的行政立法基础概念之上与之相反的一种立法模式。而在西方最初诞生的传统意义上的行政立法模式就是间接主义的行政立法。我们所熟知的立法机关往往是由人民共同推举代表而组成的，如西方的议会或者是中国的人民代表大会，而这样的立法机关立法实际上是由人民委托其信任的代表代其行使立法权以及展现其立法的意志。而行政机关却往往是任命制的，行政机关的组成是没有经过人民推举的，其与人民自身的意志之间是有一定的隔膜的，并不似立法机关与人民意志之间联系紧密。而行政机关能够拥有立法权，往往是由能够展现人民意志的立法机关对其进行委托的。从而使行政机关所拥有的立法权能够合理有效。故传统意义上的行政立法实际上是一种经过了双重委托的一种转委托形式的立法，即人民委托立法机关立法，立法机关委托行政机关立法。而这种转委托的模式在实际操作当中会导致人民意志的逐渐削弱，人民的意志在行政立法中开始失去主导地位，这与立法本身应当遵循的原则相违背。立法必须是民主的，满足人民需要的，而一项立法的民主性与否与人民的意志在立

〔1〕 部分内容引自薛昕竹：《行政立法的公众参与度》，载《法制博览》2017 年第 22 期，第 245 页。

〔2〕《法治政府建设实施纲要（2015—2020 年）》第 2 条第 11 项。

法中是否起主导地位息息相关。虽说直接和间接都是相对而言的，但人民的意志必须在立法中体现是毋庸置疑的，可以说人民是依法治国的力量源泉。故行政立法的直接主义是必须存在的，并且需要坚持不断地去发展完善。

（二）直接主义的行政立法在我国立法中的体现

《立法法》在2015年进行修改之前只规定了立法机构应当听取各方面意见。但在2015年进行修改之后规定："列入常务委员会会议议程的法律案，法律委员会、有关的专门委员会和常务委员会工作机构应当听取各方面的意见。听取意见可以采取座谈会、论证会、听证会等多种形式。法律案有关问题专业性较强，需要进行可行性评价的，应当召开论证会，听取有关专家、部门和全国人民代表大会代表等方面的意见。论证情况应当向常务委员会报告。法律案有关问题存在重大意见分歧或者涉及利益关系重大调整，需要进行听证的，应当召开听证会，听取有关基层和群体代表、部门、人民团体、专家、全国人民代表大会代表和社会有关方面的意见。听证情况应当向常务委员会报告。常务委员会工作机构应当将法律草案发送相关领域的全国人民代表大会代表、地方人民代表大会常务委员会以及有关部门、组织和专家征求意见。"[1] 特别增设了应当召开听证会听取有关基层和群体代表、人民团体、全国人大代表和社会有关方面的意见，以及在修改后在第51条和第52条中增设了有关全国人民代表大会及其常务委员会须在立法中发挥主导地位的相关规定。[2] 而这些修改和增设的规定深刻地体现了人民意志在立法中的重要作用，以及直接主义在我国立法中的实际运用。故直接主义的行政立法是我国十八届三中全会中所强调的人民当家作主和依法治国有机统一能够实现的重要模式之一。

二、参与主义的行政立法

（一）参与主义的行政立法的基本内涵

参与主义的行政立法是建立在直接主义的行政立法的基础之上的，比起

---

〔1〕《中华人民共和国立法法》（2015修正）第36条。

〔2〕《立法法》第51条规定："全国人民代表大会及其常务委员会加强对立法工作的组织协调，发挥在立法工作中的主导作用。"第52条规定："全国人民代表大会常务委员会通过立法规划、年度立法计划等形式，加强对立法工作的统筹安排。编制立法规划和年度立法计划，应当认真研究代表议案和建议，广泛征集意见，科学论证评估，根据经济社会发展和民主法治建设的需要，确定立法项目，提高立法的及时性、针对性和系统性。立法规划和年度立法计划由委员长会议通过并向社会公布。全国人民代表大会常务委员会工作机构负责编制立法规划和拟订年度立法计划，并按照全国人民代表大会常务委员会的要求，督促立法规划和年度立法计划的落实。"

直接主义的行政立法要更具科学性。其主体比起直接主义行政立法的主体来说具有不特定性，范围也更加广泛。主体不仅仅包括专职行政立法机关也包括公民、法人、社会组织以及其他利害关系人，而参与比例的高低决定了立法主体的广度。另外，在参与主义之下，行政立法事项是面向社会公开的。公民、法人、社会组织在与其自身权利有利害关系的行政立法事项中具有参与权。并且能够参与与自己有利害关系的法律、行政法规和行政规章等的制定，在各个行政管理的领域内，不限于其中某一个行政管理领域。[1]

而行之有效的公共参与不仅有利于保障行政立法的民主正当性和科学性，还有利于保障公民的正当权益，能够有效地控制行政专制。其中，最为重要的便是公共参与必须是行之有效的，“行之有效”绝不是指字面上的公共参与，不是传统意义上流于形式的公众知晓，公众出席听证会，公众参与投票。公众的参与必须是自愿的，是出于自身意愿的自发想要参与的，而参与的事项是和其自身利益息息相关的，否则公众的参与就是无效的，也违背了公众参与目的初衷，使得公众参与变成了一种走过场的形式。另外，公众在参与行政立法的时候必须是有思考的参与，对立法的目的、需要解决的问题以及造成的后果都有一定的了解和准备，从而达到理想的效果。公众参与也必须是平等的，而平等是社会主义法治的基本属性。行政立法需要提供给每一个和与之有利害关系的公民、法人以及社会组织参与的机会，不管参与的公众是否有良好的教育、强大的逻辑、丰富的知识、较高的社会地位等。因为行政立法吸收到的公众所提出的建议必须是具有概括性的，能够反映整个社会大众思想的。公众参与是否达到预期的效益则体现在其对行政立法所产生了影响与否，产生的影响越大则代表了公众参与的执行力越高，反之产生的影响越小则代表了公众参与并没有很好地被执行，仍旧只是浮在表面上的参与而不是实质意义上的参与。故，公众参与的存在必须取得一定的社会效果才能体现出参与主义的行政立法在实践中运用的意义。

（二）参与主义的行政立法在我国行政立法中的体现

参与主义在我国的全国人大立法之中早有多处体现，但行政立法的参与主义是随着社会的发展，近年来才在我国的行政立法当中突出体现的。例如，2015 年《立法法》修改之中，增加了行政法规在起草过程中应当广泛听取除有关机关、组织之外的人民代表大会和社会公众的意见的规定，并增设

[1] 参见关保英著:《行政法学》（下册），法律出版社 2013 年版，第 437 页。

了行政法规草案除国务院决定不公布的，应当向社会公布，征求意见的规定等。[1] 而这在2015年进行修改之前是没有进行强调的。另外，《行政法规制定程序条例》[2]《规章制定程序条例》[3] 等规定也对行政立法的参与主义有多处的体现。不过，我国在立法之中却没有就行政立法的公共参与进行范围的限定和划分，这在实际操作当中是存在一定问题和漏洞的，毕竟不可能每一项的行政法规或者行政规章都必须要求公众参与其中，这样将加重行政立法程序的负担，丧失行政立法灵活和速度的优势。所以笔者认为，这在之后的《立法法》修改中是需要注意的。

三、专家式行政立法

（一）专家式行政立法的起源

现代行政立法所面临的议题毋庸置疑是更为复杂的、专业的、高技术的。一般的公众参与局限于其自身的专业知识欠缺，仅凭借着一般的常识性判断开始无法适应行政立法内容的日益繁杂。面对着广泛复杂的立法领域，行政立法的工作人员亦逐渐开始力不从心。追其本源则是由于社会发展带来的技术发展，而技术发展带来的行政立法问题也只能由具有更加专业的技术和知识的人员来解决，即需要专家来进行解决。西方国家早在20世纪初的时候就提出了专家立法制度的概念并且在实际操作中不断地进行完善。虽说专家是一个比较宽泛的概念既可以指政府机关内部所拥有的专家，又可以指政府之外的专家，包括了法学专家在内的研究各个领域的专业学者。但实际上政府所拥有的专家学者只是很少的一部分，并且其参与行政立法的起草工作属于本职范畴之内，所以我们所说的专家式的行政立法是指政府之外拥有专业技术和知识的学者参与行政立法的一种模式。因为专家所拥有的专业技术和知识能够对立法的内容有更加清晰的认识和透彻的理解，也能把握住立法的核心所在，指出问题的关键。所以听取专家的意见，是行政立法保障科学性的重要程序。[4]

故，在参与主义的行政立法模式已经不能够满足行政立法的日益增大需

---

〔1〕《中华人民共和国立法法》（2015修正）第67条。

〔2〕《行政法规制定程序条例》第22条。

〔3〕《规章制定程序条例》第15条。

〔4〕 专家式行政立法在实际运用中存在很多的争议，有的学者例如郭道晖教授认为专家参与立法毋庸置疑是属于公众参与立法的，毕竟专家也是公众中的一员，但是有的学者例如朱文景教授认为专家式行政立法是“专家统治”或者“精英统治”。但实际上专家是具有双重身份的，在不同的身份和处境之下，两者说法都是各有道理的。由于笔者在这里定义的专家是指政府之外的专家，故以第一种说法为准。

求的情况下，行政立法吸纳具有专业知识和技术的专家的意见开始迫在眉睫。为了保证行政立法科学化、合理化以及公正化，专家式行政立法的模式开始出现在公众的视野。

（二）专家式行政立法在我国行政立法中的运用

专家式行政立法在我国的立法中也有很多的运用。例如，《立法法》规定："全国人民代表大会有关的专门委员会、常务委员会工作机构应当提前参与有关方面的法律草案起草工作；综合性、全局性、基础性的重要法律草案，可以由有关的专门委员会或者常务委员会工作机构组织起草。专业性较强的法律草案，可以吸收相关领域的专家参与起草工作，或者委托有关专家、教学科研单位、社会组织起草。"〔1〕《规章制定程序条例》规定："起草规章可以邀请有关专家、组织参加，也可以委托有关专家、组织起草。"〔2〕"规章送审稿涉及重大问题的，法制机构应当召开由有关单位、专家参加的座谈会、论证会，听取意见，研究论证。"〔3〕

四、动议权式行政立法

动议权的概念往往是在行政相对人之中出现的，是指行政相对人依照法的相关规定向行政立法机关提出的有关制定、修改或是废止某项行政立法性文件的立法申请，该行政机关依法对行政相对人的申请作出相应的处理，对处理不服的可以依法请求救济。而行政立法动议权则是指社会的各个层面都可以根据其本身的需求以及现实的情况提出有一定体系的法律案，并且应当将该法律案作为参与者所拥有的一项权利确定下来。〔4〕行政立法动议权的主体范围是广泛的，不管是学生、教师、工人、商人或者农民还是慈善组织、社会团体、国企抑或是私人企业单位都可以行使其动议权。所以行政立法动议权的存在不仅扩大了行政立法提案的范围，也提高了行政立法的质量。可以说行政立法动议权的存在是实现行政立法民主化，科学化的基础，也是行政立法实现公众参与的重要保障之一。反之，一旦群众丧失了行政立法的动议权，公众参与行政立法只能成为空谈的官话套话。而法治政府建设力求达到的到 2020 年基本建成职能科学、权责法定、执法严明、公开公正、廉洁高效、守法诚信的法治政府的总体目标，也会偏离其既定的方向。

---

〔1〕《中华人民共和国立法法》（2015 修正）第 53 条。

〔2〕《规章制定程序条例》第 13 条第 4 款。

〔3〕《规章制定程序条例》第 22 条。

〔4〕参见关保英著：《行政法学》（下册），法律出版社 2013 年版，第 440 页。

第八章 法治政府与行政决策

第一节 多元化行政决策机制

一、行政决策的概念

行政决策主要表现在两个领域，一是管理学领域，二是行政法学领域。管理学界对行政决策的理解或定义是，“行政决策是管理决策的一种，是指国家行政机关为履行行政职能，依法处理国家事务和社会事务而进行的出主意、作决定的活动。具体说来，行政决策包括中央政府以及地方政府制定国家或地方经济发展计划、审批工程方案、对有关重大问题发布行政决议或行政指示、签署行政请示报告等”。[1] “政府决策就是国家行政机关在管理国家事务中，对客观存在的问题提出主观的解决办法，使主观与客观相符，以实现行政管理的目的、任务。”[2] “行政决策是享有公共权力的政府机关为了实现公共利益履行政府管理职能，解决公共问题而进行的规划和抉择活动或行为。”[3] 而在行政法学领域，有学者认为，“行政决策是指国家行政

---

〔1〕 蒋国宏、宋超著：《公共行政学新编》，东南大学出版社 2012 年版，第 124 页。

〔2〕 张郎等著：《中国政府管理百科全书》，经济日报出版社 1992 年版，第 123 页。

〔3〕 张成福、倪文杰著：《现代政府管理大辞典》，中国社会科学出版社 1991 年版，第 65 页。

机关及其工作人员为实现一定的目标，根据法定权限，按照法定程序对其职责范围内的公共事务作出决定或确定行动方案的活动与过程”。[1] “行政决策是指享有公共权力的公共行政部门针对行政管理问题，在运用定性分析与定量分析的基础上，拟订、选择决策方案的一系列思维活动和实践活动的过程。”[2]

通过上述分析，本书认为行政决策是行政权力行使中的一种，行政权力包括立法权、执行权和行政裁决权，而行政决策权是附和在行政权力上的，与行政权重的三种权力（立法权、执行权和行政裁决权）的基本属性是不同的。所以，对于行政决策的界定，应该吸收管理学、行政法学两个领域对行政决策概括的主要内容。即行政决策，应是指在行政管理中为了达到预定的目标，或为了解决一个现实的问题，行政领导在处理国家行政事务时，根据国家法律法规，在掌握大量准确信息的基础上，对所要解决的问题或处理的事务做出的价值选择或行动对策。简言之，行政决策就是国家机关履行行政管理职能做出处理国家行政事务的决定。

二、行政决策主体的多元化

由上述对于行政决策的界定可以看出，行政决策的主体一定是行政主体，只有具有行政权的组织和个人才能成为行政决策的主体，所以行政决策主体是特定的，即具有管理国家和社会事务权力的个人和组织，这也是行政决策有别于其他一般决策的最大差异。但是行政决策的主体也体现出其多元化的特点，一是各级人民政府及其职能部门；二是国家行政机关内的公务人员；三是依宪法、法律法规或法律法规授权的其他享有行政决策权的主体。[3]

行政决策主体之一：各级人民政府及其职能部门。《宪法》第 3 章第 3 节关于国务院的规定，第 5 节关于地方人民政府的规定，是行政决策体制和行政决策主体的基本制度。第 105 条第 2 款规定：“地方各级人民政府实行省长、市长、县长、区长、乡长、镇长负责制。”该条确立了行政首长负责制的决策机制，有利于改变行政决策责任不清、推诿扯皮的缺点。《立法法》规

---

〔1〕 杨寅著：《行政决策程序、监督与责任制度》，中国法制出版社 2011 年版，第 8 页。

〔2〕 沈亚平、吴春华编著：《公共行政学》，天津大学出版社 2005 年版，第 108 页。

〔3〕《湖南省行政程序规定》（政府令第 222 号）第二章对行政决策程序的主体中的规定第 10 条界定为“本规定所称行政机关是指各级人民政府及其工作部门和县级以上人民政府的派出机关。”以及第 20 条：“法律、法规、规章规定行政机关可以委托其他组织行使行政职权的，受委托的组织应当具备履行相应职责的条件。”第 21 条：“委托行政机关与受委托的组织之间应当签订书面委托协议，并报同级人民政府法制部门备案。委托协议应当载明委托事项、权限、期限、双方权利和义务、法律责任等。”

定，省、自治区、直辖市和较大的市的人民政府可以根据法律、行政法规和本省、自治区、直辖市的地方性法规制定规章，部门规章应当经部务会议或者委员会议决定，地方政府规章应当经政府常务会议或者全体会议决定。

行政决策主体之二：国家机关内的公务人员。在行政决策活动中，决策行为是由国家机关内的公务员作出的。行政决策的最高层总揽全局，确定总目标、总方针、总政策，它所做的决策带有全局性。中层的公务员在执行高层的方针、政策时，要依据高层制定的总目标，制定本地域或者本部门的小目标，作出局部决策。至于基层的初级公务员，又要根据上一层的决策，结合本职位的实际，作出更具体的决策。所以，虽然做出重大行政决策的往往是高层领导，但决策依据不仅仅指他们，也包括行政组织内的中层和基层公务员。

行政决策主体之三：依宪法、法律法规授权的其他享有行政决策权的主体。授权行政决策主体，是指经法律、法规授权取得行政决策权的组织，主要有法律、法规明确授权的行政机关内部机构、行政机关派出机构，经授权的事业单位、经授权的企业单位、经授权的基层群众自治组织、经授权的社会团体等。其一，经授权的行政机关内部机构和派出机构。根据行政组织法的一般原理，行政机关的内部机构和派出机构不能以自己的名义独立对外做出决策行为并承担法律责任，只有在特殊情况下通过法律法规的授权赋予其行政决策主体资格。如按照《税收征收管理法》的规定，税务所即税务局的派出机构，可以做出职权内的行政行为。公安派出所是公安局的派出机构，可以做出《治安管理法》授权的行政行为。其二，经授权的事业单位。法律法规授权事业组织行使特定的行政决策职能，如《教育法》授权公立学校及其他公立教育机构招收学生或其他受教育者，并就职权内的业务进行行政决策。其三，经授权的基层群众自治组织。基层群众性自治组织是指城市的居民委员会和农村的村民委员会。《村民委员会组织法》与《居民委员会组织法》授予村委会和居委会行政决策职能。其四，经授权的社会团体。被授权行政决策主体在行使法律、法规所授行政权能时，即是行政决策主体。被授权组织以自己名义行使法律、法规所授职权，并由其本身就行使行政决策职能的行为对外承担法律责任。

三、行政决策内容的多元化

由于行政管理的范围和对象极其广泛，行政决策的内容也呈现出多元化的特点。它包括国家的政治、经济、文化教育、社会生活以及生态文明建设等各个方面的重大事务，即除国家法律另有规定之外的一切社会公共事务，都需要通过行政决策加以解决。而其他的决策，如企业、事业单位或者社会团体的决策等，其内容主要是指其内部的事务，一般是不涉及整个国家或者社会范围的。并且，行政决策内容不是一成不变的，是随着国家和政府的职能的变化而变化的。所以，行政决策的内容也体现出其多元化的一面。

在此，选取专门规范行政决策的12部地方政府规章[1]作为研究对象，分析归纳行政决策的一般认识。通过对这12部地方政府规章的分析，可以看出，其主要包含以下这些类型：重大行政决策事项类、程序类规定、标准类规定、责任追究类规定、合法性审查类规定、听证类规定。具体细分见下表：

序号	决策内容	地方政府规章	数量	所占比例
1	国民经济和社会发展规划类事项	内蒙古、宁夏、汕头、广西、淮南、广州、贵阳、大连、江西、重庆	10	83.3%
2	财政预算、重大财政资金使用、投资安排、重要公共资源配置及国有资产处置类事项	内蒙古、宁夏、汕头、广西、淮南、广州、贵阳、青海、江西、重庆	10	83.3%
3	民生类事项（社会保障、城乡建设、环境保护、劳动就业、科技教育、医疗卫生、食品药品、公共交通等）	内蒙古、宁夏、汕头、广西、广州、贵阳、深圳、青海、江西、重庆	10	83.3%
4	制定或调整行政事业性收费标准与政府定价类事项	内蒙古、宁夏、汕头、广西、淮南、贵阳、大连、江西、重庆	9	75%
5	经济、行政、基层管理体制改革类事项	宁夏、汕头、淮南、广州、青海、江西	6	50%

[1] 所选取的12部地方政府规章具体为：《内蒙古自治区重大行政决策程序规定》《宁夏回族自治区重大行政决策规则》《汕头市人民政府重大行政决策量化标准规定》《广州市重大行政决策程序规定》《深圳市行政决策责任追究办法》《广西壮族自治区重大行政决策程序规定》《淮南市重大行政决策程序规定》《贵阳市人民政府重大行政决策合法性审查规定》《大连市重大行政决策听证办法》《青海省人民政府重大行政决策程序规定》《江西省县级以上人民政府重大行政决策程序规定》《重庆市行政决策听证暂行办法》等。

续表

序号	决策内容	地方政府规章	数量	所占比例
6	自然资源开发利用类事项	宁夏、广州	2	16.7%
7	立法规划类事项（立法规划、计划，规章和重要文件的制定、修改和废止）	汕头、广西、淮南、大连、青海	5	41.7%
8	宏观经济调控、改革开放类事项	汕头、广西	2	16.7%
9	房屋征收类事项	汕头、贵阳、大连、重庆	4	33.3%
10	突发性公共事件类事项	汕头、广西、重庆	3	25%
11	违反程序责任追究类事项	深圳	1	8.3%
12	重要决议、决定及审批类事项	青海	1	8.3%
13	兜底条款类（即其他由政府决策的事项）	内蒙古、宁夏、汕头、广西、淮南、广州、贵阳、深圳、大连、青海、江西、重庆	12	100%

根据上表可知，目前，在我国部分地区的行政决策实践活动中，行政决策的内容包含着各种规划、计划类，财政预算、重大财政资金使用、投资安排、重要公共资源配置及国有资产处置类事项，以及民生类事项（社会保障、城乡建设、环境保护、劳动就业、科技教育、医疗卫生、食品药品、公共交通等）为共识性最高的内容，所有专门规范行政决策的地方规章大多也都将这些事项作为规范的事项。由此可见，通过政府主导的各种项目投资建设推动经济社会发展依然属于行政决策的重点内容。

四、行政决策程序的多元化

行政决策制定的程序是指各级政府和行政机关制定行政决策的过程中必须严格遵守法律法规的规定程序行使职权，任何超越法律规定程序范围作出的行政行为必然违法。当然了，如行政决策按照规定程序进行，不仅可以使行政人员的行动有章可循，组织工作有的放矢，而且还能够预见实施决策过程中可能出现的问题和风险，预先准备好对策，这样，政府行动活动的效益才会提高，反之，政府活动的效益就会降低。[1] 并且，如果作为一项关系社会民生的行政决策，一旦决策程序不符合相关法律法规的规定，不仅影响到决策的实施，而且还会对社会经济的发展带来巨大的负面影响。此外，行政决策的制定程序还呈现出多元化的方面：

一是行政决策制定程序的法治化。行政决策制定程序法治化是指行政决策的制定程序必须符合国家宪法、法律的有关规定，即决策制定程序合法。党的十八届四中全会报告中指出："健全依法决策机制，把公众参与、专家论证、风险评估、合法性审查、集体讨论决定确定为行政决策法定程序。"行政决策方案的形成必须经过这些阶段和步骤，如果缺少其中的一个或几个步骤所制定出的行政决策在程序上都是不合法的。

二是行政决策制定程序的科学化。行政决策制定程序的科学化，实质上就是指要符合事物发展的客观规律，遵循所涉及领域的科学理论。其基本内容有四个方面：第一，决策理念的科学化。行政决策的科学化面临的一个首要问题，又需要长期解决的问题就是决策者落后的决策理念不适应快速的经济社会的发展。目前，我国还存在部分官员仍然使用狭隘的眼光观察事物，喜欢用简单的行政命令指挥行政决策。行政决策的科学化，更新观念是前提。观念是行动的先导，当前我们必须大力倡导科学精神，破除僵化、落后的旧观念，树立科学的、现代化的决策理念。第二，决策程序的科学性。根据党的十八届四中全会决议，把公众参与、专家论证、风险评估、合法性审查、集体讨论决定确定为行政决策法定程序。按照此程序进行决策，是行政决策科学化的行动保障。第三，决策体制的科学性。决策体制的科学性就是行政决策的机构和人员所组成的体系和运行的机制是科学的。第四，决策方法的科学性。科学的决策方法，技术和手段，是行政决策科学性得以实现的便利工具，是通往行政决策科学化的桥梁。在当代，出现了许多新的有重大影响的科学决策方法、技术，如调查研究的技术、预测技术等。

三是行政决策制定程序的民主化。对于行政决策而言，民主不应是一个抽象的概念，民主化也不是法治化意义上的对行政决策实行的法律规则上的限制。从内部关系上看，行政决策的民主化是指在不影响行政效率的前提下，进行集体讨论决定，防止独断专权或权力的滥用；从外部关系上看，行政决策的民主化是指社会公众对其有一定的知情权和参与权。具体来说，表现在以下三个方面：第一，行政决策内部的集体讨论决定。在当代，没有一个个体决策者能够完全拥有解决任何问题所需的综合性的、多样化的全部知识与信息，因此，在制定行政决策过程中应该充分运用大家的智慧，形成决策方案，尤其是在重大、复杂的行政决策方面。第二，行政决策的公开性。行政决策的民主性不仅体现在决策的内部关系上，更要体现在决策的外部关系上，即要保证决策具有一定的公开性，使社会公众对行政决策具有一定的

---

〔1〕 贺善侃、黄德良主编：《现代行政决策》，上海大学出版社 2001 年版，第 13 页。

知情权。第三，行政决策的公众参与。公众参与是行政决策民主化最直接的体现，也是衡量民主政治的一项重要的指标。公众参与行政决策不仅在于尊重公民的政治权益，更是将公众的意愿和利益吸收到行政决策方案中，使得行政决策的内容和目标更加贴近民生，更加有利于决策的贯彻实施。

第二节　重大行政决策的法定程序

一、重大行政决策事项的界定

（一）“重大”的界定

我国从中央到地方都非常重视重大行政决策的制定和实践，并且由此制定了许多相关的行政法规或者规范性文件。[1] 在2012年党的十八大报告

〔1〕 截至2015年1月10日，在“北大法宝”（http://www.pkulaw.cn/）中，以“重大行政决策”为标题进行精确检索，共有224篇地方法规规章，其中地方政府规章11篇，地方规范性文件213篇。现有重大行政决策地方政府规章如表所示：

序号	发布机关	文件名称	文号	公布日期	实施日期
1	广东省	汕头市人民政府重大行政决策量化标准规定	汕头市人民政府令第150号	2014.01.23	2014.03.01
2		广东省重大行政决策听证规定	广东省人民政府令第183号	2013.04.01	2013.06.01
3		广州市重大行政决策程序规定	广州市人民政府令第39号	2010.10.18	2011.01.01
4	广西壮族自治区	广西壮族自治区重大行政决策程序规定	广西壮族自治区人民政府令第93号	2013.11.28	2014.01.01
5	江苏省	苏州市重大行政决策听证规定	苏州市人民政府令第130号	2013.10.25	2014.01.01
6	安徽省	淮南市重大行政决策程序规定	淮南市人民政府令第133号	2012.07.10	2012.09.01
7	贵州省	贵阳市人民政府重大行政决策合法性审查规定	贵阳市人民政府令第2号	2010.01.15	2010.04.01
8		贵阳市重大行政决策听证规定（试行）	贵阳市人民政府令第7号	2005.05.31	2006.01.01
9	辽宁省	大连市重大行政决策听证办法	大连市人民政府令第101号	2009.06.19	2009.08.01
10	青海省	青海省人民政府重大行政决策程序规定	青海省人民政府令第68号	2009.02.10	2009.04.01
11	江西省	江西省县级以上人民政府重大行政决策程序规定	江西省人民政府令第168号	2008.08.20	2008.10.01

中，又强调了“坚持科学决策、民主决策、依法决策，健全决策机制和程序，发挥思想库作用，建立决策问责和纠错制度，建立健全重大决策社会稳定风险评估机制”的重大行政决策的法治化建设目标。可以看出，虽然从中央到地方都对“重大行政决策”做了相关的规定，但也都具有一定的差异性。为了能准确理解重大行政决策的概念，应首先对“重大”进行界定，因为只有这样，才能对该研究对象进行分析。

关于重大行政决策中“重大”如何界定，有学者认为，涉及利害关系人范围较广的，将造成长期和永久性的不可弥补的不利影响的，决策实施成本巨大等相关行政决策都属于“重大”的行政决策。[1] 这主要是从决策涉及的利害关系人范围确定重大与否、决策的结果、决策的实施成本等方面来对重大行政决策的“重大”来进行界定的。

（二）相关法规、文件中对重大行政决策事项的认定

重大行政决策的概念自提出以来，国家及各省市政府对于其的界定就各有不同。2008 年《国务院关于加强市县政府依法行政的决定》（国发〔2008〕17 号）中确立了重大行政决策的内容。[2] 地方政府工作中涉及的重大行政决策事项的范围，一般在特定的地方法规或文件中对重大行政决策的具体事作了列举，如《广西壮族自治区重大行政决策程序规定》（政府令第 93 号）中第 4 条规定政府重大行政决策事项包括：“（一）提出地方性法规草案、制定政府规章和重要的规范性文件；（二）制定宏观调控和改革开放的重大政策措施；（三）制定资源开发、环境保护、生态建设、防灾减灾、劳动就业、社会保障、计划生育、安全生产、食品安全、教育卫生、住房建设、交通管理、国有企业改制等涉及群众切身利益的重大政策；（四）制定或者调整各类总体规划、重要的区域规划和专项规划；（五）编制财政预决算草案、大额资金使用安排；（六）研究政府重大投资项目、国有资产处置方面的重大事项；（七）制定或者调整重要的行政事业性收费以及政府定价的重要商品、服务价

〔1〕 参见刘莘主编：《法治政府与行政决策、行政立法》，北京大学出版社 2006 年版，第 86 页。还有其他学者关于“重大”决策的界定标准，虽然少了一条，但是大致内容是相同的。例如，一是涉及的利害关系人范围。如果一项决策影响到决策机关所辖区域内的所有人群或者数量众多的公民、法人和其他组织的利益，就应当属于重大决策。二是决策实施的结果。如果决策的实施对国家或者特定地区将造成大范围、长期或者永久性影响，一旦决策不当，产生的不利影响将难以消除的，应当属于重大决策。三是决策实施的成本。根据决策机关的行政层级的不同，如果决策实施的成本达到一定的较大数额或者较大比例，应当属于重大决策。参见陈洪波主编：《依法行政论丛》，湖北人民出版社 2010 年版，第 37 页。

〔2〕《国务院关于加强市县政府依法行政的决定》第（七）项重大行政决策是指“法律、法规、规章规定应当听证以及重大公共利益和群众切身利益的决策事项”。

格；（八）制定或者调整重大突发公共事件应急预案；（九）行政区划变更方案；（十）为民办实事的重大事项；（十一）其他需由政府决策的重大事项。”《广东省重大行政决策听证规定》（粤府令第 183 号）中第 4 条规定下列情形属于重大行政决策，应当组织听证：“（一）法律、法规、规章规定应当听证的行政决策事项；（二）编制重要规划等涉及重大公共利益的行政决策事项；（三）教育、医疗等社会涉及面广、与人民群众利益密切相关的行政决策事项；（四）行政机关认为需要听证的行政决策事项。”《江苏省人民政府贯彻国务院关于加强市县政府依法行政决定的实施意见》（苏政发〔2008〕101 号）第（六）项明确重大行政决策事项范围。重大行政决策事项主要包括：“提出地方性法规草案，制定政府规章及涉及群众切身利益、重大公共利益的规范性文件，制定宏观调控和改革开放的重大政策措施，编制国民经济和社会发展规划、年度计划和各类总体规划、重要的区域规划和专项规划，决定政府重大投资项目和国有资产处置的重大事项，制定突发公共事件应急预案，重要的行政事业性收费及政府定价的重要商品、服务价格的确定和调整，以及其他需由政府决策的关系基础性、战略性、全局性重大事项。市县政府要根据本级政府的管理权限，结合本地实际，确定重大行政决策的具体范围、事项和量化标准，并向社会公布。”

除此之外，还有各地市政府的相关文件规定：

《广州市重大行政决策程序规定》第 5 条：“本规定所称的重大行政决策是指由政府依照法定职权对关系本行政区域经济社会发展全局，社会涉及面广，与公民、法人和其他组织利益密切相关的重大事项所作出的决定。”

《苏州市人民政府重大行政决策程序规定》第 2 条：“本规定所称重大行政决策，是指由市人民政府依法定职权做出的涉及本行政区域经济社会发展全局，社会涉及面广，与公民、法人和其他组织利益密切相关的重大事项。”

《西安市人民政府重大行政决策程序规定》第 2 条：“本规定所称重大行政决策，是指市人民政府对本市国民经济发展和社会产生重大影响的事项，作出的具有全局性、长远性、战略性的决策。”

《湘西自治州人民政府重大行政决策程序规则》第 3 条：“本规则所称的重大行政决策是指州人民政府作出的涉及全州经济社会发展全局、社会涉及面广、专业性强、与人民群众利益密切相关的行政决策事项。”

（三）学者关于重大行政事项的论述

通过分析《国务院关于加强市县政府依法行政的决定》以及各省市地方的法规及相关文件，总结了判定重大与否的一些标准，如决策涉及相对人的数量及占总人口的比例；决策成本或金额的大小；对公共利益或公民切身利益的影响程度；是否对公民权利、自由有所限制；以及是否具有全局性、综合性、长期性影响。[1] 还有学者认为应该从三个方面来把握："一是该决策所需公共财政支出的多少；二是该决策对公民权益影响的程度；三是该决策的社会影响。这三方面只要有一方面符合就应该属于重大行政决策。"[2]

此外，第九届、十届全国政协副主席、中国人权研究会会长、北京大学教授罗豪才认为，对于各级各类行政机关而言，以下6类事项应当属于重大行政决策范围："一是规划类，包括编制和修改经济、社会、文化发展和公共服务总体规划。二是开发利用重大自然资源类，包括土地、矿藏、水流、森林、山岭、荒地、滩涂、海域等自然资源的开发利用和生态环境保护。三是重大政策类，例如制定经济体制改革、行政管理体制改革、财政体制改革的重大政策等。四是重大管理措施类，包括教科文体卫、城乡建设、劳动和社会保障、价格管理、住房保障、交通管理等方面的重大管理措施。五是重大项目类，特别是政府投资的重大项目、重大政府采购项目和特殊建设项目用地政策、重大财政资金安排、重大国有资产处置等。六是重大突发事件应急预案的制定和调整（不包括突发事件的应急处理）。"[3]

（四）重大行政决策事项的制定标准

重大行政决策属于行政决策的一部分，重大行政决策是相对于行政决策的重要性和影响力而言的。当然了，也并不是全部的行政决策事项都是重大的，不过，越是重大的行政决策，造成的社会影响和公众的关注度肯定是很大的，如果重大行政决策失误，将会产生非常严重的后果，也必将产生非常强大的舆论压力。所以，对于重大行政决策的制定严格程序也较一般行政决策复杂。国家和各地政府在规制"重大行政决策"时，是从其事项的范围来进行界定的原因所在。笔者认为，对"重大行政决策"的标准进行界定，首先要对重大行政决策事项的特性进行分析。

重大行政决策作为一个被高度概括的、抽象的概念，其限定词"重大"是相对于"非重大"来讲的，而对于重大或者非重大的行政决策（即一般决策）的界定只有在特定时间、空间范围内对某一特殊事项进行区分才是有意义的。具体来说，所谓特殊的时间空间范围其实主要表现在重大行政决策事

---

〔1〕 韩磊：《重大问题行政决策法律程序研究》，华东政法大学2007年硕士论文。

〔2〕 刘云甫：《论重大行政决策法制化》，载《岭南学刊》2010年第2期。

〔3〕 罗豪才：《重大行政决策程序应入法》，载《中国社会科学报》2011年3月3日，第002版。

项的区域性、层级性、动态性和时间性等方面的，掌握了这些方面，是能够正确界定出重大行政决策标准的前提。

第一，区域性。主要是根据各地政府管辖的区域不同而不同的，即不同行政区域政府的重大决策的事项是有所差异的。这是由于区域的差异性，造成的政治、经济、文化、社会、生态环境等各方面的基本情况也有所不同。比如，东部沿海发达地区与西部内陆欠发达地区在区分行政决策是否重大方面可能是会有所不同的，有的行政决策事项在西部地区是重大的，在东部沿海地区可能只是一般性的决策事项。

第二，层级性。这是根据各级政府职能权限的不同而带来的层级上的差异性，即不同层级的政府的重大行政决策事项也是有所不同的。比如，某一事项对于县级政府来说是重大事项，但是对于市级、省级政府来说就不一定是重大事项。政府层级越高，其所作出的行政决策的事项就会越宏观，表述上就会越抽象。因此，从中央到地方政府，再到基层政府，对重大行政决策事项的范围界定就会越具体，越细致。比如，河北省邯郸市对市长、副市长所有的 116 项行政职权进行梳理，其中行政许可权 11 项、非行政许可审批权 29 项、重要事项决策权（重大项目、资金分配、资产处置）8 项、行政管理权 47 项、行政处罚权 2 项、其他行政权力 9 项，最后确定了 92 项行政职权。[1] 在厘清行政职权范围的基础上，再确定重大行政决策事项的范围就会显得更加容易。

第三，动态性。重大的决策事项也不是一成不变的，而是随着各方面情况的发展变化而不断变化的。比如，某一领导在某地主政期间，确定了某一事项为重大决策事项，可能会在该事项还没有结束时，该领导因犯贪污受贿罪等被依法查处，可能其主政期间制定的重大决策事项也会随着其离职而“流产”。

第四，时间性。重大行政决策的事项在同一个地方的某一个阶段是重大事项，在另一个阶段就不一定是重大事项。

如前所述，“重大行政决策”是个不确定概念，对其作一个明确、细致、具体的界定也是不太现实的，确定某一事项是否为重大事项的标准也不是单一的，必须根据地方经济、政治、文化、社会、生态环境等诸多方面进行多角度衡量。比如，用事项的金额数目、涉及事项的敏感度、涉及时间的长短等作为标准来确定重大行政决策的范围。并结合上述对于重大行政决策的分析，可以看出，重大行政决策的标准主要表现在以下四个方面：

---

〔1〕 参见《政府法制参阅（专报）》，上海市行政法制研究所编，2005 年第 131 期。

1. 涉及范围。从行政决策涉及的利害关系人范围确定的大小来判断是否是重大行政决策。如果某一个行政决策影响到的利害关系人涉及全国大部分范围或者本辖区内的所有公民或绝大部分公民的利益，那么这种行政决策就可以认定为重大行政决策。

2. 持续时间。从决策实施持续的时间和结果上看，如果制定出的行政决策的结果将造成长期的，或永久性的且不可弥补的影响的决策可以称为重大行政决策。

3. 实施成本。如果决策的实施成本是巨大的，那么该行政决策也可称之为是重大行政决策。

4. 决策事项。如果决策的事项是在国家或地方制定的有关重大行政决策事项的地方性法规或文件中规定的，那么，该行政决策也可以称为重大行政决策。

综上，通过对诸多地方性法规以及相关文件的规定和诸多学者对于“重大行政决策”的界定分析来看，简而言之，重大行政决策是指，县级以上人民政府经过一定的程序和标准做出的涉及本地区经济社会发展全局、社会涉及面广、专业性强、与人民群众利益密切相关的行政决策事项。

十八届四中全会报告中指出：“依法全面履行政府职能，推进机构、职能、权限、程序、责任法定化，推行政府权力清单制度。健全依法决策机制，把公众参与、专家论证、风险评估、合法性审查、集体讨论决定确定为重大行政决策法定程序，建立行政机关内部重大决策合法性审查机制。”以下是对重大行政决策程序的公众参与、专家论证、风险评估、合法性审查、集体讨论决定等五个方面进行的理解和把握。

二、公众参与与专家论证

（一）公众参与

“公民参与是影响政治发展的重要渠道，公民参与的程度和规模是衡量一个社会政治现代化的一个重要尺度。”[1] 公众参与制度是重大行政决策程序中最为重要的制度之一。公众参与的方式主要有听证会、公开征集意见、立法调查、座谈会、论证会、利用信函、电子邮件等现代通信手段征求意见。[2] 其中，听证制度是公众参与最为广泛的表现形式。重大行政决策听证制度是指决策者在作出行政决策前，允许相对人发表意见、进行论证的制度。而其中，听证制度是公众参与最为广泛的表现形式。

在我国，行政制度最早正式出现在1996年颁布的《行政处罚法》中，这也是我国行政制度的起源。《行政处罚法》中第五章第三节专门对听证制度作了规定。第42条规定：“行政机关作出责令停产停业、吊销许可证或者执照、

---

〔1〕［美］萨缪尔·亨廷顿著：《变化社会中的政治秩序》，李盛平等译，华夏出版社1988年版，第67页。

〔2〕王锡锌主编：《行政过程中公众参与的制度实践》，中国法制出版社2008年版，第5—11页。

较大数额罚款等行政处罚决定之前，应当告知当事人有要求举行听证的权利；当事人要求听证的，行政机关应当组织听证……”在该法中，听证程序在我国法律中首次出现并与简易程序、一般程序并列成为行政处罚决定程序，它不仅界定了听证程序的定义，而且还明确了听证程序的适用范围和条件、听证的告知通知制度、公开听证制度、主持人以及相关回避制度、对抗辩论制度和听证笔录制度等。后来，随着经济社会的发展，听证制度的范围又扩展到价格、立法、行政许可等领域。[1]

（二）专家论证

根据十八届四中全会的报告，专家论证也是属于重大行政决策过程中的一个重要环节，其对于重大行政决策的科学化、利益的最大化、自由裁量权

---

〔1〕 不完全统计，“听证”还出现在以下法律法规或文件中：

序号	名称	内容	备注
1	《宪法》	第27条第2款：一切国家机关和国家工作人员必须依靠人民的支持，经常保持同人民的密切联系，倾听人民的意见和建议，接受人民的监督，努力为人民服务。	《宪法》中的这一规定为行政听证制度奠定了宪法基础。在这里，听取人民的意见和建议是原则的、较为笼统性的。
2	《价格法》	第23条：制定关系群众切身利益的公用事业价格、公益性服务价格、自然垄断经营的商品价格等政府指导价、政府定价，应当建立听证会制度，由政府价格主管部门主持，征求消费者、经营者和有关方面的意见，论证其必要性、可行性。	《价格法》明确了消费者在价格活动中的地位和参与定价的权利，要求政府在制定关系群众切身利益的公用事业价格、公益性服务价格以及自然垄断经营的商品价格时，不但要听取经营者的意见，更要通过听证会制度、听取消费者的意见。
3	《立法法》	第67条：行政法规在起草过程中，应当广泛听取有关机关、组织人民代表大会代表和社会公众的意见。听取意见可以采取座谈会、论证会、听证会等多种形式。	《立法法》将听证扩展到行政立法领域。
4	《行政许可法》	第47条：行政许可直接涉及申请人与他人之间重大利益关系的，行政机关在作出行政许可决定前，应当告知申请人、利害关系人享有要求听证的权利；申请人、利害关系人在被告知听证权利之日起5日内提出听证申请的，行政机关应当在20日内组织听证。	《行政许可法》的这一规定又将“听证制度”应用到了抽象行政行为之中。
5	《国务院关于加强市县政府依法行政的决定》（国发〔2008〕17号）	（八）推行重大行政决策听证制度。要扩大听证范围，法律、法规、规章规定应当听证以及涉及重大公共利益和群众切身利益的决策事项，都要进行听证。要规范听证程序，科学合理地遴选听证代表，确定、分配听证代表名额要充分考虑听证事项的性质、复杂程度及影响范围。听证代表确定后，应当将名单向社会公布。听证举行10日前，应当告知听证代表拟做出行政决策的内容、理由、依据和背景资料。除涉及国家秘密、商业秘密和个人隐私的外，听证应当公开举行，确保听证参加人对有关事实和法律问题进行平等、充分的质证和辩论。对听证中提出的合理意见和建议要吸收采纳，意见采纳情况及其理由要以书面形式告知听证代表，并以适当形式向社会公布。	

的控制以及社会和个人利益的保护都具有重大的意义。关于专家，一般观念认为：“是指在学术、技艺等方面具有较高的学识和经验，掌握某种专门技能、专业知识，从事某种专门活动的人。”[1] 现代汉语辞海的解释是：“专家，指对某一门学问有专门研究的人，擅长某项技术的人。”[2] 也有学者指出：“所谓专家，是指处于行政官僚组织之内的专业行政人员，他们受过系统的专业知识训练，或者通过长年累月的行政实践而具有专业方面系统性的知识。这种知识本身是目标/工具理性取向的，主要关乎实现某个给定目标所需的手段选择问题，因而在很大程度上是与价值无涉的。”[3] 上述关于专家的各种版本的定义，无一不表明了专门、专业、针对特定事务、接受专业知识训练、具有较高造诣等含义。由此可以推断出，专家的一个重要特征就是专门性，或者说专业性。其实，专家就是对于某一领域的知识或经验的了解深度和熟练程度是一般人所难以比较的。

当下社会公共问题专业化、技术化程度不断提高，在面对一个重大行政决策问题的时候，并非每一个决策者都精通了解其中的问题所在，以及解决这个问题的只是技能。因此，专家论证制度有助于帮助决策者更为科学、系统地做出决策。所谓专家论证制度，“是指各级政府制定的关于依靠专家群体进行行政决策的咨询、论证活动，以提高政府决策质量，保障决策科学化的规则体系”。[4]

对于在重大行政决策中实行“专家论证”，有以下三个优点：

第一，从行政机关的角度来说，对专家论证制度的研究符合决策科学化的发展趋势。同时决策结果的理性化也能减少不必要的损失，减小相关决策执行的成本，有利于行政效率的提升。

第二，从公民的角度来说，在重大行政决策过程中引入专家论证制度，体现了对公众权利的保护。允许出现不同的“声音”，尊重以人民为主体的地位，并最终有利于保护私权利。

第三，从法治的角度来说，对行政机关决策理性化的要求，实质上是对公权力的限制，是对限权原则的落实。同时，专家论证制度也体现了程序与

---

〔1〕 修彩霞：《论我国地方政府决策过程中的专家咨询制度》，苏州大学2007年硕士学位论文。

〔2〕《现代汉语辞海》，中国书籍出版社2003年版，第1399页。

〔3〕 王锡锌、章永乐：《专家、大众与知识的运用——行政规则制定过程的一个分析框架》，载《中国社会科学》2003年第3期。

〔4〕 姜晓萍、范逢春：《地方政府建立行政决策专家咨询制度的探索与创新》，载《中国行政管理》2005年第2期。

实体并重的法治观念。

三、风险评估与合法性审查

（一）风险评估

风险评估实质上就是向相关的立法者和政策的决策者、执行者提供相关的评估信息、评估结论。因此，风险评估的研究和实践基本目标就是通过评估设定行动方案达成特定社会的法治变迁，在风险评估研究和实践中特别关注的是评估结论、决策方案、法治改进措施中涉及的各类要素，其中更多的是法治中的公正效果、政治效果、社会稳定、资源配置、实践成本和制度措施等内容。通过风险评估促成法治变迁的需求，对于评估方案设定时要对行政决策的诉求予以全面回应。行政决策因素渗透评估主要包括三种方式，第一，要求进行评估的项目和政策，都是行政决策的产生。这些项目和政策的设计、界定、争论、实施与资助，都在行政决策的过程中完成，并受到来自各方的压力（扶持的、反对的），这就使得决策问题非常重要。第二，由于评估是为了满足决策的要求，所以评估报告要进入决策领域。在决策过程中，项目产出的评估性证据要有足够的竞争力。第三，也是最没有引起重视的，评估本身就具有政治意涵。就评估本身的特点而言，它使得针对某些项目的问题变成了绝对的政治陈述，并使其他项目无法对其提出挑战，也使得项目目标和战略性的合法性，渐进改革的战略用途，甚至社会科学家在政策和项目形成中的角色，都变成了决策性的问题。〔1〕法治的本身要达到价值中立相对困难，而重大行政决策风险评估的运行过程面临着同样的问题。换个角度思考，行政决策中的对抗和影响并不能成为放弃法治的理由，同样不能成为影响和放弃风险评估的理由。相反，是要在重大行政决策之前尽可能进行一个相关主体的前置性的评估，评估过程中多元主体的角色、利益诉求、完成评估的成本、评估结论的可运用性程度及其障碍，这样方能使得重大行政决策的风险评估具有战略高度，在推进法治水平的进步过程中具有可信度、可接受度和相关的适用效应。

（二）合法性审查

在社会科学语境中，“合法性”概念存在广义和狭义之分。广义的合法性

---

〔1〕［美］彼得·罗希等著：《评估：方法与技术》，邱泽奇等译，重庆大学出版社 2008 年版，第 15 页。

概念被用于讨论社会的秩序及其规范或规范系统的正当性。[1] 如哈贝马斯提出的“那些由专门人员和机构保证人们遵从的规则是法律，社会自然遵守的规则是惯例”[2]。狭义的合法性概念则主要被用于解释国家的统治类型或政治秩序的正当性。例如，马克斯·韦伯提出的“凡是被公众所相信的、赞同的，能保持大众对他的忠诚和支持的统治，就是合法的统治”[3]。

重大行政决策的合法性审查就是指在进行重大行政决策过程中，决策程序、决策实施以及决策结果是否符合法律规定等进行审查的一种程序制度。如《国务院关于加强市县政府依法行政的决定》（国发〔2008〕17号）第（九）规定：“建立重大行政决策的合法性审查制度。市县政府及其部门做出重大行政决策前要交由法制机构或者组织有关专家进行合法性审查，未经合法性审查或者经审查不合法的，不得做出决策。”这是对重大行政决策进行合法性审查应当从决策程序和决策内容是否合法等方面进行的。实际上，合法性审查的方式是多种多样的。比如，书面审查、座谈会、论证会、政府网站公开征求意见等。当然，也可以组织相关专家进行咨询论证，听取其审查意见。对重大行政决策进行合法性审查，发现其程序违法的，应当重新进行相应的程序后再提请审查。如果发现其决策事项是违法的，不应当予以实施的，应向政府部门提出报告。这种对于重大行政决策的合法性审查既可以约束政府权限，减少决策的随意性，又能增加决策的科学性，保障公民权益。

四、集体讨论决定制

重大行政决策集体讨论决定制是行政机关在深入调查研究、广泛听取相关利益群体意见及专家学者等群体充分论证的基础上，由集体讨论研究，通过会议在多种选择方案中进行选择，最终做出决定的工作制度。[4] 如《国务院关于加强市县政府依法行政的决定》（国发〔2008〕17号）第（十）项规定：“坚持重大行政决策集体决定制度。市县政府及其部门重大行政决策应当在深入调查研究、广泛听取意见和充分论证的基础上，经政府及其部门负责人集体讨论决定，杜绝擅权专断、滥用权力。”对于没有经过集体讨论的，不

---

〔1〕 江国华：《行政立法的合法性审查探析》，载《武汉大学学报（哲学社会科学版）》，2007年第9期。

〔2〕［德］哈贝马斯著：《交往与社会进化》，张树博译，重庆出版社1989年版，第211页。

〔3〕［德］马克斯·韦伯著：《经济与社会》（上），林荣远译，商务印书馆1997年版，第269页。

〔4〕 赵娜、方卫华：《重大行政决策的集体讨论决定制度研究》，载《北京航空航天大学学报（社会科学版）》2014年第1期。

能进行决策，可以有效杜绝权力的滥用和专断。所以，重大行政决策集体讨论决定制是保证决策科学化的一项有力的行政决策制度。当然，集体讨论决定的结果也并不一定是完全正确的，但是把重大行政决策事项交与集体去讨论、审议和决定，是可以有效减少损失的。

第三节　行政决策的行政法监督

一、司法监督可行性分析

司法监督是监督行政决策的一种有效手段，其中违宪审查又是行使司法监督权的主要方式。西方法学家认为该制度首创于1803年美国联邦法院审理的“马伯里诉麦迪逊案”的判决之中。[1] 美国之所以要强调司法审查制度，目的是要改变司法权过于弱小，无法与行政权和立法权相抵抗的模式。按照美国学者汉密尔顿的说法：“在实际执行中，此类限制须通过法院执行，因而法院必须有宣布违反宪法明文规定的立法为无效之权。”[2] 即确立司法权的独立性并能形成对其他两权的制衡。虽然司法监督的特点是被动型和滞后性，但与此同时，司法监督也具有更加专业性、强制性的特点。其实，所谓行政决策上的司法监督，就是指司法审判机关依据行政相对人的申请，对行政决策的合法性进行审查，并撤销违反法律法规规定的行政决策的行为，或者依据法律法规判决行政机关应履行其相应行政决策职责。对于行政决策的司法监督，具体应包括以下方面：一是审查行政决策作出的依据是否真实充分。二是审查行政决策作出所依据的法律法规是否适当。三是审查行政决策的作出是否符合法定程序。四是审查行政决策作出的行政主体是否超越其职权。五是审查行政决策的内容是否显失公正。

从我国行政管理的实际来看，还存在部分领导干部在行政决策中玩忽职守，凭借经验、按习惯办事，不尊重科学、不符合法定程序，不顾客观实际、瞎决策的现象。[3] 鉴于此，司法机关可以依法开展司法审查监督，应有权对行政决策的合法性进行审查监督；对行政决策所依据的行政规章和地方性规章进行合法性审查；[4] 对行政决策的合理性、程序性以及内容的公正性进行

---

〔1〕 张锐智：《试论美国司法审查制在权力监督中的作用》，载《辽宁大学学报》2003年第1期。

〔2〕［美］汉密尔顿等著：《联邦党人文集》，程逢如等译，商务印书馆1980年版，第392页。

〔3〕 许文惠、张成福等著：《行政决策学》，中国人民大学出版社1997年版，第355页。

〔4〕 卢剑锋著：《行政决策法治化研究》，光明日报出版社2011年版，第183页。

审查。

为使行政决策的司法监督具有可行性，司法机关对于行政决策的审查监督可以从以下三个方面实施：一是通过附带性审查进行司法监督。行政相对人对具体行政行为不服而提起行政诉讼时，司法机关受理后可以对行政决策的文本进行合法性审查。二是司法机关依职权进行司法监督。行政相对人在对具体行政行为提起行政诉讼时，司法机关依职权先审查具体行政行为所依据的行政决策是否合法，并以此为根据审查和裁定具体行政行为。[1] 三是控诉审查方式进行司法监督。行政相对人认为行政主体所作出的行政决策侵犯其合法权益的，可以直接诉讼至人民法院，提请人民法院对行政决策进行司法监督审查并作出合法性裁定。

上述所讲到的司法监督主要是针对行政主体所作出的具体行政行为，这是由于我国违宪司法审查制度还未建立，人民法院还无权对抽象行政行为进行合宪性审查。季卫东教授认为，保障宪法效力的关键是建立司法性质的合宪性审查制度，在具体的制度设计方面有两套可供选择的方案：在现行体制下设置只对全国人民代表大会负责的宪政委员会；在重新立宪的基础上设立宪法法院。[2] 而本书认为，对于行政决策进行危险性审查可以逐步进行，现阶段可由全国人民代表大会常务委员会行使宪法监督权；待条件成熟后，再设置专门的宪法机构，如宪法法院，对行政决策尤其是重大行政决策的合宪性进行审查。

二、行政内部监督的实效性分析

行政机关对行政决策所实施的监督是“内部监督”，这种行政内部监督的主要目的是可提高政府效能。行政内部监督，是政府内部依层级而建立的内部控制机构，它是行政机关依照法定的权限、程序和方式，对下级机关是否遵守法律法规的规定等实施的监督。行政内部监督的主体既包含上级行政机关的监督，也包含专门的行政监督机构的监督。大多数国家都在行政机关内部形成了多格局多层次的行政监督体系。如日本在政府内部设立了监察机构，其中最高行政监察机关设于首相府，称行政监察局，下设计划调查，行政对话两个部门。它们分别掌管内阁各省、厅的监察事务。美国虽然没有建立统一的行政检察系统，但在其 26 个副部级单位和 23 个直属机构中都设立

---

〔1〕 卢剑锋著：《行政决策法治化研究》，光明日报出版社 2011 年版，第 183 页。

〔2〕 季卫东：《合宪性审查与司法权的强化》，载《中国社会科学》2002 年第 2 期。

了检察长及其办公室。[1] 这些监察部门在各自法定的管辖范围内各自行动。

对于行政内部监督，我国《宪法》中也作了相关规定，如第 89 条第 13 项、第 14 项规定：国务院有权“改变或者撤销各部、各委员会发布的不适当的命令、指示和规章；改变或者撤销地方各级国家行政机关的不适当的决定和命令”。第 108 条规定：“县级以上的地方各级人民政府领导所属各工作部门和下级人民政府的工作，有权改变或者撤销所属各工作部门和下级人民政府的不适当的决定。”当然了，除了宪法以外，国务院组织法、地方各级人民代表大会和地方各级人民政府组织法以及许多单项法律中，都有政府内部决策监督的法律依据。如《国务院组织法》第 10 条规定：“各部、各委员会工作中的方针、政策、计划和重大行政措施，应向国务院请示报告，由国务院决定。”

对于在行政决策方面的行政内部监督，有以下具体制度：

一是规章及其他规范性文件的备案制度。国务院制定的《法规规章备案条例》，在一定意义上来说，是对抽象行政决策行为的监督，其第 3 条规定：“法规、规章公布后，应当自公布之日起 30 日内，依照下列规定报送备案：（一）地方性法规、自治州和自治县的自治条例和单行条例由省、自治区、直辖市的人民代表大会常务委员会报国务院备案；（二）部门规章由国务院部门报国务院备案，两个或者两个以上部门联合制定的规章，由主办的部门报国务院备案；（三）省、自治区、直辖市人民政府规章由省、自治区、直辖市人民政府报国务院备案；（四）较大的市的人民政府规章由较大的市的人民政府报国务院备案，同时报省、自治区人民政府备案；（五）经济特区法规由经济特区所在地的省、市的人民代表大会常务委员会报国务院备案。”第 10 条规定：“国务院法制机构对报送国务院备案的法规、规章，就下列事项进行审查：（一）是否超越权限；（二）下位法是否违反上位法的规定；（三）地方性法规与部门规章之间或者不同规章之间对同一事项的规定不一致，是否应当改变或者撤销一方的或者双方的规定；（四）规章的规定是否适当；（五）是否违背法定程序。”通过对备案制度的规定，在一定意义上，国务院对各部门和地方人民政府的部分抽象行政行为的监督实现了监督的制度化。

二是行政复议制度。行政机关在行使行政职权过程中，行政相对人认为行政机关的具体行政决策行为侵犯其合法权益的，可以向上一级行政机关提出复议，由复议权的行政机关对引起争议的行为进行审查，并视审查结果作出维持、变更或者撤销原具体行政行为的决定。

---

〔1〕 刘峰、舒绍福著：《中外行政决策体制比较》，国家行政学院出版社 2008 年版，第 234 页。

三是监督检查制度。主要是上级机关对下级机关执行法律、政策和决策行为的监督和检查，其目的在于保证法律和政策的严肃性，[1] 防止在执行过程中违法现象的出现。

三、社会监督机制探究

社会监督是指公民、社会媒体或舆论媒体、社会团体或组织依据法律法规的规定，运用合法的监督方式，对行政机关的具体行政决策行为所进行的监督。"让人民监督政府，政府才不敢松懈，只有人人起来负责，才不会人亡政息"[2]，说明了社会监督具有重要的意义。

《宪法》对社会监督也作了明确规定，如第 27 条第 2 款规定："一切国家机关和国家工作人员必须依靠人民的支持，经常保持同人民的密切联系，倾听人民的意见和建议，接受人民的监督，努力为人民服务。"第 41 条规定："中华人民共和国公民对于任何国家机关和国家工作人员，有提出批评和建议的权利；对于任何国家机关和国家工作人员的违法失职行为，有向有关国家机关提出申诉、控告或者检举的权利，但是不得捏造或者歪曲事实进行诬告陷害。对于公民的申诉、控告或者检举，有关国家机关必须查清事实，负责处理。任何人不得压制和打击报复……"《宪法》不仅明确规定了公民具有监督国家机关的权利，而且还规定了国家机关具有自觉接受人民监督的义务。公民通过人民代表大会和社会团体以及社会舆论，反映自己的意见和要求，监督决策机关的工作。[3] 党的十七大报告也曾提出，"确保权力正确行使，必须让权力在阳光下运行"。

在国外，社会力量对行政决策也起着重要的监督作用。如在美国，社会力量在行政决策监督中扮演了非常重要的角色。首先是其对很多利益集团的影响，这些利益集团既参与和影响着美国的行政决策，在一定程度上也监督和制约着行政决策。其次是美国存在的大量的非政府组织，公众个人可以通过参加民间组织，形成舆论压力，影响和监督政府行政决策的形成和实施。最后就是美国的新闻媒体监督，如美国的"水门事件""克林顿性丑闻""虐囚事件"等，都是美国新闻媒体监督的结果。"在日本，从官厅起草法案开始，一直到政府咨询机构审议会的审议活动、国会中执政党与在野党的交涉

---

〔1〕 许文惠、张成福等著：《行政决策学》，中国人民大学出版社 1997 年版，第 358 页。

〔2〕 薄一波著：《若干重大决策与事件的回顾》（上卷），中央党校出版社 1991 年版，第 156—157 页。

〔3〕 卢剑锋著：《行政决策法治化研究》，光明日报出版社 2011 年版，第 189 页。

等，新闻媒体都要不间断地跟踪报道。”[1] 可见，日本的行政决策部门也常常主动地将决策活动信息通过新闻媒体来向外公告，并通过社会公众信息反馈，来收集相关的意见建议，并对决策进行完善，以期行政决策能够顺利地制定并实施。

在我国，社会监督在行政决策的监督过程中，还存在不足。主要表现在以下两个方面：一是社会监督的体制不足。社会监督是一种非官方性质的监督形式，主要是指来自公民个人的监督、新闻媒体的监督以及社会团体或组织的监督等。在行政机关作出行政决策的过程中，因为不能充分认识到来自社会的监督意见，使得来自社会民众的监督意见得不到充分的发挥，影响了社会公众参与监督的积极性和主动性。此外，有些行政机关认为来自社会的监督会给其增添很多工作上的负担，不愿接纳其意见，甚至还会对来自社会的监督进行限制或阻碍，致使社会监督体制存在较为严重的缺陷。二是社会监督信息缺乏一定的有效性。现阶段我国的行政决策监督体系中，社会监督不仅缺乏监督的力度，还缺乏监督的有效性。主要是由于政府信息公开的透明度还存在不足，使得社会公众不能及时或者不能够通过有效形式获得相关信息，抑或获得的信息渠道有偏差，容易引起公众的恐慌，从而导致产生不良的社会效果。再者，社会监督主义在对行政机关的行政决策进行监督时，不具有权威性和时效性，而使得这些社会监督主体不能有效发挥监督作用。

为完善社会监督机制，可以结合当下各级政府部门积极推行的电子政务平台，探索开展政府的网上工程，建立行政监督信息网。那么社会监督主体就可以对政府部门的各种行政行为进行及时的监督、反馈。并且，也可以有效发挥新闻媒体的作用，利用新闻媒介来传播党和政府的政治思想、政策、决策等信息，还可以借助新闻媒体来表达民意，明确公众期盼的利益，帮助决策机关及时收集到有效信息，使作出的行政决策能被社会公众所认可，并得到有效实施。

---

〔1〕 丁建军主编：《行政监督概论》，高等教育出版社2007年版，第229页。

第九章　法治政府与行政执法

我国大力推进法治政府，其目的之一就是最终要建立一个和谐的法治社会。而这其中行政执法成为构建和谐社会、保障法治、维护社会秩序的重要环节。同时，法治政府是否能够成功地构建，其关键环节也在于依法行政是否能够稳定有效地推进。可以说，行政执法在构建法治政府这一蓝图中占据浓墨重彩的一笔。习近平同志也曾指出，“行政机关是实施法律法规的重要主体，要带头严格执法，维护公共利益、人民权益和社会秩序，执法者必须忠实于法律”。[1] 运用法治的思维和方式行政，是各级领导机关和领导干部都要学习和提高的能力，这是习总书记在十八届四中全会以后反复强调的内容。

第一节　法制统一下的行政执法

一、行政执法中的法服从

行政执法是行政权力与公民权利的结合，也是执行法律规则与政府管理的结合，更关系到行政相对人直接的权利和义务。因此，可以说行政执法的质量是衡量依法行政效果行之有效的标准。而行政执法过程中法服从的问题无疑是最敏感尖锐的话题之一，学界对于这一问题深入地探

〔1〕 2013年2月23日，习近平在十八届中央政治局第四次集体学习时的讲话。

讨可谓寥寥无几，许多学者甚至将法服从与守法等同从而进行研究[1]。笔者认为，尽管最终都归结为对于相应法律规则的认同与遵守，但行政执法中的法服从其实可以认为是一种价值行为取向，这种行为取向是基于对于法律的认知和判断，进而了解其深刻的内涵作出遵从内心的选择。简言之，行政执法中的法服从就是“在对法律存在自我判断的前提下无条件遵循法律而为之的一种行为状态”[2]。

如果行政人员按照法律的规定，在执行的过程中只是有选择地执行，而公民也只是按照自己的意愿有选择地去遵守的话，那么法治政府的体制必将受到极大影响。也就是说，法服从并不是随心所欲，形式上的法服从与实际上的法服从并不是绝对对应的关系，如果法服从的形式要素与理性价值在实践中出现了偏差，也就出现了法服从的误区。我国行政法治尚在发展的初级阶段，再加上内部和外部有许多的因素干扰，对于行政执法中的法服从存在很严重的误区，这正是我国依法行政在推进过程中遇阻的重要原因，这些误区主要存在以下几个方面：

首先，仅注重广义概念的法服从。广义的法服从事实上要求国家机关社会团体和全体人民要严格按照法律规定办事、服从法律，这从一定意义上来说也就是旧十六字方针中关于“有法必依”的规定。这条方针的提出，最早可以追溯到十一届三中全会以后，这在当时是有一定的时代性特点，“有法必依”与方针中的其他要求一起，在当时的法制背景下，有针对性地对国家机关及人民团体等作出规范。这种规范是具有一定的国家意志的，强调国家法治而摒弃个人意志或行政命令，从过去几十年的发展来看，这种摒弃是有时代进步意义的。但是随着社会的发展和国家法制的日趋完善，显然这种一味以法律规则治国的方针已经不能满足社会的需要了，必须要在今后的行政法之中加以转变。十八大以来，新的十六字方针在行政执法上提出的是“严格执法”，无疑是对“有法必依”的延展，但是仍然没有跳脱出法服从宽泛的规定。笔者认为，从实践中来说，法服从应该是一个具体的概念，如果仅以服从法律规定这样抽象的概念泛泛而谈，却又不明确具体操作规则，必然会造成国家机关在行政执法中的矛盾与冲突。

其次，仅注重政令优先的法服从。法服从的核心是对法律价值的认

---

〔1〕 参见冯粤：《论积极守法》，载《伦理学研究》2008 年第 3 期；谢晓尧：《守法刍议》，载《现代法学》1997 年第 5 期。

〔2〕 关保英：《应强调行政执法中的法服从》，载《法制日报》2004 年第 1 期。

同，首先应当肯定法律占据最高地位，并且优于其他任何行为规则。但是，在实践中很多行政执法人员对于法律地位的认知是存在误区的，他们会以政令为优先行为准则忽略了法律的价值定位，甚至是将法律价值置于政令价值之后，也就是说服从政令优先原则的人，在所服从的法律规则之外加诸了一个制约法律的规则并且服从之。这种现象在我国行政执法中并不鲜见。例如，《环境保护法》第6条规定，“地方各级人民政府应当对本行政区域的环境质量负责”，第6章也专门规定了有关企事业单位、政府部门及相关人员违反该法律应承担的法律责任，法律已经对此作出了规定，但一些地方政府为此却专门出台相关规定对责任与处分再行规定[1]。一项法律的贯彻落实，固然离不开各级政府机关的支持与宣传，但是从另一个角度说，法律要想在实践中体现价值，这种方式是否意味着需要政令的“保驾护航”，法律才能顺利实施呢？这在法治社会是不能容忍的，由于其突出了政令的价值而忽略了法律的地位，因此被看作法服从的误区之一。

最后，法律精神认知不足的法服从。法律在制定之初便具有一定的精神，这种精神是立法者赋予的，是与生俱来的，并不随着人的意志而转移，而执法者在实施法律的过程中，如不能很好地理解法律的内涵并加以灵活运用，那不过就是照本宣科，并不能体现法律的真正价值，甚至会出现弊害。行政执法过程中有两个重要的因素需要执法者加以考虑。其一，法律作为时代的产物，其制定与实施必然是要满足当时的社会发展需求的，恩格斯曾说“每一时代的理论思维……它在不同时代具有完全不同的形式，同时具有完全不同的内容”[2]。因此这种时代性决定了，法律在制定过程中可能更多地考虑到当时的社会状况，而对未来的情势发展所能做到的预测是有限的，因此随着社会的发展，在法律并未修改的情况下，执法者如若仍是一味按照法律规定行事而不能做到灵活变通，最终效果很可能适得其反。其二，法律的制定是立法者站立在理论的角度上制定出来的一种抽象的规则，此时就需要执法者深刻认识到法律背后的精神，将理论转化到实际之中，行政执法中的法服从就是充分认识法律精神后的服从，而不能只停留在

---

〔1〕 广东省纪委、监察厅曾于2004年联合发布《关于对违反环境保护法律法规行为党纪政纪处分的暂行规定》，明确对违反环境保护法律法规的党委政府、环保部门及其他有关部门、企事业单位的领导及责任人，将予以相应的党纪政纪处分，无独有偶，中共贵州省纪委、贵州省监察厅也曾发布过类似规定。

〔2〕 中共中央马克思恩格斯列宁斯大林著作编译局：《马克思恩格斯选集》（第3卷），人民出版社1972年版，第465页。

表面机械地去遵守，否则仅在形式上服从了法律，仍然是行政执法上法服从的误区。

行政执法中的误区远不止这些，正是由于诸多误区的存在严重阻碍着我国行政执法的进程，才导致我国行政执法的水平始终不能保持前列。也正因为如此，行政执法从理论的探索到实践的成形才会成为学界诸多学者探究的方向，关保英教授在研究行政执法中法服从的重塑问题上提出的观点是“目前我国行政执法中法服从存在的诸多问题也只有通过构架相关的制度才能得到彻底解决”〔1〕。

二、行政执法中的法制统一原则

《宪法》第5条明确规定，“国家维护社会主义法制的统一和尊严。一切法律、行政法规和地方性法规都不得同宪法相抵触”。法制统一原则早已是被写入我国宪法的一项基本原则，并且，法制统一也是依法治国的基本要求，更是推进社会主义法治的关键所在。行政法作为行动的宪法一直将宪法的各项原则视为基本原则，在行政执法的过程中加以规范，“行政执法的实质是一种行政活动……在法治主义下，行政的一切活动都被要求是对法律的贯彻执行”。〔2〕为了尊重和保障行政相对人的权益不受侵犯，政府机关工作人员在行政执法过程中必须要谨记法制统一原则时刻约束自己的行为。

法制统一实际上就是法律体系的统一，但法制统一原则绝对不是简单的在立法规范上的一致，更多的其实是要在执法上统一，而执法统一必须要遵循一定的规则，从而确立执法的秩序。

首先，以宪法、法律的规定为依据，不得与之相抵触。执法的统一是维护社会主义法制统一的关键，《宪法》第5条第4款规定：“一切国家机关和武装力量、各政党和各社会团体、各企业事业组织都必须遵守宪法和法律……”依法治国是我国的基本方略，在维护国家法制统一上，国家机关的工作人员更是要起到带头作用。各省市为了规范行政执法人员的行政执法行为，提高行政执法人员依法行政的能力和水平，保护公民、法人和其他组织的合法权益都会制定《行政执法人员执法行为规范》（以下简称《规范》），如上海市的《规范》中，第6条明确规定“行政执法人员应当严格按照法律、法规、规章规定的职权范围实施行政执法行为，不得滥用职权，不

〔1〕关保英：《行政执法中法服从之探讨》，载《法治论丛》2004年第1期，第5页。
〔2〕应松年、袁曙宏主编：《走向法治政府》，法律出版社2001年版，第254页。

得超越职权，不得不履行或者拖延履行法定职责”，这事实上就是约束行政人员在执法过程中遵循法制统一原则。

其次，遵从规范的效力，不得与之相违背。行政执法所遵从的法律规范外延甚广，许多规范往往会针对某一相同的事情作出不同的规定，这时就要求行政人员按照一定的位阶效力执法，比如：上位阶法优于下位阶法，特殊法优于一般法，后法优于前法，新法优于旧法等，这样做的意义在于当法律规范体系存在矛盾和抵触的情形时，能够使行政执法依旧遵照法制统一的原则严格执法。

最后，树立执法者正确的法律价值观。在法治政府的建设过程中，行政执法主体的观念创新不容忽视。习近平总书记曾指出，“行政机关是实施法律法规的重要的主体，要带头严格执法，维护公共利益、人民权益和社会秩序，执法者必须忠实于法律”，执法者首先要领会法制统一原则的精神要求。实践经验告诉我们，在不同的客观事物面前，不同的法制观念会产生不同的法律实施效果。因此，行政执法中遵循法制统一原则的观念，对于推动法制文化的创新和行政机关工作人员树立法治社会新观念是具有十分重要的意义的。

三、确立行政执法中的不相关因素排除体系

《全面推进依法行政实施纲要》中对于合理行政的基本要求规定，“行使自由裁量权应当符合法律目的，排除不相关因素的干扰”，这一原则是针对行政执法过程中的自由裁量权的行使所做的规定，这是因为如果要求法律的规定能够穷尽所有的行政行为，是不现实的。因此，将一定的自由裁量权赋予行政机关，使其根据具体情形作出适合的行政行为。但权力的赋予必须加以限制，即应当考虑相关的因素而排除不相关的因素。因此，为了防止行政自由裁量权被滥用，保证严格执法和依法行政，建立不相关因素的排除体系是非常必要的。

（一）不相关因素排除的立法规制

在行政自由裁量权的行使过程中，对于不相关因素的判断属于政策判断，因此对于不相关因素排除的立法控制具有十分重要的意义。首先，可以从立法上对相关因素与不相关因素的界限进行明确的划分。其次，可以从立法上尽可能地为不相关因素的排除设定明确的标准。再次，可以从立法上尽可能完善行政复议和诉讼制度，扩大受案范围，以便对于行政行为中因未排除不相关因素而引起的违法行政进行救济。最后，对现有法律加以完善，力

求在不相关因素的排除上更加明确和标准，从而更好地促进依法行政的贯彻。

（二）不相关因素排除的行政规制

行政主体内部的规制在任何时候都是最行之有效的方法，对于不相关因素的排除可以从内部的权责分配上来实现。首先，应当注重权力的设定。行政裁量权不是什么人都可以随便行使的，因此在行政执法时应当合法、合理地明确到位，防止权力被滥用。同时权力与利益应分离，在源头上阻止“利益法制化”。其次，明确责任追究制度。有权必有责，严格规定责任追究的制度，明确奖惩范围和程序，能够使行政执法在排除不相关因素时更加审慎行事，保障执法的合理性和适当性。最后，建立和完善备案制度。对每一次行政执法都应做好记录，事后做到有据可查。不仅能够保障行政相对人的合法权利，还能够便于行政主体及时进行自我评价和监督。

（三）不相关因素排除的社会规制

社会规制在现代民主法治时代占据越来越重要的地位，社会规制最主要包括两个方面，一方面是以权利对抗权力，另一方面是以舆论制约权力。民主法治时代下的公民的选举权和监督权并不是绣花枕头，而是实实在在可以与权力相抗衡的利刃，应确保公民参与政治的基础从而更好地确保行政执法过程中裁量权的正确行使。在高度信息化的时代背景下，新闻媒体在国家政治中的地位和作用不容小觑。新闻媒体的背后有着广大民众的舆论支持，实践证明，这种舆论已经拥有了可以影响法治评判的强大力量，这种力量若加以正确的引导和利用，是可以成为行政执法中不相关因素排除体系的关键环节的。

第二节　行政执法承诺制

行政执法承诺制是增强行政效能、保障行政效率、促进依法行政进而提高公共服务质量的一种行政辅助制度，它是对社会服务承诺制的拓展和延伸。随着服务型政府的推进和发展，公共服务质量的高低已经逐渐成为衡量政府工作水平的重要标准，而在这其中行政执法的调控地位举足轻重，各级政府机关纷纷出台相关执法承诺书，明确职权责任承诺严格执法。可以说，执法承诺制度是政府机关一种约束自我的制度，承诺严格按照法律法规的规定，就行政执法过程中应当遵守的职业道德、法定程序、执法内容等事项公开向社会承诺，接受社会大众的监督，并对违反承诺的后果承担相应的责任。尽管这种制度不是行政法制中的主要制度，但是它对于构建法治社会具有不可替代的作用。

一、适用范围

职权和责任是法治社会中行政机关必须要遵从的法律责任，必须严格按照法律的规定，任何时候都不容更改和违背，这是无须承诺的。而各级政府机关在行政执法的过程中，都会制定相应的行为规范，这也是无须特别承诺的。然而，由于行政权力的自身所具有的特点，使得其在国家强制力作为后盾的情况下，关乎社会大众公共生活的各个方面，可以说人的一生可以不与立法机关和司法机关打交道，但绝对不可能不与行政机关打交道。现代社会的行政权力几乎涉及了公民从母体到坟墓这一生的所有事务，因此是最具广泛性特征的。而行政权力往往取决于行使主体的意志，出于国家利益和公共利益的考量，无须行政相对人的同意，因此又不可避免地具有单方性和主动性。这对普通公民来说是不公平、不平等的，为了社会的和谐稳定和公民利益的需要，这些特性决定了行政执法中建立承诺制度的必要性，尽管行政执法在法律中受到严格的规定，但法律毕竟无法穷尽，自由裁量权赋予行政执法以一定的无规则空间。换句话说，法律严格规定的部分无须特别承诺，而法律无法涵盖的方面则需要考量。具体而言，行政执法承诺制存在于自由裁量的行政执法中，具体包括以下几个方面：

（一）请托性行政执法

请托性行政执法并非一个特指的概念，而是包括两种不同性质的行政执法，即依请求的行政执法和依委托的行政执法。这两个概念虽然在形式上和法律的规定上各有不同，但是在行政执法承诺制上却具有相同的意义，因此归为一种范畴之内。依请求的行政执法特征非常明确，必须是以行政相对人的请求为前提，行政机关才可以根据相对人的请求进行相应的执法行为，也就是说行政执法行为是被动实施的。行政许可就是最典型的依请求的行政执法。《行政许可法》第2条明确规定，“行政机关根据公民、法人或者其他组织的申请，经依法审查，准予其从事特定活动”，除此之外，还有行政给付、行政确认、行政裁决等，这些行政执法行为往往是围绕请求的范围而运行的，并非受法律规范的约束，但是请求的一方虽然期望其最终的结果与自己希望的是一致的，但是最终结果还存在不可预见性，而且请求的发出和结果的做出之间需要一定的时间。也就是说，在这一系列的行为和时间之中是存在法律的真空和无法预知的事情的。因此承诺制度的建立在一定程度上就可以填补这些空白，进而使行政机关与行政相对人之间达到最大程度上的和谐，制约行使公权力的行政机关，保护公民的私权利。依委托行使行政执法权指的是行政主体依照法律的规定，将其行政执法权中的一部分委托给其他行政机关行使，行政处罚即此类中的典型。《行政处罚法》第 18 条第 1 款规定，“行政机关依照法律、法规或者规章的规定，可以在其法定权限内委托符合本法第十九条规定条件的组织实施行政处罚”。显然，在委托的过程中行政执法行为可能会出现实践上的偏差，此时引入行政执法承诺制就会减少这种情况的发生。

（二）服务性行政执法

行政执法对于社会的作用有积极和消极之分，简单来说，积极作用就体现在通过行政执法对社会产生积极的效用价值，而消极作用就是一种被动的维持，保持一种社会关系和管理的平衡。因此，有学者根据这种社会作用将行政执法分为平衡性行政执法和服务性行政执法〔1〕。平衡性行政执法代表的是一种能够维持“社会关系、管理关系、行政法关系的对等和平衡的执法”〔2〕。在日常的社会生活中，难免会发生这样或那样的事情打破上述三种关系的平衡，因此需要通过平衡性行政执法来保证这种平衡被打破时能够及时回归正轨，如行政裁决的存在就能够使得平等主体之间特定的民事争议得到妥善的解决。而服务性行政执法所代表的是通过行政执法为社会创造物质精神财富的执法，体现其能够积极服务于社会公共之中。这种效用价值不像平衡性行政执法体现得那样明显，服务性行政执法更容易被忽略，因为法律更多的是去指定规则保障平衡性行政执法顺利实现，而忽略服务性行政执法对社会贡献的价值多寡，因此执法人员的道德与悟性似乎是服务性行政执法的基本保障。因此，行政执法承诺制的建立，无疑是为服务性行政执法加上了第二道锁，通过执法人员的承诺保障服务性行政执法的良性运作。

（三）其他行为准则调整的行政执法

在行政执法的实际操作中，对于执法行为的规制其实可以分为两种：一种是法律规制，这种规制以宪法和普通法律为核心，兼具行政法制系统中若干具体的规则原则，存在于国家统一的法制体系之中，这一规制可以直接作用于行政执法过程中，指导行政主体的执法行为，其形式主要表现在若干的法律规范上。另一种是理性机制，或称之为道德机制，区别于法律机制的，是它的外延广于法律规范，甚至没有固定的形式和文字的规范，通过社

---

〔1〕 关保英著：《行政法学》，法律出版社 2013 年版，第 692 页。

〔2〕 同上书。

会大众的舆论和执法主体的内心规制行政执法。因此，行政执法承诺书的存在其作用正是要保证一种执法的良性循环。例如，许多大城市都公布了文明执法承诺书，专门整治行政执法不作为、慢作为、乱作为、滥作为和不文明的执法行为，并接受社会大众的监督和批评。类似于文明执法这样的行为准则，就是属于其他行为准则调整的行政执法，尽管其是为了达到行使行政权的目的，但就目前行政法制规范发展的情况来看，还不能或不适宜将其纳入行政法制规范的范畴中，因此由其他行为准则所调整的行政执法就被承诺制度所吸纳了。

（四）期限规制不明确的行政执法

一般来说，根据法律规定的内容不同会将法律划分为实体法与程序法，行政法却有不同，其一大特点就是除了《行政诉讼法》《行政复议法》这样专门规定程序内容的法律以外，大多数法律规范是实体内容与行政程序内容混杂在一起的，行政法中的实体内容规定的是权利义务上的问题，而程序法中则解决具体权利义务落实的方式、期限、步骤等问题。例如，《行政许可法》在总则、第一、二、三章中对于许可的实施原则、设定实施机关、权限等行政许可的实体性内容都作出了详细的规定。在第四章中又对行政许可的实施程序做了专门的规定，行政法中有关实体上和程序上各自的规定是否足够完善暂且不论，单说行政程序上尚未规定或是规定不明确的地方，各省市的做法是发布行政执法承诺书，如桂林市发改委曾就行政审批服务事项承诺“马上办结”“现场办结”“承诺办结”[1]，这就体现了行政执法承诺制存在的必要，它可以在一定程度上补充法律规定的不足。

二、若干属性

行政执法承诺制可以说是一种自律的制度，它与社会公众的正当权益息息相关，但在理论界对行政执法承诺制还需要进一步探讨。在明确行政执法承诺制适用范围的基础上，我们需要进一步探讨其若干属性，笔者在这里所说的属性是就其内在特性而言的，并非其在行政法上的本质属性或是其所处的地位。行政执法承诺制的内在属性包括：

（一）规范性

尽管行政执法承诺制并未正式纳入行政法制度规范中加以明确，但是，不得不说行政执法承诺制具有规范的内在属性。这里所说的规范性，实

---

〔1〕 参见网站 http://zwgk.guilin.gov.cn/zwgk/bszn/show.aspx?id=3710，2015 年 01 月 22 日发布。

际上包含三个层面。首先，表现形态上的规范性。行政执法承诺制具有何种性质的规范表现暂且不论，但至少应当具有规范的外在表现形式，行政执法机关要想实行行政执法承诺制，首先要根据实施的事项内容制定相应的规范性法律文件，使之拥有完整的形态，只有这样才能在执法过程中做到有据可查。其次，承诺内容上的规范性。在承诺的内容上应当做到有选择的承诺，对于行政执法主体必须承担的职责和可承诺的责任严加区分。同时，也应当结合自身的能力不任意承诺，如果为了达到一定的社会效果而作出无原则的承诺而最终未能实现，其结果必然是对执法机关形象的损害。最后，行政执法承诺应以现行的行政法律规范作为法律外延，尽可能对现行规范的不足能够起到补充的作用。由于行政执法承诺制是由行政执法主体单方制定的，其最终目的应当是取信于社会公众，因此行政执法承诺制的规范性文件也必须应当由享有立法权的行政机关制定，或者至少也应当是由行政系统制定。

（二）敏感性

行政执法承诺制的敏感性指的是承诺的作出能够敏感地反映行政执法主体与管理相对方的关系。一般来说，对于行政执法的责任而言，行政主体只需要考虑到法律规范赋予其的明确的法律责任即可，只需要对相应的法律规范负责，而对于行政管理相对方的责任即使有也不过是被动的间接的。但是行政执法承诺一旦做出，那便意味着行政执法主体要考虑两个方面的责任：一方面是法律赋予的明确的法律责任，另一方面则是针对承诺的事项，自己加诸给自己的新的责任，这便是一种守诺的义务。如果没有公开作出承诺，即便是在行政执法中出现疏漏，也并不会带来直接的后果，但是以规范的形式作出了官方承诺后，对于承诺的事项假使未做到，行政管理相对方便会以承诺为依据，要求行政执法机关承担未实现承诺的后果，最终影响政府威信。也就是说，这一制度一则要求政府在做出承诺前，对于承诺事项有十足的把握可以实现，而不能超越自身能力范围乱许诺。二则要求行政执法承诺制在建立的同时，行政机关应建立好配套制度，从而保证承诺事项能够顺利完成。

（三）非强制性

就目前我国法制发展的水平来看，行政执法承诺制还无法纳入行政法制系统中成为一个基本制度，它只能作为一个补充制度为行政执法机关提高执法水平、提升政府公信度起到一个保障作用，这也就意味着，该制度具有非强制的属性。行政执法承诺制不是行政机关的法定义务，并不是所有的机关都必须建立，也并不是各个方面都要建立，行政机关有权自主决定要不要建立该制度以及如何建立，而无须受到外界的影响和干扰。这里的承诺制度非强制性仅指对于承诺的行为和承诺事项的非强制，行政局机关可以把握主动自主选择。然而，一旦作出了公开的承诺，也就意味着单方的自主、自愿关系转变为双方的责任承担，若行政机关没有信守诺言，无法做到承诺的事项，那么相对一方有权通过一系列途径寻求救济以保护自己的合法权益，甚至可以行政复议或者行政诉讼。这与《行政诉讼法》第 2 条“公民、法人或者其他组织认为行政机关和行政机关工作人员的行政行为侵犯其合法权益，有权依照本法向人民法院提起诉讼”的规定是一致的。

三、救济机制

孟德斯鸠曾说，“一切有权力的人都容易滥用权力，这是万古不易的一条经验”。[1] 美国政治学家罗尔斯亦曾指出：“如果一个人在某些适当的环境中说出我允诺做某事的话，那么他就一定要做此事，除非有免除这一允诺的条件形成。”[2] 拥有公权力的行政机关更是如此，行政执法承诺制的空间是由行政自由裁量权赋予的，必须建立起相配套的救济机制，在行政机关无法履行承诺的时候维护承诺对象的合法权益。笔者认为，可以通过诉讼和非诉讼双重救济渠道，建立起行政执法承诺制的救济机制。

（一）非诉讼途径救济机制

1. 行政调解

当行政机关与行政相对人出现纠纷的时候，通过交流和沟通来和平的解决问题是符合当下社会主义和谐社会的要求的，可以由有权的行政机关作为第三人居间进行调解，调和两方问题化解纠纷。这种救济方式具有非常显著的特点，即成本低、效率高、成效好。往往适用于对于解决纠纷性价比要求较高的行政相对人，并且能够尽可能地减少对于行政机关正常工作的影响，因而应该在行政纠纷解决机制中发挥重要的作用。

2. 行政仲裁

根据我国《仲裁法》第 3 条第 2 款的规定，依法应当由行政机关处理的行政争议是不能仲裁的。对于因行政机关作出的行政执法承诺而引发的与行

---

〔1〕［法］孟德斯鸠著：《论法的精神》（上），许明龙译，商务印书馆 2011 年版，第 170 页。

〔2〕［美］约翰·罗尔斯著：《正义论》，何怀宏等译，中国社会科学出版社 1997 年版，第 335 页。

政相对人之间的纠纷，事实上应当属于行政法制体系中规定的权利义务上的纠纷，因此对于目前中国现行法律规范而言是不能仲裁的。但是，笔者认为这种纠纷是可以借鉴我国劳动法中的劳动争议仲裁模式的，因其是介于行政与司法之间的一种准司法，并且审限短、专业化高，是一种十分具有效用价值的模式。因此可以在仲裁法中拓展出行政纠纷仲裁模式，专门针对行政执法承诺这类新型的行政纠纷的解决。

3. 行政复议

行政复议作为一种内部监督机制而存在，其目的是更加高效便捷地解决行政纠纷，更重要的是，在当下我国司法资源有限的情形下，行政复议可以有效地减轻法院的负担，实现自愿优化配置。当然，目前我国法律法规并未明确规定这种由行政执法承诺引起的行政纠纷是否能够通过行政复议的途径获得救济，但从前文对于行政执法承诺的范围和特性的分析来看，行政复议作为此类纠纷的解决机制，应该不存在法理上的问题。

（二）诉讼途径救济机制

1. 行政诉讼

我们知道，诉讼途径是行政相对人保障自己合法权益的最后一道防线。从《行政诉讼法》第 12 条和第 13 条关于受案范围的描述中来看，并没有明确规定行政执法承诺不属于受案范围，而第 12 条详细列举了 12 种属于受案范围的情况后，进而规定“除前款规定外，人民法院受理法律、法规规定可以提起诉讼的其他行政案件”。也就是说，凡是因为行政机关行政活动涉及公民权益而形成的争议，均属于行政诉讼的受案范围，人民法院都应予受理。所以，因行政机关作出的行政执法承诺而侵犯到行政相对人的合法权益的话，行政相对人是可以通过诉讼途径寻求救济的。

行政执法承诺的争议中存在两个行政行为，一个是行政执法承诺行为的本身，另一个是行政机关不履行承诺或瑕疵履行的行为。对于审查后一种行为毋庸置疑，关键是前者。2015 年新修订的《行政诉讼法》中，新增了第 53 条的规定，“公民、法人或者其他组织认为行政行为所依据的国务院部门和地方人民政府及其部门制定的规范性文件不合法，在对行政行为提起诉讼时，可以一并请求对该规范性文件进行审查”。可见修订后的《行政诉讼法》对于规范性文件的审查开了一个先例，具有十分重要的意义。行政执法承诺作为行政机关作出的一种规范性文件，因而也具有了接受法院审查的法律依据。

2. 行政赔偿诉讼

从我国《国家赔偿法》中的规定来看，目前行政执法承诺诉讼并没有正式纳入行政赔偿的范围，这是非常遗憾的。对于由于行政机关无法做到承诺事项而引发的责任，如果视而不见势必会造成公民的合法权益得不到保护，所受的损失得不到救济赔偿的情况。从《国家赔偿法》的赔偿范围来看，法律并没有明确排除行政执法承诺行为，因此可以属于“其他违反行政职责的行为”[1]。我国赔偿法中将违法原则确立为归责原则，也就是说，承诺行为给行政相对人的合法权益造成的实际损失是由其违法而产生的，无论主观为何，都应当由国家承担赔偿责任，前提是行政相对人的实际损失要与行政机关的违法承诺行为之间存在因果关系。

第三节 行政执法责任制

一、法制基础

行政执法责任制是按照现行的法律、法规、规章设定的法律职责，将国家机关及其公职人员责任细化到岗，确保行政执法过程中权力的良性运作的一种岗位责任制度。也就是说，行政执法部门的法定职责、工作性质、业务范畴等，被通过法律或其他规范性文件的形式加以明确和细化，建立制约监督机制，通过考评和奖惩的手段，以便使每个行政机关及公职人员能够各司其职、各尽其用。如《江苏省行政执法责任制规定》第2条明确规定，“本规定所称行政执法责任制，是指行政执法部门依法确认行政执法主体，界定行政执法职责，规范行政执法程序，明确行政执法标准，开展行政执法评议考核活动和落实行政执法责任的综合制度”。行政执法责任制与前文所说的行政执法承诺制是不同的，行政执法承诺制诚然是一种特殊的自律制度，与社会公众的权益息息相关。而行政执法责任制是一种纯粹的自律制度，它公开的目的实际上是希望公众能够对公务员的工作起到一定的社会监督作用，事实上与社会公众的权益没有直接的关系，旨在约束行政机关内部的行为。笔者认为，行政执法责任制的存在是有若干因素作为法制基础的，具体分析如下：

（一）议行合一的宪法基础

在西方政治思想史中，宪政体制是一种以宪法为基础约束国家权力并规

---

[1] 《最高人民法院关于审理行政赔偿案件若干问题的规定》第1条中规定，《中华人民共和国国家赔偿法》第3条、第4条规定的其他违法行为，包括具体行政行为和与行政机关及其工作人员行使行政职权有关的，给公民、法人或者其他组织造成损害的，违反行政职责的行为。

定公民权利的体制。资本主义国家是以孟德斯鸠的三权分立为基础的宪政体制，即立法、司法、行政三大权力机关各自具有独立的完全的法律人格，不存在谁对谁负责，受谁监督的问题，仅存在相互制衡的关系。与之相对应的是我国的议行合一制，我国的最高国家权力机关是人民代表大会，它是我国权力运行的心脏。可以说司法机关与行政机关都从属于立法机关，马克思把这种制度称为议行合一制度。站在法律的层面来说，人民代表大会具有独立的法律人格，行政和司法机关则不具备。因此，行政执法责任制就是一种兼具对行政机关本身和人民代表机关双重责任的制度，因此说议行合一制度构成了行政执法责任制的宪法基础。

（二）单一制结构下的法制统一

一个国家的组织结构形式对其本国的法制发展状况是有一定影响的。联邦制国家由于其国家组织结构呈现出了法制的多样性与非集权，在这种情况下，各联邦之间遵从同一部宪法，但各自又拥有自己的立法和行政机关，有自己的宪法、法律甚至是国籍，管理本区域内部的财政、税收、文化、教育等公共行政事务。在这种多样、复杂的法制环境中，是很难形成一种执法责任制的，因为无法明确究竟是谁对谁负责任。但是，中央政权在单一制的国家结构中是拥有最高权力的，地方政权在其领导之下以及宪法和法律规定的权限范围内行使职权，在中央政权统一领导下，在一个国家只能有一个政权、一部宪法、一种法律体系、一个国籍。因此，对于行政执法而言，将行政权力严格责任化，从而保障行政主体的执法行为与法律高度契合。行政执法可以说是一个国家行政机关所有行政行为中，最主要、与实际联系最为紧密的一种，同时也是自由裁量权力最大的行政行为，因此单一制结构形式下的法制统一原则就成为了行政执法责任制的法律基础，没有法制统一的约束，责任制也就没有存在的必要了。

（三）依法治国的关键要求

法律的生命在于实施，法律的权威也在于实施。十八届四中全会后发布的《中共中央关于全面推进依法治国若干重大问题的决定》中提出：“各级政府必须坚持在党的领导下、在法治轨道上开展工作，创新执法体制，完善执法程序，推进综合执法，严格执法责任，建立权责统一、权威高效的依法行政体制”，并进一步要求“全面落实行政执法责任制，严格确定不同部门及机构、岗位执法人员执法责任和责任追究机制，加强执法监督，坚决排除对执法活动的干预，防止和克服地方和部门保护主义，惩治执法腐败现象”。可以说，依法治国的全面深化，更使得国家公职人员在行政执法中多了一些规范化，少了一些任意性。有权必有责，而作为公权力的践行者应是一种服务者的角色，应负有绝对的责任，从国家的层面来说，依法治国的基本方略无疑是行政执法责任制的又一法制基础。

二、内在精神

（一）行政行为的规范化

行政行为的规范化是行政执法责任制的必然要求，只有将同种行政行为作出同样的规制，才能使行政执法实践中按照统一的标准作出行政行为。所谓行政行为的规范化，其实就是指行政机关及其公职人员在代表政府行使公权力的时候，应当遵循一定的规范化标准，这里的规范化标准是相对于任意性标准而言的，行政执法主体在行使职权的时候，并不是一个个体，其代表的是行政机关形象，是国家的形象，因此是不能任意而为之的。对此，行政主体在行政执法过程中，应当做到两点规范化：第一，对于法律没有明确规定的事项不能任意作为，应当以行政法制原则为前提规范化行事；对于法律已经明确制定标准的事项，不能法外行事。第二，行政主体在行政执法过程中，应当考虑相关因素，排除不相关因素。

（二）行政行为的同一化

所谓行政行为的同一化，是指就全国的行政机关而言，同一部门、同一职位应当作出同一行政行为。尽管各地行政机关存在地域上的差别，但是机构的设置却不应该具有职权上的不同。就同一行政机关而言，行政行为应当保持前后的一致性，不能针对同一事实作出前后相悖的行为，也不能差别对待，一个机关已经依据一个事实理由作出行政行为，别的机关就不能依据同一事实理由作出相同或相似的行政行为。如果行政机关在行政执法的过程中，针对不同的行政相对人采取不同的标准，势必会引起社会公众的不满，从而降低政府的公信度。

（三）行政行为制约化

行政行为是行政主体行使职权进行行政管理并能产生一定法律效果的行为，具体而言，行政行为的承担主体可以分为三个层次：第一是国家行政机构的总体系。第二是作出行为的行政机关。第三是行政机关工作人员，即在行政执法行为过程中，具体负责实施的公职人员。这三个层次的主体说到底都并不拥有行政权力，而是行政权力的实施者。而行政行为的制约理论就是在此基础上演化而来的，它是借助于作出行政行为的行政机关以外的其他国家机关、社会团体、普通公民的力量，接受其监督和制约，从而更好地行使行政权。因此，这种制约不单单是来自于国家机关内部的，如行政机关的听证制度、司法机关中法院可以审查具体行政行为和部分抽象行政行为等，更有来自于社会公众的舆论监督，通过各种方式和手段来达到强化行政执法机关责任意识的效果。

三、内容构造

（一）法律规范与执法手段的分类

在我国法律体系中，对于行政管理的法律规范复杂且详细，这也正是行政执法实践过程中效果不甚理想的主要原因，行政执法责任制的建立，必须以将行政法律规范与执法手段的科学合理分类为前提。只有通过系统的分类，才能使行政机关在执法时了解与自己职权相关的法律法规，明确自己能用或不能用的执法手段。在具体的法律规范和执法手段中，大致可以做四类区分：第一类是普遍性的法律规范和执法手段。这一类是规范的最外沿，任何一个拥有行政执法权的行政机关，都能够根据其规定行使。如《行政处罚法》对于行政处罚上的规定，就具有普遍性，在法定的范围内任何一个具有行政处罚权的行政机关都能行使。第二类是领域性的法律规范和执法手段。这一分类下的规范和手段只适用于某一专门的行政机关和管理领域。如《治安管理处罚法》同样都是行使行政处罚权，却只能由公安机关行使。第三类是特定性法律规范和执法手段。这一分类指的是对特定行政机关就特定的行政管理职权所做的规定。如《超限运输车辆行驶公路管理规定》等只能在特定的范围和领域有意义。第四类是区域性的法律规范和执法手段。这一类仅适用一定的行政区域内部，如民族区域自治机关根据本地区的实际情况制定的自治条例和单行条例。

（二）执法项目和权力行使分块负责

在行政管理过程中，实际上每一个机关拥有的权力和应履行的义务都有明显的区分和排他性，而行政执法时出现权责不明、越权、推诿等都是权利义务板块区分不明导致的，因此行政执法责任制就是要厘清执法项目和权利行使板块的界限、分块负责。行政机关执法项目大致分为三种类型：第一种是主动型执法。行政执法相较于民事、刑事而言，最大的特点就是主动性占的比重较大，往往无须行政相对人的请求和同意，只需要符合法律的规定即可，如税务机关征税等。如果行政机关没有按照法律的规定做此行为，那么就要对自己的不作为承担一定的法律责任。第二种是被动型执法。当行政相对人违反法律的规定时，往往会引起行政机关作出一定行为以纠正这种错误，如行政处罚、行政强制等，并因此，许多违法行为也容易在这种行政执法中发生。第三种是折中型执法。这一类的执法是在执法机关和行政相对人双方的意思表达上成立的，相对人向行政机关提出申请，行政机关据此请求而行为，如行政许可、行政确认等。与此三类执法相对的行政权力也有同样的划分，通过这种划分能够使行政机关权利义务最大限度地达到一致。

（三）不法确认和制裁规则对应

为了避免行政违法和行政越权，在行政执法责任制之后，要有最终保障，而这道防线就是不法行为的确认和制裁规则的设立。包括以下四点：

首先，对不法行为进行科学地划分。如判断危害程度的轻微还是严重，程度严重的不法行为，对社会的危害程度当然也更严重，当然应当受到严重的惩罚。按不法行为做出的动机则有个人利益或是团体利益的违法之分；按照违法准备的程度则可以判断出，是预谋已久的违法或是偶然性违法，显然预谋违法的主观恶性更重，更加应当严厉打击。

其次，对不法行为应当正确判断。在不法行为的区分上面，行政较之民事、刑事违法的判断更加复杂。因为行政违法除了要考虑合法原则的规定外，还要兼顾合理原则的内容，只有当行政行为合法又合理时才能被社会公众认可和接受。

再次，对不法行为应当严厉制裁。我国的不法行为监督制裁的主体形式多样，如上级机关可以监督制裁下级机关，人民法院通过审判途径、检察机关通过监察手段等都可以进行监督制裁，但是制裁主体的多样性特点反而会使得各部门各行其是、难以协调，若能像法国、瑞士等国一样设立专门的惩戒机构，相信会更好地处理这方面的问题。

最后，不法行为和制裁手段应当对应。在行政处罚上，我国是能够做到相衔接的，如超越行政拘留的最高限度后即是刑事制裁的最低限度，这样能够确保违法行为得到应有的制裁。但对于公职人员的行政处分却与刑事制裁没有太大关系，并不能在二者之间找到任何联系，也就是说，一旦有人的违法行为超越了纪律处分的上限却又达不到刑事制裁的标准，那么很可能意味着这个人的罪与罚不能相适应。

第四节　行政执法工具规范体系

一、概念界定

我国对于“行政执法工具”这一法律规范术语目前仍然没有给出一个明

确的界定。例如，《行政处罚法》《行政强制法》中均没有关于行政处罚、行政强制的执法工具的规定。2011 年 8 月 26 日发布的《卫生部疾病预防控制局关于印发伤害干预系列技术指南的通知》这一部门规范性文件中，对于行政执法时测量血液酒精含量采用“酒精呼气测试仪能够提供血液酒精含量的客观证据，已成为最有效的执法工具”。2015 年 2 月 28 日发布的《西安市粮食局印发 2015 年依法行政工作要点的通知》中也提到要“严格落实粮食行政执法全过程记录制度，为行政执法人员配备执法记录仪、照相机等执法工具”。但也只是简单提及并未对行政执法工具作任何详细的规定。既然法律上没有明确的界定，我们不妨在学理上对行政执法工具进行探讨。“工具”一词，在《辞海》中有两层意思。一是泛指从事劳动、生产所使用的器具，也就是一种现实存在的物品。二是用以达到某种目的的手段，也就是一种抽象的方法。因此，笔者认为行政执法工具也可以从这两层意思中来解释，指的是行政执法主体在行政执法过程中所使用的、能够对行政相对人的权益产生实质性影响的器具、器械以及用来达到执法目的的手段。

行政执法工具有以下三点特性：

1. 行政执法工具是行政执法的物质实力

行政主体在行政执法时代表的是国家的形象，这种法律行为的背后是以国家强制力作为后盾的，并对行政相对人产生一定的影响。因此，可以说行政执法的过程是能够体现一定的国家实力的，然而这些实力并不一定都是非物质实力，有些是物质的。行政执法工具通俗理解其实还是属于物质性的实力，它通常都是具体的看得见摸得着的东西，能够起到实质作用的。非物质实力相比较来说存在于抽象的层面，在行政主体与行政相对人之间并不能像物质实力一样起到直接的作用，而是间接的影响，但是理论界却相对更重视非物质实力的约束，如行政规则、原则等，从而忽视了物质实力所起到的实际作用。

2. 行政执法工具是一种非人格性要素

行政执法要求行政执法主体与相对人之间达成一种合意才能最终完成，也就是说，行政执法的过程具有一种人格性的因素，这其中加入了双方的意志与身份的双重因素，需要双方意志融合一致才能最终完成这个行为，然而目前司法实践中由于行政执法主体的人格性因素与执法对象的人格性因素存在的巨大落差，更为行政执法加大了难度。行政执法中并不只有人格性因素，当然也存在非人格性因素，即除了身份因素和意志因素外的其他体现在行政执法中的因素。行政执法工具就是典型的既不体现人格又无关身份的非人格性因素，因而也无关执法对象的意志和因素，更不会因身份的差距而形成对立，造成行政执法障碍，因此在行政执法中也应重视起来。

3. 行政执法工具运用于行政执法过程中

并不是行政机关在任何时候任何地点使用的工具都可以称为行政执法工具，我们知道行政主体在日常工作中，每时每刻都会使用工具，如日常办公用品、办公设施等。但是我们不能想当然地认为这些就是行政执法工具，而是应当遵循一定的时间性和空间性，在行政执法主体与相对一方发生一定联系的起点与终点的时间段内，使用的工具才能够纳入行政执法工具的范畴。如行政执法人员身上的执法记录仪，在其工作时间佩带并开启方能作为行政执法工具，平时仅可作为一样普通的事物，或者可以说是属于国家的财产。再如《公安机关警戒带使用管理办法》第 4 条规定："公安机关使用警戒带，应当以既有利于履行职责，又有利于公民、单位的正常活动为原则。夜间使用警戒带应当配置警示灯或照明灯。使用警戒带的情形消灭时，应当立即停止使用和拆除。"从这条规定我们就可以看出，行政执法工具的使用确实具有时间和空间条件的限制，在这些条件之外的专用物品、器械等，就不能算是行政执法工具了。

二、立法现状

目前，我国关于行政执法工具的立法还十分薄弱，专门关于行政执法工具的规范也是屈指可数，如《人民警察使用警械和武器条例》《公安机关警戒带使用管理办法》等。尽管法律法规中并未过多涉及，零散规定于一些行政的规范性文件中。如 2015 年 9 月发布的《保税区海关监管办法》第 6 条规定，"保税区实行海关稽查制度。区内企业应当与海关实行电子计算机联网，进行电子数据交换"。第 12 条第 1 款第 3 项规定，"保税区行政管理机构自用合理数量的管理设备和办公用品及其所需的维修零配件，予以免税"。《人民警察法》第 11 条规定："为制止严重违法犯罪活动的需要，公安机关的人民警察依照国家有关规定可以使用警械。"但是，这些规定只是凤毛麟角，对于使用频率极高的行政执法工具而言仍然没有实质性的作用，笔者认为目前立法存在的问题，可以总结为以下几个方面：

1. 行政执法工具尚未被法律作为明确规制对象。在各省市有关行政执法的地方性法规、规章等规范性文件中，对于行政执法的主体、程序、内容、监督等事项都有着不同程度的规定，但无一例外地缺失对行政执法工具的规定。尽管可查的关于行政执法工具的专门立法有数件，但这些都不是应用于普通行政执法行为中的工具，而是只有特定主体才能使用的，如手枪、手铐、警戒带等；能够广泛应用于普遍的行政执法中的工具的规定，如检测仪、照相机、执法记录仪、执法专用车辆等，仅仅停留在一些通知、指导意见中[1]，告知行政机关需要购置或配备等。

2. 目前对于行政执法工具的规定仅是就事论事。随着法治政府的深入推进，各级政府对于行政执法工具的重要性也有了一定的认识，但是仍然没有将执法工具当作系统化的规则。如《公安机关警戒带使用管理办法》第 5 条规定："公安机关及其人民警察履行职责时，可以根据现场需要经公安机关现场负责人批准，在下列场所使用警戒带：（一）警卫工作需要；（二）集会、游行、示威活动的场所；（三）治安事件的现场；（四）刑事案件的现场；（五）交通事故或交通管制的现场；（六）灾害事故的现场；（七）爆破或危险品实（试）验的现场；（八）重大的文体、商贸等活动的现场；（九）其他需要使用警戒带的场所。"这条规定看似对于警戒带使用的场所是全面且可操作的，但其实反映的是立法技术上的就事论事性，因为它既没有给执法主体明确执法工具的限制性，也没有为执法对象明确限制使用执法工具的意义。

3. 行政执法工具规则操作性不强。行政执法工具作为实物操作层面的问题，应该是众多行政法规则中最易操作的规则，但是就目前立法来看操作性却并不理想。《人民警察使用警械和武器条例》第 3 条对于警械规定："本条例所称警械，是指人民警察按照规定装备的警棍、催泪弹、高压水枪、特种防暴枪、手铐、脚镣等警用器械；所称武器，是指人民警察按照规定装备的枪支、弹药等致命性警用武器。"假如人民警察在行政执法的过程中存在突发情况而使用其他工具执法的情况便未被第 3 条纳入规定，难道就不需要受到规制了吗？这显然有悖于立法宗旨，事实上需要规制的工具本身可能并不存在任何限制性，关键在于使用工具的主体，即使是一根绳子被握在警察的手中，它在接触执法对象的同时也就具有了执法工具的效用，都应当被规则限制，然而目前如我们所见，更多的是一种单项性的规则。

---

[1] 如 2016 年 9 月发布的《杭州市人民政府办公厅关于印发杭州市现代农业发展"十三五"规划的通知》，2015 年 2 月发布的《西安市粮食局印发 2015 年依法行政工作要点的通知》等文件中，都提到要为执法人员配备执法工具，以提高监管执法的规范性和工作效能。

三、基本内涵

（一）名称的规范化

前文提到，行政执法工具尚未被作为正式的法律规制对象，因此并不能算是一个法律用语，而只能算是我们日常生活用语。名称规范化的内涵有两层意思：第一层是应尽快在法律中明确行政执法工具这一概念，使之成为一个严谨的法律术语。第二层是应规范行政执法工具的时间和空间限制，建立在行政执法工具的时间性和空间性的基础上，对其作出时间限制和空间限制也是内涵中的应有之义。

（二）类别的规范化

在行政执法工具名称的规范化基础上，进一步对工具的类型进行规范，以便于行政主体使用时能够按一定标准进行划分。这是因为不同的行政主体因其具有的职责权限的不同，所能够使用的行政执法工具也应该是不同的，通过对类别进行严格的区分，明确哪些执法工具是能够使用的，哪些是不能使用的；哪些是公安机关使用的，哪些是税务机关使用的；等等。也能够根据现实情况的严重程度，而使用不同程度的执法工具。工具是一个宽泛的概念，法律是无法穷尽规定的，如果不对其相同类别进行合理化分类，必将造成执法过程中的违法使用情形，甚至会出现难以预料的后果。

（三）使用环节的规范化

行政执法工具本身并不具有人格性，是一个静态的事物，一旦被行政主体用在行政执法过程中，这个静态的非人格性的事物就随着使用者的人格性而具有了动态化的特征，也就是说，是行政执法主体赋予工具以一个全新的含义。因此行政执法工具使用的规范化无疑是一个关键环节。以此而论，行政法必须对行政执法工具的使用进行规范的指导，并与工具的管理对应起来，执法工具在使用的过程中，不可避免地会对执法对象的合法权益造成一定的损害，如果不加以明确，必然会阻碍行政机关的良性执法，从而令工具的使用受到掣肘。

（四）承受对象的规范化

行政执法工具本身就是由行政执法主体在执法过程中作用于行政相对人的工具，因此，执法工具的使用最终是由行政相对人承受的，这样便产生了执法工作行使主体与执法工具承受对象之间的对应关系，从这个角度出发，不难分析出特定的执法工具应当由特定的对象承受，超出了这个范围即是违法的行为。如《人民警察使用警械和武器条例》第 12 条规定了八种情况下可以使用警棍、催泪弹、高压水枪、特种防暴枪等工具的情形，而且必须是在警告无效的情况下。这就在一定程度限制了承受对象的范围，此举对于不需要承受某一行政执法工具的社会大众其合法权益免受侵犯具有实质上的意义。

四、法律控制

（一）制度化地运用行政执法工具

以我国目前的行政实践来观察，行政执法权能够产生一系列的附属衍生品，而行政执法工具就是其一，首先得是行政主体拥有行政执法的权力，那么无形之中就产生了行使权力的无限方法和手段。也正是如此，人类的智慧在于对工具的运用，执法过程中似乎不需要取得法律依据或是政策政令，执法人员就会去运用一些工具以达到方便自己行使行政权力的目的。只是随着近年来法治建设的深入，对于行政权衍生出来的各种规则制度受到了各方面的重视，一些敏感的只能由特定主体拥有的工具受到了明确的限制和规定。对于行政许可、行政处罚、行政强制执行等制度的规定已经形成了一个完整的模式，分散地将行政执法工具的规定强加进去既旷日持久又造成了资源浪费，但是恰恰是这样，我们正好可以制定专门的法律、法规、规章等规范，将这一制度尽快制定出来。

（二）程序化地运用行政执法工具

我国行政法中设定了许多程序规则，但大多是集中在行政行为上的，如《行政处罚法》第 37 条第 1 款规定："行政机关在调查或者进行检查时，执法人员不得少于两人，并应当向当事人或者有关人员出示证件。当事人或者有关人员应当如实回答询问，并协助调查或者检查，不得阻挠。询问或者检查应当制作笔录。"而关于行政执法工具则缺乏具体而有效的程序规则，可以说行政执法工具和程序规则并没有完全地对应起来。因此笔者认为，对于行政执法工具的使用主体、适用范围、使用标准、开始或停止使用的情形，应当有规范的程序化规定。对于行政执法工具的使用并不是很难统一，《人民警察使用警械和武器条例》可以算得上是程序规则的尝试，因为其中的规定还不甚具体，但至少为以后行政执法工具程序规则的制定提供了可能。

（三）责任化地运用行政执法工具

为了保障行政相对一方的合法权益免受侵害，法律往往明确划分了行政机关的职责权限，而法律责任规则也成为权利义务能够实现的最后一道屏障。《国家赔偿法》第 3 条在规定行政机关及其工作人员在行使行政职权时，有五种情形发生受害人有取得赔偿的权利，其中第 4 款明确规定："违法使用武器、警械造成公民身体伤害或者死亡的。”《行政诉讼法》中虽未明确列举，但是第12条第1款第12项规定“认为行政机关侵犯其他人身权、财产权等合法权益的”就可以进行行政诉讼，这些规定都是可以作为今后行政执法工具立法进一步贯彻的，笔者认为，必须加大责任追究力度，只有实行严格的责任化规则，才能防止行政执法过程中工具的滥用。

第十章　法治政府与权力监督体系

法治政府就是政府在履行公共职能时遵守宪法和法律，在法治的轨道上开展工作。“法律的生命力在于实施，法律的权威也在于实施”[1]，一部好的法律若不能得到有效的实施，那么就无从发挥其应有的功能。政府及行政机关的工作人员作为法律实施的主体，应当依据宪法和法律的规定履行自身的职能，法治政府首先是行政机关内部的法治化。2015年中共中央颁布的《法治政府建设实施纲要(2015—2020年)》中提出：“完善各方面监督制度，确保行政机关按照法定权限和程序行使权力”，因此，建立健全行政机关权力运行制约和监督体系，让政府自觉接受党内监督、人大监督、民主监督和司法监督对于促进政府权力制度化、法定化，实现政府权力从产生、运行到责任承担都遵循法治原则，对于建立一个“职能科学、权责法定、执法严明、公开公正、廉洁高效、守法诚信的法治政府”[2]具有重要的意义。

第一节　党内监督

中国现代法治理念始于清代，不幸的是，它是在西方

---

〔1〕《中共中央关于全面推进依法治国若干重大问题的决定》，2014年10月23日。

〔2〕《法治政府建设实施纲要（2015—2020年）》（中发〔2015〕36号），2015年12月23日。

列强的坚船利炮敲打之下国门打开后，伴随着国弱民衰的屈辱感一同发展起来的。可以说，中国政府对法治理念的吸收并非出于自愿，更多的是一种充满抵触的被动接受。概括地说，自清末开始的政府现代化在中国经历了两个阶段：第一阶段是从 20 世纪初到 40 年代末，第二阶段是 20 世纪 80 年代始至今的三十多年时间。其间的百年动荡史，与这两个阶段相对应，不仅有两次大规模的对法治理念的引鉴和学习热潮，也有两次大规模的国家立法运动。

党内监督，就是中国共产党的各级组织和全体党员依据《党章》和其他党内法规和党的纪律的要求，在组织内部对党的各级组织以及党员，重点是党的领导机关和领导干部特别是主要领导干部，通过检查、督促、评价、通报、检举、处理等方式实施的监察与指导，主要有党的中央组织的监督、党委（党组）的监督、党的纪律检查委员会的监督、党的基层组织和党员的监督等形式。

一、加强党内监督的现实基础

（一）党风廉政建设和反腐败工作的需要

2014 年，党中央深入落实党的十八大、十八届二中、三中全会和十八届中央纪委三次全会精神，认真贯彻习近平同志一系列重要讲话精神，加强党对党风廉政建设和反腐败工作的统一领导，以强烈的历史责任感、前所未有的决心坚定不移地推进党风廉政建设和反腐败斗争，做到零容忍、无禁区、全覆盖严肃查处腐败分子，营造不敢腐、不能腐、不想腐的政治氛围。[1] 习近平总书记在党的第十八届中央纪委第五次全会上，以党和国家的利益为大局，列举了在严厉的反腐斗争中，党中央坚决查处了周永康、令计划、徐才厚等严重违纪违法的典型案件，充分肯定 2014 年反腐斗争以及党风廉政建设取得的重大成就，向世人证明中国共产党敢于直面问题、纠正错误，勇于从严治党、捍卫党纪，善于自我净化、自我革新。但同时，成效的背后也有诸多不足，习总书记指出："从这两年查处的案件和巡视发现的问题看，反腐败斗争形势依然严峻复杂，主要是在实现不敢腐、不能腐、不想腐上还没有取得压倒性胜利，腐败活动减少了但并没有绝迹，反腐败体制机制建立了但还不够完善，思想教育加强了但思想防线还没有筑牢，减少腐败存量、遏制腐败增量、重构政治生态的工作艰巨繁重。"[2] 因此，面对如此严峻复杂的党

---

〔1〕《中国共产党第十八届中央纪律检查委员会第五次全体会议公报》，2015 年 1 月 14 日。
〔2〕同上。

风廉政建设和反腐败斗争形势，更要坚定不移地坚持全面从严治党、依规治党，强化党内监督，保证党员干部的先进性和纯洁性，努力推进党风廉政建设和反腐败工作取得成效。

（二）坚持全面从严治党、依规治党的内在要求

2016 年 1 月 12 日，习近平在十八届中央纪委六次全会上发表了题为《坚持全面从严治党依规治党，创新体制机制强化党内监督》的重要讲话，提出“坚持全面从严治党、依规治党，聚集监督执纪问责，深化标本兼治，创新体制机制，健全法规制度，强化党内监督”〔1〕，这次讲话，突出强调了全面从严治党、依规治党和加强党内监督对全面推进依法治国的重要性，将全面从严治党、依规治党，加强党内监督的方针政策提升到更高的地位。全面从严治党是中国共产党治党的重要原则，是改革开放和社会主义现代化建设条件下加强党的建设的基本方针和要求。加强党的领导是全面从严治党的核心内容，加强党的领导必须强化对党的监督。依规治党是中国共产党按照党规治理党的思想和实践，依法治国必须依规治党，新修订的《中国共产党党内监督条例》就很好地体现依规治党的理念，要切实遵照条例的规定进行党内监督，只有坚持党内监督，进而带动其他监督，完善整个监督体系，才能为全面从严治党、依规治党提供有力的制度保障。

（三）推进法治政府建设的必然要求

党的十八届四中全会指出，要深入推进依法行政，加快建设法治政府，强调各级政府必须坚持在党的领导下，在法治轨道上开展工作。2015 年《法治政府建设实施纲要（2015—2020 年）》中提出：“建设法治政府，要强化对行政权力的制约和监督，目标是科学有效的行政权力运行制约和监督体系基本形成，人民群众的知情权、参与权、表达权、监督权得到切实保障，违法行政责任人依法依纪受到严肃追究，健全行政权力运行制约和监督体系，完善各方面监督制度，确保行政机关按照法定的权限和程序行使权力，同时要自觉接受党内监督、人大监督、民主监督和司法监督。”〔2〕可见，完善和加强党内监督对于法治政府建设起到至关重要的作用，2016 年 10 月 27 日党的十八届中央委员会第六次全体会议审议通过的《中国共产党党内监督条例》，着力贯彻从严治党的政策方针，强化党内监督，有利于加强党的建设，进而更好地推进法治政府建设进程。

---

〔1〕《中国共产党第十八届中央纪律检查委员会第五次全体会议公报》，2016 年 1 月 12 日。

〔2〕《法治政府建设实施纲要（2015—2020 年）》（中发〔2015〕36 号），2015 年 12 月 23 日。

二、实现党内监督的规范条件

（一）贯彻民主集中制

民主集中制是党内政治生活基本规范的主要内容。党的十六大通过的新党章提出，民主集中制“既是党的根本组织原则，也是群众路线在党的生活中的运用”。党内监督的关键是要认真贯彻落实民主集中制，《中国共产党党内监督条例》十分重视要坚持民主集中制原则：“坚持民主集中制，严肃党内政治生活，贯彻党员个人服从党的组织、少数服从多数，下级组织服从上级组织，全党各个组织和全体党员服从党的全国代表大会和中央委员会原则情况。”

国内有学者认为：“民主集中制也是一种监督。从民主集中制的基本原则和基本制度来看，有着丰富的内涵和科学的界限。不单是党的根本组织制度和领导制度，而且本身包含着党内监督制度，是规范党内政治生活、监控党的自身运转、调节党内关系、实行党内监督的重要保证。”〔1〕笔者很赞同这种观点，首先，党内监督需要制度来规范和保障。民主集中制这一制度为加强党内监督提供了依据，对党内监督起到了规范、约束和调节的作用。其次，民主集中制坚持“四个服从”原则，要求每个党员将个人置于整个党组织之中，特别是涉及重大问题决策、重要干部任免等事项更要坚持个人服从集体的基本原则。对于党员的领导干部，更要过双重组织生活，要以普通党员的身份积极接受党内监督。因此，贯彻民主集中制是实现党内监督的规范条件和有效途径，在党内监督过程中必须坚持和贯彻民主集中制。

（二）建立健全党内监督体系

《中国共产党党内监督条例》明确规定了党内监督体系的内容：“建立健全党中央统一领导，党委（党组）全面监督，纪律检查机关专责监督，党的工作部门职能监督，党的基层组织日常监督，党员民主监督的党内监督体系。”至此，我国党内监督体系进一步得到完善。

建立健全党内监督体系对于实现党内监督具有重要作用。第一，党内监督体系明确了各监督主体的职责分配，在党内监督体系中，党中央实行统一领导，党委（党组）负责全面监督，纪律检查机关负责专责监督，党的工作部门进行职能监督，党的基层组织开展日常监督，党员进行民主监督。各个

---

〔1〕徐存修：《民主集中制是实施党内监督的有效途径》，载《中国纪检监察报》2004年12月27日，第3版。

监督主体各司其职，减少了争权诿责现象的发生，有利于党内监督工作的有效开展。第二，党内监督体系是加强和改进党的建设的一个重要方面，也是十分重要和关键的党内工作运作体系，有助于提高各级党组织的领导能力和工作水平，保持党的先进性和纯洁性，从而为党内监督工作的开展提供便利条件。

（三）完善党内监督制度

党章规定："加强对党的领导机关和党员领导干部的监督，不断完善党内监督制度"。《中国共产党党内监督条例》按照党章的原则要求，规定了巡视制度、组织生活制度、党内谈话制度、干部考察考核制度、述责述廉制度、有关事项报告制度、领导干部插手干预重大事项记录制度等，形成了系统科学的党内监督制度体系。

科学严密的制度是保证党内监督正确方向的关键。1980 年，邓小平从政治改革的高度深刻指出："我们过去发生的各种错误，固然与某些领导人的思想、作风有关，但是组织制度、工作制度方面的问题更重要。这些方面的制度好可以使坏人无法任意横行，制度不好可以使好人无法充分做好事，甚至会走向反面。"[1] 由此可见，制度的好坏在党内监督中起到至关重要的作用，不断完善党内监督制度，才能使党内监督深入健康发展。

科学严密的制度是实现党内监督工作规范有效的保证。党内监督具有很强的政治性和政策性，各级党组织和党员具体应该做什么，不该做什么，必须有一定的依据。党内监督制度是党在建设中形成的规范和制度，完善党内监督制度，促使被监督的权力和行为在制度的轨道运行，有利于实现党内监督规范有效。

三、保障党内监督的时效机制

（一）党的各级组织要切实履行监督职责

《中国共产党党内监督条例》第 42 条规定："党委（党组）、纪委（纪检组）应当加强对履行党内监督责任和问题整改落实情况的监督检查。"保障《中国共产党党内监督条例》贯彻执行的关键是："坚持党要管党，从严治党，是我们新时期加强党的建设的重要原则，也是坚持和改善党的领导的重要保证。根据执政党的特点和党面临的任务，针对目前我们党的状况和一些地方、部门党不管党的现象，强调党要管党、从严治党具有特别重大的意义。

〔1〕 邓小平：《党和国家领导制度的改革》，1980 年中央政治局扩大会议上的讲话。

只有坚持党要管党、从严治党，才能保持党的先进性，发挥党在改革开放和社会主义现代化建设中的领导作用。加强党内监督，是坚持党要管党、从严治党的重要内容。”〔1〕各级党委（党组）、纪委（纪检委）要按照《中国共产党党内监督条例》规定，切实履行监督职责，加强对本地区、本部门、本单位的监督工作的领导，认真分析工作中存在的薄弱环节，及时发现问题并采取整改措施，将监督工作落到实处。

《中国共产党党内监督条例》第42条后半句规定，“对不履行或者不正确履行党内监督职责，以及纠错、整改不力的，依照《中国共产党纪律处分条例》《中国共产党问责条例》等规定处理。”《中国共产党党内监督条例》明确指出党委（党组）在党内监督中负主体责任，党的各级纪律检查委员会是党内监督的专责机关，从“主体责任”和“专责机关”可以看出，《中国共产党党内监督条例》要求各级党委、纪委要增强责任意识，对违反条例的党员必须追究其责任，各级党委、纪委不仅要在事前认真履行监督职责，在事后更要对监督工作的后果承担责任。

（二）保障党员的知情权和监督权

《中国共产党党内监督条例》第43条规定：“党组织应当保障党员知情权和监督权，鼓励和支持党员在党内监督中发挥积极作用。提倡署真实姓名反映违纪事实，党组织应当为检举控告者严格保密，并以适当方式向其反馈办理情况。对干扰妨碍监督、打击报复监督者的，依纪严肃处理。”及时让各级党的领导和党员知悉各类党内事务，保障党员的知情权是进行党内监督的重要前提。如果党内的各类决定都秘密表决，党员无从及时了解党内事务，那么将严重妨碍党内监督的有效开展。此外要加强对检举、控告人的保护，1996年1月发布的《关于保护检举、控告的规定》做出了对检举、控告人保护的相关规定，如对检举、控告材料采取严格保密措施，对于因受到打击报复而造成人身伤害、经济损失的，检察机关应当依据《行政监察法》的有关规定进行处理。

（三）保障监督对象的申辩权和申诉权

《中国共产党党内监督条例》第44条规定：“党组织应当保障监督对象的申辩权、申诉权等相关权利。经调查，监督对象没有不当行为的，应当予以澄清和正名。对以监督为名侮辱、诽谤、诬陷他人的，依纪严肃处理；涉嫌犯罪的移送司法机关处理。监督对象对处理决定不服的，可以依照党章规定

---

〔1〕 谢志高著：《党内监督概论》，中国方正出版社2004年版，第407页。

提出申诉。有关党组织应当认真复议复查，并作出结论。”保障受处理的党员和党组织的救济权利，是党内监督活动健康、有序开展的重要保证。监督对象的申辩权和申诉权是维护党员民主权利的救济权，也是党章赋予党员的一项基本权利。对以监督为名侮辱、诽谤、诬陷他人的，这也是必须受到严肃处理的违纪违法行为，可以依据《中国共产党纪律处分条例》第 143 条[1]和 147 条[2]或者依据我国刑法的有关规定进行处理。根据《中国共产党纪律检查机关控告申诉工作条例》，党员的申诉有以下两种情形。一是一般党员对处分决定不服的，应当向批准这一处分决定的党的基层委员会提出申诉；二是对于纪律处分以外的其他处理决定不服的，党员可以向作出这一处理决定的党组织进行申诉。

第二节 民主监督

民主监督是一种“自下而上”的非权力性监督，是指在民主政治体制中作为授权主体的公民及授权组织依法对公共权力及政府官员的监视、督促和制约行为，主要通过提出批评和建议的方式使得国家机关及其工作人员克服官僚作风，改进工作方法，提高工作效率。民主监督所要监督的权力是政治权力。“政治权力是一种公共权力，它是在特定的力量对比关系中，政治权力主体为了实现和维护自身的利益而拥有的对政治权力客体的制约能力”。[3]政治权力具有扩张性、腐蚀性和自利性，因此，对政治权力进行监督尤为必要，只有将政治权力置于民主监督之中才能更好地保障公民的权益，维护最广大人民的根本利益。在我国，民主监督的形式主要包括民主党派和政协组织的监督，社会团体的监督，新闻媒体的监督，人民群众的监督等。2015 年颁布的《法治政府建设实施纲要（2015—2020 年）》中提出：“推进法治政府建设，要强化对行政权力的制约和监督，健全行政权力运行制约和监督体系。”民主监督作为对行政权力运行最广泛的监督形式，对于完善监督与责任机制，防范滥用行政权力，保障公民合法权利，积极推进法治政府建设具有重大而深远的意义。

---

〔1〕《中国共产党纪律处分条例》第 143 条规定，侮辱、诽谤他人，情节较轻的，给予警告或者严重警告处分；情节较重的，给予撤销党内职务或者留党察看处分；情节严重的，给予开除党籍处分。

〔2〕《中国共产党纪律处分条例》第 147 条规定，诬告陷害他人的，给予警告或者严重警告处分；情节较重的，给予撤销党内职务或者留党察看处分；情节严重的，给予开除党籍处分。

〔3〕王浦劬著：《政治学基础》，北京大学出版社 1995 年版，第 76 页。

一、民主监督的主体

民主监督的主体是指民主监督权的执行者，在我国民主监督的主体主要包括人民政协、新闻媒体以及广大人民群众，这些监督主体推动我国民主监督的进程，为我国民主监督的发展和法治政府建设发挥巨大作用。

（一）人民政协的民主监督

中国人民政治协商会议（简称人民政协）是中国共产党领导的各党派、各团体、各民族、各阶层大团结的联合组织，是最为广泛的政治组织，也是中国共产党领导的多党合作和政治协商的重要机构，是我国政治生活中发扬社会主义民主的重要形式。“人民政协要对国家大政方针、地方重要事务、政策法令的贯彻、群众生活和统一战线的重大问题，加强政治协商和民主监督。”〔1〕民主监督是人民政协的三大主要职能之一，长期以来，人民政协在民主监督方面发挥着重要作用。政协民主监督是人民民主权利的重要组成部分，包括两个方面的内容：其一，是指参加中国政协的各党派团体和各族各界人士通过政协组织对国家机关及其工作人员的工作进行的监督。其二，政协民主监督是在政党层次上开展的多党合作的制度安排，是指在我国社会主义政党体制内，各民主党派通过民主的方式对共产党实行的一种政治监督，监督的对象主要是针对党的各级领导干部，其目的是加强和改善中国共产党的领导。

（二）人民群众的民主监督

在我国，人民群众享有广泛的监督权，因为我国是人民当家作主的社会主义国家，其他权力主体和非权力主体都是代表人民群众在行使监督权利，我国宪法赋予公民监督国家机关及其工作人员的活动的权利，是公民作为国家管理活动的相对方对抗国家机关及其工作人员违法失职行为的权利。我国公民行使民主监督权的宪法依据是：“中华人民共和国公民对于任何国家机关和国家工作人员，有提出批评和建议的权利；对于任何国家机关和国家工作人员的违法失职行为，有向有关国家机关提出申诉、控告或者检举的权利，但是不得捏造或者歪曲事实进行诬告陷害。”〔2〕人民群众民主监督主体的广泛性决定了人民群众是社会主义民主监督的根本主体，人民群众的民主

---

〔1〕《中共中央关于坚持和完善中国共产党领导的多党合作和政治协商制度的意见》，1989 年 12 月 30 日。

〔2〕《宪法》第二章第 41 条。

监督是社会主义民主监督的核心内容。

二、民主监督的事权

民主监督是一种自下而上的非权力性监督，为了防止权力的腐败，国家各个重大事项均应纳入民主监督的范畴。民主监督的事权是指人民政协以及人民群众作为民主监督的主体在监督的过程中应承担的任务和职责。我国民主监督的主体是人民政协和人民群众。据此，我国民主监督的事权可以分为人民政协民主监督的事权和人民群众民主监督的事权两大类。

（一）人民政协民主监督的事权

人民政协作为我国民主监督的首要主体承担着不可替代的民主监督职责，尤其是人民政协中的各民主党派，作为人民政协的主要成员在民主监督中更是起到至关重要的作用。从本质上来说，民主党派的民主监督是人民行使民主权利的体现之一。中国共产党长期坚持的方针政策是“长期共存、互相监督、肝胆相照、荣辱与共”，民主党派作为我国的参政党，其行使的民主监督不同于一般意义上的民主监督。民主党派民主监督的重点是关系执政党和国家的一些重大方针政策的制定和贯彻执行情况，中共党委依法执政及领导干部履行职责等方面的情况。因此，《中共中央关于进一步加强中国共产党领导的多党合作和政治协商制度建设的意见》指出，民主党派民主监督的内容主要是，国家宪法和法律法规的实施情况；中国共产党和政府重要方针政策的制定和贯彻执行情况；党委依法执政及党员领导干部履行职责、为政清廉等方面的情况；参加政协的单位和个人遵守政协章程和执行政协决议的情况。明确人民政协民主监督的事权，对于各民主党派依法履行民主监督的职责，对于强化人民政协民主监督具有重要意义。

（二）人民群众民主监督的事权

1. 批评、建议权

人民群众的批评权是指人民群众对国家机关及其工作人员在工作中出现的错误和问题提出批评意见的权利。人民群众的建议权是指人民群众为了使公共权力机关的工作得到优化而向国家机关及其工作人员提出的合理化意见的权利。公民积极行使批评、建议权，对于防止国家机关及其工作人员的官僚腐败作风，对于提高政府部门的工作效率具有重要意义。

2. 检举、控告权

人民群众的检举权和控告权针对的都是国家机关和工作人员的违法失职行为，检举权是指对违法失职行为向有关机关揭发事实，请求依法处理的权利。控告权是指对违法失职行为向有关机关进行揭发和指控的权利。二者也存在不同，行使控告权的主体往往是直接受到不法侵害的人，目的是维护自身的合法权益；而行使检举权的主体与直接受到不法侵害的人并无直接关联，目的通常是维护社会的公共利益。

3. 申诉权

人民群众的申诉权是指人民群众的合法权益因行政、司法机关作出的错误的、违法的决定或者裁判，或因为国家工作人员的违法失职行为而受到侵害，有向有关机关申述理由，要求重新作出处理决定的行为。我国 1999 年由第九届全国人大常委会通过的行政复议法就是对公民行使行政申诉权具体保护的体现。此外，我国宪法、刑法和其他部分法律也都规定了对公民行使申诉权保护的条款。

三、民主监督的方式

民主监督的方式就是人民政协和人民群众作为民主监督的主体采用什么样的方法、通过什么样的途径来行使民主监督。在我国，由于民主监督的广泛存在，我国民主监督的行使方式也多种多样。

（一）人民政协民主监督的方式

人民政协行使民主监督的方式主要是参政议政，即参加政协全体会议、常务会议、主席会议向党委和政府提出建议案，各专门委员会提出的建议或有关报告，政协委员应邀担任司法机关和政府部门特约监督员等。除此之外，人民政协民主监督还可以通过以下几种途径实现。

1. 通过提案的方式实现民主监督

提案是政协委员、参加政协的各民主党派、人民团体以及政协专门委员会行使民主监督最重要的方式之一，对于实现民主监督具有重要意义。各提案主体在政协会议上往往就引起社会广泛关注的重大问题、关系人民群众切身利益的问题或者与各自行业密切相关的重大问题向大会提出议案，希望大会予以重视和解决。这些提案的内容往往是政协成员密切关注甚至亲身感受的事件，具有很强的现实性、具体性和针对性，对于党和国家及时了解社情民意发挥了重大作用，因此，党和各级政府高度重视提案在政协民主监督中的地位。

2. 通过视察的方式实现政协民主监督

政协委员的视察是政协行使民主监督的重要方式。政协委员按照相关规定定期到各地视察工作，地方的党政领导依据相关程序向政协委员汇报本地区政治、经济和社会发展情况，政协委员根据视察期间的考察结果，结合地方党政领导的汇报情况，向地方党政领导就本地区的经济、社会发展以及政策落实情况提出建议或意见，并就不足点与当地党政领导商讨整改措施，进而促进当地社会的和谐稳定发展，充分发挥人民政协民主监督的职能。

3. 应邀参加党政机关组织的各类专项检查活动

政协委员参加党政机关组织的各类专项检查活动是民主监督的另一种重要方式。许多地方党政、司法部门邀请政协委员到地方担任地方执法纠风、廉政建设的巡视员、监督员以及顾问，政协委员通过参与地方执法纠风建设、廉政建设有关事项的监督检查和评议活动，对地方党政部门和司法部门提出合理的建议，并对不足的地方进行批评指正，提出整改措施。政协委员应邀参加党政机关组织的各类专项检查活动是政协开展民主监督的新举措，有助于拓展人民政协民主监督的新思路，这项民主监督的新举措在各地收到了很好的效果，得到了党和国家的支持和鼓励。

（二）人民群众民主监督的方式

人民群众的监督是我国民主监督的重要组成部分，人民群众人数多、视觉广、分布在各个地区、社会的各行各业，人民群众的监督覆盖了社会的各个领域，主体的广泛性为民主监督提供了重要保障。但同时，人民群众的民主监督是一种“自下而上”的监督，人民群众由于对政治生活接触不完全，不了解我国政治的具体运作程序，为了避免让监督流于形式，我国为人民群众的民主监督提供了以下几种途径。

1. 信访举报制度

信访举报是人民群众行使民主监督最重要的途径之一，信访举报制度是指人民群众通过给国家机关写信、打电话、发电子邮件、电报或者当面向国家机关工作人员指出的方式，向国家机关及其工作人员反映情况，发表意见，提出批评建议的一种制度。信访举报制度为人民群众监督国家机关及工作人员的工作、维护自身合法权利提供了有效和便利的条件，我国的各级各类机关都设立了接纳人民群众信访举报的工作机构，人民群众通过信访举报途径约束和纠正国家机关及其工作人员的行为，为人民群众行使民主监督权提供了有力的保证。

2. 人大代表联系群众制度

我国各级人大代表是由人民通过直接或间接的选举方式产生，代表人民参与国家事务的管理，人大代表是联系人民群众和国家权力机关的重要纽带。我国代表法规定，人大代表应该与原选区的选民以及人民群众保持密切联系，才能让人大代表真实地反映社情民意。人大代表联系群众制度，就是人民群众将自己的意见、建议和要求反映给人大代表，人大代表将这些资料整理后形成议案，再通过参与人民代表大会等形式上传到国家权力机关。人大代表联系群众制度能够使公民有效行使监督权，能够使民主监督得到真正落实和切实保障。

3. 舆论监督制度

舆论监督是公民行使民主监督权最常用的一种方式，它是新闻媒介来发现生活中存在的问题并促使其解决的一种舆论监督。舆论监督要借助一定的媒介来进行，人民群众主要是通过在广播、电视、报刊杂志、网络、图书等新闻媒体上公开发表自己的意见和建议，参与民主监督。在我国，随着信息技术和互联网的发展，舆论监督是公民行使民主监督最普遍和最有效的方式，公民的舆论监督直接指向政府行为，给政府施加舆论压力，从而让政府改进自身工作。此外，舆论监督通过新闻媒介开展，有着透明度高、范围广、时效快的特点，更有利于公民民主监督的实现。

四、民主监督的保障

“无论党内的监督还是党外监督，其关键都在于发展党和国家的民主生活。”[1] 监督的实质是扩大民主，民主的实现则需要一定的保障，民主监督作为一种“自下而上”的监督形式，无论是政协的民主监督还是人民群众的民主监督，权利的行使都需要保障。目前，我国还没有专门保障民主监督的《民主监督保障法》，但是有关民主监督的保障体系已经比较健全，包括民主监督的制度保障、民主监督的组织保障和民主监督的机制保障三个方面。

（一）民主监督的制度保障

中国共产党领导的多党合作与政治协商制度是我国的一项基本政治制度，这项基本的政治制度强调作为执政党的中国共产党与作为参政党的各民主党派的相互监督，以及各民主党派对国家机关及其工作人员的监督，是发扬人民民主的重要保障。人民政协作为中国共产党领导的多党合作与政治协商的重要机构，行使民主监督的重要职能，而人民政协作为我国民主监督的重要主体，其权利的行使离不开中国共产党领导的多党合作与政治协商这一基本政治制度。因此，强化民主监督，需要坚持和完善中国共产党领导的多党合作与政治协商制度，发挥制度的保障作用。

---

〔1〕 邓小平：《关于修改党的章程的报告》，1956 年中国共产党第八次全国代表大会。

（二）民主监督的组织保障

首先要坚持中国共产党的领导，要确保政协民主监督与党委、政府的决策相协调，即党委政府的决策部署到哪里，政协民主监督的监督力量就聚集到哪里，使民主监督始终在党的领导下进行，真正做到民主监督工作有序进行、有章可循、有规可依。

其次要加强政协机关的组织建设。充分发挥各民主党派、工商联和无党派人士民主监督的积极性，发挥好政协委员会的组织平台作用。各级党委、政府应自觉接受来自人民政协的监督，但同时，人民政协成员也应该主动地去监督党委和政府的工作，要不断提高政协委员的监督意识，彻底克服“不敢监督、不想监督、不会监督以及监督无用”的思维模式，要形成履行民主监督的主动意识，从而促进政协民主监督功能的有效提升。

（三）民主监督的机制保障

2006 年，中央下发的《中共中央关于加强人民政协民主监督工作的意见》中提到，要建立健全人民政协民主监督的知情机制、沟通机制、评议机制和反馈机制，确保民主监督的有效开展。完善我国的民主监督，通过建立健全知情明政机制、沟通协商机制、民主评议机制、办理反馈机制来加强对民主监督中知情环节、沟通环节、评议环节、反馈环节的保障，同时还要建立健全权利保障机制，充分保障监督主体的合法权利。一是要建立健全党委、政府情况通报机制，做好党务和政务公开工作，保证和落实政协委员以及人民群众的知情权。二是要加强党委、政府与政协以及人民群众的联系机制，保障上下间的沟通协商。三是要完善政府内重大事项的评议机制，确保政协委员和人民群众参与民主评议环节。四是要建立事后反馈机制，党委以及政府要及时将重大事项的开展情况反馈给政协委员或者对应的公民。

第三节　人大监督

人民主权理论认为：“在自然法和社会契约的基础上，国家是人民让渡自己的权利交由国家统一行使而产生的，因此国家只是人民主权的委托管理者，人民拥有最高主权，并通过立法来表达‘公意’，对国家管理权力的行使进行监督与制约。”〔1〕 在议行合一制国家中，国家的立法权和行政权属于同一个最高权力机关，或者行政机关从属于立法机关，我国即是典型的议行合

〔1〕［法］卢梭著：《社会契约论》，李平沤译，商务印书馆 2011 年版，第 8 页。

一制国家，国家的立法权和行政权都属于我国的最高国家权力机关，即人民代表大会。国家行政机关、审判机关和检察机关都由人民代表大会产生，并对人民代表大会负责。因此，我国人民代表大会对管理国家权利的行使具有监督与制约的权利。人大监督也是国家权力机关的监督，人大监督就是监督主体依据法定的权限和程序对客体的一种知悉、审议、督促和处置的行为，行使监督权的主体是各级人民代表大会及其常务委员会，人大监督的对象是各级国家行政机关、审判机关和检察机关的工作、同级人民代表大会常务委员会和下级人民代表大会及其常务委员会的工作，以及宪法和法律的实施情况。

一、人大监督的地位

人大监督是宪法和法律赋予人大的重要职权，是具有法律效力的一种监督形式。我国《宪法》第 3 条第 3 款规定："国家行政机关、审判机关、检察机关都由人民代表大会产生，对它负责，受它监督。"关于地方人大监督的法律依据，《宪法》第 99 条和第 104 条都有明文规定，"地方各级人民代表大会在本行政区域内，保证宪法、法律、行政法规的遵守和执行"，"县级以上的地方各级人民代表大会常务委员会监督本级人民政府、人民法院和人民检察院的工作"。除宪法外，我国法律也赋予人民代表大会具体而明确的监督权。如地方组织法中地方各级人民代表大会这一章节就有许多条文对人大监督权做了具体而明确的规定。

人大监督属于国家监督体系中最高层次的监督。从我国的国体和政体上来看，我国的国体是工人阶级领导的，以工农联盟为基础的人民民主专政的社会主义国家，我国的政体是人民代表大会制度，我国国体和政体的鲜明而本质的特征就是国家的权力属于人民，人民是国家的主人。人大监督是民主与法制的重要组成部分。《宪法》第 2 条明确规定："中华人民共和国的一切权力属于人民。人民行使国家权力的机关是全国人民代表大会和地方各级人民代表大会。"因此，全国人民代表大会是最高国家权力机关，地方各级人民代表大会是地方各级权力机关，我国的国家监督体系包括人大监督、党内监督、政协监督以及行政系统内部的监督等，而人大监督作为国家权力机关行使的监督行为，在国家监督体系中处于最高层次的地位。江泽民同志曾指出："人大的监督是代表人民进行的监督，它是一种国家体制，而不是个人行为。"人大的监督是以人民作后盾，以国家强制力作保证的国家权力机关的监督，是实现人民当家作主、实现行使管理国家权力的重要体现。

人大监督是最具有权威的监督。我国宪法规定，国家的一切权力属于人民，全国人民代表大会和地方各级人民代表大会代表人民行使权力[1]。国家的一切权力来源于人民，人民在我国拥有最高地位，人民代表大会行使的一切权力都是代表广大人民行使。因此，人大的监督权作为代表人民利益的人民代表大会行使的一项基本政治权力也具有至高无上的地位。人大监督是一种单向行使的监督，人大监督的对象主要是国家行政机关、审判机关、检察机关的工作。作为行政机关、审判机关和检察机关的"一府两院"只能接受人大的监督，而不存在任何制约人大监督的权力。

二、人大监督的动议机制

动议是指在决策性会议的决定方案的基础上，由全体会议成员决定的，改变原有会议决定的行为，也指会议中临时提出建议。人大监督的动议机制体现在人大对重要事项以及"一府两院"工作提出建议和意见上，具体是指人大对"一府两院"工作的询问和质询。

询问和质询制度是人大监督制度的重要内容，是指人大代表可以对全国或者地方各级人民代表大会的议案提出问题，向有关国家机关、派出代表组成或者由有关部门组成的代表团作出会议上的指示。人民代表大会期间，常委会组成人员 10 人以上，可以向常委会书面提出对"一府两院"的质询案，人大常委会主任会议再决定由受质询机关书面答复或者由其领导人在以后的常委会会议上口头答复。人大代表询问和质询的整个过程就是人大监督的一个动议环节。在人大监督机制中，设置这样一个动议环节，有助于人大代表充分发表自身意见，有助于加强人大的监督职能。

三、人大监督的方式

人大监督的方式就是全国人大和地方各级人大以什么样的形式进行监督。根据《立法法》《全国人大组织法》和《地方组织法》等法律的规定，权力机关进行人大监督的方式主要有：

1. 听取和审议政府工作报告。宪法规定，各级人民政府要对各级人大负责并报告工作。权力机关在人大会议期间听取政府报告，讨论并审核报告所涉及的内容，对政府的决策作出全面的评价，在此基础上向作出汇报的政府提出意见和要求。人大会议期间，各级人大听取并审议各级政府年度工作报

---

〔1〕《中华人民共和国宪法》第一章第二条。

告，各级人大常委会听取并审议各级政府部门的工作汇报，并对政府或者政府部门一年来取得的成绩进行评价。

2. 审查国民经济和社会发展计划以及财政预算。这是人大专门对行政机关进行的一项监督。审查国民经济和社会发展计划就是审查国民经济和社会发展是否符合实际，是否与有关法律法规及重大方针政策相一致以及计划的执行情况和变更情况。审查财政预算即人大及其常委会审查和批准当年国家财政预算安排、上一年财政决算情况以及听取和审议财政预算执行情况。

3. 审查法律、行政法规、规章、决定和命令。这种监督方式是指人民代表大会及其常委会审查法律、法规和其他规范性文件是否违反基本法律或者违反人民代表大会的决议等，对于审查不符合要求的法律、法规以及规范性文件，人大依据法律程序对其享有撤销权。

4. 询问和质询。这种监督是一种在人大监督中普遍运用的方式。询问，是指人大就政府的行政报告和相关议案向政府或者政府工作部门提出疑问，了解有关情况；质询，则是指人大对政府的某些行政管理行为提出质问，要求政府或者政府工作部门在一定期限内给出答复。

5. 视察、检查和调查。是指人大组织特定的代表对“一府两院”的工作情况进行实地了解、获取信息，听取群众意见，从中发现问题并提出意见和建议。

6. 处理公民申诉、控告和检举。这种监督方式是帮助公民行使救济权的一种行为，是指权力机关的信访机构通过处理公民来信来访，发现“一府两院”工作中存在的问题，督促其改正，有利于我国民主权利的实现。

7. 对“一府两院”特定人员的任免和罢免。这是人大监督权在人事任免方面的体现，根据宪法和地方组织法的规定，各级人大有权罢免本级人民政府的组成人员，有权选举和任免人民法院和人民检察院的组成人员。

四、人大监督的保障

人大监督虽然是国家监督体系中层次最高、最具权威的监督形式，但是由于我国人民代表大会制度仍不健全，人大监督的对象又是行使国家管理职权的“一府两院”，在监督的过程中难免存在许多不足之处。因此，要健全人大监督保障体系，让人大监督活动更好地得到开展。

（一）人大监督的人员保障

人民代表大会是人大监督的实施主体。具体来说，人大监督要依靠人民代表来实施。因此，人民代表具备良好的心理素质和智力素质是人大监督的基本保障。如果人大代表心理和智力素质微弱，那么人大代表就不能胜任监督职权，人大监督也就形同虚设，演变成一种装饰和摆设。目前我国许多地方的人大代表难以准确地表达，不能有效地履行监督职责，问题就在于自身的素质缺陷。因此，国家应该切实采取措施提高我国人大代表的心理和智力素质，改善和优化代表的素质结构，努力培养对待监督权的认知力和意志力。

（二）人大监督的组织保障

组织在人大监督中占据重要地位，完善的监督组织是实现监督权的必要保障。目前我国还不存在专门行使人大监督职权的监督组织机构，并且，我国的宪法和法律也没有赋予人大充分的“监督”职权，这严重阻碍了我国人大监督权的有效开展。因此，国家应设置专门化的人大监督组织机构来组织和保障人大监督权的行使，可以在权力机关中设立专门的宪法和法律监督委员会。此外，要提高常委会委员的专职化比例。目前，许多常委会委员在人大闭会期间从事各种兼职，严重阻碍了其人大职权的行使，因此要让委员去兼职化，在人大以及常委会中增加专职委员的比例。

（三）人大监督的制度保障

人大监督职权的行使离不开制度的保障，制度使人大监督从应然走向实然。我国宪法和法律对人大监督做了原则性的规定，在听证制度、评议制度、备案制度等方面也有说明，但并没有对其进行具体的规定，仍存在许多不足。因此，需要对人大监督的制度不断完善。第一，完善人大监督的听证制度，让人大监督更多地聚集各类专家学者以及人民群众，保障人大监督公开、合法、民主和科学化开展；第二，完善人大监督评议制度，人大监督评议的对象应是司法行政机关的主要领导，要评议其对交办事项的执行情况，并且评议决定应该由集体决定并公布；第三，完善人大监督备案制度，各级政府应该在规定的期限内将重大行政事项报给人大进行备案。

第四节 宪法和法律监督制度

宪法和法律监督是发扬我国人民民主的重要组成部分，是指国家机关、各种社会组织和团体以及广大人民群众，依据法定程序，对包括立法、执法和司法在内的有关宪法和法律的全部活动所实行的监察和督促，从而保障宪法和法律得到正确而有效的贯彻和执行。

一、宪法和法律监督的规范体系

宪法和法律监督体系，顾名思义，就是由各种形式的法律监督构成的有机联系的整体。在我国，宪法和法律监督体系包括国家监督和社会监督两部分。

国家监督是指国家机关及其公职人员依法定职权和程序实施的具有法律效力的监督，主要包括国家权力机关的监督、国家行政机关的监督和国家司法机关的监督。国家权力机关的监督即是由各级人民代表大会及其常务委员会为主体的监督。国家行政机关的监督是以国家行政机关为主体的监督，这种监督的客体包括两个方面：一是对国家行政机关的行政行为的合法、合理性的监督，二是对社会组织和公民行为的合法性的监督。在我国，国家司法机关的监督存在检察机关的监督和审判机关的监督两种形式。

社会监督的监督主体的范围非常广泛，主要是一些社会组织以及公民，这种监督属于非强制性的监督，其民主性比较突出，在社会生活中发挥着重要的作用，主要有社会组织的监督、社会舆论的监督和人民群众的监督。社会组织的监督主要是指中国共产党的监督，人民政协的监督等。社会舆论的监督是指借助传媒手段进行的监督，通过舆论能够有效地影响国家机关及其工作人员的行为，是最能体现社会监督的广泛性和民主性的监督。人民群众的监督是公民通过各种方式和途径对国家机关公权力的行使进行的监督，这种民主监督方式是中国法律监督体系的基础和力量源泉。

二、宪法和法律监督的执行主体

宪法监督的执行主体在宪法文本中有章节专门规定，我国宪法的监督权是国家权力的重要组成部分，因为国家权力属于人民，因此宪法监督权也应属于人民。我国宪法监督就是由中国共产党领导下代表人民行使权力的全国人民代表大会及其常委会以及地方各级人民代表大会及其常委会来执行。我国《宪法》第 62 条、第 67 条、第 99 条均有相关规定："全国人民代表大会行使的职权之一是监督宪法的实施。全国人大常委会有权监督宪法的实施，有权撤销国务院制定的同宪法、法律相抵触的行政法规、决定和命令，有权撤销省、自治区、直辖市国家权力机关制定的同宪法、法律和行政法规相抵触的行政法规和决议。地方各级人民代表大会在本行政区域内，保证宪法、法律、行政法规的遵守和执行。"

从前面章节我们知道，我国法律监督体系包括国家监督和社会监督两部分，法律监督的执行主体也分为两个方面。一是国家监督方面的执行主体，包括国家权力机关、国家行政机关和国家司法机关，国家权力机关即人大及其常委会，国家行政机关主要是指中纪委，国家司法机关则是人民检察院，这种监督执行主体实行的监督是以国家的名义进行的，具有法律强制力。二是社会监督方面的执行主体，主要有各政党、社会团体、群众组织和企业、事业单位以及人民群众，这种社会监督不同于国家机关的监督，它不以国家名义进行，不具有法律效力，这种监督主要是各类社会组织团体以及公民通过批评、建议、检举、揭发、申诉、控告、选举、示威游行等基本方式对国家机关及其工作人员职权行使的合法性和合理性进行监督。

三、宪法和法律监督的内容

（一）宪法监督的内容

宪法监督是宪法实施的监督保障制度，是维护宪法权威和尊严的一项重要制度，也是现代民主政治的重要组成部分，宪法监督的内容有以下两大方面：

第一，是对法律、法规、规范性文件的合宪性进行监督，即监督国家机关的法律、法规和规范性文件的合宪性。国家立法机关所制定的一般法律以及其他国家机关颁布的规范性文件必须遵循宪法，同宪法的原则精神相符合。

第二，是对国家机关、社会团体和公民行为的合宪性进行监督，即监督国家机关及其工作人员、各政党、武装力量、社会团体、企业事业组织和全体公民的行为是否合宪。重点监督政府及其所属的行政部门是否严格按照宪法的规定行使职权，监督国家机关、社会团体是否有超越职权、滥用职权的现象，是否依法办事，是否侵犯公民的合法权益，是否充分保障人民的根本利益。

（二）法律监督的内容

法律监督是指运用国家权力，依照法定程序，督促和纠正法律实施过程中违法的情况，目的是维护国家法制的统一和法律的正确实施。从宪法和法律的有关规定看，法律监督的内容主要是国家机关及其公职人员的公务活动的合法性，合法性包括内容的合法性和程序合法性两个方面，即对国家机关制定的规范性法律文件的合法性、对行政执法和司法活动的合法性的监督，其中每一个合法性都包括内容和形式是否合法两个方面。

四、宪法和法律监督的优越性

我国的宪法和法律监督制度是具有中国特色的监督制度，这个监督制度是在中国共产党领导下并在长期的历史经验总结下而逐步建立并发展起来的。宪法和法律监督制度，保障我国的宪法和法律充分实施，维护和强化我国的社会主义法治基础，是我国社会主义民主制度的重要组成部分。其在我国社会主义法治国家的建设过程中发挥越来越重要的作用，我国的宪法和法律监督制度有着较为明显的优越性，它们主要是：

（一）广泛参与的监督

对于宪法监督来说，根据法律的规定，国务院、中央军事委员会、最高人民法院、最高人民检察院和各省自治区、直辖市的人民代表大会常务委员会，都可以向全国人大常委会书面提出进行审查的要求。除此之外，其他国家机关和社会团体、企业事业组织以及公民，也都可以向全国人大常委会书面提出审查的建议，这些规定充分说明宪法监督具有广泛性和群众参与性。[1] 对于法律监督来说，法律监督的监督主体不仅涉及公、检、法、司，还涉及党和国家、社会的各类社会组织团体以及人民群众，充分体现了法律监督具有广泛参与性的特点。

（二）程序具有民主性

我国宪法监督制度有着程序上的民主性，主要体现在审查过程的严谨上。所谓审查过程的严谨是指全国人大常委会在审查工作时要经过四道程序，这四道程序非常细致严谨。大体上说，第一道程序是全国人大专门委员会在审查后可以向制定机关提出书面审查意见，或要求制定机关来审查会议说明情况后再提出书面审查意见；第二道程序是制定机关应在两个月内研究提出是否修改的意见反馈给专门委员会；第三道程序是制定机关如果不予修改的，方可向委员长会议提出予以撤销的议案；最后一道程序是由委员长会议决定是否提请常委会会议审议决定。[2] 可见审查过程是公开、透明的，并能保持公正。

---

〔1〕 许崇德：《论我国的宪法监督》，载《法学》2009 年 10 月 20 日。

〔2〕 许崇德：《论我国的宪法监督》，载《法学》2009 年 10 月 20 日。

第四篇　法治政府程序篇

第十一章　法治政府与行政程序

法治政府的全面建设需要构建以行政法治为核心的价值体系、规范体系、行政行为运行体系以及行政权力监督体系，其中行政行为运行体系主要体现在行政程序与行政程序规范的构建。行政法治是现代国家普遍奉行的准则，实现行政法治必须以完备的行政程序为基石，并同时随着行政程序法治化的进程而推进行政法治自身的建设。[1] 中共中央、国务院印发的《法治政府建设实施纲要(2015—2020年)》及其通知指出："法治政府的基本建成须尽快完善行政执法程序……建立执法全过程记录制度，制定行政执法程序规范，明确具体操作流程，重点规范行政许可、行政处罚、行政强制、行政征收、行政收费、行政检查等执法行为。健全行政执法调查取证、告知、罚没收入管理等制度，明确听证、集体讨论决定的适用条件。"这对行政执法程序制度与规范体系提出了明确而具体的要求，将进一步促进行政执法程序统一制度的建设。另

---

〔1〕 黄学贤：《行政法治与行政程序》，载《江汉论坛》1997年第7期，第18页。另外，王锡锌教授在其著作《行政程序法理念与制度研究》中曾指出："现代行政法治的核心机制是行政程序法律制度。透过当代行政法治的程序特征表象可看到现代行政法治与行政程序之间的内在契合关系体现在两个方面：一方面是行政的现代化和法制化离不开富有理性的程序的导引；另一方面则是贯彻'公开、公平、公正'诸原则的行政程序既可以成为行政活动合理化和正当化的源泉，又可以满足社会对行政活动的功能期待。"具体参见王锡锌著：《行政程序法理念与制度研究》，中国民主法制出版社2007年版，第45页。

外，《法治政府建设实施纲要（2015—2020 年）》在完善依法行政制度体系上明确提出“要严格落实立法法的规定，坚持立改废释并举，完善行政法规、规章制定程序，健全行政立法立项、起草、论证、协调、审议机制，推进政府立法精细化，增强政府立法的及时性、系统性、针对性、有效性”。这对行政立法程序的细化与统一建设提出了更加精细的要求，体现了党和中央政府在全面建设法治政府的整体目标中对行政程序予以高度重视。本章将依据《法治政府建设实施纲要（2015—2020 年）》法治政府下进行行政程序建设提出的诸多要求与该文件的精神内涵，分别从行政法原理上分析行政程序的生成逻辑、从政府行政实务上分析行政程序的立法现状、从统一行政程序制度上分析行政程序法典制定的一系列新颖的、关键的问题。

第一节　行政程序的生成逻辑

法治政府的基本建成有赖于统一行政程序的构建，以及规范统一行政程序的法律体系——行政程序法典的制定与颁行实施。这不仅是基于行政实务对程序统一的客观要求，更是受行政程序在法理上必然的生成逻辑的不断推动。所谓行政程序，具体指规范行政权力、保障公民权利的一种范式，这种范式要求行政权力的行使必须以法律规定的程序条文为依据，并明确行政权行使的方式、步骤与时间等构成要素，以实现行政权行使的可量化、可视化与可预期化。[1]

一、价值基础

行政程序的价值基础是指行政程序在行政法体系中具有的实在正当性，它一方面源于行政程序对行政实体的约束作用，另一方面在于行政程序本身能够通过行政过程的一系列交互活动实现行政主体与行政相对人的有关权力（利）以及对行政事务事先的行政法预期。即是说，正当性构成行政程序建设的价值基础，是从行政法源的角度阐释行政主体与行政相对人处于一种衡平的、透明的行政法关系。法律程序应当体现出一定的法律价值，并以此来指导法律程序的运作，同时法律程序的差异性会使不同的程序承载着不

〔1〕 参见徐博嘉、王学辉：《行政程序价值及其法治化衡量标准——以国家治理现代化为视角》，载《哈尔滨工业大学学报》2016 年第 2 期，第 13 页。

同的法律价值内涵。[1] 行政程序既是行政法融合民主、公平正义等要素的载体，亦是行政法本身存在的合理结构。所谓行政程序的正当性，即指正当程序（Due Process）或正当法律程序（Due Process of Law），其存在的意义在于确立行政法的价值基础，以使行政程序自身具有支撑其存在的“精神内核”，具有充分的正义含量和高度的合法性（基于普遍内心认同下的自然合法性），并可体现出对人们主体性的尊重与关怀以及人民对行政程序的认同与信任。[2]

具体而言，正当性构成行政程序的价值基础，可以从三个方面进行阐释：第一，从正当性价值产生与发展的历史渊源中探寻。置于西方法治发展史中观察，程序“正当性”作为行政法的价值基础源于英国普通法的自然正义观，即认为存在某种“天然的是非观”，经过多年的法院判例解释逐渐演化为两项基本程序规则，并普遍为人们认同与遵守，即“任何人不能做自己的法官”和“人们的辩护必须公平地听取”，这两个规则很快从司法程序移植到行政程序中，并至今为世界各国所遵循。后来，正当法律程序的价值内涵通过北美（主要是美国）得到了进一步传播与演进，并形成了今天我们所认同的价值基础。第二，可以从正当性与合法性的逻辑关系中推理得出。法律推理是法学研究者从法律现象分析并总结法律结论的重要工具与手段，是我们从感性认识上升到理性认识的重要途径。具体而言，正当性的存在需要合法形式的确认，同时合法性的构建需要正当性作为内在要素，即正当性表现为内心的一致认同，合法性体现在外在的权威与引导，二者是内核外化的统一体。另外，正当性是检验、衡量程序合法的重要标志，正当程序是一种高级法（the highest law）；[3] 行政程序是由具体行政法规范所确立的，但我们都知道任何法律规范相较于千变万化的社会实际，终究具有一定的局限性与滞后性，故需要正当性作为行政程序的价值基础，允许权威的第三方（司法者）或官方（其他行政机关）对存疑问的相关规定作符合个案情况的“合理解释”。第三，正当程序还意味着人们秉持一种“最低限度的程序公正”。当正当性成为行政程序的价值基础，因其本身是一个弹性易变的概念，故需要对此“弹性”确立一种稳固的、包含价值导向的基础作为原则性要求时，才

---

〔1〕 马怀德著：《行政程序立法研究：〈行政程序法〉草案建议稿及理由说明书》，法律出版社2005年版，（序言）第1页。

〔2〕 江必新：《论行政程序的正当性及其监督》，载《法治研究》2011年第1期，第4页。

〔3〕 刘东亮：《什么是正当程序》，载《中国法学》2010年第4期，第77—81页。

能得到一种可量化的、可视化的存在依据。而这种理念与信仰恰恰符合消极正义理论的分析逻辑，即认为在程序法领域，程序法律制度尽管不能保证程序正义完全得到实现，但可以尽量减少或克服明显非正义的情况，应该捍卫一些起码的标准——最低限度的程序公正标准，去保障程序正义的底线。[1]

二、制度基础

现行宪法统领下诸多涉及行政程序的行政法规范体系及其确立的具体行政程序制度，构成我国行政程序进行统一建构的制度基础。在行政程序规范体系的构建上，我国基本实现了覆盖行政立法、行政执法与行政司法等各个行政领域的程序规范建设。在行政立法领域，据不完全统计，有 3 篇行政法规、49 篇部门规章、1 篇团体规定与 1 篇行业规定涉及最为广泛的行政立法性事务的程序规定。[2] 这其中尤以《行政法规制定程序条例》与《规章制定程序条例》（同为 2001 年 11 月 16 日发布并于 2002 年 1 月 1 日施行）为典型，第一次实现了从行政法规层面推进行政立法程序法治化的探索，并逐步建立起我国行政立法活动的程序规范体系。在行政执法领域，以《行政处罚法》（1996 年）、《行政许可法》（2004 年）与《行政强制法》（2011 年）为代表的法律法规，建立一个体系庞大、内容丰富的行政执法程序规法体系，比如《行政处罚法》通过专章规定确立了行政机关作出处罚决定的三种程序类型，分别为简易程序、一般程序和听证程序，较为科学地对多年来的行政处罚乱象进行了有效规范。另外，《行政许可法》与《行政强制法》亦在行政程序的构建上实现了多个突破，《行政许可法》第一次确认了行政许可领域的合法信赖保护原则[3]，《行政强制法》则对行政机关在实施行政强制措施与行政强制执行的各个类型与诸多手段进行了细致的规范，有效地改正了我国行政强制制度中存在的“乱”“滥”现象——行政强制设立的无序与行政强制使用的泛滥。在行政司法领域，《行政复议法》（1999 年）与《国家赔偿法》（1994 年发布，经 2010 年、2012 年两次修正）等法律法规亦在探索行政司法程序体系上进行了诸多有益的尝试与建设。

---

〔1〕 江必新：《论行政程序的正当性及其监督》，载《法治研究》2011 年第 1 期，第 6 页。

〔2〕 在北大法宝官网上以“制定程序”为关键词搜索得出上述结果，具体参见法律法规_北大法宝法律数据库_司法解释全文_法律法规检索平台 http://www.pkulaw.cn/，最后访问时间：2016 年 11 月 18 日。

〔3〕 马怀德著：《行政程序立法研究：〈行政程序法〉草案建议稿及理由说明书》，法律出版社 2005 年版，（序言）第 9 页。

伴随行政程序规范体系日趋健全，与之相适应的各种程序性制度亦随之建立，这为建立统一行政程序提供了丰富的制度资源，共同构成统一行政程序坚实的制度基础。易言之，我国当前行政程序性法律法规已建立的行政程序制度主要有：(1) 回避制度。如《行政处罚法》第 37 条规定："执法人员与当事人有直接利害关系的，应当回避。"(2) 告知制度。如《行政处罚法》第 31 条规定："行政机关在作出处罚决定之前，应当告知当事人作出行政处罚决定的事实、理由及依据，并告知当事人依法享有的权利。"《行政许可法》第 38 条第 2 款规定："行政机关依法作出不予行政许可的书面决定的，应当说明理由，并告知申请人享有依法申请行政复议或者提起行政诉讼的权利。"(3) 合议制度。《行政处罚法》第 38 条第 2 款规定："对情节复杂或者重大违法行为给予较重的行政处罚，行政机关的负责人应当集体讨论决定。"(4) 罚没分离制度，亦称审执分离制度。《行政处罚法》第 46 条第 1 款规定："作出罚款决定的行政机关应当与收缴罚款的机构分离。"(5) 听证制度。《行政许可法》第 46 条规定："法律、法规、规章规定实施行政许可应当听证的事项，或者行政机关认为需要听证的其他涉及公共利益的重大行政许可事项，行政机关应当向社会公告，并举行听证。"上述例举的程序制度仅是我国行政程序制度体系中很小的一部分，但随着程序性行政规范与程序性行政制度的不断完善，为我国统一行政程序提供了比较坚实的制度基础。

三、规范基础

我国现行对行政程序法的诸多地方性探索构成了统一行政程序制度建立的规范基础。行政程序制度是现代行政的重要标志，是社会法治和公民权利的保障，亦是区别"法治行政"与"人治行政"的分水岭。[1] 行政程序制度的构建是一项极其庞大的系统工程，单靠中央立法机关（全国人大及其常委会）或中央政府（国务院）进行顶层设计，走开拓性立法的老路子将承担巨大的风险。毕竟重实体、轻程序是我国政府行政的传统，要一改积弊，非一日之功；故在探索行政程序制度的过程中，我国遵循的是"先地方后中央"的思路。以湖南省为代表的《湖南省行政程序规定》的颁行实施开启了地方政府先行探索行政程序制度的道路，为我国制定统一行政程序法奠定了坚实的规范基础。

---

〔1〕 江必新、郑传坤、王学辉：《先地方后中央：中国行政程序立法的一种思路——兼论〈重庆市行政程序暂行条例〉（试拟稿）的问题》，载《现代法学》2003 年第 2 期，第 151 页。

《湖南省行政程序规定》于2008年4月17日发布，并于2008年10月1日开始实施，这体现了湖南省政府积极探索、开拓创新的法治精神，并代表我国第一部系统规范行政程序的地方政府规章的诞生。从规范层面讲，《湖南省行政程序规定》的颁行与实施主要有以下三层意义：其一为统一性。无论是在行政决策上，还是行政执法上，都对一般性事务做了较为科学统一的规定；为行政机关规范行使行政权力树立了统一的制度模范。其二为全面性。在细化传统行政执法程序的同时，更是对缺乏规范的行政决策程序、行政合同程序等新型行政行为做了较为全面、详细的规定。其三为系统性。无论是在深化行政原则上，还是在规范行政行为上，抑或是探索新型行政制度层面上，本次地方性立法在体系与结构上均呈现了较为系统严谨的技术特征，亦为今后中央统一行政程序立法提供了有益的经验与技术积累。此后，在《湖南省行政程序规定》实施效果颇佳的形势下，山东省政府、江苏省政府、兰州市政府等地方省、市两级政府相继发布并推行实施了《山东省行政程序规定》（2011年7月5日发布，并于2012年1月1日开始实施）、《江苏省行政程序规定》（2015年1月4日发布，并于2015年3月1日开始实施）、《兰州市行政程序规定》（2015年1月14日发布，并于2015年3月1日开始实施），掀起了地方政府探索区域性统一行政程序制度的热潮，也为《行政程序法》的统一制定打下了坚实的规范基础。

四、社会基础

更加开放的市场经济体制改革与公民社会的培育共同构成统一行政程序制度生成的社会基础。现代市场经济体制中最基本的关系是政府与市场的关系，如何处理好这一关系，特别是对这一关系中政府的行政权如何定位，不仅关系到市场经济体制能否最终建立，亦关系到其能否顺利运行，这需要对行政权在市场经济条件下进行恰当"定位"，需要从实体法上对政府与市场之间的权利义务进行合理配置，从根本上说这有赖于对行政权运作程序的规范化、系统化与统一化。[1] 当下的市场经济体制改革，其核心内容就在于"收权与放权"。所谓"收权"，是指在追求更加开放的市场经济目标中，政府要通过各种方式，减少对市场经济主体与市场经济运行的干预，收缩行政权力的张力并同时实现行政主体的自我克制。所谓"放权"，即指现代市场经济的

---

〔1〕 参见宋雅芳著：《行政程序法专题研究》，法律出版社2006年版，第275页。

培植需要赋予社会主体与公民个人更多的权利，能自我调节、自我管理的事情，政府通过一定的方式和手段，将原来管得过严的领域放归市场及其市场主体，实现社会事务的放权。同时，在收权与放权的过程中，政府与行政相对人的交互活动将必然增加，且二者将不再是管理与被管理的关系，而是共同致力于社会问题的治理、社会事务的解决过程中，均为治理体系下的多元主体，社会群众权利意识增强，公民社会机制越发成熟。

无论是在现代市场经济体制改革过程中，还是在公民社会的培育过程中，都需要在规范的基础上进行，这客观上需要以行政程序制度作为运行框架。我国的基本国情决定了当下最大的任务就是推进经济与社会的发展，要进一步解放生产力与调节社会生产关系。自改革开放以来，我们经历了从计划时代到大政府时期的转变，政府逐渐厘清了自身的定位，开始在全方位放权的同时也保障了社会的秩序。但现在我们又到了从大政府格局向“大市场、小政府”格局的转型关键时期，故客观上需要在一个规范的框架下进行稳步有序的转型，这既有赖于行政法治的深化推进，更需要建立统一的行政程序制度对这个改革过程中的各方关系进行一个科学合理的梳理。依法行政的深化推进就是要探索统一行政程序制度，而在这个转型过程中，市场经济体制改革与公民社会的培育自然是其强大的社会基础。

第二节 我国行政程序的立法现状

《行政程序法》早在2003年就曾列入第十届全国人民代表大会常务委员会的五年立法规划里，只是最终迫于制定条件（如法制基础等）与法治经验（主要指行政法治水平与相关实证分析论证）的不足以及统一行政程序法典立法工程的浩大，最终没有得到正式启动。[1] 但在探索行政程序的诸多分支领域中，我们相继出台了《行政处罚法》（1996年）、《行政许可法》（2004年）与《行政强制法》（2011年），并取得不错的实施效果，这对我们建立统一行政程序制度提供了丰富的中央立法经验与法律规范基础。另外，随着以《湖南省行政程序规定》为代表的地方政府行政程序规范的探索成型，为统一行政程序制度的建立积累了丰富的立法技术与行政经验。由中央顶层设计实现行政程序制度的立法统一需要坚实的法制基础与严密的法律技术，而近二十年来

〔1〕 应松年、王敬波：《论我国制定统一行政程序法典的法制基础》，载《法商研究》2010年第4期，第88页。

中央与地方并行的诸多立法实践与现行行政程序的立法体系即是我们探索统一行政程序制度的丰富素材。

一、中央立法实践：行政程序的三个重要分支

（一）《行政处罚法》的规范体系与行政法意义

《行政处罚法》（1996 年公布实施，2009 年修订，2017 年修正）共计八章六十四条，具体由行政处罚的种类和设定（行政手段及立法权限）、实施机关（行政主体）、管辖和适用（空间载体）、决定与执行（行政程序规范）以及法律责任（行政违法承担）构成行政处罚的规范体系。其中行政处罚决定与执行为行政处罚制度的行政程序规范，其他章节为行政处罚制度的实体法规范，共同构成较为完整的行政处罚规范体系与实施体系。

《行政处罚法》第一次实现了在单一法律文本中统一规定该执法领域内的行政程序体系，比如行政处罚决定的作出可分为简易程序、一般程序和听证程序（重大事项），具体三类行政程序中又包含了公务明示（又可称为表明身份）制度、统一格式制度（处罚单据）、说明理由制度、告知权利制度、听证制度、罚缴分离制度、行政回避制度、合议制度等现代行政执法的基本行政法律制度。〔1〕统一规定行政（处罚）程序的范式不仅保障了行政处罚的形式公正与实质公正的统一，而且创造性地确立了各类执法行为的诸多共同性规则，比如行政处罚所确立的法定事项听证程序亦得到了行政许可程序的认可与贯彻。另外，这种范式通过程序框架的透明性为行政相对人了解行政执法行为、辨析行政违法行为提供了方便，同时也为行政复议机关与司法机关界定行政机关行政行为是否违法提供了统一的、明晰的依据，为纠正与补偿行政违法行为侵害行政相对人提供了现实条件。更为重要的是，通过行政处罚法对行政处罚程序的统一规定，再次证明了行政程序法是可以并应该统一的，为国家制定行政法学法典提供了可贵的经验。〔2〕

（二）《行政许可法》的规范体系与行政法意义

《行政许可法》（2003 年 8 月公布，2004 年 7 月实施）共计八章八十三条，具体由行政许可的总则（行政许可原则及概念解释）、设定（立法权限）、实施机关（行政主体）、实施程序（具体程序性环节与相关规定）、费

---

〔1〕 马怀德著：《行政程序立法研究：〈行政程序法〉草案建议稿及理由说明书》，法律出版社 2005 年版，序言。

〔2〕 参见金国坤著：《行政程序法论》，中国检察出版社 2002 年版，第 183—184 页。

用（收费规定）、监督检查以及法律责任（行政违法承担）构成行政许可的规范体系。其中行政许可的实施程序一章为行政许可制度的统一性程序规范，其他章节为行政许可制度的实体法规范，共同构成较为完整的行政许可规范体系与实施体系。

行政许可制度作为国家进行宏观调控的主要手段之一，是基于“市场失灵”与政府进行公共（或稀缺、独特）资源合理分配，以及行政法治化的客观现实所需。我国《行政许可法》的出台与实施有着更为特别的行政法意义：其一，基于完善社会主义市场经济体制与加入世界贸易组织新形势的现实需求而为。《行政许可法》出台之前，我国并不是没有行政许可事项，相反是呈现行政许可设置过多、过滥，政府在诸多经济事务领域管得过多、过宽的境况。因此，基于进一步激发市场活力、规范政府行政权力，大力推进市场经济体制改革的现实需要，需通过立法以统一行政许可制度，结束政府对市场经济管制过严的局面，同时这也是为加入世界贸易组织，为建立更加开放的市场经济的世界责任的客观要求。其二，在行政许可制度的推行过程中，客观上促进了政府职能的转变，推动了行政管理体制的优化改革，实现了由管理型政府向服务型政府的角色转换，深化了行政法治建设。其三，从规范层面而言，《行政许可法》首次在行政许可领域确立合法信赖保护原则，完善了我国行政程序立法，有力推进了统一行政程序制度的建设步伐。[1]

（三）《行政强制法》的规范体系与行政法意义

《行政强制法》（2011 年 6 月公布，2012 年 1 月实施）共计七章七十一条，具体由总则（行政强制原则与概念解释）、行政强制的种类和设定（行政手段及立法权限）、行政强制措施实施程序（具体程序性环节与相关规定）、行政强制执行实施程序、申请人民法院强制执行程序以及法律责任（行政违法承担）构成行政强制的规范体系。其中行政强制措施实施程序与行政强制执行实施程序为行政强制制度的行政程序规范，其他章节为行政强制制度的实体法规范，共同构成较为完整的行政强制规范体系与实施体系。

《行政强制法》的颁行与实施，标志着以行政处罚、行政许可与行政强制为主要内容的行政程序制度探索基本完成，实现了行政执法程序的规范与统一，系法治政府建设道路中的重要里程碑。自此，“先分后统、先地方后中央”的行政程序制度探索思路得到完全贯彻，这为我国建立统一行政程序制

---

〔1〕 马怀德著：《行政程序立法研究：〈行政程序法〉草案建议稿及理由说明书》，法律出版社 2005 年版，（序言）第 9 页。

度，颁行《行政程序法（典）》做好了最后的准备。

二、地方立法实践：以《湖南省行政程序规定》为代表

（一）《湖南省行政程序规定》规范体系与行政法意义

《湖南省行政程序规定》（2008 年 4 月发布，2008 年 10 月施行）共计十章一百七十八条，具体由总则（相关概念解释与行政程序基本原则）、行政主体（包括行政机关、其他行使行政职权的组织、当事人和其他参与人）、行政决策程序（包含重大事项的行政决策与制定规范性文件的活动）、行政执法程序（包含行政许可、行政处罚、行政强制、行政给付等具体行政行为过程性程序环节规定）、特别行为程序和应急程序（包括行政合同程序、行政指导程序、行政裁决程序、行政调解程序与行政应急程序）、行政听证程序（主要适用于重大行政事项，包括行政决策听证与行政执法听证）、行政公开程序、行政监督程序、责任追究与附则事项共同构成地方政府域内统一的行政程序规范体系与实施体系。

《湖南省行政程序规定》的颁行实施，第一次将行政程序制度从理论变为现实，并获得了极佳的实施效果，以地方试点的路径证明了我国建立统一行政程序制度的可行性与必要性。单就规范层面而言，《湖南省行政程序规定》第一次实现了具体行政行为规范程序与特别行政行为规范程序的统一，尤其是在特别行政行为程序制度上的创设性立法举措，开创了我国诸多新型行政行为纳入规范体系的先河，在行政法理论与实务史上具有划时代的意义。另外，从行政决策到行政执法，再到其他行政行为程序，基本实现了全面、统一且系统的行政法程序结构，其严密、精细化的立法技术与方法为今后《行政程序法》的立法工作提供了丰富的经验。

（二）其他地方政府探索统一行政程序制度的兴起

仅从 2008 年《湖南省行政程序规定》颁行至今，已有 4 省（区）4 市完成了探索地方统一行政程序制度的基础阶段，颁布并开始实施了行政程序规定。具体而言，承接湖南省之后，山东省、江苏省与宁夏回族自治区开始探索在全省推行统一行政程序制度，同时个别省级地方政府亦通过市级政府试点的方式，如广东省汕头市、陕西省西安市、海南省海口市与甘肃省兰州市，相继在辖区内探索行政程序制度规范构建与具体实施。各省市在构建行政程序的规范体系上，大致参照《湖南省行政程序规定》的结构体系，在具体内容上也较好地结合了本地的法治水平与实际情况。当然，这其中也不乏

创新与改善的举措，比如江苏省政府在行政程序规范体系中将公众建议专章设置，通过建议范围、建议方式与程序、行政机关对建议的回馈等程序性事项的具体规定，有力地保障了当地群众民主参政的愿望。再如广东省汕头市行政程序规定特别注重“市场改革开放与政府宏观调控”之间的关系，在规定一般行政程序的同时，将“非行政许可类审批程序”〔1〕划出以单章设立的形式，对当地存在的行政审批过多、过严、过乱的现象予以有效规制，极大地规范了政府行政行为，也激发了市场的活力。应该说在推进社会主体市场经济体制改革的过程中，政府行政审批，尤其是庞杂无序的非行政许可类审批一直是妨碍激发市场活力的症结所在，广东省作为改革开放的前沿阵地，在汕头市率先进行全方位的行政审批改革，完善行政审批程序制度，再一次走在了全国各地的前面，又一次实现了对行政体制的突破性改革，同时也为建立全国统一行政程序制度提供了较好的示例。

除此之外，2015 年兰州市人民政府公布的《兰州市行政程序规定》（兰州市人民政府令〔2015〕第 1 号）更是首次将“行政规范性文件”纳入地方政府统一行政程序制度中，明晰了规范性文件的范畴、制定主体、制定程序、文本格式与期限、公布登记以及违法监督等核心内容。一直以来，是否将行政规范性文件制定环节纳入行政程序制度范畴，存在着较大的争议。因为早在《立法法》制定与修改过程中，已对行政规范性文件有过较为成熟的讨论，即统一认为行政规范性文件不属于行政立法的范围，故无论是在《立法法》的建议稿、草案还是后来的定稿中都未对行政规范性文件加以规范。〔2〕虽然与行政规范性文件相比行政法规与规章的效力层级要低，并严格受上位法的限制，在某些事项上已予禁止，但这不意味着行政规范性文件就不可以对行政相对人设定相应的权利义务，事实上在大量的行政实务工作中，行政规范性文件具有法律规范的属性。因此，现代法治政府在建设过程中，一个重要的任务即是严格规范与审查行政机关“合法”的违法行为，在违宪审查机制尚未建立的情况下，需要将行政规范性文件的制定与实施纳入行政程序制度范畴予以规范与监督，并实现与行政法规、规章的制定程序相配套，完

〔1〕 参见《汕头市行政程序规定》（汕头市人民政府令第 124 号，2011 年公布实施）第 85 条、第 86 条规定：“本规定所称非行政许可类审批，是指由行政机关实施但不属于《中华人民共和国行政许可法》调整的，影响公民、法人或者其他组织权利和义务的行政审批行为。”“行政机关实施非行政许可类审批，除适用本章规定外，还应当遵守本规定有关行政执法程序的规定。”

〔2〕 马怀德著：《行政程序立法研究：〈行政程序法〉草案建议稿及理由说明书》，法律出版社 2005 年版，第 336—337 页。

善抽象行政行为体系与具体程序规制。

三、行政程序立法的现状（路径）分析

通过上述对中央与地方行政程序立法的二维分析，不难看出，我国在加强法治政府建设、探索统一行政程序制度的道路中，坚持的是“先分后统，先地方后中央”[1] 的立法与实践思路。所谓先分后统，是指在探索行政程序制度的过程中，基于制定条件（政治、经济、社会等综合因素）与行政法治水平的综合考量，采取循序渐进的路径推进法治政府与行政程序交互发展。具体而言，以行政过程维度出发，行政行为可分为行政立法（包含行政规范性文件的制定与实施）、行政规划、行政决策、行政决定、行政执行、行政监督与行政责任等纵向的诸多环节，具体行政决定又可分为行政许可、行政处罚、行政强制等具体行政行为，并在各具体行政行为中还可抽离出事项发现（申请）、调查、取证、听证以及作出决定等环节。总之，统一行政程序制度的建立，须首先把握整个纵向行政过程的共同特征，再比较各自独有特征，予以逻辑性、层次性、条理性归纳总结。然而，囿于法治水平、法制政府向法治政府转型过程中的经验有限，若一开始就采取中央顶层设计路径通过立法建立全国统一行政程序制度，即便能够在短时间获得一定的成效，也将面临巨大的失败风险。毕竟，我国没有优良的程序行政传统，这需要一个较长的时间去培育，故基于现实的境况，不得不采取先分别制定行政过程中各环节的程序规范，再待时机与条件成熟而进行统一化的路径。这既能够减少程序法治过程中“水土不服”的风险，也能够通过分支制度建设提供培育的环境与条件。我国陆续颁布《行政诉讼法》（1990 年）、《国家赔偿法》（1995 年）、《行政处罚法》（1996 年）、《行政复议法》（1999 年）、《行政许可法》（2004 年）、《行政强制法》（2011 年）等法律，正是在“先分后统”的立法思路下有序进行的。

另外，“先地方后中央”是指在探索统一行政程序制度过程中，依托“先分后统”程序法治路径建立的良好法治环境，在构建全国统一行政程序制度之前，先通过地方局部的“改革试法”检验统一行政程序制度的结构设计与

---

〔1〕 关于我国行政程序立法的现状分析，具体可参见应松年：《中国行政程序立法的路径》，载《湖南社会科学》2008 年第 6 期，第 55—57 页；王锡锌：《行政程序法理念与制度：发展、现状及评估——兼评〈湖南省行政程序规定〉正式颁行》，载《湖南社会科学》2008 年第 5 期，第 67—73 页；章剑生著：《现代行政法专题》，清华大学出版社 2014 年版，第 219—220 页。

具体实施效果，并在确定条件成熟与行政法治环境适当的基础上，通过中央立法[1]正式推行统一行政程序制度。《湖南省行政程序规定》(2008年)、《江苏省行政程序规定》(2015年)、《汕头市行政程序规定》(2011年)、《兰州市行政程序规定》(2015年) 等地方省、市政府对统一行政程序制度的循序探索，正印证了"先地方后中央"的建设思路。当然，"先分后统、先地方后中央"的二维路径从时间维度上分析，又是彼此交叉重叠，交互推进的，比如《行政强制法》颁行之前，湖南省、汕头市等各地方已经同时在探索推进统一行政程序制度的局部试验，整个二维路径体现着空间的有序性、时间的交叉性与规范的多层次性。

第三节　行政程序法典的制定

现代法治政府的构建，仅在实质法治的道路上步履蹒跚是无法实现的，程序法治作为形式法治的载体，与实质法治不分伯仲。《法治政府建设实施纲要 (2015—2020年)》指出："加快法治政府建设须提高政府立法质量，构建系统完备、科学规范、运行有效的依法行政制度体系，使政府管理各方面制度更加成熟更加定型，为建设社会主义市场经济、民主政治、先进文化、和谐社会、生态文明提供有力制度保障。"通过三十年余年的行政程序制度探索，我国在行政程序体系构建与具体贯彻执行上，取得了较大的成绩，这既肯定了我国在建设法治政府与行政程序制度上所作的努力，同时亦表明我国进入"先分后统、先地方后中央"二维路径的最后攻坚阶段，制定行政程序法典势在必行。

一、行政程序法典化的必要性

（一）制定行政程序法典，是转变政府职能，全面建设法治政府的前提

《法治政府建设实施纲要 (2015—2020年)》指出："全面建设法治政府，须牢固树立创新、协调、绿色、开放、共享的发展理念，坚持政企分开、政资分开、政事分开、政社分开，简政放权、放管结合、优化服务，基本理顺政府与市场、政府与社会的关系，切实转变政府职能……"制定行政程序

[1] 此处"中央立法"是指最狭义层面上的立法，即仅包括全国人民代表大会及其常务委员会制定的基本法律和其他法律，而不包括国务院制定的行政法规。即是说，行政程序制度作为政府行政的一项基本制度，必须从立法效力与立法层级上予以高度权威化、统一化。

法典，就是要将过去规范政府行政的相对分散的诸多行政程序制度予以统一，将全新的发展理念注入行政程序制度体系的建设之中，塑造政府行政的规范意识与规范行政，实现由“管理型政府”向“服务型政府”的自然过渡，保障法治政府建设的科学性与可行性。

统一行政程序制度，既能够协调、明晰政府在行政过程中各个阶段、各个环节的权力与责任，提高行政效率，又能够通过正当程序的构建为行政机关及其工作人员注入服务于民、解放市场、保护权利的意识与规范机制，使政府职能得以优化、政府职责得以体现，法治政府得以自如运行。因此，制定行政程序法典，统一行政程序制度，是转变政府职能，全面建设法治政府的重要前提。

（二）制定行政程序法典，是构建权利体系，监督依法行政的保障

评判现代法治政府的一个基本标准是政府与公民在日常的交互活动，甚至是矛盾冲突过程中，在法制的框架内，谁更占优势。现代法治政府是权利构造的政府，而不是权力统治的政府。在推进公民权利体系、社会权利体系系统建设过程中，政府的权力无疑会受到限制。以平衡论的视角分析，行政机关与相对一方的权利义务总体上是平衡的，过去在管理型行政制度下，政府的权力远远大于公民与社会主体的权利，政府以管理者的姿态对相对一方进行诸多管制，造成权利与权力在总量上的失衡，是一种不科学的、不正当的制度结构。行政程序法本为相对人的程序权利法、行政机关的程序义务法，通过制定统一行政程序制度，恰好契合行政法治的平衡体系，构建更加完善的权利体系，并实现行政过程中权利体系对权力体系的广泛制约与监督。

（三）制定行政程序法典，是健全反腐机制，预防行政腐败的关键

权力没有受到足够的约束，是腐败产生的根本原因。社会腐败的要害和核心是权力腐败，而权力腐败就是掌握权力的机关及人员为了个人及小集团的特殊利益而滥用公共权力，违反公共职责，致使以公平和正义为价值的规则体系崩塌。[1] 根治权力腐败的关键在于预防行政腐败并健全反腐机制，将“权力关进制度的笼子里”。[2] 制定行政程序法典，全面规范行政权力运行机制，落实行政机关及其工作人员的行政责任，将是预防行政腐败，健全反腐机制的关键，它直接决定反腐败、打击腐败的透明性、全面性与实效性。

---

〔1〕 马怀德：《行政程序法的价值及立法意义》，载《政法论坛》2004年第5期，第7页。

〔2〕 习近平：《在首都各界纪念现行宪法公布实施三十周年大会上的讲话》，载《十八大以来重要文献选编（上）》，中央文献出版社2014年版，第92页。

（四）制定行政程序法定，是提高行政效率，建立服务政府的核心

行政程序法的核心价值有两个：一是公正，二是效率。任何国家在制定行政程序时都不得不考虑这两项价值，而孰先孰后则取决于各国政治、经济、文化条件和习惯传统。[1] 过去囿于错误的价值理念，认为法律效用在实体与程序二维度下是矛盾紧张的关系，故为了追求片面的实际效果，而忽视甚至是抵制程序制度的建设，这既是为我国重人际轻规范、重“变通”轻“规则”的社会习惯与行政惯性所致，更是缺乏相应程序制度保障的直接结果。我国现行行政程序制度所确立的诸多具体制度均体现着行政程序法的效率追求；比如时限制度，《行政许可法》第42条规定：“除可以当场作出行政许可决定的外，行政机关应当自受理行政许可申请之日起二十日内作出行政许可决定。二十日内不能作出决定的，经本行政机关负责人批准，可以延长十日，并应当将延长期限的理由告知申请人。”因为无效率的政府意味着行政相对人的权益得不到及时的保障，处于一种时间或空间上的废置状态，自然无法做到便民服务。在信息时代的背景下，效率更是政府行政的生命，而行政权力在程序下的规范运行无疑是实现高效政府的有力保障，更是服务型政府的核心内容所在。

二、行政程序立法的模式选择

行政程序制度在建立之前，首先需考虑以什么样的模式进行。所谓行政程序立法的模式选择，指确立程序制度的该法本身所拥有的或得以体现的某种特征的归类而形成的法律形态。综合世界各国行政程序立法的实践，行政程序立法的模式呈现多元化的形态，各国依据自身的政治、经济、文化与历史传统，进而选择与自身发展相适应的模式。总的来说，呈现出三种立法模式选择，分别是法典化模式、单行法模式与管理法模式。[2]

第一种法典化模式，系西方国家行政程序立法选择的主流模式，具体以美国、德国、奥地利、西班牙等国家为代表，均制定统一行政程序法，这种模式也被亚洲国家日本、韩国等效仿。第二种单行法模式，是指以分散的判例、普通法原则或不同行政领域分别制定单行法的方式来构建该国行政程序制度。这种模式以法国、英国等部分西方国家为代表，其中法国的行政程序

---

[1] 马怀德：《行政程序法的价值及立法意义》，载《政法论坛》2004年第5期，第8页。

[2] 姜明安等著：《行政程序法典化研究》，法律出版社2016年版，第2页。

制度主要由行政法院判例所零星确立，而英国则主要通过行政法规法、行政裁判所法与调查法等部分行政性法规来创建该国行政程序制度。[1] 第三种管理法模式，具体指制定行政管理法，并通过行政管理法规范体系中规定零星的行政程序规则以构建该国行政程序制度。此模式以俄罗斯、部分东欧国家以及大多数第三世界国家为代表，并且新中国成立后至改革开放初期走的是管理法模式。

行政程序立法的道路模式选择没有绝对的好或坏，一国在建立行政程序制度之际，选择立法模式将综合考量该国的政治、经济、社会因素以及政府行政的传统与制度，这也是世界各国保持行政程序立法模式多元化的原因所在。至于我国的行政程序法立法模式，经历了改革开放初期的管理法模式——体现当时重实体、轻程序的政府管理思路，到新世界交替之初的单行法模式，典型代表为行政执法程序三部曲：《行政处罚法》（1996 年）、《行政许可法》（2003 年）、《行政强制法》（2011 年）。但无论是管理法模式，还是单行法模式都有其自身明显的缺陷，故笔者认为我们最终会走向法典化模式的道路选择，同时现行实施较好的单行法与管理法亦将继续存在。只是基于政府行政统一化、便利化、效率化的现实需要，将诸多领域内行政程序原则与共同性制度予以法典化的形式统一规范，同时现存的以及将来需要新制定的行政程序单行法与管理法将作为行政程序法典的补充与细化，共同构成覆盖面广、逻辑体系严密、执法效果统一的行政程序制度体系。

三、行政程序的构成系统

所谓行政程序的构成系统，即指将行政程序作为整体，对其进行过程性拆分，分析研究其各阶段或各环节的分支要素特征，并归纳总结整个行政过程中的共同特征，最终形成的系统结构。行政程序制度，其本质是对行政过程予以规范的规则共同体，更多研究并欲以实现的是对诸多不同类型的行政行为予以统一规范的方法。因此，结合一般法律与行政法的逻辑体系，行政程序法首先应由行政程序的基本原则与具体制度构成，而这恰恰是行政程序法最为核心的内容。其次，对行政法的过程进行拆解，那么过程性要素无疑包含行政程序主体——行政主体与行政相对人，行政程序客体——各种类型

---

〔1〕 胡建淼：《我国行政程序法的模式与结构——依据对世界上行政程序法规范结构的统计与透视》，载《政法论坛》2004 年第 5 期，第 11 页。

的行政行为（包括行政规划、行政决策、行政规则或称行政规范性文件的制定、行政执法、行政执行，同时行政执法又可根据执法类型再次细分为行政处罚、行政许可、行政强制（措施）、行政调解、行政指导等），行政程序内容——行政过程各阶段中行政主体在客体范畴下的权利义务组成和表征。

具体而言，以行政决策为例，其行政程序的构成系统具体由行政机关启动——行政机关编制具体规划或安排（包括预决算）或行政相对人启动——拟定相应行政事项规划、草拟决策方案、决策信息公布、各方参与决策讨论与论证、合法性审查、决策审议与决定（投票或行政机关单方决定）、事后评估与制动。再以行政许可为例，整个程序性过程分为行政相对人申请、行政机关受理、行政机关审查、行政听证（法定事项，或选项）、行政机关决定、行政许可变更与延续。故通过以上观察，行政程序的系统结构由其一般过程要素，即程序启动（行政机关依职权主动或行政相对人依法定申请）、调查取证或方案拟定、信息公开、一般交互活动（陈述申辩或审议讨论）、行政听证、合法性论证、决定（单独决定或审议决定）、执行、救济或追踪、改正与追责构成。

四、行政程序法典的基本内容

既然制定统一行政程序法典，是推进法治政府与行政程序交互发展的最优选择，是法治国家、法治政府与法治社会一体化建设的必然途径，那么如何制定行政程序法典，行政程序法典的内容有哪些，即是我们当下必须予以解决的问题。笔者认为，行政程序法典的制定须首先统一对行政程序制度所包含的基本内容的认识，确定行政程序制度必不可少的要素，参详行政程序制度不可或缺的因素，进行系统性论证。总之，我们可以从理论逻辑、比较借鉴、立法实践三个层面去探索行政程序法典的基本内容，塑造行政程序法典的基本结构框架，为程序法治政府的实现打下一个坚实的基础。

（一）理论逻辑上的基本内容

笔者在上文已述及，行政程序的构成系统至少包含两个层面：其一由行政程序的基本原则与具体制度所构成的核心内容，它解决的是统一行政程序制度的可包容性与灵活性问题。其二由行政程序的过程性要素构成，即横向的行政程序主体、行政程序客体与行政程序内容，以及纵向的一般过程性要素。程序启动、调查取证或方案拟定、信息公开、一般交互活动、行政听证、合法性论证、决定、执行、救济或追踪、改正与追责构成。易言之，从理论逻辑上构建行政程序法典的基本内容，其要素不外乎以上内容，具体可从行政法学界对《行政程序法（草案建议稿）》的结构体系得到检验。

姜明安教授在其著作《行政程序法典化研究》一书中，在《行政程序法（专家建议稿）》（以下简称“姜版建议稿”）中对行政程序法典的基本内容进行构建。[1]“姜版建议稿”具体分为八章，分别由总则（立法目的、概念释义与行政程序原则构成）、行政程序主体（包括行政机关、行政相对人与其他参与人）、行政程序基本制度（由电子政务、行政公开、个人信息保护、行政调查与证据、说明理由与听取陈述申辩、听证、期限等组成）、重大行政决策程序与行政规范制定程序、行政处理程序、特别行政程序（含行政合同、行政指导、内容行政规范、行政规划、行政应急行为）、监督责任与救济、附则构成。以上拟定的结构体系，无论是从概括层面上的程序与制度总结，还是从过程性要素上观察，均为笔者对行政程序系统构成论述的具体化。尤其是纵向行政程序的一般过程性要素中，有很多呈现相同的特征，属于程序制度化的范畴，比如行政公开、行政调查与证据、说明理由与听取陈述申辩、听证等，这类要素适合统分规范（立法）并获得了一致认同。另外，马怀德教授在其拟定的《行政程序法（草案建议稿）》（以下简称“马版建议稿”）中亦对形成程序法典的基本内容进行了诸多有益的探索。[2]与“姜版建议稿”比较，“马版建议稿”呈现为以单线为主的分散性行政程序立法，具体分为十一章，分别为总则（立法目的与行政程序原则）、行政程序主体、行政决定的一般程序（该章系全文核心，并占据建议稿近四分之一篇幅，由程序启动、调查、证据、陈述意见、电子政务、简易程序、决定成立、决定效力、期间、送达、费用构成）、听证、信息公开、行政规则、行政规划、行政指导、行政合同、法律责任、附则构成。不难发现，“马版建议稿”更偏向于从行政程序的过程维度展开，这与“姜版建议稿”的统分结构模式有着明显的区别，但二者拟定的版本以及其他行政法试探性拟定的版本都逃不出笔者所总结的行政程序的系统构成，只是具体要素结合上大同小异而已。

（二）比较视野里的基本内容

当我们还处在探索统一行政程序制度的道路中时，西方很多国家已经完成了行政程序制定的统一，并在法治政府建设中取得了较好的效果。故通过

---

〔1〕参见姜明安等著：《行政程序法典化研究》，法律出版社 2016 年版，第 394—450 页。

〔2〕参见马怀德著：《行政程序立法研究：〈行政程序法〉草案建议稿及理由说明书》，法律出版社 2005 年版，第 1—444 页。

对世界上现行文本中行政程序法典的规范结构进行分解，亦将获得已经较为成熟的程序结构体系，这无疑将提高我们探索法典基本内容的效率，降低立法失败的风险。

曾经有学者对美、德、日、韩、奥地利、西班牙、瑞士、意大利、葡萄牙、荷兰、我国澳门与台湾地区等国家或地区的行政程序法典结构性内容作了比较统计，并对行政程序基本内容的“规定率”统计如下（下图中“V”表示所在国家行政程序法对该内容有规定，“O”代表无规定，均有规定为100%，反之为0）[1]：

相关国家（地区）行政程序法结构性内容的“规定率”统计表

内容	奥地利	美国	西班牙	瑞士	德国	意大利	葡萄牙	荷兰	日本	韩国	中国澳门	中国台湾	规定率
当事人	V	V	V	V	V	V	V	V	V	V	V	V	100%
行政立法	○	V	V	V	V	○	V	V	○	V	V	V	75%
行政处分	V	V	V	V	V	V	V	V	V	V	V	V	100%
行政强制	V	V	V	○	○	○	○	V	○	○	○	○	33%
行政指导	○	○	○	○	○	○	○	○	V	V	○	V	25%
行政合同	○	○	○	○	V	○	V	○	○	○	V	V	33%
行政规划	○	○	○	○	V	○	○	○	○	○	○	V	17%
信息公开	V	V	○	○	○	V	○	○	○	V	○	V	42%
声明异议	V	V	V	○	○	○	○	V	○	○	V	V	50%
行政复议	V	V	V	V	V	○	○	V	○	○	V	○	58%
行政诉讼	○	V	V	V	V	○	○	V	○	○	○	○	42%

不难看出，世界各国对行政主体（即统计表中当事人）与行政处分（通常行政法教科书中称为“具体行政行为”，也有学者统一称作“行政决定”或“行者处理”）的规定率达到100%，即说明行政程序制度中，行政程序主体与行政处分（行政程序客体的核心）是普遍存在的基本内容。行政立法规定率达75%，也是应该纳入行政程序制定中的，但基于我国的行政立法体系

〔1〕 参见胡建淼：《我国行政程序法的模式与结构——依据对世界上行政程序法规范结构的统计与透视》，载《政法论坛》2004年第5期，第14—15页。

现状，《立法法》与《行政法规制定程序条例》《规章制定程序条例》已将行政法规、规章的制定纳入到了相对较为完善的行政立法程序中，且行政立法尚存在较强的立法属性，故只需将规章以下的行政规范性文件的制定纳入统一行政程序的基本内容。另外，由声明异议与行政复议构成的行政救济制度，规定率达到了50%及以上，应重新纳入我国行政程序制度体系中。行政诉讼系司法程序，且规定率为42%，不足50%，不宜纳入行政程序法中。信息公开规定率为42%，但我国目前信息公开规范层级最高为行政法规，且有诸多不完善，故也宜纳入行政程序法。行政指导、行政合同与行政规划虽只有17%到42%的规定率，但因这三个领域长久处于缺乏规制的状态，故宜考虑纳入行政程序法中，以此消除在行政立法上的空白。综上，以比较法的方法可知，行政程序法典的基本内容应包含行政主体、行政决定的一般程序、规范性文件制定程序、信息公开、行政救济与特别行政行为程序。

（三）立法实践中的基本内容

我国对统一行政程序制度的构建已有诸多的地方立法实践经验，这既是对当下诸多理论成果的直接应用，亦是地方政府进行法治建设的源生产物，故有巨大的参考价值。以《湖南省行政程序规定》为例，上文已提及其基本内容架构共分为总则（概念释义与行政程序原则）、行政主体、行政决策程序（包含重大事项的行政决策与制定规范性文件的活动）、行政执法程序（包含行政许可、行政处罚、行政强制、行政给付等具体行政行为过程性程序环节规定）、特别行为程序和应急程序（包括行政合同程序、行政指导程序、行政裁决程序、行政调解程序与行政应急程序）、行政听证程序（主要适用于重大行政事项，包括行政决策听证与行政执法听证）、行政公开程序、行政监督程序、责任追究与附则。其后各地方省、市政府均是在其基本内容架构上予以补充和完善，但基本上沿袭了此内容框架。不难发现，地方政府在行政立法过程中，对行政程序制度的探索亦是采用的相对单一分散的立法模式，这既契合了笔者对行政程序构成系统的论述，也与行政法学界“马版建议稿”相符。

综上观之，无论是基于行政法理论逻辑的分析，或是基于世界各国立法的比较，还是基于地方政府立法实践的考察，均呈现出行政程序法定体系结构的统一性、相似性与可量化性。同时，三种探析的路径与思维又有明显的差异性，体现着不同路径下价值观念与结构体系的细微独特性，这让我们在统一行政程序制度的道路探索中，更能把握制度体系建设的诸多细节，确保行政程序法典基本内容的可靠性。就整体而言，笔者更欣赏与赞同“姜版建议稿”所确立的“统分结合与具体有致”的建构思路与基本内容塑造，这既实现了行政法体系与行政程序法体系的较好融合，更尊重了行政程序法体系自身的过程性特征，同时也有利于行政程序法在具体实施中得到行政机关及其工作人员的贯彻实施。诚然，全面建设法治政府仍将任重道远，但统一行政程序制度作为全面建设法治政府体系的关键性结构，将在理论成熟、实践丰富、论证有力的现实背景下最终得以实现。

第十二章　法治政府与行政处罚

第一节　行政处罚概说

一、行政处罚内涵

行政处罚是行政机关在行使行政管理过程中，对行政相对人违法行政法律相关规定的现象和行为进行教育和制裁，即行政机关通过行政处罚这样一种方式，对行政相对人的人身或财产利益进行剥夺，从而使得行政相对人的人身权或者财产权受到一定程度的损失。简单来说，行政处罚是行政主体实施行政管理行为的一种重要方式，也是行政相对人承担相应行政法律责任的主要形式。[1] 我们可以对行政处罚下一个这样的定义：行政处罚，是指国家行政机关依照行政法律，对违反行政法律规定又尚未构成犯罪性质的公民或组织予以教育和制裁的一种具体行政行为，它属于行政制裁的范畴。行政处罚的法律特征如下：

1. 行政处罚作出的主体是特定的国家行政机关。虽然说行政处罚的作出主体是行政机关，但我们必须将其与其他的行政机关予以区别，并非所有的行政机关都可以作出这种行政行为。即只有经过国家法律、法规明文规定的行政主体才能依法享有行政处罚权，才可以在法定的职权范

---

〔1〕 关保英著：《行政法与行政诉讼法》，中国政法大学出版社 2011 年版，第 150 页。

围内实施行政处罚。除此之外，由法律、法规等明文规定进行授权的组织，也可以拥有行政处罚权，但其必须具有管理公共事务的职能。

2. 行政处罚的对象是违反行政管理活动的行政相对人。行政处罚这种行为，只能向那些违反行政法律规范的公民和组织作出。其中的公民包括中国公民、外国人和无国籍人；组织包括法人和其他组织。但我们需要注意的是，行政处罚这种行为，行政机关不能向其机关本身或者行政机关内部的工作人员作出。除非其行政机关工作人员在其行为中是以行政相对人的身份出现。

3. 行政处罚中所针对的行为是行政违法的行为而不是犯罪行为。行政处罚中所设定的行政行为必须是特定的行政机关对违反了行政法律规范的行为进行制裁，除此之外违反的其他法律规范行为都不叫行政处罚。另外，其需要被制裁的违法行为必须是违反了行政法律规范的行为，且其并没有构成犯罪的行为。如果行政相对人的行为已经触犯了法律，构成了犯罪，那就是一种犯罪行为，需要接受的则是刑罚的制裁。

4. 行政处罚在一定意义上是一种制裁行为，简而意之，就是指是各国行政机关对违反了本国行政法律规范的行政相对人进行制裁的一种不利法律后果，其内容是剥夺和限制行政处罚相对人的部分人身权和财产权，监督其以后不再重犯，也起到教育和警示作用。

二、行政处罚原则

行政处罚原则是贯穿于整个行政处罚过程中的基本行政行为准则，也为行政处罚行为应如何实施提供一个导向作用。所谓行政处罚原则，是指作为行政处罚法律规则基础的原理或准则，是行政处罚行为实施所必然需要遵守的法律准则。行政处罚原则是所有现行行政处罚制度的集中反映，在行政处罚法的法律规则中占据着主导地位。[1]

关于行政处罚法的原则，各国对其具体规定不一。但总体来说，世界上绝大多数国家对行政处罚都贯彻以下几种基本原则：

1. 法无明文规定不处罚原则。如奥地利的《行政罚法》就对该原则作出了明文规定。[2][3] 另外，德国行政处罚的适用规则中也表明，法无明文规

〔1〕 关保英著：《行政处罚法新论》，中国政法大学出版社 2007 年版，第 16 页。

〔2〕 刘烈：《国外行政处罚立法状况》，载《行政法学研究》1994 年第 1 期。

〔3〕 奥地利《行政罚法》在第 1 条第 1 项规定，对于违反行政义务行为人实施的行政处罚，必然要以该行为发生以前已有规定可对此处罚的法律存在为前提；无法律规定者，不得处罚。

定不受处罚。任何人的任何行为，凡法律未规定应受处罚的，任何机关均不能对其予以处罚，否则将以侵犯公民权利而承担相应的法律责任。[1]

2. 比例原则。德国行政处罚法律中指出，行政机关所进行的行政处罚，必须和行政相对人所实施违法行为的性质、情节和程度相适应。在对其行政相对人科以行政处罚时，必须考虑到行政相对人的行政性质和其行为违法的严重性，除此之外也要考虑到行政相对人自身的经济状况，综合上述几个方面进行处罚的考量。[2] 我国台湾地区也在行政处罚中确立了比例原则，主要是源于法治国家原则，要求其行政机关在干涉与所得之间，应当制定一个适当的比例。简单来说，就是国家行为之所得必须超过对人民所生之不利益。[3]

3. 国家追诉原则。国家追诉原则是指，对其行政相对人的行政违法行为，需要由国家来追究行为人相关的法律责任。例如，奥地利《行政罚法》中确立的行政罚四项基本原则中就有指出，对违法行为人实施的行政罚，必须要以该违法行为发生之前的法律规定为处罚依据，这也近似于法的追溯性，即如果先前并无法律规定，则不得对其予以处罚。与我们刑法上的罪刑法定原则有相似之处。

而我国在《行政处罚法》总则中也明确规定了行政处罚的基本原则，具体如下：

1. 法定原则。行政处罚中的法定原则是指，在行政处罚过程中，行政机关所实施的行政行为必须按照行政处罚法律规范严格进行，不得滥用职权。具体主要表现在：（1）行政处罚的法律依据是法定的，不可将其随意变更。（2）实施行政处罚的主体是特定的，其所赋予的行政职权也是法律所规定的。（3）行政处罚的程序是法定的。（4）行政处罚中其种类也必须按照我国法律、法规等明文规定下的种类进行处罚的实施。

2. 公开原则。行政处罚中的公开原则是指，行政机关在实施行政处罚的过程中，其对处罚的具体设定和实施过程这些方面必须保证公开和透明的运作。具体表现在：（1）行政机关实施行政程序，其行为的全程应保证公开化。包括行政行为主体应当公开表明身份，必须告知行政相对人行政处罚的内容、

---

〔1〕 行政立法研究组赴德考察团：《关于德国行政处罚制度考察报告》，载《行政法学研究》1994 年第 2 期。

〔2〕 行政立法研究组赴德考察团：《关于德国行政处罚制度考察报告》，载《行政法学研究》1994 年第 2 期。

〔3〕 翁岳生编：《行政法》，中国法制出版社 2002 年版，第 832—834 页。

事实和依据。除此之外，在听证程序中，除机密或者隐私的事件外，所举行的听证会的时间、地点也应当面向大众公开，使行政处罚更加平等。(2) 行政机关作出处罚时所依据的行政法律规范必须公开。若行政机关未经公布处罚的相关法律，其不得作为作出行政处罚的依据。

3. 公正原则。行政处罚中的公正原则含有以下的两层含义：其一，行政机关在实施行政处罚行为的过程中，其处罚的程度必须与行政相对人作出违法行为的性质和社会危害程度相适应，不得对其进行过分处罚，应做到责罚相当。其二，行政处罚的实施必须要以事实为依据，行政机关应根据违法事实作出相应的处罚决定，不得滥用权力。

4. 权利保障原则。行政处罚中的权利保障原则是指被处罚的行政相对人在受到行政处罚时，依法享有陈述权、申辩权，向行政复议机关提出复议，向人民法院提起行政诉讼以及请求行政赔偿权等一系列权利。其中，在行政处罚作出的过程中，行政相对人有权提出陈述和申辩，其属于行政处罚中的事前救济，而行政复议、行政诉讼、行政赔偿则是行政相对人可以选择的事后救济。

5. 坚持行政处罚与教育相结合原则。行政处罚中的与教育相结合的原则是要求行政主体在对违反行政法律规范的行政相对人进行行政处罚的过程中，行政机关在处罚过程中，必须要坚持处罚和教育两者并行的原则，不能只处罚不教育，或者只教育不处罚。处罚其本身只是行政机关在行政管理活动中的一种手段，而其手段并非是最终的目的，行政机关应当在处罚的同时，纠正行政相对人的违法行为，并教育其自觉守法，使其今后不再重犯。处罚也只有以教育为目的，才能收到良好的社会效果。

三、行政处罚与相关概念之界限

（一）行政处罚与执行罚

执行罚是指行政管理机关中的执行机关，对拒不履行已经生效的行政处罚决定的行政相对人，科以新的金钱给付义务，目的是为督促其及时履行行政处罚决定的一种行政强制执行方式。它是一种间接的强制执行形式，其前提必须建立在行政机关作出已生效的行政法律决定，但行政相对人拒不履行的行为基础之上。

行政处罚和执行罚的共同点是对不履行义务的公民或者组织的一种惩罚。它们的不同点主要表现为：

1. 种类不同。行政处罚的处罚种类按照其处罚内容，我们可以将其划分为申戒罚、人身罚、财产罚、行为罚等；但是执行罚的处罚种类只有一种，即科以新的金钱给付义务的财产给付。

2. 原则不同。行政处罚在处罚的过程中必须遵守“一事不再罚”的原则，即在行政处罚过程中，行政机关对行政相对人违反法律规定的同一事，只能作出一次处罚决定。而执行罚的目的在于促使行政相对人履行该履行的义务，以及如果行政相对人在行政机关发出执行罚后仍未履行相应的作为，那么执行机关可以再次对行政相对人强制实施该执行罚，直至该行政相对人履行该义务为止。

3. 目的不同。行政处罚的目的是在于惩罚违反行政法律规定的公民和组织，纠正其自身的违法行为，并督促以后不再犯，而执行罚的目的则是迫使行政相对人及时履行已生效的法律义务，以强制性去促使义务人履行。

（二）行政处罚与刑罚

刑罚是指刑法规定的，由国家审判机关依法对犯罪分子所适用的剥夺或者限制某种权益的最严厉的法律强制方法。[1] 刑罚与行政处罚的不同点主要表现在以下几个方面：

1. 适用法律依据不同。刑罚所适用的法律依据是刑法、刑事诉讼法，行政处罚适用的依据是行政法律规范等。

2. 适用前提不同。刑罚所针对的行为是已经触犯到法律并且构成犯罪的行为，行政处罚所针对的行为是违反了行政法律的相关规定，但尚未构成犯罪的行为。

3. 适用主体不同。刑罚是国家司法权力的范畴，其适用主体只能是国家法院，行政处罚是属于我国行政管理的范畴，其适用主体是国家特定的行政机关。

4. 种类不同。刑罚包括两部分，主刑和附加刑。其中刑罚中的主刑又包括管制、拘役、有期徒刑、无期徒刑及死刑这五类，而刑罚中的附加刑则包含着处以罚金、剥夺违法行为者的政治权利、没收个人财产等，而行政处罚相比之下种类居多。根据我国的《行政处罚法》规定，在行政处罚中，我们主要将行政处罚的种类分为警告、罚款、没收违法所得、没收非法财物、责令停产停业、暂扣或者吊销许可证、暂扣或者吊销营业执照和行政拘留等几种。[2] 从种类上来说，行政处罚包含了申戒罚、人身罚、财产罚、行为罚四

---

〔1〕 关保英主编：《行政法与行政诉讼法》，中国政法大学出版社 2011 年版，第 153 页。
〔2〕 关保英主编：《行政法与行政诉讼法》，中国政法大学出版社 2011 年版，第 152 页。

大类。将行政处罚与刑罚二者进行相互比较，行政处罚不仅在其对违法行为处罚的力度上要比刑罚轻得多，在其处罚的形式上也显得非常的灵活化和方便化。

（三）行政处罚与行政处分

行政处分是指国家行政机关按照纵向的隶属关系，依照法律规范对行政机关内部有轻微违法失职但尚未构成刑事犯罪的公务员进行的一种纪律性处分。两者均可归属在行政制裁的范畴中，但两者也有较大的差别，主要表现在以下几个方面：

1. 处罚主体不同。行政处罚的主体是指拥有行政处罚权的特定行政机关，作出行政处罚决定的行政主体必须被赋予行政权力，即法律、法规所授权的组织和依法委托的机关。行政处分作出的机关是我国公务员所属的行政管理机关、上级的行政机关以及相关监察机关等。大体来说，在我国，一般的国家行政机关都拥有着行政处分权。[1]

2. 制裁对象不同。行政处罚所进行处罚的对象是对外的，指的是除行政机关本身及其内部工作人员之外，不特定的公民或者其他组织等，他们都是在行政管理中处于被管理的相对一方当事人。而行政处分中所处分的对象则是与国家的行政机关有直接的纵向隶属关系的机关内部违反行政制度及相关法律规范但尚未构成犯罪的行政机关公务人员。

3. 处罚种类不同。行政处罚的种类按照我国的《行政处罚法》第 8 条规定，主要包括警告、罚款、没收违法所得、没收非法财物、责令停产停业、暂扣或者吊销许可证、暂扣或者吊销营业执照和行政拘留等几种。[2] 而行政处分其处分的种类是根据我国《公务员法》第 56 条所规定的，主要包括警告、记过、记大过、降级、撤职、开除六种形式。[3]

4. 行为性质不同。行政处罚属于行政机关的外部行政行为，对象是不特定的公民、法人及其他的组织，而行政处分属于行政机关的内部行政行为，对象是行政机关内部的公务人员。

5. 救济途径不同。在行政处罚中，行政相对人如果对其行政机关所给出的行政处罚不服，可以通过法定程序向有关行政机关提起行政复议或者行政诉讼。当然，在行政机关进行行政处罚的决定时，也会现场告知行政相对人

---

〔1〕 关保英主编：《行政法与行政诉讼法》，中国政法大学出版社 2011 年版，第 151 页。

〔2〕 参见《行政处罚法》第 8 条。

〔3〕 参见《公务员法》第 56 条。

的救济方式，但在行政处分中，行政机关工作人员若不服行政处分，只能通过行政机关内部申诉这一途径，由行政监察机构对其处分行为进行解决。

第二节　行政处罚的种类与设定

一、国内外行政处罚种类的探讨

在当今世界各国的行政立法中，无论是在英美法系国家还是在大陆法系国家，行政处罚都是一项极其重要的法律制度，它不仅贯穿在行政部门行使行政职权的始末，也是行政管理中一种极其普遍的惩戒方式。目前世界各国对行政处罚采取的立法模式有其各自的特色。根据相关资料显示，当今世界各国对行政处罚采取法典式立法的，只有奥地利、德国、苏联等极少数国家，而大多国家对其并未制定一部完整的法律加以全面统一的规范，而是将行政处罚这种法律规范分散在各类单行法律法规中，由各个单行立法对特定领域和特定方面的行政立法作出单独的规定。现在，我们对采取法典式立法的一些国家的行政处罚种类进行简单介绍。[1]

（一）奥地利行政处罚种类

奥地利是世界历史上最早制定行政处罚法典的国家。其在 1950 年 5 月 23 日颁布的《行政罚法》生效至今。在《行政罚法》中将行政处罚分为以下五种：

1. 自由罚。自由罚包括拘留和住宅禁足两种。根据《奥地利行政罚法》第 13 条规定："被判处住宅禁足者，应宣誓保证勿离其住宅。违反誓言者就其禁足期间执行拘留。"

2. 罚锾。《奥地利行政罚法》第 14 条规定："罚锾之强制执行，以不影响受裁决人最低限度的生活、法律上赡养义务之履行及对被害人损害之赔偿为限。"

3. 没入。《奥地利行政罚法》第 17 条规定："宣告没入之物，以属于行为人或共犯或有权处分权人所交付者为限。如行政法规另有规定时，从其规定。"

4. 警告。《奥地利行政罚法》第 21 条规定："官署认为行政逾越者之行政责任轻微，而其行政逾越行为之结果未具意义，且依案件情节即使处以最轻之自由罚或者罚锾仍嫌过重者，得免除其自由罚或罚锾，而改予警告。"

---

〔1〕 高志新著：《中华人民共和国行政处罚法释义》，红旗出版社 1996 年版，第 21 页。

5. 补充罚。补充罚也叫作易科罚，是指受到罚款处罚的受罚者无力缴纳罚款时，可以以拘留代之，亦称之为易科拘留。[1]

（二）德国行政处罚种类

德国的行政处罚法典是1992年7月修订的《德国违反秩序法》。在《德国违反秩序法》中将行政处罚分为以下四种：

1. 警告。警告是对那些违反秩序程度轻微的人所给予的警示和训诫。包括单独警告和附加罚款警告两种。

2. 罚款。根据《德国违反秩序法》第18条规定："罚款最低为5马克，如果法律没有其他规定，最高为1000德国马克。"

3. 没收。根据《德国违反秩序法》第22条规定："只有法律明确表示准许时，才能对违反秩序行为处以没收物品的附加措施。"

4. 充公。根据《德国违反秩序法》第29条规定："如果没有针对行为人开始罚款程序或者此种程序已经停止，可以单独颁布充公令。"

（三）日本行政处罚种类

日本的行政处罚法典将行政处罚分为以下五种：

1. 行政刑罚。行政刑罚是指在刑法典以外的单行法律中规定的刑罚。主要包括死刑、徒刑、监禁、罚金、拘留等。

2. 秩序罚。秩序法均指财产罚。

3. 通告处分、交通反则金通告、微罪处分、指导措施。总体来说，以上几项均为通过免除送至或告发义务，使违法者脱离刑事诉讼程序，而由行政机关予以惩戒的手段。

4. 地方法院根据《非法案件程序法》的规定所科处的处罚。

5. 课征金、加算税、支付的停止或拒绝及授益行为的撤回等这些行政处罚行为都是近些年来日本所增加的一些新的行政处罚方式。

（四）我国行政处罚种类

我国的《行政处罚法》也对我国出现的各种处罚情况作出了归类和设定，大致将其形式规范为以下几类：

1. 警告。警告是指国家特定的行政机关和法律法规授权的组织对其违法程度较轻，不足以构成犯罪的违法人在口头上的谴责和告诫。警告在我国，是属于申戒罚的一种形式。警告这一方式在行政处罚中的运用也是极其普遍的，其也是在所有的处罚类型中最轻的一种处罚形式。

---

〔1〕 参见《奥地利行政罚法》第13—21条。

2. 罚款。罚款是指享有行政处罚权的行政机关依据法定程序依法对违反行政法律规定的行政相对人责令其在特定时间内承担一定的金钱给付义务的处罚。罚款属于财产罚，其在行政处罚中也是极其普遍的，为大多行政机关所采用的一种处罚形式。

3. 没收违法所得、没收非法财物。没收违法所得是指行政机关将违法行政相对人在非法经营过程中所获得的物质利益收纳为国有的处罚形式。没收非法财物是指行政机关将违法行政相对人在实施违法行为活动时，将非法占有的财产收纳为国有的一种处罚形式。非法占有的财产包括违法人在违法行为实施中使用的违法工具，违禁物品等。没收违法所得、没收非法财物这种处罚形式在行政处罚的分类中，也属于财产罚的一种。

4. 责令停产停业。责令停产停业是指行政机关告知违法行为人使其对当前从事非法经营的生产活动进行停产停业的一种处罚形式。责令停产停业这一种处罚方式处罚性质较为严重，其适用于较为严重的行政违法行为。责令停产停业属于能力罚，通常有一定的时间要求，即如果违法行为人的违法行为得以纠正，其就可以恢复原来的生产经营活动。

5. 暂扣或吊销营业许可证、执照。暂扣或吊销营业许可证、执照是指行政机关对已经持有某项生产活动和特定业务资格证书的违法行为人进行限制和剥夺的处罚形式。暂扣或吊销营业许可证、执照属于能力罚的一种，其仅适用于取得相关许可证和执照的公民、法人和其他组织。该处罚方式在行政处罚中是最为严厉的一种，我国法律也对其处罚行为规定了相关的听证制度以保护行政相对人的合法权益不受侵犯。

6. 行政拘留。行政拘留是指公安机关按法定程序对违反社会治安和社会管理秩序的行政相对人，在短期内限制其人身自由的一种行政处罚形式。行政拘留其性质属于人身罚的一种，其也是我国在行政处罚所有的处罚方式中最为严厉的一种处罚形式。一般来说，行政拘留的设定只属于全国人民代表大会及其常务委员会，而实施其决定行政主体，必须是县级以上的公安机关。[1]

二、确定行政处罚种类的立法背景

我国在行政处罚法的立法体系完善上经过了很长的一段历程。而从1979年中共党的第十一届三中全会召开以来，我国的法制化建设也向前迈进

---

〔1〕 岳光辉著：《治安管理处罚法实用教程》，中国人民公安大学出版社2005年版，第56页。

了一大步，迅速地进入了恢复和发展时期，与此同时，国家的法律、法规以及规章等其数量也有了明显的增多。而在大多数法律、法规和规章中，也都纳入了相应的行政处罚标准，以此保障国家法律、法规及规章的顺利实施。但久而久之，政府无根据处罚、违规处罚等现象也日益暴露在各个领域之中，为其执法带来了诸多不良影响。对此，自1986年以来，全国人大常委会及国务院在不同领域针对各自职能制定了相对应的行政处罚法律及法规。比如，《违反财产法规处罚的暂行规定》[1]《海关法行政处罚实施细则》[2]等。这一系列规定以及条例的颁布，阐释了在当前我们社会行政处罚这一行政制度，与社会及公民的关系日益密切，已渐渐渗透到社会生活的各个领域与各个方面，成为一项极其重要的制度。与此同时，随着行政处罚的不断施行，行政机关在行政处罚的施行中，也渐渐暴露出诸多问题，比如“行政处罚主体的设定因界限不清导致的行政处罚变成行政滥罚；行政处罚中赋予行政执行主体太大的自由裁量权；行政处罚执行程序不完善弊端重重；各类行政处罚的条例之间存在着相互矛盾及冲突”[3]。这一系列暴露的问题，一方面是由于我国行政机关在执法过程中执法不严所造成的，另一方面也是由于我国目前行政处罚的立法机制尚未完善而导致的多头立法所造成。[4]

因此，根据中国行政立法目前存在的弊端以及发展的现状，其种种迹象表明，现在的中国急需制定出一部系统完善的行政处罚法来规范行政机关在行政处罚行为上的设定和实施，进一步来说，只有制定了这样一部完善的行政处罚法律，才能更好地在规范行政机关合法执法的同时，保证行政相对人的合法权益，提高我国行政机关的行政管理能力，从而更好地实现其法治政府的职能。

三、对行政处罚设定的规范

行政处罚的设定，是指在没有“上位”法律规范作为行政机关进行行政处罚的法律依据前提下，可以利用“下位”法律规范来自行制定相应的行政处罚这样一种具体行政行为。简单来说，行政处罚的设定都是具有原创性的，它不依赖于上位法的存在而存在，也并非是对上位法作出的具体化解释。而依据《行政处罚法》，在我国对行政处罚所设定的规范主要体现在以下两个

〔1〕 该规定于2005年2月1日被《财政违规行为处罚处分条例》废止。

〔2〕 该细则于2004年11月1日被《中华人民共和国海关行政处罚实施条例》废止。

〔3〕 阎军、张卫理：《行政处罚需有法可依》，载《法制日报》1996年2月12日，第1版。

〔4〕 应松年、马怀德著：《行政处罚法》，人民出版社1996年版，第44—46页。

方面：

（一）设定行政处罚的机关

根据我国的《行政处罚法》所规定，有权设定行政处罚的有以下几类机关：

1. 全国人民代表大会及其常务委员会。由于我国的全国人民代表大会是我国最高的国家权力机关，常务委员会是人大的常设机关。因此，全国人大及常委会可以制定任何形式的行政处罚，是所有行政机关中最高的立法权体现，也是行政处罚的最高设定机关。

2. 国务院。国务院是国家最高的权力执行机关，是我国最高的行政机关。因此，国务院可以设定的行政处罚范围是所有国家机关中最为广泛的，除去人身自由外所有的行政处罚，国务院均可进行设定。简言之，就是既可以设定罚款等财产罚，也可以设定责令停产停业、暂扣或吊销营业许可证、执照等能力罚。

3. 省、自治区、直辖市的人民代表大会及其常务委员会，省、自治区的人民政府所在地的市的人民代表大会及其常务委员会，国务院批准的较大的市的人民代表大会及其常务委员会等。这些国家权力机关可以通过制定地方性法规来设定行政处罚中的除限制人身自由、吊销营业执照的行政处罚。[1]

4. 国务院各部、委员会、国务院授权的具有行政处罚权的直属机构。其可以按照相关法律、法规、规章的规定，设定出警告以及一定数量的罚款的行政处罚。

5. 省、自治区、直辖市人民政府和其人民政府所在地的市的人民政府以及国务院批准的较大的市的人民政府均可在法律、行政法规和地方性法律规定其行政处罚的行为、种类以及幅度。[2]

当然，除上述五种机关以外，其他任何形式的组合都不能设定任何形式的行政处罚。

（二）行政处罚设定权的划分

由于不同的行政处罚的设定其主体也不尽相同，所以为避免行政主体混乱而导致的行政权行使冲突，我们也在此对行政处罚的设定权进行了划分。

1. 法律的设定权。法律作为仅次于宪法在我国整个法律体系中处于最高地位的规范性文件，其有权根据不同方式的需要制定与行政机关相关的任何

---

〔1〕 关保英著：《行政法学》（下册），法律出版社 2013 年版，第 477 页。

〔2〕 同上。

一种行政处罚形式。进而言之，在行政处罚中，有关人身罚这一处罚形式，也只能由国家法律予以设定，而其他任何规范性法律文件都无权设定与公民人身自由相关的行政处罚。

2. 行政法规的设定权。《行政处罚法》第 10 条第 1 款规定："行政法规可以设定除限制人身自由外的行政处罚。"由于国务院作为国家最高权力机关的执行机关，其效力仅次于全国人大及其常务委员会。因此，我国的行政法规也必须在设定的过程中受到法律的限制，这也是由国务院在我国的地位所决定的。

3. 地方性法规的设定权。地方性法规是指由省、自治区、直辖市、省会市以及国务院批准的较大的市的人民代表大会及其常务委员会制定的规范性法律文件。《行政处罚法》中也有规定，地方性法规的设定权必须是在我国法律、行政法规的规定下来给予行政处罚过程中的种类及幅度问题，这不仅是国家立法原则中的形式体现，也是为维护我国法制一体化进程的重要体现。

4. 规章的设定权。[1] 规章包含两部分，即部门规章和地方政府规章。两类规章的处罚设定权均可以分为创设权和规定权两部分。创设权是指在法律法规尚无明文规定的情况下，行政主体可以对违反或者妨碍行政机关工作或者扰乱行政管理秩序的公民或者部分组织所作出的违法行为创设警告或在授予权限范围内拟定一定数额的罚款；而规定权则指法律法规对其处罚行为已经做出了明文规定，行政主体需要在这一规定下，将其进一步去细化、具体化，但不得逾越明文规定的界限。

第三节　行政处罚职权与管辖

一、行政处罚的实施机关

根据我国《行政处罚法》的相关规定，目前在我国，能够实施行政处罚的机关可分为以下三类：

1. 具有行政处罚权的国家行政机关。我国《行政处罚法》第 15 条规定："行政处罚由具有行政处罚权的行政机关在法定职权范围内实施。"[2] 我们将该条例进行展开可以理解其中的三层含义。其一是在我国，行政处罚的行使主体只能是国家的行政机关而非其他国家机关。其二是在我国，行政机关对

---

〔1〕 参见刘世勇：《谈地方规章越权设定行政处罚》，载《法学杂志》1999 年第 2 期。

〔2〕 参见《行政处罚法》第 15 条。

其行政处罚的权力行使是有各自分工的，每个行政机关其行政职能不尽相同。其三是行政机关必须按照法定程序在各自权限范围内行使行政处罚权且不得逾越相关权限。

2. 由国家法律、法规所授权的组织。根据我国《行政处罚法》第 17 条的规定，除我国行政机关外，经过国家法律、法规授权的组织也可以在其授权范围内行使相关的行政处罚权利。[1] 但其前提在于，该授权的组织在行使行政权力时必须符合一些法定的条件。具体来说，这些条件是：（1）被授权的组织必须是经过我国国家法律、法规的明确授权的。这是被授权组织实行行政处罚职能的首要前提；（2）该被授权组织必须是具有管理公共事务职能，而并非是一般性营利组织；（3）被授权组织必须在法律、法规授权的合理范围内行使行政处罚权。且其在行使行政处罚权过程中，必须以自己的名义实行，而由实行所带来的一系列法律后果，也由被授权组织全权承担。

3. 国家行政机关委托的其他组织。根据我国《行政处罚法》第 18 条的规定，国家行政机关可以根据相关的法律、法规及规章的规定，按照法定程序在其法定的权限范围内委托给符合相关条件的组织由其代为实施行政处罚。但委托组织也必须在实施前符合以下条件：（1）被委托的必须是一个组织，且该组织必须是依法成立的能够进行公共管理事务的事业性组织；（2）该委托的公共事务组织中，必须具有熟悉国家的法律、法规及规章的相关工作人员，具有法律专业性；（3）委托组织在实行行政处罚的过程中，并非是以自己的名义，而是以委托的行政机关的名义来实施该行政处罚行为的。所以，委托的组织在合理的委托范围内行使行政处罚，其后果均由原行政机关承担。但与此同时，委托机关接受的行政处罚职能也不能进行再委托。[2]

二、委托行政处罚的正当性要件

委托行政处罚，顾名思义就是国家行政机关将相关的行政权力委托给其他组织由其代为行使行政处罚的一种方式。委托实施机关就是指受到国家行政机关委托代为实施行政处罚权的组织。

由于在我国，相比起其他法律，行政处罚在委托行政上受到的法律束缚是比较少的，这就使得我国国家行政机关在自主决定、自由裁量的幅度上大很多。因此，做好规范委托行政处罚的实施和明确委托行政处罚的管理显得

---

〔1〕 参见《行政处罚法》第 17 条。

〔2〕 参见《行政处罚法》第 18 条。

尤为重要。我国在《行政处罚法》第19条中规定:“受委托组织必须符合以下条件:(一)依法成立的管理公共事务的事业组织;(二)具有熟悉有关法律、法规、规章和业务的工作人员;(三)对违法行为需要进行技术检查或者技术鉴定的,应当有条件组织进行相应的技术检查或者技术鉴定。”[1] 但此类条文的规定仍旧是略显抽象性,相关学者对其行政委托的条件也有以下的看法:其一,行政处罚机关由于人力、物力、财力等原因,的确需要将其以合法方式委托给相关机关予以解决这类问题。其二,被委托的行政机关应实施的行政处罚应当是数额较小,处罚程度较轻的,涉及人身罚、能力罚等均不适宜交委托机关处理。其三,行政机关在进行委托时,应当现场出具一份书面的委托说明书,且在委托书中应当注明双方的权利、义务以及责任,并由双方进行签字盖章生效,其行政处罚委托方可进行。其四,当公民个人作为行政处罚的委托人时,行政机关应当对其公民的权利和委托权限加以严格的限制,在行使行政处罚权利时,应由相关委托机关批准,并对委托公民的法律专业知识能力和处理水平进行综合考量等。[2]

三、行政处罚的管辖类别与确定

行政处罚的管辖是指国家将某一行政违法行为其具体由哪一个行政机关进行负责,进而对其行为实施行政处罚权的行为主体进行明确的一种法律制度。之所以明确行政处罚的管辖制度,也是为了在一定程度上明确各行政机关的权限与分则,避免行政机关间因权限不清而产生的权责不清等冲突。

按照我国颁布的《行政处罚法》规定,我们将行政处罚的管辖分成了以下五类:

1. 地域管辖。地域管辖是指处在不同地区的行政机关对其管辖范围内的违法案件进行各自管辖的明确分工。一般来说,行政处罚的案件,应由其违法的行政行为的发生地来进行管辖。违法行为的发生地主要包括其行为的着手地、案件的实施地、事件的经过地、结果的发生地来进行判断。在当今我国众多法律法规和其他单行条例中,对其管辖有着两种特殊规定:(1)由违法行为人的行为所在地进行管辖。(2)由最先查出违法行为的行政机关进行管辖。

2. 级别管辖。级别管辖是指根据纵向隶属不同等级的行政主体之间对于

---

〔1〕 参见《行政处罚法》第19条。

〔2〕 袁曙宏著:《行政处罚的创设、实施和救济》,中国法制出版社1997年版,第57—58页。

行政违法案件所行使的行政处罚权的各自分工。据《行政处罚法》规定，一般是由县级以上具有行政处罚权的行政机关来进行管辖。确定级别管辖的标准一般有以下三个：（1）根据行政相对人的违法程度。违法程度严重的由高一级行政处罚机关进行管辖，反之则由低一级的行政机关进行管辖。（2）根据行政处罚的轻重程度。行政处罚结果较重的由高一级的行政机关进行管辖，反之则由低一级的行政机关进行管辖。（3）根据违法行为组织在法律上的地位决定。若违法组织的法律地位较高的则由上级行政机关进行管辖，反之则由下级行政机关进行管辖。[1]

3. 职能管辖。职能管辖是指我国国家行政机关之间按照各自的职能对违法的行为进行各自的管辖与相关内容的分工。

4. 指定管辖。指定管辖是指当一个行政处罚案件出现但其受理主体出现争议时，由争议机关的共同上一级行政机关进行指定的一种管辖方式。

5. 移送管辖。移送管辖是指对行政违法案件无管辖权的行政机关将其无法处理的行政案件移送给有管辖权的行政机关进行处理的一种移送方式。当然，在移送行政案件的审理中，我们会遇到如下情况：行政机关已经接手了该违法行政案件，但在审理过程中发现其违法行为已经构成了犯罪的，应该将该案件移送至司法机关进行解决，进而在追究行政责任的同时，也追究了其刑事责任。

第四节　行政处罚程序

一、比较外国行政处罚程序

由于行政处罚这一行为是由行政机关所设定的，而在具体实行中，行政机关必须严格按照其规定实施。所以，行政处罚在设定过程中如何保持公正性和合理性，如何兼顾效率与公平就显得尤为重要。进一步来说，行政处罚对公民基本权利的保障和行政机关效能行使权利都具有非同寻常的意义。因此，各国行政机关在制定行政处罚时，对处罚中具体程序的规定也就具有各自的特色。接下来，我们就几个国家的行政处罚程序展开阐述：

---

〔1〕 马怀德主编：《行政法与行政诉讼法》，中国政法大学出版社 2007 年版，第 133—134 页。

（一）德国的行政处罚程序[1]

德国的行政处罚专门设立在《德国违反秩序法》当中。而其行政程序也主要包括了预备、一般、异议、救济、执行等程序。各式各样的程序在一定程度上体现了德国对行政机关在实施处罚时的高度重视。具体我们可以将德国的行政处罚分为两种类型，即普通行政处罚程序和简易行政处罚程序。

德国的简易处罚程序其大多适用在事实构成简单且处罚力度较小的行政案件中，诸如交通违规管制以及制作罚款通知等。例如，在德国的罚款通知上，其应当注明的内容有：违法行为人的个人信息；违法行为人实施其行为的时间及地点；行政机关作出行政处罚的法律依据；行政处罚具体的罚款数额等。而在违反交通治安中，行政机关可对违法行为人的轻微行政行为予以合理范围内的警告及罚款，但其罚款金额必须低于 75 马克。但值得注意的是，行政处罚人员在处罚实施前，必须经得当事人的同意才能对其进行处罚。

德国的普通处罚程序大多适用于行为性质较为严重但又不触及犯罪的违法行为。普通行政处罚程序又称为正式程序，其在《德国违反秩序法》中有着明文规定。具体包括控诉、听证、调查、陈述、异议和上诉等环节。而在普通行政处罚中，凡是行政机关需对其进行处罚的，行政机关都应当告知行政相对人具有控告和申诉的权利；值得注意的是，德国行政处罚中的普通程序，其在执行过程中需要行政机关召开听证会，由此在公开的环境下听取违法行为人的陈述与申辩，并以书面形式记录成为处罚依据。所以，听证在德国的行政处罚程序中，是必经程序之一，也是行政处罚得以准确实施，防止行政机关权力滥用的一大保障。

（二）奥地利的行政处罚程序[2]

奥地利的行政处罚将其程序设立于《奥地利行政罚法》中，其中该法第 23 条表明："违反行政义务的行为人非依照本条法律规定的程序不得处罚。"且在奥地利的行政处罚种类中，主要包括警告、自由罚、罚款等几类。

同样地，奥地利的行政处罚程序可以分为以下几个步骤：第一步为申请受理。指行政机关将其行政违法行为报请相关行政机关进行受理。第二步是答辩与审理。指行政机关对其申请进行审查，决定行政机关对其行政处罚的

---

〔1〕 参见行政立法研究组赴德考察团：《关于德国行政处罚制度的考察报告》，载《行政法学研究》1994 年第 2 期。

〔2〕 参见张小雁：《西方国家行政处罚程序比较》，载《广州市公安管理干部学院学报》2003 年第 1 期。

权限问题。第三步是进行裁决。指行政机关对违法的行政行为进行裁定和判决，并给出相应的行政处罚。第四步是裁决的执行。

而奥地利行政处罚在程序上面又可以分为简易程序和正式程序。其中，简易程序和上述德国行政处罚法中的简易程序大体相同，我们对此就不再进行过多阐述。值得注意的是，奥地利的行政处罚程序中其正式程序的最大特点就是，拥有听证权。听证权，顾名思义就是行政违法人在进行行政处罚的审理程序过程中，拥有着充分表达陈述，主张自己合法权利的权利。例如，《奥地利行政罚法》中的第 41 条规定，应以记载其违法行为、有关法条及法律效果的书面传票送达给当事人亲收。《奥地利行政罚法》第 43 条也规定，命被告提出答辩，被告可以以书面或者口头的形式提出答辩等。其充分维护了行政处罚违法行为人的申诉权利，使其在陈述和抗辩上有了法律的保障。

（三）日本的行政处罚程序

当今日本，并没有制定出一部完善的行政处罚性法律，而大多是在各种具体的法律法规中再加以规定，特别是在各类单行法律中规定居多，但日本的行政处罚也有它独具的特色。例如，在行政处罚的诉讼中，日本的法院需通过相关行政机关通知之后才能加以实施进行，而并非是自发主动去进行受理的。且在法院进行审判处罚的过程中，行政行为的违法行为人和检察官均可以随时提出异议，迫使其法院停止执行。除此之外，针对法院未经当事人的陈述申辩而作出的判决，违法当事人和行政检察官也可以在被告知之日起一周之内向相关法院提出异议，且其异议已经提出，该判决也就失去相应的效力。因此，我们将其判决称之为略式判决，当略式判决失去效力后，法院的审判也必须走入正式程序的渠道。〔1〕

二、行政处罚的简易程序

行政处罚中的简易程序是指国家行政机关对违法行政行为中事实认定清楚，违法证据确凿，事件情节简单，违法行为轻微的行政案件依照法定程序对其直接适用较轻的处罚的一种处罚程序。〔2〕

简易程序有以下几个特征：

---

〔1〕 参见张小雁：《西方国家行政处罚程序比较》，载《广州市公安管理干部学院学报》2003 年第 1 期。

〔2〕 周琪俊、屠荣：《行政处罚简易程序的法律特征及使用条件》，载《工商行政管理》1997 年第 9 期。

1. 简易程序的使用必须符合《行政处罚法》的法定要件。我国《行政处罚法》第 33 条规定，适用简易程序的法定要件是，违法事实证据认定确凿，有相关明文法律依据，在罚款数额上对公民处 50 元以下，对法人或其他组织处 1000 元以下的罚款或者警告时可以当场作出行政处罚。[1]

2. 简易程序的流程简单，且行政处罚是当场进行的。即作出行政处罚的工作人员在作出处罚行为时必须出具并制定有具体编号的行政处罚决定书。

3. 简易程序的相关流程与普通行政程序相区别。行政处罚中简易程序是其处罚中最为简单最方便执行的程序，其主要的行政目的是提高国家行政机关的行政效率，提高我国行政执法管理水平。

4. 简易程序中其行政处罚行为作出者必须是在现场的行政执法人员。现场行政执法人员必须在执行其行政处罚决定时，表明自己身份，且了解该行政案件的前因后果。根据行政处罚程序听取违法行为人的陈述和申辩，告知行政相对人具有申诉等相关权益，并当场制定行政处罚决定书和收取相关处罚费用，最后在决定书上双方签字。[2]

5. 简易程序执行时必须具有行政处罚决定书。简易程序中的行政处罚决定书与普通行政处罚的决定书内容有所不同。其一，简易程序中的行政处罚决定书是在处罚前已经印制好的规范决定书样本，行政处罚工作人员仅在实施行政处罚时才将其拿出进行当场填写。其二，简易程序中的行政处罚决定书其内容非常简单，只需写清违法行为、处罚依据、处罚额度即可。[3]

简易程序还有以下几个适用条件：（1）现场发现有行政违法行为情况发生。（2）行政违法行为事实确凿。（3）行政处罚有明文规定的法律依据。（4）行政处罚的种类以及幅度应当符合我国《行政处罚法》等相关条例的规定。这些条件是相互联系又密不可分的，当且仅当四个条件都成立时，相关的行政执法人员才能在现场作出行政处罚决定并且生效。[4]

三、行政处罚的一般程序

行政处罚的一般程序也就是普通程序。特指在行政管理活动中，对行政相对人违法事实比较严重所进行的行政处罚程序。一般程序是行政处罚中最常见

---

〔1〕 参见《行政处罚法》第 33 条。

〔2〕 苏元华、原永红：《行政处罚申辩权三题》，载《山东法学》1997 年第 3 期。

〔3〕 徐汉明：《行政处罚简易程序适用应注意的几个问题》，载《中国工商管理研究》1997 年第 3 期。

〔4〕 包菊兰：《行政处罚简易程序之完善》，载《行政与法》2004 年第 4 期。

和最普通的程序，也是行政处罚中的基本程序。一般程序的具体流程如下：

1. 立案。国家行政机关实施一般行政处罚必须符合以下几个要件：（1）其违法的行政行为必须符合一般程序的受理范围。（2）行政处罚的受理机关必须对其行政案件具有管辖权。（3）行政处罚立案时应填写好《立案审批表》供相关审查机关进行审批。

2. 调查。《行政处罚法》第 37 条规定："行政机关在调查或者进行检查时，执法人员不得少于两人，并应当向当事人或者有关人员出示证件。"因此，对行政管理人员在进行行政调查时有以下几点要求：（1）工作人员在进行调查的过程中必须严格按照法定程序执行，仅可以在法律明文规定的条件下对行政相对人的人身、财产及住所等进行检查。（2）行政机关在进行相关调查的过程中，必须积极采取回避制度。回避制度是指为了保证裁决的公正性，在行政案件执行中，其与案件有关的利害关系人应该主动申请回避，且在调查取证中，工作人员应当做好保密工作，禁止将个人隐私、商业利益和国家机密泄露，若不慎因泄露而使得行政相对人遭受无关损失，泄露机密的相关人员应当担负相应的法律责任。（3）调查程序中的工作人员在调查取证中必须出示相关证件。为了表明行政调查取证行为的正当性，行政机关工作人员在进行调查取证时，必须有 2 名及以上的工作人员到达现场，向相关行政相对人出示工作证件，并听取当事人陈述申辩并做好相关笔录。

3. 审理。审理是国家行政机关对行政案件进行全方位审查之后做出的决定，主要有以下几类：（1）审理决定其行为违法程度较为轻微的，可以按照从轻原则，免除其行政处罚。（2）审理决定其违法程度较严重，已经构成犯罪的，应当立即将其移至相关司法部门。（3）审理中发现其违法事实没有依据，不能成立违法的，则不得给予任何行政处罚。

4. 制作行政处罚书。行政处罚决定书是行政机关对行政违法行为作出处罚决定的明文依据。按照我国相关处罚法律规定，行政处罚决定书中应载明以下内容：（1）被处罚行政相对人的姓名及住址。（2）被处罚的相关内容。（3）实施该行政处罚内容的相关法律依据。（4）当事人可以采取救济的方式。（5）作出其行政处罚的行政机关名称及时间。（6）作出该行政处罚行为其行政机关的公章。

5. 行政处罚书的交付。我国《行政处罚法》中指出，行政处罚一经宣告，其行政处罚决定书应当即刻交给行政被处罚人，若行政被处罚人不在现场，则在 7 日之内送至被处罚人。行政决定书的送达也有以下几种方式：

(1) 直接送达。即行政机关在作出行政处罚决定时就将其直接交至被处罚人，也可以由其家属进行签收。(2) 留置送达。留置是指当行政机关将其处罚决定书送至其本人或者相关亲属，其拒绝接受的，行政机关有权在送达回执中载明具体情况，并将其留在被处罚人的住所中，又称之为视为送达。(3) 邮寄送达。邮寄送达泛指行政机关在行政处罚决定书送达本人确有困难的，可以通过邮寄方式送至被处罚人，而其被处罚人或其亲属收到处罚书的日期视为送达日期。(4) 委托送达。委托送达与邮寄送达行为大致相似，但其委托的主体只能是其他人民法院。(5) 公告送达。公告送达的适用情形是行政相对人出现了无法联系或者下落不明等状况。公告送达应将行政处罚内容予以公示，经过 60 日后仍无反馈者，则视为送达。

四、行政处罚的听证程序

听证程序是指国家行政机关在作出行政处罚之前，应当给予行政相对人以陈述和申辩的权利，这不仅保证了行政处罚公正性的判定，也保护了行政相对人合法的陈辩权利，使行政处罚行为的作出变得更为公正合理。[1]

我国《行政处罚法》中表明，对于行政处罚中责令停产停业、吊销经营许可证或营业执照以及较大数额的罚款均可组织听证程序。听证程序具体流程如下：

1. 听证开始前，听证会的书记员宣告听证会的会场纪律、行政相对人的相关权利与义务，听证会出席的相关人员名单。

2. 行政处罚人员就其处罚行为在听证会中进行陈述，表明行政处罚的法律依据。行政相对人就其行政处罚中不认可的处罚进行陈述与申辩，并可在听证会中提出新的证据和看法。

3. 听证会工作人员就听证过程中相关问题向行政机关以及行政相对人进行询问和调查。并给出一定时间让行政处罚机关工作人员与行政处罚相对人、证人等进行辩论。

4. 辩论结束后，听证会工作人员组织行政处罚作出机关和行政相对人作出最后陈述。

5. 听证会主持人宣布听证结束，听证双方当事人在书记员制定的听证笔录中审核无误后签字盖章。

---

〔1〕 应松年、马怀德著：《行政处罚法》，人民出版社 1996 年版，第 133 页。

五、行政处罚的执行程序

行政处罚中的执行程序是指行政机关按照法定程序作出行政处罚决定后，行政相对人应当按照处罚内容在规定时间内履行相应的义务。若当事人无正当理由拒不履行处罚决定，行政机关可以采取强制方式迫使其履行。而行政处罚在执行过程中，也必须遵守两项基本原则，即行政复议和行政诉讼程序不停止原则和缴罚分离原则。[1]

根据我国《行政处罚法》第45条规定，当事人若对行政处罚决定不服而提起行政复议或者行政诉讼的，行政处罚不能停止执行。即行政诉讼和复议过程在进行的同时，行政相对人并不因此而免受行政处罚。这就是所谓的行政复议和行政诉讼不停止执行原则。

缴罚分离原则是指行政处罚中负责处罚的行政机关和负责收缴罚金的行政机关应当相互独立，互不相关。一方面是为了廉洁行政管理秩序，防止行政机关工作人员滥用滥发导致腐败现象的滋生，另一方面也在一定意义上建立了效能政府，使行政处罚程序高效运行。

行政处罚的执行程序在具体实施上又可以分为当场收缴和逾期执行两类，具体内容如下：

1. 当场收缴罚款。当场收缴罚款是指行政机关针对事实认定清楚，违法证据确凿且处罚种类幅度相对较小的行政案件进行当场作出处罚决定并收缴罚款的一种行政处罚形式。适用于以下情形：（1）按照《行政处罚法》规定，行政机关只对其罚处20元以下罚款的违法行为。（2）在交通不便地区进行收缴，或者向行政处罚机关给出缴纳罚款的指定地点交通不便利的情形，但该情形必须是当事人申请提出的方能执行。（3）若不当场进行收缴事后难以进行处罚实施的情形。[2]

2. 逾期执行措施。逾期执行措施是指当事人逾期不履行行政机关给予的行政处罚决定时，行政机关根据《行政处罚法》第51条规定，可以采取以下几项措施：（1）当事人逾期拒不履行行政处罚的相关内容，行政机关可以将其情况上报给相关法院，由法院对其进行强制执行，但在人民法院进行审理过程中，行政相对人若确有给付困难等情况，经行政相对人申请和行政机关允许，法院可酌情作出分期缴纳罚款的决定。（2）针对行政相对人逾期拒不

---

〔1〕 江必新著：《中国行政诉讼法教学案例选编》，中国政法大学出版社1995年版，第177页。

〔2〕 刘莘著：《行政法热点问题研究》，中国方正出版社2001年版，第234页。

履行行政机关作出的行政处罚内容，行政机关可在每日以罚款金额的3%进行加处。(3) 若行政相对人无力支付行政处罚的罚款，根据相关法律规定，行政机关可按照法定程序对违法行为人其财务依法进行查封、冻结或拍卖，以此进行偿还。而以上几类所收缴的财务，除依法应当被销毁的物品外，其他物品一律上缴国库，任何行政机关或者其他相关政府部门都不得留置、变卖或私分。

第十三章　法治政府与行政强制

第一节　行政强制与行政强制法概说

一、确立行政强制制度与程序的现实意义

改革开放以后，中国逐渐走向法治。中国特色社会主义法治政府的实现需要将政府行为控制在法律之内，体现在政府作出的行政活动、行使的行政权以及保障公民、法人和其他组织的权益都应当受到法律的规范与约束。这体现了法治原则在行政法中得到贯彻，即行政法中人们所熟知的依法行政原则。依法行政原则要求行政权必须在法律的严格授权下才能行使，该原则将必然地约束作为行政权力之一的强制权的行使，并且逐渐推进行政强制的制度化进程。行政强制制度着重约束行政强制行为的法律规则化、制度化的结果。行政强制是行政法学中的一个重要概念，制度本身具有强烈的预期性、导向性。因此，从行政法学与政府活动相互联系的角度来看，有关行政强制的法律制度作为整个行政法学系统的一项重要制度，起着能够确保政府人员遵守法律、遵照规定行使行政职权的重大作用。

（一）确立行政强制制度的现实意义

行政强制是指行政机关通过作出具体行政行为来防止社会危害的出现、存在以及危害其自身的扩大，从而保持社会安全有序的发展。另外，行政强制是对背离了行政法

的制度和法律、对不遵守和执行生效的行政决议的当事人作出的带有行政性、约束性、强制性的具体行政行为。包括行政强制措施及其执行在内的制度整体化、系统化的成果即是行政强制体制。

多年来我国行政强制运行的过程中存在许多问题。例如，没有规定强制手段而导致行政机关无法对一些违法行为进行限制和处罚，没有对行政机关行使行政强制权的方式进行限定而最终导致权力滥用。因此，确立行政强制制度迫在眉睫，该制度的建立能够有效地将行政管理的手段加以运用，并且制约行政强制权的滥用情况。从最初的立法角度来看，行政强制制度有利于提高行政机关依法行政的效率，力求保证行政权的顺利实施。同时，行政强制制度的确立在一定程度上保障着公民、法人、其他组织的合法利益。

（二）确立行政强制程序的现实意义

行政强制程序是指行政主体在施行行政强制行为时所应该遵照的环节、次序、时效限制等因素所形成的一个活动的经过。由于行政强制程序是一个行政作为的全部过程，应该囊括行政主体施行行政行为的具体环节、要领和时限等，还包括当事人涉及行政强制的全部环节。通常来说，行政相对人在行政强制活动的全过程中起不了关键作用，但无法否认的是，其在行政强制的全部流程中仍起着不可或缺的基础性作用。从行政强制的原理来看，行政强制的程序分为以下两种：第一，行政强制措施的程序；第二，行政强制执行的程序。

行政强制程序的确立具有非常重要的现实意义，特别是行政强制执行的程序的确定。具体体现在它有效地保障了国家权力高效运转，在很大程度上保证了国家行政机关职权的实现，这为政府实现法治化提供了程序上的保障，维护了公共秩序与公共利益，进一步确保公民的合法权益。现如今，行政机关行使强制执行权会导致公民权益遭受到损害，这成了国家的大问题。2011 年我国出台《行政强制法》力求国家行政机关能够依照法律行使强制手段，在行政强制执行方面设立了以“申请人民强制执行为主要手段，法律规定有权强制执行的行政机关自行执行为辅”的执行模式。但在实际的行政活动各个环节中，行政强制执行程序的紊乱会使得相对人的合法权益遭到损害。所以，行政强制程序的确立很大程度上改善了强制立法和具体实践之间的不统一性。另外，我国在分析行政实践的同时不断借鉴其他国家的经验，使得民主理念在行政强制程序中的贯彻也逐渐加深，更加强调我们应当做到程序公正和程序控权，所以确立行政强制程序是完善我国行政体系的关键举措。

二、行政强制法的立法背景与价值分析

《行政强制法》是基于我国经济社会发展实践而设立的以规范行政机关实施的强制行为为目的的重要法律。其目的是解决行政强制实践中存在的问题，以确保和监视行政权的依法施行、保护当事人的合法性利益、建设稳定融洽的社会秩序。行政强制法是基于中国国情与立法实践制定的，体现了中国紧跟全世界法制化与法治化的潮流，甚至优先于世界上的其他一些国家，继制定统一《行政处罚法》《立法法》《行政许可法》法典之后的又一部弥补行政法领域空白的重要的法律。第九届全国人大常委会在立法方面的规划中指出全国人大常委会法制工作委员会从 1999 年开始草拟《行政强制法》，随后经过一系列的调研、征求各方意见、审议、修改，最终于 2011 年通过了《行政强制法》。

（一）行政法的立法背景

《行政强制法》的立法背景体现在以下三个方面：第一，通过制定《行政强制法》来规范行政强制行为是设立法治政府的基础。改革开放 30 多年来，党中央及国务院为了保障和促进政治、经济、文化等各项事业健康发展，于 2004 年颁布的《全面推进依法行政实施纲要》中首次表明建立法治政府的概念和目标。同时就如何建设作出全面具体的要求和方针，坚定不移地带领着我国走向法治理念，为政府法治化创造了良好的环境。加快政府法治化建设必须重视规范行政机关权力的运行，行政强制权力是国家用强制力来限制公民、法人、其他组织权利与义务，它本身具有侵益性和违背意志性，因此行政强制是一把双刃剑。[1] 如果该强制权行使得当就会保障社会秩序，反之，则会侵害行政相对人的合法权益。可见我们应当严格规范行政强制权力，通过制定《行政强制法》来避免权力脱离法律的约束造成社会秩序不稳定。这样一来，也为架构法治化政府打下了坚实的实际有效的法律保障以及理论基础。第二，通过制定《行政强制法》来完善整个行政法律体系是推进法治政府发展的现实需要。我国在提出法治政府建设之后制定了《行政诉讼法》《行政处罚法》《国家赔偿法》《行政复议法》等法律。这些法律的颁布和实施规范了行政权的行使，加速创建与中国特色社会主义法律体制相适应的行政法治系统。但行政强制作为一种重要的行政行为，在我国行政法中居于重要地位却没有形成一部统一的法典，规范行政强制行为的规定散见

---

〔1〕 胡健：《行政强制法：给权力的舞蹈戴上镣铐》，载《人大建设》2006 年第 3 期。

于法律、法规及规章之中。立法主体对行政强制的理解和实践把握也不一致，导致与行政强制相关的各项立法活动之间产生冲突。因此，从我国行政法治发展过程来看，制定统一行政强制法能为行政强制制度注入新力量，以求更好地规范行政权力，维护社会民主和谐。第三，制定《行政强制法》有助于解决行政强制执行实践过程中的问题。行政机关在执法领域内存在“乱”设置行政强制以及“滥”行使行政强制。同时行政强制手段不全，执法力度不够，无法有效阻止违法行为，故而应当制定一部统一的法律来赋予行政强制权途径和手段。

（二）行政强制法的价值评价

《行政强制法》的价值体现在其保护了行政相对人的合法权益，整治了执法实践中的“乱”和“滥”。[1] 我们应当正确认识《行政强制法》的这两种价值，它们相互之间相辅相成，共同为法治国家的建设作出了巨大贡献。

《行政强制法》制定的中心目的是保障人民大众的合法权益，力求保障弱势一方。我国宪法的宗旨是以人为本，立法为民，行政强制法作为我国法律之一，其制定的根本目的也是为了保护公众。该法律的颁布实施解决了行政权力与行政相对人之间寻找平衡点的难题，平衡了权力与权利之间的关系。这在很大程度上体现了法律的正当性，将其制定为法律，用法律的规定来规范行政权在行政强制执行和行政强制措施中的行使，能够有效避免具有损益性、强制性的行为危害行政相对人的正当权益。

另外在行政执法实践过程中，《行政强制法》解决了行政主体乱设和滥用行政强制权问题，同时也树立了正确的立法价值。事实上，行政强制权的乱设、滥用都会对公众的正当权益造成不合法的侵害。例如，扣押、立即拘留、暂扣等带有行政强制性的手段五花八门，数目众多，但如果每种方式都没有明确的定义，这就会令行政机关在行使权力时有一定的随意性，最终就会导致执法不公。

因此，《行政强制法》的颁布对哪些是强制权、强制权如何实施、权限有多大等问题作出了界定，这也解决了立法过程中的重点问题。更重要的是，《行政强制法》将保证和监督行政主体依照法律行使职权作为立法目的，通过保障其履行相应的职责来推动政府行政强制的法治化。

---

〔1〕《行政强制法》第1条规定：“为了规范行政强制的设定和实施，保障和监督行政机关依法履行职责，维护公共利益和社会秩序，保护公民、法人和其他组织的合法权益，根据宪法，制定本法。”

三、行政强制法的结构类型

（一）行政强制法典的内部结构

《行政强制法》是一部通过对行政权力进行监督来促进行政机关按照法律规定实施其法定职责从而维护公民合法权益的一部法典。该法典处处体现着行政强制的基本原则和立法宗旨，将现代政府建设法治国家的基本理念贯彻其中。该法典分为五个部分，第一部分是“总则”，即对整个行政强制法进行概括；第二部分是“行政强制的种类和设定”，即依照法律法规的规定对行政主体的职权进行设定和限制其如何实施，这既是建设法治社会和法治政府的需要，同时也是对行政相对人权益的保障；第三部分规定了行政强制措施的实施程序，具体规范了一般以及特殊程序；第四部分对行政机关强制执行程序进行规范；第五部分是附则，分别对期限计算方法、法典实行日期等问题作出规定。

（二）部门法中的行政强制法

以行使行政强制职权的机关不同可以将行政强制分为工商行政强制、交通行政强制、警察行政强制等类型。在实践中，行政职权一旦行使不适当、不合理，会加强行政机关与公民之间的对抗，阻碍法律制度的建设和发展，最终无法建设为法治政府。因此，规范这些权力的行使显得至关重要，国家也为此制定了相应的法律。其中与公民关系尤为密切的最重要的当数警察法。警察法是通过规范警察的行政强制权来建设和谐社会、维护基本公共秩序、预防危害行为的出现以及制止其发展。警察依法对特定的当事人的人身自由或财产权采取强制措施。或者是当相对人不履行已经产生法律效力的行政决定时，警察对其采取强制性措施迫使其履行义务。这与行政强制法所规定的行政主体在行政相对人不履行法定义务而对其实施的强制权非常相近，这就是行政强制法在行政强制职权部门法中的重大体现。例如，《人民警察法》第 17 条规定：“县级以上人民政府公安机关，经上级公安机关和同级人民政府批准，对严重危害社会治安秩序的突发事件，可以根据情况实行现场管制。公安机关的人民警察依照前款规定，可以采取必要手段强行驱散，并对拒不服从的人员强行带离现场或者立即予以拘留。”[1]

（三）程序法中的行政强制法

程序法是为了保障实体法的正确实施而制定的以实现权力、履行义务的

[1] 参考《人民警察法》第 17 条。

有关程序为内容的法律。程序法在行政职权方面着重规范行政强制权，同时也对其如何行使作出了规定。比如，《行政诉讼法》第 97 条[1]规定："公民、法人或者其他组织对行政行为在法定期限内不提起诉讼又不履行的，行政机关可以申请人民法院强制执行，或者依法强制执行。"该条款赋予行政机关直接强制执行的权力，或者行政机关申请人民法院对相对人进行强制执行，这与行政强制法中行政机关的强制执行权重合，体现了行政诉讼法中的行政强制。

第二节　行政强制措施的种类与设定

一、行政强制的分类

（一）行政强制措施和行政强制执行

根据行政强制法对行政强制进行分类，可分为行政强制措施和行政强制执行两大类。[2] 行政强制措施是指行政机关在行政管理过程中，根据法律规定对公民的财产权、人身自由权等权利进行限定、制约的措施。而行政强制执行是指当行政相对人对行政机关作出的具有法律效力的行政决定不履行时，由行政机关或行政机关申请人民法院对其进行强制执行的行为。这种分类方法能够帮助我们更好地理解在实定法上呈现出复合性的行政强制的概念。

（二）对违反义务行为作出的强制和对义务不履行行为作出的强制

基于行政强制为了保证行政的实效性功能而将行政强制分为对违反义务行为作出的强制和对义务不履行行为作出的强制。这种分类在一定程度上依据义务的属性来决定行政机关采取何种行政强制手段。其实，这种分类本质上是根据行政强制对象的义务属性，对应违反义务作出强制的是行政及时强制行为，而对义务不履行行为作出的强制则对应行政强制执行。这样看来，这种分类和上一种分类非常相似，有所区别的是前者较为注重概念的从属和逻辑层次，后者则强调除了强制执行之外的强制形态都被纳入行政强制措施的概念中去。

（三）一般行政强制和特殊行政强制

对行政强制的理论进行分类，可以将其分为一般行政强制和特殊行政强

---

〔1〕 参考《行政诉讼法》第 97 条。

〔2〕《行政强制法》第 2 条第 1 款规定："本法所称行政强制，包括行政强制措施和行政强制执行。"

制这两类。《行政强制法》第3条[1]规定："行政强制的设定和实施，适用本法。发生或者即将发生自然灾害、事故灾难、公共卫生事件或者社会安全事件等突发事件，行政机关采取应急措施或者临时措施，依照有关法律、行政法规的规定执行。行政机关采取金融业审慎监管措施、进出境货物强制性技术监控措施，依照有关法律、行政法规的规定执行。"可以得出一般行政强制是指包括行政强制措施和行政强制执行在内的行政强制，适用《行政强制法》规定的实施程序。而特殊行政强制则是相对于一般行政强制来说的，具有特殊性，相应的则不适用一般行政强制规范。具体而言，特殊行政强制包括突发事件中的应急措施、金融业审慎监管措施、进出境货物强制性技术监控措施三个领域。

（四）行政主体实施的行政强制和行政主体申请人民法院实施的行政强制

这是由行政强制执行活动中执行主体有所不同而作出的分类。行政机关依据法定职权享有迫使相对人在不履行法定义务时强制其履行的强制执行力。由于行政行为是由行政机关依法作出的，该行政行为就应当是合法、符合程序的，这种形式的行政强制在一定程度上强调了强制执行的高效性、公正性。而行政主体申请人民法院实施的行政强制模式则是指在某些情况下，行政机关不得对不履行义务的相对人实施强制执行，而应当向法院提出申请，请求法院颁布执行令来强制相对人履行义务。这样的行政强制模式在一定程度上突出了司法权的地位，同时也增加了司法主体的负担。

二、行政强制的原则与相关制度

行政强制的基本原则贯穿于整个行政强制体系中。其基本原则具有概括性和指导性，体现了其高于一般法律规范的价值。在不断推进法治政府建设之时，行政强制基本原则的概念的提出重点规范和指导了行政强制的具体立法、执法的方式，这对行政机关等主体如何具体立法、实施行政强制权提出基础性和本质性的要求。《行政强制法》规定了行政强制的五大原则。

（一）行政强制的原则

1. 法定原则

《行政强制法》第4条[2]规定："行政强制的设定和实施，应当依照法定的权限、范围、条件和程序。"按照该条法律的规定，在设定和实施行政强制

---

〔1〕参考《行政强制法》第3条。

〔2〕参考《行政强制法》第4条。

行为的过程中应当按照法律的规定，没有法律规定就无法行使行政强制权，这就是行政强制法定原则的本质所在。依法行政要求行政机关的行政需要得到法律的授权，行政机关不得自行授权。行政强制的规范行使能够保证法治秩序，但由于行政强制本身存在损益性，会在强制权滥用的情况下使得公众的权益受到巨大的损害。因此，法律、法规严格规制行政强制对法治社会的建设至关重要。

2. 适当原则

《行政强制法》第5条〔1〕规定："行政强制的设定和实施，应当适当。采用非强制手段可以达到行政管理目的的，不得设定和实施行政强制。"该法条的规定确立了行政强制的适当性原则，它要求行政主体能够准确权衡行政强制立法和执行过程当中的行政手段和目的，即所使用的强制手段和最终要达到的行政目的应当相适应。同时在依法行政的基础上，适当原则强调行政机关通过设定和实施行政强制权来维护公共以及当事人的合法权益，具体要对非强制手段和强制手段进行分析从而选择适当的行政强制手段来达到行政管理的目的。行政强制的适当原则要求行政机关行使权力符合正当、实质正义的法律目的，这强调了行政强制的实质精神，是行政强制的精髓所在。

3. 教育与强制相结合原则

《行政强制法》第6条〔2〕规定："实施行政强制，应当坚持教育与强制相结合。"按照本条法律规定确立了教育与强制相结合原则，该原则在肯定行政强制作用的同时强调了教育的重要性，二者有机结合而不是孤立存在。我国在建设法治政府以来一向坚持的该原则〔3〕。法律制度的首要功效便是能够被社会接受，强制性的制约只可以作为次要的辅助工具。行政主体的最高期望应当是在和睦的氛围里实现行政目标〔4〕。坚持教育寓于强制之中能够更好地推动行政强制目的的实现，教育相对人自觉按照法律规定、履行法律规定的义务。这在一定程度上尊重了行政相对人，有助于缓和行政机关与相对人之间的关系，对法治政府的建设作出了积极的贡献。

---

〔1〕 参考《行政强制法》第5条。

〔2〕 参考《行政强制法》第6条。

〔3〕《治安管理处罚法》第5条第3款，《行政监察法》第5条和《行政处罚法》第5条分别对教育和处罚相结合的原则作出规范。

〔4〕 参见［美］伯尔曼著：《法律与宗教》，梁治平译，三联书店1991年版，第28页。

4. 不得谋利原则

《行政强制法》第7条[1]规定："行政机关及其工作人员不得利用行政强制权为单位或者个人谋取利益。"按照本条法律指出了不得谋利原则，不难发现，该法条规范的内容是公务员法的基本伦理之一，是对公务员作出的最为基础性的道德要求。同时又被规范到行政强制的基本原则之中并成为重要的一部分，这突出反映了行政强制将保障公共、公众的利益视为首位以及对公权力被用以谋私利的担忧。《行政强制法》的众多规范性文件也体现了这一原则，例如第49条[2]规定："划拨的存款、汇款以及拍卖和依法处理所得的款项应当上缴国库或者划入财政专户。任何行政机关或者个人不得以任何形式截留、私分或者变相私分。"

5. 行政相对人权利保障原则

《行政强制法》第8条[3]规定："公民、法人或者其他组织对行政机关实施行政强制，享有陈述权、申辩权；有权依法申请行政复议或者提起行政诉讼；因行政机关违法实施行政强制受到损害的，有权依法要求赔偿。公民、法人或者其他组织因人民法院在强制执行中有违法行为或者扩大强制执行范围受到损害的，有权依法要求赔偿。"该条法律确立了行政相对人权利保障原则。因为行政强制具有典型的侵益性，所以行政强制就必须受到更多的约束，通过制约来保障行政相对人的合法权益。因此，在现如今的法治社会，全面深入贯彻行政相对人权利保障原则尤为重要。

（二）相关制度

《行政强制法》规定了行政强制的两个法律制度，一个是事前听证论证制度。《行政强制法》第14条[4]规定："起草法律草案、法规草案，拟设定行政强制的，起草单位应当采取听证会、论证会等形式听取意见，并向制定机关说明设定该行政强制的必要性、可能产生的影响以及听取和采纳意见的情况。"听证制度以制度形式为社会广泛主体提供途径保障其能够参与、享受民主。该制度除了在《行政强制法》中有规定之外，《立法法》和《行政法规制定程序条例》也对其作出明确。另一个是事后评估制度。现如今，随着政府职权的不断扩大，行政强制行为对公众的制约也越来越多，实践中常常会出现机关人员滥用职权最终导致公众不满。所以，处理好双方之间的关系尤

---

〔1〕参考《行政强制法》第7条。
〔2〕参考《行政强制法》第49条。
〔3〕参考《行政强制法》第8条。
〔4〕参考《行政强制法》第14条。

为重要。《行政强制法》第 15 条[1]第 1 款规定："行政强制的设定机关应当定期对其设定的行政强制进行评价，并对不适当的行政强制及时予以修改或者废止。"该条款赋予强制权的设定机关、实施机关以及社会公众评价的权利。《行政许可法》也对该制度作出了规定。在迅速发展的当今社会，健全行政强制和行政许可的评价制度是实现法治社会和法治政府的重要步骤。

三、行政强制的设定权限

前述的行政强制措施及其执行的划分方式适用到行政强制权限方面，即也可从强制措施和强制执行两方面对权限作出设定。无论是行政强制措施还是行政强制执行其设定都应当考虑是否必须是法律保留，还是可以由地方行政机关或者是权力机关来设定。

法律保留是指在特定范围内对行政自行作用的排除[2]，即宪法规定一些事项必须交给立法机关来立法，这就排除了包括行政机关在内的其他国家机关代为制定法律，行政机关对权限的设定及做出的行为都必然受到法律的指引，缺少了法律的规定行政机关就不得擅自行为。

最初关于行政强制设定权限的问题引起了激烈的争议，理论问题以及涉及诸多权力机关的立法权力关系等问题一直是人们争议的焦点，解决这些问题成了确立《行政强制法》的立法目标。为了与整个行政法律体系相统一，继《行政处罚法》《立法法》《行政许可法》之后我国又确立了《行政强制法》。这部法律明确了行政强制领域权限的设定，缓和了立法与行政机关、中央与地方的关系，强调行政强制权的行使应当依法并在适当的基础上进行，而不是完全采用法律保留，突出表现在《行政强制法》给地方性法规设定强制权的权限，允许地方机关依据当地具体情况而进行权限的设定。这在一定程度上解决了设定行政强制权的机关大量泛滥的混乱问题，消除了"七个八个大盖帽管着一个小草帽"的多头立法及重复执法的现实，《行政强制法》中对行政强制权限设定主要体现在以下两个方面：

第一，行政强制措施的设定权限。第 10 条[3]规定："行政强制措施由法律设定。尚未制定法律，且属于国务院行政管理职权事项的，行政法规可以

---

〔1〕 参考《行政强制法》第 15 条。

〔2〕 在 19 世纪早期，德国行政法学之父奥托迈耶就对法律保留的概念提出了定义，该经典定义本质上说明在某些特定的范围内将排除行政机关的作用，这就决定了行政权的自主性的大小，同时对行政权与立法权之间的界限也作出了规定。

〔3〕 参考《行政强制法》第 10 条。

设定除本法第九条第一项、第四项和应当由法律规定的行政强制措施以外的其他行政强制措施。尚未制定法律、行政法规，且属于地方性事务的，地方性法规可以设定本法第九条第二项、第三项的行政强制措施。法律、法规以外的其他规范性文件不得设定行政强制措施。”该法条的第 1 款划定了本国法律在行政强制措施方面的设定权限。第 2 款则制约了行政法规设定行政强制措施方面的权限，其只可设定法规没有限定、接受国务院管理。同时又在《行政强制法》第 9 条第 1 项（限制）、第 4 项（冻结）、理当由法律来作出规制的强制措施之列的事项。第 3 款则对地方性法规的设定权限提出了限制性要求，只限其设定《行政强制法》第 9 条第 2 项（查封）、第 3 项（扣押）的强制措施。

第二，行政强制执行的设定权限。第 13 条[1]规定：“行政强制执行由法律设定。法律没有规定行政机关强制执行的，作出行政决定的行政机关应当申请人民法院强制执行。”该条文明确限定了只有法律才能对行政强制执行的实施做出规定，因此，除去法律之外的其他任何形式的规范性文件都不能对行政强制执行权做出设定，这条法律本质上是法律保留。

第三节　行政强制措施的实施程序

一、行政强制措施实施主体的确定

行政行为的实施主体通常较为繁多，除了最为主要的行政机关以外，一些部门和地区会将行政权委托给企事业团体、社会组织或者是一些缺乏资格的执法人员，更甚者会雇佣临时人员。行政强制领域权力的行使也是如此。行政强制的特性使得其大大区别于行政方面的其他权力，一旦行政强制权的实施主体过于随意，则会对行政相对人造成重大损害，严重影响法律的庄严与神圣，不利于法治政府的建立。因此进一步规范行政强制权的实施主体这一问题显得尤为关键。

《行政强制法》第 17 条[2]规定：“行政强制措施由法律、法规规定的行政机关在法定职权范围内实施。行政强制措施权不得委托。依据《中华人民共和国行政处罚法》的规定行使相对集中行政处罚权的行政机关，可以实施法律、法规规定的与行政处罚权有关的行政强制措施。行政强制措施应当由

---

〔1〕 参考《行政强制法》第 13 条。

〔2〕 参考《行政强制法》第 17 条

行政机关具备资格的行政执法人员实施，其他人员不得实施。”该法条对主体资格作出了明确的规定。可以从以下几方面理解：第一，在法律及法规规定的权限范围内限制行使行政强制措施的主体而做出的规定及法规赋予其权限范围内实行行政强制。第二，行政强制措施权不得进行委托，这在一定程度上限制了权力滥用。第三，行政强制措施的施行应当规定禁止某些违法行为而作出的强制措施，如若行政相对人拒绝停止其所实行的违法行为，行政机关可以对其作出强制措施。另外，可以参照《行政处罚法》规定的让具有行政执法资格的人员来施行。

除《行政强制法》第 17 条中规定的行政强制措施行为外，该法第 22 条[1]规定，“查封、扣押应当由法律、法规规定的行政机关实施，其他任何行政机关或者组织不得实施”。第 29 条第 1 款[2]规定，“冻结存款、汇款应当由法律规定的行政机关实施，不得委托给其他行政机关或者组织；其他任何行政机关或者组织不得冻结存款、汇款。”

二、行政强制措施的一般程序

在《行政强制法》颁布之前，没有法定程序限制行政机关遵照何种步骤和形式来实施行政强制措施或是由行政机关自己规定施行流程，致使行政强制权的施行状况十分混乱。程序是整个执法的生命，程序制度的建立以及程序规范的颁布能够保障执法的公正，从而更好地维护社会秩序，为法治政府的建设加分。因此，如果行政机关在行使行政强制权时无视行政强制程序，则会给行政相对人造成巨大的伤害，不利于社会发展。这样一来，就要求法律在赋予行政机关强制权时应当强调从程序上确保公民、法人和其他组织的权益。

众所周知，行政强制措施是行政机关对相对人的人身自由权或者财产权进行控制，虽然各种行政强制措施在实施方式上有可能不同，但法律对各种行政强制措施实施程序的要求是有相同之处的。

《行政强制法》第 18 条[3]规定：“行政机关实施行政强制措施应当遵守下列规定：（一）实施前须向行政机关负责人报告并经批准；（二）由两名以上行政执法人员实施；（三）出示执法身份证件；（四）通知当事人到场；

---

〔1〕 参考《行政强制法》第 22 条。

〔2〕 参考《行政强制法》第 29 条第 1 款。

〔3〕 参考《行政强制法》第 18 条。

（五）当场告知当事人采取行政强制措施的理由、依据以及当事人依法享有的权利、救济途径；（六）听取当事人的陈述和申辩；（七）制作现场笔录；（八）现场笔录由当事人和行政执法人员签名或者盖章，当事人拒绝的，在笔录中予以注明；（九）当事人不到场的，邀请见证人到场，由见证人和行政执法人员在现场笔录上签名或者盖章；（十）法律、法规规定的其他程序。”该条文规定了行政强制措施的十个一般程序，这就要求行政机关即使是在种类不同的行政强制措施实施过程中，都应当严格遵守以上相同的一般程序，体现了正当法律程序原则。[1]

首先，行政人员应在行政强制措施施行之前得到批准，除了法律规定的急迫情形以外，行政强制措施的实施必须取得具有相关职权的行政机关或与之相关的负责人的批准，如果没有得到批准，执法人员不得随意实施强制行为。在报告得到准许后，则务必由两名以上的执法人员在出示行政执法证件的前提下才能施行具体行政强制措施。执法身份证件代表着执法人员的特殊身份，没有执法身份证件则是无证执法。《人民警察法》第 9 条也作出了相似的规制，即公安机关的人民警察在执行追捕逃犯、侦查案件、巡逻执勤、维护公共场所治安秩序、现场调查等职务活动中，经出示表明自己人民警察身份的工作证件，即可以对有违法犯罪嫌疑的人员进行盘问、检查。

其次，行政执法人员应当严格遵守告知制度和说明理由制度，及时告知行政相对人其权利和义务、参与行政强制的具体程序以及已经存在的法律、事实依据，避免不知情的当事人错失程序权利，这在一定程度上保障了当事人的权益。

最后，应当认真听取行政相对人的申辩，对其作出的依据法律事实的陈述或理由予以采纳。与此同时，应该有行政人员对现场进行笔录的制作，以及双方的盖章、签名。值得一提的是，作为至关重要的行政程序之一的证据采集程序，制作现场笔录应当受到严格的时间程序的限制。笔录记载的具体内容须是方才发生的或是当下正在产生的真实情况，而不能是先前准备好的内容，同样也不能通过事后补录的方式制作。

三、行政强制措施的特殊程序

行政强制措施多种多样，其被《行政强制法》第 18 条统一起来，要求必须遵循其规定的基本程序步骤。但在实施行政强制措施的实践中，还有一部

---

[1] 姜明安：《行政强制法立法若干正义问题之我见》，载《法学家》2010 年第 3 期。

分具有特殊性的行政强制措施存在，法律也为其制定了特殊程序。

（一）紧急情况下行政强制措施应遵守的程序

《行政强制法》第19条[1]规定："情况紧急，需要当场实施行政强制措施的，行政执法人员应当在二十四小时内向行政机关负责人报告，并补办批准手续。行政机关负责人认为不应当采取行政强制措施的，应当立即解除。"该条规定了行政机关在遇到紧急情况或临时危险状态而对当事人实施强制措施应当遵循的法定程序，又称即时行政强制措施实施程序。与其他强制措施不同的是紧急行政强制措施的实施程序要简单得多，强调对事中和事后程序的要求。实施紧急行政强制的程序虽然简单，但同样受到严格的程序限制。具体体现在以下几方面：第一，只有在事态非常紧迫，如果不即时采取行政强制措施来排除妨碍、消除危险就会对相对人造成重大损害的情况下，行政机关才可以当场采取行政强制措施。第二，即时强制措施在一定程度上对行政执法人员行使行政自由裁量权提出了要求，要求其能够准备把握什么情况才算是紧急情况，防止其判断偏差导致当事人无法补救的利益损害。同样地，按照公平正义原则，应该重视对行政强制权进行监视，执法员应该在作出即时强制行为24小时后上报机关或相关联的负责人以求得准许。第三，一旦执法员错误判断或者即时强制措施的实施不符合法律规定的程序，行政机关相关负责人可以即刻解除该不利于相对人的强制措施。如果行政强制措施的实施已经对当事人的权益造成了实质上的侵害，当事人可以寻求相应的救济。

（二）对人身自由实施特殊强制措施所应遵循的程序

《行政强制法》第20条[2]规定："依照法律规定实施限制公民人身自由的行政强制措施，除应当履行本法第十八条规定的程序外，还应当遵守下列规定：（一）当场告知或者实施行政强制措施后立即通知当事人家属实施行政强制措施的行政机关、地点和期限；（二）在紧急情况下当场实施行政强制措施的，在返回行政机关后，立即向行政机关负责人报告并补办批准手续；（三）法律规定的其他程序。实施限制人身自由的行政强制措施不得超过法定期限。实施行政强制措施的目的已经达到或者条件已经消失，应当立即解除。"该条文对关于人身自由实施行政强制措施进行特殊对待，为其规定了严格的程序规范。人身自由权作为公民的基本权利之一受到极大的重视，对人

---

〔1〕 参考《行政强制法》第19条

〔2〕 参考《行政强制法》第20条。

身自由实施强制措施也体现了程序的特殊性。例如，该法第 20 条第 1 款[1]规定“在紧急情况下当场实施行政强制措施的，在返回行政机关后，立即向行政机关负责人报告并补办批准手续”与第 19 条规定的“行政执法人员应当在二十四小时内向行政机关负责人报告，并补办批准手续”相比，更加突出表明法律对公民人身自由的强烈重视，体现了行政强制在遵循其自身的必要性和适当性、更好地维护了法律的权威，同时又保护了公民的合法权益。

第四节　行政强制执行及其一般程序

一、行政强制执行与行政强制措施的区分

《行政强制法》第 2 条[2]规定：“本法所称行政强制，包括行政强制措施和行政强制执行。行政强制措施，是指行政机关在行政管理过程中，为制止违法行为、防止证据损毁、避免危害发生、控制危险扩大等情形，依法对公民的人身自由实施暂时性限制，或者对公民、法人或者其他组织的财物实施暂时性控制的行为。行政强制执行，是指行政机关或者行政机关申请人民法院，对不履行行政决定的公民、法人或者其他组织，依法强制履行义务的行为。”

行政强制执行与行政强制措施主要有以下几点区别：

第一，两者的实施主体不同。《行政强制法》将行政强制执行的主体规定为依法可以对行政相对方实施强制执行行为的行政主体、没有获得法律授权的行政主体所申请的人民法院。而行政强制措施的实施主体仅仅是行政主体。

第二，实施目的不同。行政强制措施以防止和消除危害行为的出现和发展为目的，而行政强制执行以迫使当事人实行相应义务为目的。

第三，存在的时间不同。行政强制措施通常实施在行政决定作出之前对当事人采取的强制行为，为确保行政决定的有效执行。而行政强制执行通常由于当事人不履行行政机关作出的行政决定，而对当事人实施的强制手段，目的是迫使其履行法定义务。

第四，法定实施程序不同。行政强制执行的实行程序通常包括告诫、听取当事人陈述、作出行政强制执行决定等流程。而行政强制措施的实施遵循《行政强制法》规定的一般程序中的实施前得到批准、由两名以上的执法人员

---

〔1〕 参考《行政强制法》第 20 条第 1 款。

〔2〕 参考《行政强制法》第 2 条。

在出示行政执法证件的前提下实施并严格遵守告知制度和说明理由制度、听取行政相对人的申辩和特殊程序中的紧急情况可直接实施行政强制措施等。

二、行政强制执行的一般程序

（一）强制执行的催告程序、决定书

行政强制执行的前提条件是行政相对人不履行理当由其履行的义务或者不实行行政机关对其作出的决定，实践中行政强制执行会出现主体泛滥、当事人不知情或不明确期限等问题，最终导致当事人合法利益受损。因此，本着规范、监督行政强制执行权行使以及尊重当事人权利的立法目的，在行政强制执行的过程中应当加强对行政机关的限制，通过在程序上规制行政机关的义务，来化解和减轻行政机关与当事人之间的矛盾和对抗。例如，《行政强制法》第35条[1]规定："行政机关作出强制执行决定前，应当事先催告当事人履行义务。催告应当以书面形式作出，并载明下列事项：（一）履行义务的期限；（二）履行义务的方式；（三）涉及金钱给付的，应当有明确的金额和给付方式；（四）当事人依法享有的陈述权和申辩权。"第36条规定："当事人收到催告书后有权进行陈述和申辩。行政机关应当充分听取当事人的意见，对当事人提出的事实、理由和证据，应当进行记录、复核。当事人提出的事实、理由或者证据成立的，行政机关应当采纳。"第37条规定："经催告，当事人逾期仍不履行行政决定，且无正当理由的，行政机关可以作出强制执行决定。强制执行决定应当以书面形式作出，并载明下列事项：（一）当事人的姓名或者名称、地址；（二）强制执行的理由和依据；（三）强制执行的方式和时间；（四）申请行政复议或者提起行政诉讼的途径和期限；（五）行政机关的名称、印章和日期。在催告期间，对有证据证明有转移或者隐匿财物迹象的，行政机关可以作出立即强制执行决定。"这三条规定都强调了行政机关应当遵循的催告程序以及承担的法定责任，对行政机关在何种情况下如何催告、如何制定决定书等问题作出了严格限制。同时第35条还赋予当事人陈述和申辩的权利，能够有效保障当事人的权益。除此之外，《行政许可法》和《行政处罚法》中也赋予行政相对人极大的程序权利，这有利于解决等级观念与行政机关单方主体的不公正的现状。

（二）强制执行的中止、终止

实践中，行政执行的程序开始之后通常会出现一些法定原因而不得不中

---

〔1〕 参考《行政强制法》第35条。

止或者终止强制执行的状况。因此，《行政强制法》对行政执行在何种情况下中止、终止作出了具体规定。该法第 39 条[1]规定："有下列情形之一的，中止执行：（一）当事人履行行政决定确有困难或者暂无履行能力的；（二）第三人对执行标的主张权利，确有理由的；（三）执行可能造成难以弥补的损失，且中止执行不损害公共利益的；（四）行政机关认为需要中止执行的其他情形。中止执行的情形消失后，行政机关应当恢复执行。对没有明显社会危害，当事人确无能力履行，中止执行满三年未恢复执行的，行政机关不再执行。"第 40 条[2]规定："有下列情形之一的，终结执行：（一）公民死亡，无遗产可供执行，又无义务承受人的；（二）法人或者其他组织终止，无财产可供执行，又无义务承受人的；（三）执行标的灭失的；（四）据以执行的行政决定被撤销的；（五）行政机关认为需要终结执行的其他情形。"

（三）强制执行的时间和方式

《行政强制法》第 41 条[3]规定："在执行中或者执行完毕后，据以执行的行政决定被撤销、变更，或者执行错误的，应当恢复原状或者退还财物；不能恢复原状或者退还财物的，依法给予赔偿。"第 42 条[4]规定："实施行政强制执行，行政机关可以在不损害公共利益和他人合法权益的情况下，与当事人达成执行协议。执行协议可以约定分阶段履行；当事人采取补救措施的，可以减免加处的罚款或者滞纳金。执行协议应当履行。当事人不履行执行协议的，行政机关应当恢复强制执行。"第 43 条[5]规定："行政机关不得在夜间或者法定节假日实施行政强制执行。但是，情况紧急的除外。行政机关不得对居民生活采取停止供水、供电、供热、供燃气等方式迫使当事人履行相关行政决定。"这三条规定贯彻了行政法的适当原则，对行政强制执行过程中行政机关在何时不得以何种方式实施限制性执行的情况作出了规定。

三、行政强制执行的特殊程序

（一）执行罚

执行罚的强制执行程序包括以下两个方面：

第一，间接强制执行程序。在行政机关强制执行之前，可以依法要求当

[1] 参考《行政强制法》第 39 条。
[2] 参考《行政强制法》第 40 条。
[3] 参考《行政强制法》第 41 条。
[4] 参考《行政强制法》第 42 条。
[5] 参考《行政强制法》第 43 条。

事人加处罚款、滞纳金。这是一种以金钱给付义务为特点借以督促、告诫行政相对人主动地履行行政主体作出的行政决定的一种间接强制执行的方式。《行政强制法》第 45 条〔1〕规定："行政机关依法作出金钱给付义务的行政决定，当事人逾期不履行的，行政机关可以依法加处罚款或者滞纳金。加处罚款或者滞纳金的标准应当告知当事人。加处罚款或者滞纳金的数额不得超出金钱给付义务的数额。"该条款恰恰是避免了直接施行行政强制执行来促使相对方履行义务。行政机关应注意需要有行政法律、法规的明确授权才能加处罚金或滞纳金。同时，执行罚的具体标准应当加以限制，《行政处罚法》也对罚款和滞纳金作出了比例规定，从而杜绝了行政机关随意对当事人进行金钱处罚。

第二，直接强制执行程序。《行政强制法》第 46 条〔2〕规定："行政机关依照本法第四十五条规定实施加处罚款或者滞纳金超过三十日，经催告当事人仍不履行的，具有行政强制执行权的行政机关可以强制执行。行政机关实施强制执行前，需要采取查封、扣押、冻结措施的，依照本法第三章规定办理。没有行政强制执行权的行政机关应当申请人民法院强制执行。但是，当事人在法定期限内不申请行政复议或者提起行政诉讼，经催告仍不履行的，在实施行政管理过程中已经采取查封、扣押措施的行政机关，可以将查封、扣押的财物依法拍卖抵缴罚款。"该条款规定行政主体实施行政处罚超过一定期限或者相对人仍然不履行行政决定的情况下，行政机关可以直接强制执行。本条第 3 款规定了在何种情况下可以对当事人的财产予以查封或扣押，查封和扣押之后应当按照《行政强制法》关于强制拍卖执行的规定对依法扣押的财物进行抵缴罚款。〔3〕除此之外，该法还规定了强制划拨的直接强制执行，在相对人拒不履行的情况下可以依法强制划拨其在银行的汇款和存款。〔4〕

（二）代履行

《行政强制法》第 50 条〔5〕规定："行政机关依法作出要求当事人履行排

---

〔1〕参考《行政强制法》第 45 条。

〔2〕参考《行政强制法》第 46 条。

〔3〕《行政强制法》第 48 条规定："依法拍卖财物，由行政机关委托拍卖机构依照《中华人民共和国拍卖法》的规定办理。"

〔4〕《行政强制法》第 47 条规定："划拨存款、汇款应当由法律规定的行政机关决定，并书面通知金融机构。金融机构接到行政机关依法作出划拨存款、汇款的决定后，应当立即划拨。法律规定以外的行政机关或者组织要求划拨当事人存款、汇款的，金融机构应当拒绝。"

〔5〕参考《行政强制法》第 50 条。

除妨碍、恢复原状等义务的行政决定，当事人逾期不履行，经催告仍不履行，其后果已经或者将危害交通安全、造成环境污染或者破坏自然资源的，行政机关可以代履行，或者委托没有利害关系的第三人代履行。”从该条款可以看出，代履行又称代执行，代履行通常需要在行政相对人不履行义务时，先对其进行催告，在催告后相对人仍然不履行的情况下，行政机关可以代为履行。行政机关可以自己代为履行也可以是无利害关系的第三人履行。代履行采用了非国家强制力使相对人履行其义务，符合了行政机关的执行目的，在另一方面也缓和了行政机关同当事人之间的对抗。除此之外，该法还对代履行的执行文书、费用承担等事项进行了规定。[1] 行政强制执行中的代履行在情形紧急之时，可以不经过催告就由行政机关立即代为执行。行政主体应当在代履行之后立刻告知行政相对人。第 52 条[2]规定：“需要立即清除道路、河道、航道或者公共场所的遗洒物、障碍物或者污染物，当事人不能清除的，行政机关可以决定立即实施代履行；当事人不在场的，行政机关应当在事后立即通知当事人，并依法作出处理。”本条规定了紧急状况的类型。

四、申请人民法院强制执行

在行政强制的分类中已经提到按照执行主体不同可以将行政强制执行分为由行政主体实施的行政强制和行政主体申请人民法院实施的行政强制。法律赋予有权执行的行政机关以执行权，法律没有给予行政机关强制执行权的，则可由作出该行政决议的机关向人民法院申请执行。

《行政强制法》第 53 条[3]规定：“当事人在法定期限内不申请行政复议或者提起行政诉讼，又不履行行政决定的，没行政强制执行权的行政机关可以自期限届满之日起三个月内，依照本章规定申请人民法院强制执行。”该条款在程序条件上限制行政机关申请人民法院强制执行。其一，在主体方面，申请人民法院行政强制的申请人必须是法律、法规没有赋予其行政强制权的行政机关。其二，在申请依据方面，行政机关须以其作出的并已产生法

---

〔1〕《行政强制法》第 51 条规定：“代履行应当遵守下列规定：（一）代履行前送达决定书，代履行决定书应当载明当事人的姓名或者名称、地址，代履行的理由和依据、方式和时间、标的、费用预算以及代履行人；（二）代履行三日前，催告当事人履行，当事人履行的，停止代履行；（三）代履行时，作出决定的行政机关应当派员到场监督；（四）代履行完毕，行政机关到场监督的工作人员、代履行人和当事人或者见证人应当在执行文书上签名或者盖章。代履行的费用按照成本合理确定，由当事人承担。但是，法律另有规定的除外。代履行不得采用暴力、胁迫以及其他非法方式。”

〔2〕参考《行政强制法》第 52 条。

〔3〕参考《行政强制法》第 53 条。

律效力的决定为依据向人民法院提出执行申请。其三，在时限方面，如果被申请人在一定期限内不申请复议、提起诉讼或不履行决定，行政机关可以向人民法院申请强制执行。该法也将行政主体所提出的申请材料作出了具体要求。行政机关应严格遵守第55条[1]规定，即“行政机关向人民法院申请强制执行，应当提供下列材料：（一）强制执行申请书；（二）行政决定书及作出决定的事实、理由和依据；（三）当事人的意见及行政机关催告情况；（四）申请强制执行标的情况；（五）法律、行政法规规定的其他材料。强制执行申请书应当由行政机关负责人签名，加盖行政机关的印章，并注明日期”。

---

〔1〕 参考《行政强制法》第55条。

第十四章　法治政府与行政许可

第一节　转型时期行政许可性质定位

一、政府管制性

政府管制又称为政府规制，是指政府为了实现和维护其某些特定的公共利益所作出的管理活动和制约行为。它是指政府为达到一定目的，凭借其法定的权力对社会经济主体的经济活动所施加的一些控制和管理行为，其意义在于完善市场经济活动和企业贸易行为的规则规范，弥补市场失灵所带来的危害，保证社会经济运行良好和发展健康，以此实现社会公共福利的最大化。政府管制总体来说是属于政府部门对经济活动进行干预的微观规制这一方面，其对立面是宏观调控手段。而行政许可指的是政府行政系统在特定当事人的请求下对法律禁止的状态或法律不予许可的状态赋予其是否在广延领域内取得权利或利益的行政行为。[1] 所以从本质属性上看，它就是属于政府管制的一种，即以公权力对市民社会范围内的活动加以干预。尽管政府管制在在市场经济的发展环境下并不是一个能够被全部认可的行为，但是对政府保障经济平稳有序运行具有重大作用，而行政许可则决定着政府行政系统对市场运

---

〔1〕 关保英著：《行政法学》（下册），法律出版社 2013 年版，第 508 页。

行的态度。因为行政许可最为突出的特点就是政府对社会经济生活具体范围等的各种限制决定，从行政许可的法律规定中我们就可以看出这一点，如《外资企业法实施细则》第 7 条规定：“设立外资企业的申请，由中华人民共和国对外贸易经济合作部（以下简称对外贸易经济合作部）审查批准后，发给批准证书。设立外资企业的申请属于下列情形的，国务院授权省、自治区、直辖市和计划单列市、经济特区人民政府审查批准后，发给批准证书：（一）投资总额在国务院规定的投资审批权限以内的；（二）不需要国家调拨原材料，不影响能源、交通运输、外贸出口配额等全国综合平衡的。省、自治区、直辖市和计划单列市、经济特区人民政府在国务院授权范围内批准设立外资企业，应当在批准后 15 天内报对外贸易经济合作部备案（对外贸易经济合作部和省、自治区、直辖市和计划单列市、经济特区人民政府，以下统称审批机关）。”第 8 条规定：“申请设立的外资企业，其产品涉及出口许可证、出口配额、进口许可证或者属于国家限制进口的，应当依照有关管理权限事先征得对外经济贸易主管部门的同意。”这些规定都充分显示并肯定了有关行政部门对此事项的管制约束权，我们可以从中体会到行政许可所具有的这种政府管制性是十分重要的，体现了政府部门对社会经济问题负责任的一种态度，并对未来社会经济发展具有深远影响。

二、行政监控性

行政许可作为一种政府机关与公民社会之间相互连接的一种方式，存在着政府机关对社会经济生活秩序的监督和控制。行政许可机关接受一方行政相对人的行政许可申请，但是拒绝了另一方行政相对人的申请，可见行政许可机关是根据一定的标准和对未来后果的考量来决定是否接受申请。如此一来产生的结果就是可以有效便捷地对社会诸多方面的行为活动进行严格监控，这也侧面体现了行政权所具有的权威性，有利于政府部门在社会经济运行中发挥稳固作用。例如，在美国持枪权是美国宪法（第二修正案）所明文规定保障的公民权利之一，但是宪法并没有规定枪支的类型，所以联邦和各州对枪支管理都有不同的解释规定。其中很多州购买手枪是需要注册登记并必须通过有执照的销售商进行购买，要想买到限制的轻武器（机枪、全自动步枪、短枪管步枪等）则更需要填表再经过非常严格的审查。这也就意味着各州对枪支的销售买卖是通过行政许可的方式进行监控的。而我国在设定行政许可事项的历程中，法律法规也一样会给予行政机关一定的行政监控权限。如《矿产资源法》第 16 条规定：“开采下列矿产资源的，由国务院地质矿产主管部门审批，并颁发采矿许可证：（一）国家规划矿区和对国民经济具有重要价值的矿区内的矿产资源；（二）前项规定区域以外可供开采的矿产储量规模在大型以上的矿产资源；（三）国家规定实行保护性开采的特定矿种；（四）领海及中国管辖的其他海域的矿产资源；（五）国务院规定的其他矿产资源。开采石油、天然气、放射性矿产等特定矿种的，可以由国务院授权的有关主管部门审批，并颁发采矿许可证。开采第一款、第二款规定以外的矿产资源，其可供开采的矿产的储量规模为中型的，由省、自治区、直辖市人民政府地质矿产主管部门审批和颁发采矿许可证。开采第一款、第二款和第三款规定以外的矿产资源的管理办法，由省、自治区、直辖市人民代表大会常务委员会依法制定。依照第三款、第四款的规定审批和颁发采矿许可证的，由省、自治区、直辖市人民政府地质矿产主管部门汇总向国务院地质矿产主管部门备案。矿产储量规模的大型、中型的划分标准，由国务院矿产储量审批机构规定。”本条对于矿产资源开采审批许可中的行政主体的监控作用规定得十分清楚。

在这里我们不得不说的是，行政许可所具有的行政监控性是行政许可行为本身自带的一种特性，它是对政府进行行政管理活动的认可和确定，而非特意地毫无原则地通过制度设计所给予其有关行政许可监控的权力。

三、秩序维护性

行政许可可以说是行政主体与行政相对人的一种联结方式，即政府与社会的一种交流方式类型，其内在构成的此种行为逻辑对整个社会秩序具有较为重要的维护作用，所以我们认为行政许可具有秩序维护性。在这里需要指出的是，行政许可所维护的秩序属于行政秩序，然后通过行政秩序进一步扩展到社会经济秩序，而非直接干预社会经济生活的运行秩序。“每一社会秩序、每一社会——因为社会不过是一个社会秩序——的功能（function），就是促成人们的一定的互惠行为；使他们不做出根据某种理由被认为有害于社会的某些行为，并使他们作出根据某种理由被认为有利于社会的其他行为。”〔1〕有关行政许可所以设立的项目基本上都是两个或多个主体之间互相联系发生作用的关系模式，如医院和医疗机构设立的审批就关系到医疗主体与受医疗者之间的联系和其他社会关系。商业机构的设立就涉及企业、消费

---

〔1〕［奥］凯尔森著：《法与国家的一般理论》，沈宗灵译，中国大百科全书出版社 1996 年版，第 15 页。

者、市场之间的联系。行政许可的潜在意义就是通过一整套合理规范将这些纷繁复杂的关系理顺为一种有序合理的关系状态，一旦这种关系状态形成起来就会发生作用，对社会生活方方面面的秩序都会形成一种保障和维护。例如，《医疗机构管理条例实施细则》（中华人民共和国卫生部令第35号）为了维护医疗机构的管理秩序，就赋予了相关行政机构行政许可权。其中第11条规定："床位在一百张以上的综合医院、中医医院、中西医结合医院、民族医院以及专科医院、疗养院、康复医院、妇幼保健院、急救中心、临床检验中心和专科疾病防治机构的设置审批权限的划分，由省、自治区、直辖市卫生行政部门规定；其他医疗机构的设置，由县级卫生行政部门负责审批。"应当说明的是，行政许可所具有的秩序维护性是客观明确的并且具有积极意义，是行政许可不可或缺的一种性质属性。

四、利益保护性

行政许可的直接作用是调节行政机关与社会经济生活各个方面的关系模式，其根本目的是为人民服务，保障人民的根本利益，所以行政许可具有直接的利益保护性。行政许可保护的利益内容分为物质利益和精神利益两个方面，在经济生活范围的行政许可属于物质方面，而在经济生活范围之外的行政许可属于精神方面。比如关于"医事卫生许可"的内涵日本行政法学家室井力对其有独到的解释，这有利于启迪我们对行政许可的权利保护的理解。"所谓卫生许可是解除医事卫生法规规定的对自由权的一般性禁止的行政处分。具有对从事医事卫生业务者颁发各种执照（医师、护士的执照）和为执行医事卫生业务的设施和药物的许可（药品制造、贩卖、药店开放、饮食店营业等的许可）。在判断给予卫生许可要件时，传统行政法学认为行政厅未被赋予裁量权。但是，今天医事卫生行政必须看成是积极行政，而不应视为消极行政。因此，在医事卫生许可中，特别是关于后者为了执行医事卫生业务的设施和药物，对其给予许可时，除认定法规的要件外，必须认为它负有积极的审查义务，审查该设施和药物是否侵害国民的健康权。这不仅因为行政厅除个别实体法规定的明文要件外，还必须经常牢记宪法第25条为首的人权保护规定，这也是因为生存权及健康权是由于营业自由、财产权的国民权力。"[1]

---

〔1〕［日］室井力主编：《日本现代行政法》，吴徽译，中国政法大学出版社1995年版，第392页。

行政许可对国家利益和社会利益的保护机制是从两个方面表现出来的。第一，行政许可存在实施的前提是法律禁止的状态或法律未予许可的状态，而此种状态的目的正是出于对国家、社会利益的一种保护。如《广东省湿地保护条例》第20条规定："禁止非法移植、采伐、采摘红树林和其他毁坏红树林的行为。因科研、医药或者更新、改造、抚育等需要移植、采伐、采摘红树林的，应当报经省林业行政主管部门同意。"这一禁止性和限制性规定就是为了保护国家自然生态环境。第二，行政许可通过对社会各种利益关系的分配来保障整体国家社会利益，以达到整体利益的最优化和最大化。如《公司法》第192条第1款规定："外国公司在中国境内设立分支机构，必须向中国主管机关提出申请，并提交其公司章程、所属国的公司登记证书等有关文件，经批准后，向公司登记机关依法办理登记，领取营业执照。"通过对外国公司在中国境内设立分支机构这一活动进行审批，以保证中国经济市场运行的合法性和正当性，是对国家经济安全运行的一种保护。我们可以从中看到行政许可与利益分配之间具有相当直接的联系。除国家利益、社会利益、行政相对人利益外，行政许可中还有行政主体的利益，尤其在行政主体设立的行政许可事项中其利益关系更加明确。[1] 需要说明的是国家利益和人民利益才是行政许可所保护的最根本利益，而对行政主体利益的保护只有在其与国家利益和社会利益保持一致的情况下才有必要，也就是说行政主体的利益必须是服从国家利益和人民利益的。否则的话就会导致各种权力滥用以及各种狭隘利益保护。

第二节 《行政许可法》的立法背景

一、行政禁止过于广泛

在《行政许可法》出台之前，我国颁布的有关法律对行政许可的具体实施程序的规定较为不足，在某些具体的行政许可审批方面没有落实到法律法规层面，所以导致行政法对行政许可的制约监督仍然存在很多问题。

禁止和许可是法律调节社会关系利益而常用的两种手段方式。禁止是绝对的，法律通过其权威性所设定出禁止事项，是一种相当严格确定的法律规范来划定出一片不可逾越的禁区，拒绝相关主题可以在范围内获得权利。许可则具有相对性，它是通过解除法律上的禁止状态给予相关主题一定的权

---

〔1〕 关保英著：《行政法学》（下册），法律出版社2013年版，第511页。

利，但是这种许可是在一定条件才能完成的。禁止和许可在现代社会生活中对法律调整社会关系的作用是相辅相成的，缺一不可。但是随着行政权在现代社会扮演着越来越重要的角色，导致行政权在国家权力中愈发膨胀，加上行政机关与具体生活实际联系更为密切，所以就出现了很多行政机关参与立法的现象。所以禁止现也存在着两种模式：法律禁止和行政禁止。

行政禁止指的是行政机关运用行政权和行政手段所设定的禁止状态，其中包括拥有行政立法权的行政机关和不具有行政立法权的行政机关设定的禁止事项。如《北京市旅游管理条例》第 40 条规定："导游员和旅游团队的其他服务人员不得有下列行为：（一）欺骗、误导旅游者消费；（二）强行向旅游者兜售物品或者购买旅游者的物品；（三）向旅游经营者索要或者收受回扣；（四）向旅游者索要小费或者其他财物；（五）殴打、谩骂或者以其他方式侮辱旅游者；（六）其他损害旅游者合法权益的行为。"在一般理解下，行政机关是国家权力的行使者，禁止事项应有立法机关规定，所以行政禁止的权力应当受到法律严格的限制。根据禁止和许可关系来看，行政禁止越广泛，也就意味着行政许可的范围就越广泛。如此一来，行政权力的范围和内容必然大大增多，更容易导致权力的滥用和腐败问题。那么，为了更好地限制行政许可，行政禁止必然要受到约束，《行政许可法》的出台将会有效缓解这些问题。

二、行政许可不规则

"行政许可是指行政机关根据相对人的申请，以书面形式做出决定允许相对人从事某种活动或使其获得从事某种活动的行为能力和资格的行为，行政许可在法律法规上的表现形式，主要有许可、认可、审批、批准、核准等。"[1] 经过了解和观察我国当下行政许可制度规则现状，可以发现行政许可制度具有较大的不规则性，需要加快完善不规范之处。其中具体表现在以下几个方面：一是行政许可的设立主体不规则。没有具体法律法规的严格约束，设立许可的权力必将为行政主体滥用创造条件。二是具体行政许可的事项设立不规则、不明确，在很多没有必要设立行政许可的地方也设立，似乎政府许可的越多，越能够体现政府的权威作用。三是行政许可程序具有不规则性，程序环节过多、手续烦琐、时间过长，这既损害了人民的利益，也增加了政府的负担，对整个国家社会都没有益处。四是对行政许可的监督制约

〔1〕 刘莘著：《行政法热点问题》，中国方正出版社 2001 年版，第 150 页。

机制不规则。行政主体在实施行政许可权力的过程中，往往是忽略了责任的，缺乏公开透明的有效机制便难以对其监督，就容易导致权力的滥用和腐败。以上种种情况出现的重要原因是由于我国当时仍未拥有一部行之有效的行政许可法，这便导致行政许可实施程序规则不完整，以致行政许可都反映在部门行政管理的法律规范之中，如《安徽省实施〈中华人民共和国烟草专卖法〉办法》第 16 条规定："企业或者个人经营烟草制品零售业务，应当向烟草专卖行政主管部门申请领取烟草专卖零售许可证，经工商行政管理部门核准领取营业执照后，方可在规定的地域范围内经营。"由于行政许可反映在部门行政管理规范中，因此，行政许可在行政法中非常混乱，据有关学者统计，我国行政许可有下列各类，即"保障人身健康的许可，如持枪许可、特种刀具的生产购买携带许可"等；"保护生态环境和重要资源的许可，如食品卫生许可、核设施安全的许可、药品生产经营许可"等；"保护生态环境和重要资源的许可，如土地使用许可、森林采伐许可"等；"发展国民经济的许可，如各种企业的生产经营许可、进出口许可"等；"维护社会良好风尚的许可"；"工业产权保护的许可"；等等。[1] 如果立法机关能够充分运用制定法律规则的权力，设立所有应当设立的行政许可以及制定合理有效便捷的程序制度，那么行政许可便能够有效发挥其作用，提高政府的行政效率，促进社会经济的发展。

三、地方行政许可泛化

在《行政许可法》颁布以前，我国的行政许可设定权绝大多数掌握在行政主体手中，具体看来就是分散在各级政府部门之中。地方上的政府也会利用权力去设定行政许可，如此行政许可设定主体泛化，带来的后果是不言而喻的，即行政主体权力膨胀并引起一连串的后续影响。随着地方行政许可设定主体的泛化，自然而然会带来地方行政许可的事项泛化，越来越多的社会事务都会被纳入行政许可范围之中，甚至会包括各种毫无必要的事项。政府管的事情越多，往往对社会经济的发展越不利，相反，"管的少的政府是管得好的政府"。[2] 地方行政许可泛化不仅表现在设定主体泛化和具体事项泛化上，还体现在行政许可实施主体泛化上。行政主体所设定的各种行政许可事项必须得有人去执行实施，不可避免地就会增设各种部门机构，有的委托其

---

〔1〕 刘莘著：《行政法热点问题》，中国方正出版社 2001 年版，第 154—155 页。

〔2〕［美］路易斯·亨金等著：《宪政与权利》，郑戈等译，三联书店 1996 年版，第 5 页。

他行政机关甚至是相关的事业组织。而现如今的《行政许可法》第 24 条规定："行政机关在其法定职权范围内，依照法律、法规、规章的规定，可以委托其他行政机关实施行政许可。委托机关应当将受委托行政机关和受委托实施行政许可的内容予以公告。委托行政机关对受委托行政机关实施行政许可的行为应当负责监督，并对该行为的后果承担法律责任。受委托行政机关在委托范围内，以委托行政机关名义实施行政许可；不得再委托其他组织或者个人实施行政许可。"根据规定，行政许可实施机关只能够委托其他机关，而不能是其他社会组织。法律之所以会规定不能委托给事业组织或其他社会组织，就是为了防止过去行政许可实践中存在的行政许可实施主体泛化、过滥及乱委托的问题。地方行政许可泛化是我国行政法对行政许可制约不足的突出表现，倒逼我国法律制度对此现象要做出及时反应，为社会主义市场经济的发展和实现便民政府的目标扫除障碍。

四、传统行政管制思维严重

在我国 20 世纪实行计划经济体制下，国家政府为了集中人力、物力等各种资源旨在快速恢复发展国民经济生活水平，基本上采取的是大范围的行政管制措施，即政府以维护和达到特定的公共利益为目的所进行的管理和制约。那个时代的行政许可完全是从行政管制角度出发，目的自然是强化政府对经济生活的管理约束。而随着改革开放以后，我国的经济目标已经转换为建设社会主义市场经济体制，建立中国特色社会主义经济。在这种大环境的改变下，政府的职能目标应当与时俱进，政府的行政许可也必须朝着维护社会秩序和行政管理秩序转变。如为了维护野生动物管理秩序，《野生动物保护法》第 21 条规定："禁止猎捕、杀害国家重点保护野生动物。因科学研究、种群调控、疫源疫病监测或者其他特殊情况，需要猎捕国家一级保护野生动物的，应当向国务院野生动物保护主管部门申请特许猎捕证；需要猎捕国家二级保护野生动物的，应当向省、自治区、直辖市人民政府野生动物保护主管部门申请特许猎捕证。"此条行政许可的设定便显示出了对野生动物管理秩序的维护保障。但是，由于传统行政管制思维具有强大的惯性，我国仍旧在一些行政许可制度中具有强烈的行政管制思维定式，在诸多方面限制了公众的权益。我国的行政管制主要是由社会经济转型的特殊性决定的，我国的封建主义思想由来已久，发展轨迹与西方国家存在很大的差异，在经济形态、运行机制和社会制度等方面都存在较大的特殊性。具体在法律规定上的表现如《广州市继续工程教育基地管理办法》第 4 条规定："市继续工程教育基地的办班计划须经审定后，方可实施。凡属自然科学专业的办班计划由市科委审定，属社会科学专业的办班计划由市人事局审定，并抄送给市科委备案。学习班结束时，应按有关培训规定在学员的《继续工程教育证书》盖章认可。”类似这样的行政许可审批事项在其他法律规章中仍有很多，它们均是以传统政府行政管制思维角度出发。由此可见，扭转传统管制思维是我国法律亟待解决的一个重要问题，其对改变社会经济具有重大作用。

第三节　行政许可行政法制约的内容构设

一、行政许可项目法典化

行政许可项目是指法律规章制定的行政主体与行政相对人之间关于在某一特定方面或事务的权利和利益的具体事项，行政许可项目的列举规定是《行政许可法》的一个主要设立内容，但是仅靠一部综合性的法律是不足以全部列举行政许可项目的。行政许可制度中行政许可项目和行政许可程序是最为关键的两方面，而行政许可项目与行政许可程序相比较而言，行政许可项目则又更为重要一些。因为它是行政制度中最实质、最能够看得清摸得着的东西，所以行政许可项目必须通过科学严谨的立法手段将其法典化，让其在公开、规范的环境下实施操作。

行政许可项目法典化的内容包括以下两个方面：一是通过立法将行政许可项目规定在具体的法律条文之中。有了具体的法律文件规范之后，对行政机关和行政相对人都有显而易见的好处。行政机关可以根据法条来明确自己的职责义务所在，也让自身的行政许可行为有了法律依据。对行政相对人来说就可明晰行政主体是谁以及需要什么样的程序和条件来获得行政许可。所以行政许可项目法典化具有强烈的积极意义。但是通过对立法技术发达的国家和地区的观察了解来看，大多数都是将行政许可项目附着于部门行政管理规范的立法，而且其规定一般相对规范。如我国香港的《郊野公园及特别地区规例》第 18 条规定：“（1）凡申请根据本规例发给许可证，须以书面向总监提出，并须附上附表所订明的适当费用，但许可证须免费发出者除外。（2）总监在接获根据第（1）款提出的申请并获缴付费用（如有的话）后，可一（a）在总监认为适当的条件下批出许可证；或（b）拒绝批出许可证。（3）许可证须在证上所述明的期间有效。（4）如许可证持有人有以下作为，则许可证须予撤销一（a）违反任何一条规例，不论该人是否被裁定犯了本规例所订罪行；（b）违反或没有遵从批出该许可证的任何条件。（5）如总监信纳任何许可证已遗失、毁坏或意外污损，总监可发出该许可证的复本；如属须收费的许可证，则有关当事人须缴付附表所指明的原定费用或＄50，两者以数目较小者为准。(6) 任何人如因遭拒绝批出许可证或因许可证的撤销或有暂停有效而感到受屈，可在接获关于拒绝批出许可证或许可证撤销或暂停有效的通知后 14 日内，以书面向政务司司长提出上诉，而政务司司长可维持、更改或取消该许可证的拒绝批出、撤销或暂停有效。(1997 年第 362 号法律公告) (7) 凡总监就任何根据本规例做出的作为或事情而向任何人批给许可证，该许可证的批出，对该人根据任何其他成文法则而须取得其他牌照、许可证或同意的规定无损。"[1] 二是行政许可项目应该相对集中化，即将类似或相同的行政管理领域内行政许可项目集中在一部单一的行政法文件中。由于我国行政立法的水平尚未达到一定的高度，所以我们还没有能力制定出一部完整的行政法典可以囊括所有的行政许可项目。目前我国的行政许可项目规范还比较松散零碎，给行政机关和行政相对人带来很多麻烦和困惑。所以我们可以根据不同的行政许可管理领域把行政许可项目分门别类，然后将其集中在一个或若干个行政法律文件中。综合以上两个方面的内容，行政许可项目法典化是追求行政许可的公正化、便民化，是完善行政许可制度的第一步。

二、行政相对人请求权明确化

行政相对人请求权是行政相对人参与行政许可活动中最为重要的权利之一，也是行政许可活动的重要组成部分。表面上看请求权只是属于行政相对人的权利，但是更进一步理解便会发现行政主体承担了行政相对人请求权相对应的义务。所以一旦行政相对人请求权明确化了，行政主体的义务责任也就比较明确清晰了。与行政相对人的请求权相对应的就是行政主体的审批权，但是在我国的行政法律制度中比较重审批而轻请求，主要是针对行政主体的审批权进行管理约束，往往忽略了对行政相对人的请求权的保护。具体在行政许可事项中就是行政主体的审批权非常明确，而行政相对人的请求权则较为模糊不清。如《山东省殡葬管理规定》第 4 条规定："建设殡葬设施，应根据全省殡葬设施建设规划，履行审批手续：(一) 建立殡仪馆，由县级人民政府、设区的市人民政府民政部门会同建设行政主管部门提出方案，报本级人民政府审批；(二) 建立乡镇殡葬服务站，为农村村民设置公益

〔1〕 王建新主编：《香港环境保护法实务》，人民法院出版社 1997 年版，第 528 页。

性墓地（含骨灰堂，下同），应经乡镇级人民政府审核同意后，报县级人民政府民政部门审批；（三）建设和扩建公墓（含骨灰塔陵园，下同）、搬迁殡仪馆，应经县级人民政府、设区的市人民政府民政部门审核同意后，报省民政部门审批。”其中的规定我们只能看到行政部门的审批权，而行政相对人具体的请求权则非常模糊，这样一来造成了对行政相对人非常不利的一种局面。因为行政主体审批权的明确可以轻松对付行政相对人请求权的不清晰化，话语权便完全掌握在行政主体手中，这便有违服务型政府的行政理念，是对行政许可行为的一种损害。所以应当将行政相对人请求权明确化纳入行政许可法制约的内容构设之中。

三、行政许可主体职级对等化

行政许可主体是整个行政许可操作运行过程的一个核心关键角色，行政许可主体在指导行政许可行为的过程中起着关键作用，行政许可主体必须要承担起行政许可的重要责任，保证行政许可行为能够合理有效地进行下去。那么为了达到这个目的效果，首先需要将行政许可主体职级与具体的行政许可事项对等化，也就是说每一个行政许可主体职级对应一方面的行政许可事项，不同等级的主体职级对应不同层面的行政许可事项。这是规范行政许可制度的重要内容，因为行政许可主体职级的混乱将造成行政许可运作过程的无序混乱，这必将影响行政许可的效率降低且会加大制度成本。而且，我国目前的行政许可主体就存在各种各样的缺陷。第一，有些行政许可项目的许可主体不明确。我国有一些法律规章尤其是地方上的部门规章在编写的过程中存在某些漏洞，就没有将具体的行政许可主体清晰化，只是以“相关部门”“上级部门”等代之，这就给行政相对人的活动造成不必要的麻烦。第二，有些行政许可项目的行政许可主体地位过高。行政许可活动应当是讲求公正、效率的原则，行政许可主体职级应与许可项目对等化，主体地位过高便会提高制度成本，降低行政效率。比如某些行政许可项目明明是可以在省一级行政部门审批，却非要由中央机关批准，这样造成的结果就是给中央机关增添许多不必要的麻烦，反而会耽误另外一些重要急迫的许可审批项目。第三，有些行政许可项目的行政许可主体地位过低。行政许可主体既然存在地位过高的情况，也就存在地位过低的状况。主体地位过低就意味着可能存在行政许可主体对有关行政许可事项权限过低、能力不足等现象，这也是对行政许可行为合理性的一种侵害。第四，有些行政许可主体的职责义务存在不明确的情况。我们经常能听到有关行政部门之间来回踢皮球的现象报道，这就是主体职责不明确的表现。某些行政许可项目的管理主体可能存在两个或两个以上的行政许可主体，出现这样的情况就必须以法律规范的方式严格明确下来，防止行政许可混乱。根据以上我国行政许可主体出现的各种问题，主体职级对等化是行政许可行政法制约的内容构设的重要一环。

四、行政许可过程连续化

行政许可过程连续化是针对行政许可程序所提出的一个要求，它是属于行政程序法中的一个问题。行政程序法的立法宗旨就包括要讲求速度、效率与连贯性。如《澳门行政程序法》第 57 条规定："行政机关应采取措施，使程序能迅速及有效进行，因而应拒绝做出及避免出现一切无关或拖延程序进行之情事，以及应命令与促成一切对程序之继续进行及对做出公正与适时之决定属必需之情事。"[1] 此条关于行政程序的原则放在行政许可程序当中也毫无例外，其所要求的就是行政许可过程的连续化。行政许可过程的连续化实际上包含两个方面的内容：一是要求过程短。其意味着行政许可过程中的环节和时间都应尽可能的少和短，这就是对行政主体的办事效率的要求，也是对相关行政相对人权益的一种保护和负责。二是要求许可过程不能间断。也就是指行政许可的过程中不能够出现突然行为中断的情况，这主要是为了保护行政相对人的权益所作的要求。行政主体如果可以不负责任地随意间断行政许可行为，这既是对行政相对人权益的侵犯，也是对政府权威的一种损害。所以不能间断也是行政许可过程连续化的一个重要要求。

然而，目前我国行政法中对行政许可程序的规定要求尚未达到上述要求，在诸多方面存在着问题。比如，一些行政许可项目就没有对行政主体时限上的约束。如《湖南省高等级公路管理条例》第 17 条规定："在高等级公路规划区内修建建筑物或者其他设施，必须向省交通部门申报，由省交通部门依法审查同意，再向土地管理部门申请用地。"这条当中就存在没有规定行政许可时限的问题，这样造成的后果必然不利于行政相对人权益的保护，而且即使行政主体故意拖延时间或置之不理，它也无须承担法律责任，这明显是对行政主体的一种偏袒，而置行政相对人于不顾。所以行政许可过程连续化是通过程序层面来对行政主体进行制约，它也是行政许可行政法制约的内容构设中的关键一环。

---

〔1〕 应松年主编：《外国行政程序法汇编》，中国法制出版社 2001 年版，第 591 页。

五、行政许可重大事项听证化

行政许可中的听证在诸多国家的行政程序法和其他一些单行法规中都有规定。《日本行政程序法》第10条规定："行政机关对申请而为处分时，依法令应斟酌申请人以外的第三人之利害，作为许认可等之要件者。如有必要，应尽量以举办公听会或其他适当方法给予申请人以外第三人听取其意见之机会。"[1] 行政听证制度是行政程序制度的重要内容，在发达国家的行政法制度中，尤其在行政程序立法中都有听证的规定。[2] 所谓的行政听证指的是在行政机关的领导主持下，将行政主体和行政相对人安排在一起并邀请社会各界的人员参与其中，就行政主体与行政相对人之间的某一权益关系事项进行公开的辩论、质证，然后将相应的权益关系予以澄清的一个过程。在行政许可制度下，行政相对人便有权参与到行政主体的行政许可行为当中，可以获得为保障自己的权益而发声的权利，而且相关的利害关系人也可以参与其中对具体事实情况进行了解。听证制度在我国的行政处罚法和其他的一些行政行为中已经确立下来，那么行政许可行为作为政府行政行为当中的重要一环。我们认为将听证制度引用到行政许可事项中是有必要的。这不光是因为行政许可相当重要，还因为某些行政许可事项关系到其他公民的利益，行政许可行为的作出可能是要对很多人负责的。一般来说行政许可举行听证拥有两个条件：一是法律法规规定实施行政许可应当听证的事项。我国的《行政许可法》中第46—48条就已经对有关的行政许可的听证制度作了规定，但是这类规定还较为笼统，没有具体到每一个事项每一个细节问题，这是以后行政许可制度应当再次完善的地方。二是行政机关认为需要听证的涉及公共利益的重大行政许可事项。这个条件就具有较强的灵活性。至于什么样的行政许可事项可以称之为重大事项，其决定权完全在行政机关手中，但是我们认为只要是涉及了广大公众的利益或是不特定的行政相对人的利益，就应当以此为标准举行听证。无论如何，行政许可重大事项听证化是为了协调各方利益，努力做到行政行为符合民主、科学，符合广大人民群众的利益。

六、行政许可依据公开化

行政机关实施行政许可行为的依据包括两个方面的内容：一是法律依据。

---

〔1〕 应松年主编：《外国行政程序法汇编》，中国法制出版社2001年版，第443页。

〔2〕 萧榕主编：《世界著名法典选编》（行政法卷），中国民主法制出版社1997年版，第1页。

行政机关实施行政许可行为是法律、法规赋予其所拥有的权力，是行政机关的法定职权。行政机关在没有法律、法规授权的情况下是没有权力实施行政许可行为的，行政机关必须依法行政，否则就属于滥用职权。法律、法规所规定的不仅仅是有权实施行政许可的行政主体，还包括了行政许可的具体操作程序，行政机关在实施行政许可行为的过程中必须按照法定程序，否则也会有损行政许可的效率和意义。二是事实依据。事实依据指的是行政主体进行行政许可时所依据的各种客观情况，它包括人、事、物等。人自然指的是具体行政许可事项所涉及的行政主体、行政相对人以及与此项行政许可项目有关的利害关系人。在传统行政法理论中仅把行政主体和行政相对人作为行政许可的主要方面是有一定缺陷的。因为有的时候利害关系人所受行政许可的影响更大，所以我们一定要把利害关系人纳入进来。事指的是行政主体与行政相对人两者之间所处于的状态和利益关系。物则是指与行政许可事项相关的具有一定价值的财物。事和物是行政许可所依据的最为重要的客观方面。

我们所说的行政许可依据公开化自然是指前文所述的两方面的公开化。行政许可法律依据公开化的方式是通过政府公报或具体的行政许可事项进行全面公开。《日本行政程序法》中确立的一项制度值得我们研究，这就是行政许可中的“审查基准”制度。所谓审查基准是指“行政机关做出行政许可所依据的具有量化性的基本标准制度，要求行政机关对每一项审批应当有具体的参照标准，这些标准具有直接的可操作性。审查基准制度的实质是遏制行政许可中的自由裁量权，各个行政管理部门法将审查基准确定以后，行政机关应该置放在其办公场所以便权益请求人查阅，或者以其他方法公告之，给其他利害关系人也提供了解的机会”〔1〕。事实依据的公开化则必须依靠行政主体对行政相对人、相关利害关系人的告知或举行听证会的方式实现，这是对相关当事人知情权的保护。总的来说，行政许可依据公开化既是对行政主体自由裁量权的约束，更是对行政相对人权益的保障，毕竟行政相对人是处于较为弱势的一方。

七、行政许可的结果法律效力化

行政许可的结果是指行政机关依法实施行政许可行为而做出的行政决定，即行政审批决定。行政许可结果作为行政许可行为的一个关键部分，它应当与所有行政行为一样具有一定的法律效力，否则就会丧失政府机关的权

---

〔1〕 应松年主编：《外国行政程序法汇编》，中国法制出版社 2001 年版，第 442 页。

威并且会失信于民。但是就在行政机关实施行政许可行为的实践过程中，行政许可结果的法律效力确实存在着一些问题，主要体现在行政许可结果的法律效力偏向于行政相对人，而往往忽略了行政主体。发达国家的行政程序法为了防止行政机关无视行政相对人的权益请求行为这种情况的发生，规定了一种特殊的效力制度，即默示批准制度。默示批准指“行政机关在法定期限内没有对申请人的申请做出答复的，视为批准其申请。葡萄牙规定如果行政机关没有在该期间内做出决定的，在下列情况下，申请人可以推定其请求被批准：（1）私人工程的执照；（2）地段或分执照；（3）将工作特许外国人的许可；（4）外国人的投资许可；（5）不间断工作许可；（6）轮班工作的许可；（7）公私职务的兼任”〔1〕。

行政许可结果的法律效力存在的问题具体表现在：一是行政主体将已经准许给行政相对人的行政许可事项根据自身单方面的意志将其解除，简单地说就是，行政主体因为一些所谓的客观原因对自身所作的决定反悔。二是行政主体单方面解除行政许可事项后，行政主体没有一个规范的正当途径对行政相对人予以补偿或赔偿，这主要是因为我国的行政补偿和行政赔偿机制尚未完善。三是行政主体对某行政相对人的行政许可申请不予许可后，却因其他不正当理由对另外的行政相对人的同样的一个行政许可申请准予许可。这种差别对待常常是基于所谓的维护不同利益关系而做出的决定。

针对以上行政许可结果存在的种种问题，首先要做的就是应将行政许可结果法律效力化，它不仅要对行政相对人具有法律效力，对行政主体也要有法律效力，这样才能够对行政主体的许可行为进行有效约束。其次应建立行政许可结果的承诺守信制度。即行政主体在无正当理由时不得对已做出的行政许可事项予以撤销，轻易地变更许可行为会极大地伤害行政许可行为设立的价值。最后，我们应当建立行政许可事项终止补偿制。

第四节　行政许可的实施程序

一、行政许可实施机关的确定

行政许可实施机关是指依法享有行政许可实施权力的国家行政机关或其他组织。依照法律，行使国家行政管理权，并依法处理相关法律事实。行政许可的实施机关是由法律规范赋予行政权力、授予行政主体资格的，并且行

〔1〕应松年主编：《行政程序立法研究》，中国法制出版社2001年版，第406—407页。

政许可的实施必须在法律规定的范围内，不能超越法律职权。行政许可的实施机关的确定由法律规范规定，主要划分为以下几个类型：

（一）职权机关

职权机关是指依照相关法律设立的国家行政机关。它在最初设立时就具备相关的行政主体资格，无须其他特殊规定即可享有行政许可的权力。这意味着职权机关必须依法取得实施行政许可的明确授权。根据行政许可法的有关规定，行政机关要想拥有行政许可权，不仅仅要主体适格，还必须经过法律、法规和省、自治区和直辖市人民政府规章的特别授权。

（二）授权机关

法律、法规授权的具有管理公共事务职能的组织，在法定授权范围内，以自己的名义实施行政许可，就是所谓的行政许可授权机关。由于职权机关不能全面完善地概括所有管理行为，难以满足行政管理的需要。比如，对各种设备的检验等，需要更专业的组织来实施。然而，并非所有组织都可以实施行政许可行为，必须要由法律、法规作出明确授权。授权机关首先必须是具有管理公共事务职能的组织，而且其实施行政许可的行为必须在法律授权的范围内。授权机关享有实施行政许可的行政主体资格，能够以自己的名义实施行政许可，并独立承担行政责任。而一旦发生相关的行政争议中，能够以自己的名义参加行政诉讼和行政复议。

（三）受委托的机关

根据法律规定行政机关可以在其法定职权范围内，依据法律、法规、规章的规定，将某些行政许可事项委托给其他行政机关进行实施。受委托的机关必须在法律授权范围之内，以该行政许可机关的名义行使行政许可权。委托机关要对受委托机关的行政许可实施行为进行监督和管理，并承担相应的后果和责任。受委托机关在授权范围内，实施相应的行政许可行为，并不得转委托给其他行政机关。受委托的机关具有行使行政许可的权力，但不享有以自己的名义从事此行为，同时意味着不享有独立的行政许可主体资格。

（四）综合执法机关

“经国务院批准，省、自治区、直辖市人民政府根据精简、统一、效能的原则，决定由一个行政机关来行使有关行政机关的行政许可权。”此类机关的设立是为了减少多头执法、重复许可的现象，并解决“有利大家都争，无利大家都不管”的问题，从而达到良好执法的效果。综合执法机关可以行使多个行政管理部门的职责，但并不归属于某一个管理部门。它们具有法律上的独立人格，可以行使法律规定范围内的行政许可，有利于提高行政效率，减少执法不清的现象。

（五）联合执法机关

联合执法机关是指确定一个机构统一受理行政许可申请，统一送达行政许可决定。即通常所说的“一个窗口对外”“并联审批”“一站式审批”。联合执法机关有两种：一是一个行政机关的不同机构联合办公，统一受理和送达相关许可决定；二是两个以上行政机关联合办公，集中做出行政许可决定。

二、一般行政许可实施程序

（一）行政许可的申请

1. 申请人的概念

申请人是指为获得从事法律、法规以许可规则禁止的事项的资格或是为了获得某一方面的权利而向有关行政许可机关提出申请的公民、法人或其他组织。行政许可设定规则决定了申请人的资格，只有依法定程序提起申请的行政相对人才是申请人，其在行政法关系中是与行政主体相对应的一方当事人。由于在行政法中某些行为事项是法律、法规明令禁止且没有解禁的可能性，所以申请人是无法在这些事项中申请许可权的。但是大多数行政许可的设定都可以在一定条件下予以解除，只要相对人符合解禁条件就可以提出申请，获得申请人的资格。

2. 提起申请的条件

《行政许可法》第 29 条规定：“公民、法人或者其他组织从事特定活动，依法需要取得行政许可的，应当向行政机关提出申请。申请书需要采用格式文本的，行政机关应当向申请人提供行政许可申请书格式文本。申请书格式文本中不得包含与申请行政许可事项没有直接关系的内容。申请人可以委托代理人提出行政许可申请。但是，依法应当由申请人到行政机关办公场所提出行政许可申请的除外……”根据此条规定，我们可以看出申请人提出申请需要遵循以下几个条件：第一，申请人可以是公民、法人或者其他组织。第二，提起申请必须按照一定的方式提出。需要采用格式文本的，行政机关应当向申请人提供具体的行政许可申请书格式文本，申请人必须按照所提供的格式文本填写相关内容。当然在其他情况下，申请人也可以通过信函、电报、电传、传真、电子数据交换或电子邮件等方式提出。第三，申请人必须以自己的名义提起。申请人提出行政许可申请是为自身获得相关权益，所以也必须自己承担起权利义务责任。虽然申请人可以委托代理人提出行政许可申请，但是代理人也只能以申请人的名义进行代理活动。而且有些情况下法律是不允许委托代理人的，此时申请人必须亲自提出申请。

3. 申请人的权利义务

申请人的权利义务是指行政许可申请人在进行行政许可申请的过程中享有的权利和所应承担的义务。申请人的权利包括：第一，信息获取权。《行政许可法》第 30 条第 1 款规定："行政机关应当将法律、法规、规章规定的有关行政许可的事项、依据、条件、数量、程序、期限以及需要提交的全部材料的目录和申请书示范文本等在办公场所公示。"第 33 条规定："行政机关应当建立和完善有关制度，推行电子政务，在行政机关的网站上公布行政许可事项，方便申请人采取数据电文等方式提出行政许可申请；应当与其他行政机关共享有关行政许可信息，提高办事效率。"这就意味着从行政许可机关那里获取相关的行政许可事项的信息是申请人的重要权利。第二，请求解释权。即申请人有权请求行政许可机关对相关行政许可事项公示的内容予以解释说明，提供准确可靠的信息。第三，非法要求的拒绝权。申请人有权拒绝行政许可机关要求其提供与行政许可申请无关的材料信息等。申请人的义务包括：首先提交行政许可所需材料的义务。申请人提出行政许可申请一般都是需要提供相关材料来获取许可资格。其次依法定方式提起的义务。申请人一定得依法按照正规方式提起行政许可申请。最后提供真实可靠材料的义务。《行政许可法》第 31 条规定："申请人申请行政许可，应当如实向行政机关提交有关材料和反映真实情况，并对其申请材料实质内容的真实性负责。行政机关不得要求申请人提交与其申请的行政许可事项无关的技术资料和其他材料。"

（二）审查与决定

1. 审查

审查是指行政许可机关对申请人提出申请的材料进行审查的行为。审查的主体是行政许可机关，所以其对申请人能否获得许可权益具有决定权。审查的内容是申请人提供的材料的真实准确性问题以及提供材料程序方面的合法性和实体方面的合法性问题。

具体进行审查的程序应当包含以下几步：第一，当场审查。行政许可机关可以当场进行审查，其前提是申请人申请提交的材料都齐全且符合法定条件。第二，核查。需要对行政许可申请材料内容进行核查的情况下，行政许可机关应当指派两名以上工作人员进行核查。第三，二级审查。《行政许可法》第 35 条规定："依法应当先经下级行政机关审查后报上级行政机关决定的行政许可，下级行政机关应当在法定期限内将初步审查意见和全部申请材料直接报送上级行政机关。上级行政机关不得要求申请人重复提供申请材料。”此时审查的主体有两个，分别是上下两级行政机关。第四，告知相关利害关系人。当行政许可机关在审查的过程中发现该行政许可事项涉及其他利害关系人时，应当告知利害关系人并给予其陈述申辩的权利，行政许可机关也有义务听取其意见。

2. 决定

行政许可的决定是指行政许可机关在对许可申请人提供的材料进行全面审查之后做出行政许可决定的行为。行政许可决定具有严肃的法律效力，它将直接影响到申请人能否获得许可权益。所以行政许可决定必须在严格全面的审查基础上做出，而且其做出的程序也必须符合法律规定。

行政许可决定的类型分为两种：第一是不予许可的决定。行政许可机关在严格审查申请人所提交的申请材料之后，认为申请人不可以获得许可资格的，可以做出不赋予行政许可权利的决定。不予许可决定应以书面形式做出，决定书中应当说明不予许可的理由，以及告知相对人享有依法提起行政复议或者提起行政诉讼的权利。第二是准予行政许可的决定。所谓准予行政许可的决定是指行政许可机关通过对申请人申请材料的审查之后认为申请人应当可以获得许可权利，做出准予其行政许可的决定。准予行政许可的决定也应当以书面形式做出，必要时也必须进行公示，以便社会公众查阅。《行政许可法》第 39 条规定：“行政机关作出准予行政许可的决定，需要颁发行政许可证件的，应当向申请人颁发加盖本行政机关印章的下列行政许可证件：（一）许可证、执照或者其他许可证书；（二）资格证、资质证或者其他合格证书；（三）行政机关的批准文件或者证明文件；（四）法律、法规规定的其他行政许可证件……”

三、行政特许实施程序

所谓行政特许实施程序是指针对一些特别的行政许可事项，不能适用一般的普通许可程序，须适用特别制定设计的实施程序。这样做的目的不是追求特殊化，而是根据具体事实情况对涉及公共利益的重要事项进行特殊的实施程序，是为国家和公民的集体利益考虑。具体的行政特许实施程序有如下几种类型。

（一）国务院实施特许的程序

国务院作为最高国家行政机关在实施行政许可的过程中一般不适用《行政许可法》所规定的程序规则，而是根据有关的法律、行政法规的规定实施，这是针对国务院所作的一些特别规定。例如，《土地管理法》第 45 条第

1 款规定：“征收下列土地的，由国务院批准：（一）基本农田（二）基本农田以外的耕地超过三十五公顷的（三）其他土地超过七十公顷的。”《海域使用管理法》第 18 条规定：“下列项目用海，应当报国务院审批：（一）填海五十公顷以上的项目用海；（二）围海一百公顷以上的项目用海；（三）不改变海域自然属性的用海七百公顷以上的项目用海；（四）国家重大建设项目用海；（五）国务院规定的其他项目用海。前款规定以外的项目用海的审批权限，由国务院授权省、自治区、直辖市人民政府规定。”国务院所实施的行政许可事项一般都是重大决策事项，而《行政许可法》中所制定的程序都是具体操作过程中的程序规则，所以其对国务院另外规定的特许实施程序。

（二）市场准入的特许实施程序

根据《行政许可法》第 12 条第 2 项的规定，“有限自然资源开发利用、公共资源配置以及直接关系公共利益的特定行业的市场准入等，需要赋予特定权利的事项”可以设定行政许可。行政相对人想要获得此类行政许可，行政许可机关应当以招标、拍卖等公平竞争的方式作出许可决定。但是根据招标、拍卖的方式作出许可决定的具体程序，《行政许可法》并没有对其进行规定，仅规定可以依其他法律执行，如《招标投标法》《拍卖法》等。行政许可机关对这些通过招标、拍卖的方式确定的中标人、买受人也必须准予许可。

（三）确定资格、资质的特许实施程序

根据《行政许可法》第 12 条第 3 项的规定，“提供公众服务并且直接关系公共利益的职业、行业，需要确定具备特殊信誉、特殊条件或者特殊技能等资格、资质的事项”可以设定行政许可。这类需要特别的资格、资质而定的行政许可事项具有强烈的技术色彩，所以其针对的并不是一般的社会成员。紧接着《行政许可法》第 54 条规定：“实施本法第十二条第三项所列事项的行政许可，赋予公民特定资格，依法应当举行国家考试的，行政机关根据考试成绩和其他法定条件作出行政许可决定；赋予法人或者其他组织特定的资格、资质的，行政机关根据申请人的专业人员构成、技术条件、经营业绩和管理水平等的考核结果作出行政许可决定。但是，法律、行政法规另有规定的，依照其规定……”其中的考试是指国家考试，而非某个地方、某个部门的考试，比如根据国家统一的全国司法考试而赋予行政相对人律师资格证。

（四）技术标准的特许实施程序

根据《行政许可法》第 12 条第 4 项的规定，“直接关系公共安全、人身健康、生命财产安全的重要设备、设施、产品、物品，需要按照技术标准、技术规范，通过检验、检测、检疫等方式进行审定的事项”，可以设定行政许可。此类的行政许可事项，行政许可机关要依法对申请人的申请进行检验、检测、检疫，然后根据审核结果决定是否准予许可，对于不符合行政许可所规定的技术标准和技术规范的也应当予以书面说明。

（五）有数量限制的特许实施程序

有数量限制的行政许可是指因为有具体的数额限制而只能满足一部分行政相对人的许可请求的行政许可事项。《行政许可法》第 57 条规定："有数量限制的行政许可，两个或者两个以上申请人的申请均符合法定条件、标准的，行政机关应当根据受理行政许可申请的先后顺序作出准予行政许可的决定。但是，法律、行政法规另有规定的，依照其规定。"也就是说此种类型的许可事项是按照时间上的先后顺序为原则。比如《商标法》第 30 条也规定："申请注册的商标，凡不符合本法有关规定或者同他人在同一种商品或者类似商品上已经注册的或者初步审定的商标相同或者近似的，由商标局驳回申请，不予公告。"

四、行政许可监督机制

行政许可监督机制指的是行政系统对行政许可实施机关以及被许可人在行政许可活动中有关履行法律义务行为的监督和检查。《行政许可法》所规定的行政许可监督的主体是行政系统，即有权行使行政管理的行政机关实施的，当然其他的主体事实上也有权对行政许可进行监督，在行政许可法中只是一个特指。行政主体和行政相对人是行政许可监督的主要对象，即实施行政许可的行政机关和行政许可的被许可人。而《行政许可法》中的主要对象是获得行政许可的公民、法人和其他组织。根据行政许可监督的对象，我们可以将行政许可监督机制分为两类，即内部监督和外部监督。

（一）行政许可的内部监督

行政许可的内部监督是指以行政系统内部的行政机关对行政主体所作的行政许可行为进行监督。这种内部监督分为两种情况：一是上级对下级的监督，即上级行政机关对下级行政机关的行政许可行为进行监督纠正。由于下级行政机关必须要接受上级行政机关的领导并且需要对上级行政机关负责，所以这种类型的监督与检查是最为直接有效的。二是行政系统内部监督机制所发挥的作用。这种监督机制不仅是以行政机关所实施的行政许可行为为监督内容，还有监督之外的监督，也就是把行政许可机关对被许可人从事行政许可事项的活动所作的监督检查进行归档。当然，对行政许可的监督也一定要有公众的参与，公众有权了解内部监督机制并有权对相关文档进行查阅，行政机关应当创造有利条件方便公众的监督。

（二）行政许可的外部监督

行政许可的外部监督是指行政许可机关对被许可人从事行政许可活动的监督，主要是对被许可人是否履行了行政许可权利义务的情况进行监督。具体的外部监督包含以下几个内容：一是对被许可人生产经营的产品进行监督。被许可人在获得生产经营资格之后，行政许可机关有权对其产品通过采取抽样检测、检查等方式进行监督，如发现检验不合格，则行政许可机关有权命令其禁止销售并加以整改。二是对被许可人的重要设备、设施进行监督。《行政许可法》第68条规定：“对直接关系公共安全、人身健康、生命财产安全的重要设备、设施，行政机关应当督促设计、建造、安装和使用单位建立相应的自检制度。行政机关在监督检查时，发现直接关系公共安全、人身健康、生命财产安全的重要设备、设施存在安全隐患的，应当责令停止建造、安装和使用，并责令设计、建造、安装和使用单位立即改正。”三是对被许可人是否依法履行开发利用自然资源义务进行监督。被许可人必须依法开发利用自然资源，遵守履行相关义务。如若不履行依法开发利用自然资源的义务，则行政许可机关有权责令其在期限内整改，未在期限内改正的，行政许可机关可依照法律、法规进行处理。四是对被许可人的市场行为进行监督。被许可人在取得特定行业的市场准入行政许可之后，应当按照国家规定的标准和政府机关依法制定的条件从事市场活动，履行其义务。五是对被许可人在管辖区域外所进行的活动进行监督。《行政许可法》第64条规定：“被许可人在作出行政许可决定的行政机关管辖区域外违法从事行政许可事项活动的，违法行为发生地的行政机关应当依法将被许可人的违法事实、处理结果抄告作出行政许可决定的行政机关。”

第五篇　法治政府革新篇

第十五章　法治政府与政府治理

第一节　从政府管理到政府治理的转变

一、行政管理的实质：单极权力

（一）行政管理含义界定

1. 学者观点介绍

《法治政府建设实施纲要（2015—2020年）》的发布，开启了学术界有关法治政府建设的全面探讨，作为法治政府建设的核心部分行政管理的研究亦不遑多让。学术界有关行政管理的研究著论颇丰，对于行政管理的内涵界定难以尽述，为对行政管理的研究现状有一个清晰的认知，此处选取了部分学者的观点进行简要介绍：娄成武学者认为，"社会主义国家的行政管理既包括行政机关的自身管理，也包括国家通过行政机关对政治、经济、文化、教育和其他社会生活等各方面国家事务的管理"〔1〕；学者刘亚平认为，"行政管理是指对公共事务的治理以使人们的生活变得更美好的活动"〔2〕；学者陈兆德认为，"行政管理，是指国家通过行政机关依法对国家事务、社会公共事

〔1〕娄成武、杜宝贵编：《行政管理学》，高等教育出版社2010年版，第3页。

〔2〕陈瑞莲、刘亚平编：《行政管理学导论》，高等教育出版社2011年版，第4页。

务实施的有效管理。核心是进行公共权力和资源的有效配置，追求高绩效"[1]；学者杨涛认为，"行政管理是面向社会、服务大众的管理活动。这种管理活动首先和主要是由在任何社会中都是最大和最具权威性的公共组织——政府来承担和完成的"[2]；应松年教授认为，"行政管理是国家的基本职能之一，是对国家事务的一种有组织的管理活动，目的是实现统治阶级的意志"[3]；学者申智军认为，"行政管理的含义就是国家行政组织以实现国家的意志和人民的需求为宗旨，就国家事务和社会公共事务，依法进行的所有管理活动的总称"[4]。

2. 学者观点评述

（1）娄老师对行政管理的分析不是一概而论，而是区分了国家的性质，他认为行政管理是国家的职能，对行政管理的界定必然应考虑国家的性质；针对社会主义国家，他认为行政管理包括内外两部分，内部是行政机关的自我管理，外部是行政机关对行政相对人社会生活各方面的管理。含义分析较为深入透彻，但对于行政管理含义的内部表述，笔者并不赞同。

（2）刘老师的理解简短概括，涵盖行政管理的客体和目标，行政管理的客体是公共事务，目的的实施是为了使人们的生活更美好。简要概括的弊端是"双重含义"，我们难以通过对行政管理含义的阅读，直接勾画出行政管理的明确意义，而是先要对其含义中提到的概念进行分析，如"公共事务"，对行政管理的准确理解建立在对"公共事务"含义的清晰了解上，含义界定不够清楚明白。

（3）陈老师认为行政管理的实施主体是行政机关，是否包括被授权组织、被委托组织尚需明确；实施客体是国家事务、社会公共事务，其将事务进行了分类，国家事务和社会公共事务，国家事务指的是国防、外交，而社会公共事务指的是医疗、教育、环境、卫生；陈老师将"进行公共权力和资源的有效配置，追求高绩效"作为行政管理的重点，谈及了评价行政管理水平的手段运用问题。

（4）杨老师强调了行政管理的服务性功能，认为行政管理的内容是"面向社会、服务大众"，正是为了保障行政管理良好效果的有效实现，因此选择政府这一颇具权威性的公共组织来实施行政管理。即政府不是行政管理的目

---

[1] 陈兆德编：《行政管理学教程》，中共中央党校出版社 1998 年版，第 1 页。

[2] 杨涛等编：《行政管理学教程》，中国工商出版社 2013 年版，第 2 页。

[3] 应松年等编：《行政管理学》，北京师范学院出版社 1986 年版，第 4 页。

[4] 申智军、倪小宇编：《新编行政管理学概论》，中国人民公安大学出版社 2012 年版，第 5 页。

的而是手段，政府的存在是为了维护社会、大众的利益，是为社会、大众服务的。

（5）与前几位老师的观点不同，应老师对行政管理的判断在国家基本职能的基础上，加入了组织性和统治阶级意志性。即行政管理的实施主体是有关组织，行使权力的过程应依照组织规定、依法定程序进行，受到有关机关监督，同时行政管理代表了统治阶级的意志。何为统治阶级意志？《宪法》第1条第1款规定："中华人民共和国是工人阶级领导的、以工农联盟为基础的人民民主专政的社会主义国家。" "工人阶级领导的" 此处是否可以理解为，行政管理代表的是工人阶级的意志，暂且不论工人阶级是如何将其意志传达于行政管理机关，此处探讨的是应然状态而非实然状态。

（6）申老师认为行政管理的主体为国家行政组织，宗旨为"实现国家的意志和人民的需求"，客体分为国家事务和社会公共事务，程序要求依法进行，且符合上述条件的所有活动均为行政管理。此是我们讨论的概念中内容较为丰富的界定，与前述相比，关注了对法律作为依据的要求，规定行政机关的行政行为必须符合法定程序，注重了程序价值。基于申老师对"所有"词汇的运用，可以看出其对自身前述行政管理组成条件全面性的信心。

3. 笔者观点表述

综上，笔者判断行政管理指的是行政组织为维护公民、法人和其他组织的合法性权益，依据法律规定对国家事务和社会公共事务进行处理的活动。行政组织不仅包括行政机关，还囊括被授权组织和被委托组织；行政管理以"保障公民、法人和其他组织的合法权益"为起始点和最终归宿；程序上行政管理必须在法律权限范围内行使职权，不可以非法规避法律条文，严格执行法律规定，对违法行为进行纠正处罚。行政管理的客体是"国家事务和社会公共事务"，不包括行政系统内部管理行为。

（二）行政管理方式分析

行政管理方式探讨的是行政组织通过什么形式、途径、手段、程序实现对国家事务和社会公共事务的管理。现实生活中行政管理方式灵活多样，此处选取九种主要方式进行分析，包括行政立法、行政领导、行政指导、行政规划、行政检查、行政调解、行政处罚、行政许可和行政救济。

1. 行政立法

行政立法指的是为方便有效地进行行政管理，行政机关可以通过制定规范性文件的方式行使行政权，法规、规章或其他规范性文件形式约束的内容适用于全体公民，且能够多次反复适用，是行政组织进行国家事务管理和社会公共事务处理必不可少的途径。如国务院于 2007 年 8 月 1 日起施行的《行政复议法实施条例》；上海市人民政府于 2016 年 11 月 11 日印发的《关于全面建设杨浦国家大众创业万众创新示范基地的实施意见》（沪府发〔2016〕95 号）；上海市财政局于 2016 年 11 月 17 日印发的《2016 年上海市政府自贸区债券招标发行兑付办法》（沪财库〔2016〕71 号）。

2. 行政领导

我国以首长负责制作为行政机关的领导方式，由行政机关最高领导掌管该行政机关的所有行政工作并承担违法失职责任。即行政机关及其工作人员在行使行政权、实施行政行为的过程中因违法渎职行为给行政相对人造成损害的，除追究直接责任人员、分管领导的责任之外，造成严重损害后果的，还要追究该部门首长的责任。行政领导负责方式的运用直接作用是能够敦促、激励行政机关领导依照法律法规行使职权、认真履行职责，进一步保障公民、法人和其他组织的合法权益。

3. 行政指导

行政指导指的是行政组织根据国家政治、经济、文化、社会、科技等方面发展现状，为维护国家利益和社会公共利益，在某一方面对公民、法人和其他组织提出建议、劝告的行政行为，其内容不具有强制力，如劝告公民不要购置新房。行政指导内容不具有约束力，公民、法人或其他组织可以遵照执行，也可以放弃执行，国家不会强行命令或禁止。因此，如果公民、法人或其他组织因为行政指导内容而做出了某些行为造成了损害结果，原则上是不能提起行政诉讼的。

4. 行政规划

行政规划指的是行政组织整体性、全局性的计划安排，包括土地、财政等方面。如一个省份，哪一部分是商业区、哪一部分是住宅区、哪一部分是工业区都由规划局从全省实际情况出发，考虑政治、经济、文化、环境等相关因素后予以确定。又如我们国家下一年度的行政预算是多少，预计分为哪些方面，各自所占比例是多少等都需要行政组织提前规划。与我们息息相关的可能是你打算买一套住房，并且已经选中地址，但最后房地产商被规划局通知该地块不允许盖住宅区，原因是不符合该区域的规划安排。

5. 行政检查

行政检查指的是行政组织依据法律法规的规定，利用相关工具，对某些人、物进行检验、查看，判断其是否符合相关检测标准并作出决定的管理行为，如卫生检查、商业检查、安全检查等。卫生检查，行政组织随机性或规定时间抽查食堂、餐馆的食物、餐具、作料等是否符合有关食品质量安全检测标准。商业检查，可以是行政组织抽样检查生产者、销售者，生产、销售的产品是否符合质量要求。安全检查，可以是行政组织检查商场、工厂等地区的消防设施是否正常使用、安全通道是否堵塞等。

6. 行政调解

行政调解指的是双方当事人之间发生合同或其他财产性纠纷，根据自愿、协商一致原则交由行政机关居中调节、化解纷争的行政行为。行政调解结果对双方具有约束力，但不具有强制力，对行政调解结果不服的一方，可以采取仲裁或行政复议、行政诉讼等其他救济方式。由法院法官主持的司法调解、行政机关居中调节的行政调解和人民委员会受理的人民调解，是我们国家现有的适用较为普遍的三种主要调解方式。对社会主义和谐社会建设，三种调解方式各自在自己所调整的社会关系范围内发挥重要功效。

7. 行政处罚

行政处罚指的是行政机关对妨碍行政管理秩序的公民、法人或者其他组织，依据《行政处罚法》相关规定对其处以“警告、罚款、没收违法所得、没收非法财物、责令停产停业、暂扣或者吊销许可证、暂扣或者吊销执照、行政拘留”等法律、行政法规规定的其他行政处罚行为的一项或多项的行政行为。具体行政行为违法可以进入司法系统，由司法机关按照司法程序进行审查。行政处罚是一种典型的具体行政行为，当行政相对人认为行政组织的行政处罚行为违法时可以向有权机关提起行政诉讼。

8. 行政许可

行政许可指的是根据行政相对人的申请，经过了行政机关的审核批准程序，行政机关允许行政相对人实施法律法规通常禁止公民、法人或其他组织实施的行为，如烟草买卖行为。过多行政许可事项的设置是行政组织干预市场经济自由发展的重要表现，为加快我国政治体制改革，建设法治国家，规范行政许可行为，取消不必要的行政许可事项是不可回避的方式。

9. 行政救济

行政救济指的是行政组织给予那些年老、体弱、无劳动能力又没有经济来源的公民以物质帮助的行政管理行为。如对农村低保户每年的金钱补助。行政救济还包括行政赔偿行为和行政补偿行为，对行政赔偿和行政补偿的区分目前采用的是违法标准，即行政机关及其工作人员实施的行政行为若违反法律规定造成损害的进行行政赔偿，若因为维护公共利益并且未违反法律规定给行政相对人造成损害的进行补偿。“行政赔偿法”或“行政补偿法”的成文法规定，目前尚未出台。

（三）行政管理实质剖析

行政管理的实质是单极权力，主要表现在如下三方面：

1. 与民事法律关系相比——非平等性

民法调整的民事法律关系是介于平等主体之间的，平等性是民事法律关系之间的最主要特点，而行政管理关系双方当事人行政机关与行政相对人之间具有不平等性。交警赵某可以在执法过程中对违反《治安管理处罚法》的公民胡某做出小额处罚50元罚款的行政决定，而当交警赵某在下班途中闯红灯违反交通管理相关规定时，公民胡某即使目击，也不能以公民身份对其处以行政处罚，二者具有非平等性。在民事合同履行过程中存在一项权利叫不安抗辩权，要求双方当事人应同时履行各自义务，若是买卖合同，则一方交付货款，另一方交付货物，但当一方发现另一方存在不能履行的情形时，其可以暂停履行自己的义务。即行使不安抗辩权，双方均可以行使不安抗辩权，具有平等性，与上述行政管理案例不同。无平等则无自由，平等是公民、法人或其他组织争取其他权利的前提。

2. 与公民“监督权”对比——公定性

《宪法》第41条第1款规定：“中华人民共和国公民对于任何国家机关和国家工作人员，有提出批评和建议的权利；对于任何国家机关和国家工作人员的违法失职行为，有向有关国家机关提出申诉、控告或者检举的权利，但是不得捏造或者歪曲事实进行诬告陷害。”可知，《宪法》赋予了公民批评、建议、申诉、控告或者检举的权利，此处暂且概括称为“监督权”，但对于监督权如何行使并未具体规定，需要其他具体法律条文予以落实。《行政处罚法》第45条规定：“当事人对行政处罚决定不服申请行政复议或者提起行政诉讼的，行政处罚不停止执行，法律另有规定的除外。”可知，当事人有提出行政复议或行政诉讼的权利，当其对行政处罚存有异议时可以提起，但行政复议或者行政诉讼存续期间，行政处罚决定原则上并不停止执行，即先假设该行政处罚是合乎法律规定的。公民监督权的行使以行政权的公定性为前提，行政权的公定性是公民监督权顺利行使的阻碍。另《行政复议法》第21条规定：“行政复议期间具体行政行为不停止执行；但是，有下列情形之一的，可以停止执行：（一）被申请人认为需要停止执行的；（二）行政复议机关认为需要停止执行的；（三）申请人申请停止执行，行政复议机关认为其要求合理，决定停止执行的；（四）法律规定停止执行的。”且《行政诉讼法》第56条规定：“诉讼期间，不停止行政行为的执行。但有下列情形之一的，裁定停止执行：（一）被告认为需要停止执行的；（二）原告或者利害关系人申请停止执行，人民法院认为该行政行为的执行会造成难以弥补的损失，并且停止执行不损害国家利益、社会公共利益的；（三）人民法院认为该行政行为的执行会给国家利益、社会公共利益造成重大损害的；（四）法律、法规规定停止执行的。当事人对停止执行或者不停止执行的裁定不服的，可以申请复议一次。”根据《行政复议法》和《行政诉讼法》以上条文可知，复议、诉讼期间，具体行政行为原则上是不停止执行的，只有在出现条文中所列举的例外事项发生的情况下，方能停止具体行政行为的执行，体现了行政权的公定性，即使行政管理行为的行使有可能会侵害相对人的权益，也要先假定行政行为是合法的，并付诸实施。行政权公定性的存在一定程度上掣肘了公民监督权的有效实现，制约了公民监督权的有效落实，反映了行政管理单极权力的实质。

3. 与司法依申请比较——主动性

我们国家司法制度的提起采用的是不告不理制度，即司法机关法院、检察院不能主动受理司法案件，需要以公民、法人或者其他组织的申请为前提。而行政管理则不同，行政机关根据法律、法规、规章或者其他规范性文件的授权，依照法定程序实施行政行为对行政相对人主动进行管理，干涉、影响行政相对人的权益、行为。对社会关系的调整，与司法系统的被动性相比，行政系统灵活性、主动性较强，行政权力色彩浓厚。

二、政府治理的实质：多元合作管理机制

（一）政府治理的含义

1. 管理、治理辨析

基于前一部分对政府管理的研究，对政府治理深入探讨之前，我们需要先对“管理”与“治理”二词的含义进行辨析。在国家层面的事务处理上，《辞海》中对管理的定义是“负责某项工作使顺利进行”，治理的含义是“控制管理”，如何理解控制管理的意义。一是，二词属并列关系，治理既有控制意思也有管理含义，二是，二词是动宾结构，意在对管理进行约束，基于治理在现实生活中的使用状况。笔者倾向于第二种含义，即治理的含义亦为“负责某项工作使顺利进行”，只是在管理过程中对管理内容、手段、方式等进行控制约束。

2. 政府治理的含义

何谓“政府治理”？有学者认为“政府治理是在政府主导或者参与下对公

共事务的管理活动和管理过程"[1]。该学者谈及政府治理不仅存在于政府主导的情况下，政府参与也能达到政府治理的目的，对政府权力施行范围的限制契合了法治政府发展趋势。也有学者认为"政府治理，简单地说是指政府治理公共事务的道理、方法、逻辑等，是政府为实现经济发展，在管理一国的经济和社会资源过程中运用公共权力的方式"[2]。横看成岭侧成峰，该学者取代主体视角，从政府治理方式上着手探讨政府治理的内涵，关注的是程序价值。笔者认为政府治理指的是坚持政府主导地位的同时，拓展政府管理方式、渠道、途径，构建多元合作管理机制，保障社会主体积极参与公共事务的管理，达到政府管理现代化的目的。

（二）政府治理的实质

与行政管理的实质单极权力，管理权力仅由政府机关掌握不同的是，政府治理的实质是多元合作管理机制，管理方式由多元主体参与。多元合作管理机制的含义、特征是本部分需要解决的问题。

1. 多元合作管理机制的含义

多元合作管理机制指的是在坚持行政主体主导地位的前提下，由各行各业多方面多层次主体参与，各主体从自身知识背景、工作经验、人生经历出发提出观点、建议，友好合作共同对社会公共事务进行妥善处理的机制。

2. 多元合作管理机制的特征

（1）参与主体多样性

《行政许可法》第47条第1款规定："行政许可直接涉及申请人与他人之间重大利益关系的，行政机关在作出行政许可决定前，应当告知申请人、利害关系人享有要求听证的权利；申请人、利害关系人在被告知听证权利之日起五日内提出听证申请的，行政机关应当在二十日内组织听证。"此处将行政许可作为范例进行介绍，行政相对人有申请听证的权利，当行政许可决定影响其利益重大，申请人或者利害关系人可以申请听证。听证参与主体在多元合作管理体制下，不仅应包含政府有关机关人员、申请人或者利害关系人，还应涵盖涉及相关内容的专家、学者，与争议内容不具有利害关系的公民等。专家、学者可以提出专业上的意见、建议，而无利害关系的社会公众则能以相对公正、正直的视角给出建议。

---

〔1〕 吕艳滨著：《信息法治：政府治理新视角》，社会科学文献出版社2009年版，第18页。

〔2〕 智贤：《GOVERANCE——现代治道新概念》，载刘军宁等编：《市场逻辑与国家观念》，三联书店1995年版，第55—78页。

（2）参与方式多样性

与以往选民到场、纸质投票、人工计票行使选举权、参与政府管理相比，随着信息网络技术的发展，各种政府治理方式层出不穷。仅以投票方式为例，有微信公众号投票、QQ朋友圈投票、微博点赞投票、官网网络投票等不胜枚举。2016年11月23日至2016年12月14日，“2016年烟台市市直事业单位满意度调查”正于中国烟台政府门户网站（http://wj.yantai.gov.cn/?a=1yumr）如火如荼地进行着。

（3）参与内容多样性

《行政处罚法》第42条第1款规定：“行政机关作出责令停产停业、吊销许可证或者执照、较大数额罚款等行政处罚决定之前，应当告知当事人有要求举行听证的权利；当事人要求听证的，行政机关应当组织听证。当事人不承担行政机关组织听证的费用……”可知，以行政处罚为例，“责令停产停业、吊销许可证或者执照、较大数额罚款等”。在此法条背景下，符合其中一项或几项，行政处罚被处罚人可以参与政府治理。《行政许可法》第19条规定：“起草法律草案、法规草案和省、自治区、直辖市人民政府规章草案，拟设定行政许可的，起草单位应当采取听证会、论证会等形式听取意见，并向制定机关说明设定该行政许可的必要性、对经济和社会可能产生的影响以及听取和采纳意见的情况。”可知，以行政许可为例，“拟设定行政许可”情形是相关人员参与政府治理的内容。《行政许可法》第46条规定：“法律、法规、规章规定实施行政许可应当听证的事项，或者行政机关认为需要听证的其他涉及公共利益的重大行政许可事项，行政机关应当向社会公告，并举行听证。”可知，以听证方式参与政府治理的范围限定为重大级别事项中涉及公共利益的内容。相较《行政处罚法》的列举式规定，《行政许可法》的“涉及公共利益的重大事项”较为抽象，属于概括式规定，可执行性不强，为贯彻政府治理内容的公众参与性决策，提高相关主体参与政府治理的积极性，可以采用排除法的形式对治理内容予以规定。即先用列举性方式规定不能由政府以外人员参与的事项，排除这些款项，其他内容均可由多元主体参与。

三、实现政府管理到政府治理转变的条件

（一）国家政策法律支持

如何将以往的政府管理模式转变为政府治理模式，上层建筑法律意识形态的建设必不可少，且国家已经颁布了某些政策法律予以支持。如《国务院

关于加强市县政府依法行政的决定》《中共中央、国务院印发〈关于深化行政管理体制改革的意见〉的通知》《中共中央关于全面推进依法治国若干重大问题的决定》《中共中央国务院印发〈法治政府建设实施纲要（2015—2020年）〉》等。为具体落实政府治理转变方式，部门规章也制定了相关文件具体实施，如国家知识产权局关于印发《贯彻〈法治政府建设实施纲要（2015—2020年）〉实施方案》的通知（国知发法字〔2016〕71号）；国家体育总局关于印发《国家体育总局贯彻落实〈法治政府建设实施纲要（2015 — 2020年）〉实施方案》的通知；住房城乡建设部关于印发《贯彻〈法治政府建设实施纲要（2015—2020年）〉实施方案》的通知（建法〔2016〕167号）；国家测绘地理信息局关于印发《国家测绘地理信息局贯彻落实〈法治政府建设实施纲要（2015—2020年）〉实施意见》的通知（国测法发〔2016〕10号）；等等。正是由上而下政策法律的贯彻落实，才能保证政府管理至政府治理的成功转变。

（二）执法机关简政放权

根据《法治政府建设实施纲要（2015—2020年）》可知，“深化行政审批制度改革”是进行简政放权，建设法治政府的重要举措。具体方法为全面清理行政审批事项，全部取消非行政许可审批事项。操作渠道为：

其一，“取消不符合行政许可法规定的资质资格准入许可，研究建立国家职业资格目录清单管理制度”，清单化国家职业资格，是程序化、法定化行政许可、审批事项的重要方法。能够减少行政资源浪费，提高行政效率，促进市场经济开放性、自由性发展。

其二，“直接面向基层、量大面广，由地方实施更方便有效的行政审批事项，一律下放地方和基层管理”，以方便公民办理事务为目的是该方法取用的初始缘由，但真正将行政审批权下放地方，在实际操作中如何避免行政权力滥用问题值得我们关注。

其三，“加大取消和下放束缚企业生产经营、影响群众就业创业行政许可事项的力度，做好已取消和下放行政审批事项的落实和衔接，鼓励大众创业、万众创新”。此处涉及溯及力问题，如已取消和下放的行政审批事项是否适用于正在办理的行政审批事项，对于已经办理的行政审批事项的续展如何处理，对于已经办理的行政审批事项被发现不符合取消或下放前行政审批条件又将如何处理，等等。

其四，“严格控制新设行政许可，加强合法性、必要性、合理性审查论证。对增加企业和公民负担的证照进行清理规范”。我们加大力度取消不必要的行政许可事项，同时也应关注新设立的行政许可应符合的条件，严格审核行政许可设立条件，在源头上对行政许可事项进行审查、处理，避免行政资源的不必要浪费。

其五，“对保留的行政审批事项，探索目录化、编码化管理，全面推行一个窗口办理、并联办理、限时办理、规范办理、透明办理、网上办理，提高行政效能，激发社会活力”，政府办事的效率、公正程度极大地影响公民对政府机关权威性的信赖度。相关便民措施、公正透明措施的运用对于增强社会活力，改善行政效能大有裨益。

其六，“加快投资项目在线审批监管平台建设，实施在线监测并向社会公开，2015年实现部门间的横向联通及中央和地方的纵向贯通。加快推进相对集中行政许可权工作，支持地方开展相对集中行政许可权改革试点”，互联网通信科技理念的促进、发展、采纳，政府机关间的横纵向沟通对于政府治理能力的提升均具有重要作用。

（三）公民权利思想解放

公民应摆脱传统政府单极管理思想，摒弃自身被管理者地位的思想，明确服务型政府定位。既然政府是服务提供者，公民是受益者，公民就有权利对政府提供的服务进行质疑，包括服务内容、服务方式、服务目的等。政府也有义务对其问题给出解答，若其回答难以使相对人信服，且按照法律、法规、规章或其他规范性文件对其解释、行为进行考察亦不符合规定，则有义务对其行为所造成的侵害给公民、法人或其他组织以国家赔偿或国家补偿，坚信无救济则无权利。

第二节　政府治理主体

一、坚持行政主体的主导地位

政府治理的实质是多元合作管理机制，多元主体共同参与政府治理并不意味着模糊了行政主体作用，仍应坚持行政主体的主导地位。首先，虽然我们强调简化政权下放权力，取消或下放非必要的行政审批、行政许可事项，但并非取消或下放所有的行政审批、行政许可事项，仍有行政审批事项、行政许可事项在施行，且随着市场的不断发展，为调控经济难以避免行政审批事项、行政许可事项的继续增设。公民、法人和其他组织向行政机关提出申请，审查、核实权力仍由行政机关行使，此为坚持行政主体主导地位表现之一。其次，尽管我们一再倡导多元主体共同参与政府治理，但仅为参与，由哪些主体参与，如何参与，参与方式，结论采纳度等内容均由行政机关解释说明，此为坚持行政主体主导地位表现之二。最后，考虑到我国政治制度发展现状，为减少权力寻租现象，我们不可能也不允许摆脱行政主体的主导地位，为保障公民、法人或其他组织合法权利的有效实现，我们只能采纳有限民主。

二、保障社会主体的积极参与

（一）提高权利意识

应在全社会普遍宣扬法律意识，鼓励公民、法人或者其他组织运用法律工具维护自己的合法权益。现实生活中经常会出现这样一种现象，在小区内建地下停车场、商场、咖啡馆等，小区业主积极参与讨论，暂且不论是否讨论出结果且结果是否被采用，但因为认为其牵涉自身权益，业主的关注度普遍较高。而对《行政诉讼法》《行政复议法》《行政强制法》等法律的制定、修改和实施，老百姓是很少给予重视的。因为认为跟自己没有关系，且自己即使关心，也无法对其结果造成影响。这一现象非正确但普遍存在，是公民权利意识淡薄的表现，如何从制度上、思想上提高公民的权利意识是我们需要重视且解决的。有关公民权益的法律、法规、规章或其他规范性文件的制定应下发到地方并公开征求社会意见，对收集到的建议、意见应召集专家讨论决定是否采用，并将结果告知提供建议、意见的公民。听证会的召开应保证参与人数和参与人员的代表性，听证会不应只召开一次，应分地区举办，对听证会结果的采纳应符合规定。

（二）适当补助措施

对前文提到的公开征集的意见、建议，专家论证后予以采用的，应对意见、建议提供人进行物质、精神奖励并公开告知。对参与听证会的人员应给予交通、住宿方面适当的补助，使得参与听证会的人员无后顾之忧。适当的补助措施，是针对现阶段公民不关注法律、法规等规范性文件的制定情况而实施的，是暂时性的鼓励举措。具体的物质奖励数额、精神奖励方式由各地根据当地的实际情况而定，以精神奖励为主。

（三）确保言论自由

《宪法》第 35 条规定："中华人民共和国公民有言论、出版、集会、结社、游行、示威的自由。"可知言论自由是《宪法》赋予所有公民均享有的基本权利内容之一，表现形式多样，可以是面对面发表观点、看法，也可以以电子邮件、邮局信件、电话或者当行政机关发布公开征集意见时表达自己的建议，再或者在听证会上根据议题，结合自身经历、学识阐明论点……以上方式的使用、内容的表述都将不被追责，国家有保障当事人及其家人人身自由、安全不受侵害的义务。

三、建立公众参与机制

（一）设立政府立法公众参与机制

《法治政府建设实施纲要（2015—2020年）》对拓展社会各方有序参与政府立法的途径和方式有所规制。包括如下方面：第一，“健全法律法规规章起草征求人大代表意见制度，充分发挥政协委员、民主党派、工商联、无党派人士、人民团体、社会组织在立法协商中的作用”。拓宽法律法规规章制定过程中意见征集主体范围，多角度、多层次反映法律法规规章内容中可能存在的问题、异议等，对于鼓励各党派、社会组织参与政府治理，发挥各党派、社会组织的协商监督作用具有重要意义。第二，“建立有关国家机关、社会团体、专家学者等对政府立法中涉及的重大利益调整论证咨询机制”。第一部分是对国家机关、社会团体参与法律法规规章草案制定过程提出建议、意见的规定，此处明确在主体中加入专家学者，从专业角度提出观点、看法，更具有说服力和可信度，为有关规范性文件的制定提供借鉴。第三，“拟设定的制度涉及群众切身利益或各方面存在较大意见分歧的，要采取座谈会、论证会、听证会、问卷调查等形式广泛听取意见”。对需要广泛听取意见的制度设定规定了前提，一种情况是涉及群众切身利益的，另一种情况是各方面在讨论中存在较大意见分歧，难以得出一致结论的。同时对听取意见的方式作了规定，包括“座谈会、论证会、听证会、问卷调查等形式”。第四，“除依法需要保密的外，法律法规规章草案要通过网络、报纸等媒体向社会公开征求意见，期限一般不少于30日。加强与社会公众的沟通，健全公众意见采纳情况反馈机制，广泛凝聚社会共识”。对征求意见的期限作了规定，明确为不少于30日，具有可执行性，是健全公众意见采纳情况反馈机制的重要举措。第五，“事关经济社会发展全局和涉及群众切身利益的重大行政决策事项，应当广泛听取意见，与利害关系人进行充分沟通，并注重听取有关人大代表、政协委员、人民团体、基层组织、社会组织的意见”。此处在重申听取各民主党派、社会组织意见的基础上，要求行政机关与利害关系人进行“充分沟通”，与以往的程序性走过场相区别。第六，“各级行政机关特别是市县两级政府要加强公众参与平台建设，对社会关注度高的决策事项，应当公开信息、解释说明，及时反馈意见采纳情况和理由。推行文化教育、医疗卫生、资源开发、环境保护、公用事业等重大民生决策事项民意调查制度”。要求加强公众参与平台建设，且确认建设主体是市县两级政府。对民意调查制度的范围进行了划分，包括“文化教育、医疗卫生、资源开发、环境保护、公用事业等重大民生决策事项”，可操作性较强。

（二）建设政府执法公众参与机制

政府执法公众参与机制包含两方面，一方面，公众充当执法人员对现实生活中的现象认真、仔细观察，以法律法规规章或其他规范性文件为依据，界定现实生活中存在的违法现象。例如，无视红灯行为，及时向有关机关告发，要求行政机关履行行政职责的行为。另一方面，展现监督人员角色，对执法人员在执法过程中存在的违法乱纪行为，如收受贿赂行为，进行记录、保存，并向有关机关告发，由有权机关进行处理，并保障告发人员及其家属人身、财产安全的情况。

（三）设定政府司法公众参与机制

此处并非建立法院、检察院司法机关公众参与机制，而是政府实施的有限司法行为。政府行政行为方式包括行政裁决、行政调解、行政救济、行政强制等，其实施行为并非仅有法律依据，还应考虑现实情况，遇到不了解现实状况的难题时如何对案件进行裁决、处理，就需要相关人员提供证据、进行配合，此时即需要建立政府司法公众参与机制。

第三节　政府治理系统

一、优化政府组织结构，改进行政系统自我流程

对于如何优化政府组织结构，《法治政府建设实施纲要（2015—2020年）》对此有所论述。笔者总结后将其分为四部分：首先，“完善行政组织和行政程序法律制度，推进机构、职能、权限、程序、责任法定化”，对组织、程序方面予以明确，减少自由裁量权使用的频率和范围，以法律法规规章的方式将“机构、职能、权限、程序、责任”予以确认，以规范约制行政机关的行政行为的同时，保障了某些主体的合法权益，包括了公民、法人和其他组织，这样有利于树立行政机关的权威性。其次，“深化行政体制改革，优化政府机构设置、职能配置、工作流程，理顺部门职责关系，积极稳妥实施大部门制”。对职责、能力、程序、责任予以明确后，需从整体角度进行审视，保障部门资源未虚空浪费，尽可能地便利公民、法人或者其他组织权利的实现。再次，“创新行政管理方式，完善政府绩效管理”，政府指标体系建

设研究由来已久，我们应在以往探索基础上创新管理方式，采取更为有效、更有利于维护公民权益的方式进行政府绩效管理，防止造成形式主义，降低行政机关切实实现职责能力的非消极性。最后，“推进各级政府事权规范化、法律化，完善不同层级政府特别是中央和地方政府事权法律制度，强化中央政府宏观管理、制度设定职责和必要的执法权，强化省级政府统筹推进区域内基本公共服务均等化职责，强化市县政府执行职责”。确认行政系统权力纵向分配，中央政府享有制度设定权和必要的执法权，各省级政府统筹地方事务持续推进，市县政府具体执行。

二、推进政府职能转变，提高行政管理的能力

《中共中央、国务院印发〈关于深化行政管理体制改革的意见〉的通知》中对推进政府职能转变有所表述，笔者分析整理后将其分为四个方面：

（一）推进政府组织分开

“加快推进政企分开、政资分开、政事分开、政府与市场中介组织分开，把不该由政府管理的事项转移出去，把该由政府管理的事项切实管好，从制度上更好地发挥市场在资源配置中的基础性作用，更好地发挥公民和社会组织在社会公共事务管理中的作用，更加有效地提供公共产品。”

1. 政企分开是将政府与企业分开，政治体制改革以前，政府是以行政机关的身份对企业进行干预，实行政治体制改革之后，政府是以国有股权代表的身份对企业进行干预。企业长期有效发展的前提之一是自主经营，政府对企业的干预妨碍了企业经营自主权的顺利实现。政企分开我们要达到的主要目标是将政府国有资产所有者职能与行政职能的分开，拥有企业所有权的主体与经营管理企业的主体分开，政府发挥社会职能与企业社会职能的履行分开。

2. 政资分开是指将政府公共事务管理者的身份与国有资产管理者的身份区分开。政府不能管理公共事务的同时又掌管国有资产，有两种方式可以尝试解决这一困境。一是政府不管理国有资产，只负责公共事务，将国有资产交由其他机关行使；二是聘任有资质的资产管理机构进行管理，政府不直接统辖，这些方式仍处于试水阶段。

3. 政事分开指的是将政府与事业单位分开，一直以来政府与事业单位关系密切，像高校、医院等事业单位人员均是参照公务员管理，政事分开并不是要求政府完全与事业单位割裂开来，而是应继续大力支持发展公共事业，并以监督者的身份对事业单位进行监督。

4. 政府与市场中介组织分开指的是四分开，2009 年 4 月 9 日明溪县工商行政管理局注册股发布《关于进一步开展市场中介组织与政府部门实现“四分开”工作的通知》（明工商综〔2009〕44 号）中对四分开进行了详细表述，可供我们学习，（1）“组织分开：指‘三个不挂’。机构不挂靠，中介组织不再是挂靠单位的所属机构；干部不挂职，政府部门及其下属单位的在编人员不能在中介组织兼职，也不能担任中介组织的业务顾问；人员不挂编，挂靠单位行政或事业编制人员变为中介组织从业人员的，人事档案转由县人事部门认可的人才流动服务机构管理。”（2）“工作分开：指中介组织不再履行挂靠单位的任何行政职能。政府部门及其下属单位不得为中介组织招揽、指定业务或干预市场中介组织执业。”（3）“经济分开：指财产、财务要分开，政府部门及其下属单位与中介组织财产关系不明晰的，在依法审计的基础上，进行资产划分，明晰产权归属。政府部门及其下属单位不得占有、平调、借用中介组织的资产，政府部门及其下属单位不再是中介组织的投资者，不再享有所有者权益，挂靠的政府部门及其下属单位不能以任何名义收受市场中介组织的管理费用，也不得以机关工会名义入股等任何形式从中介组织谋取经济利益。”（4）“场所分开：指各级政府部门及其下属单位的办公场所，不再提供或租借给中介组织作为执业场所，已租用或借用的，按规定时间必须搬离。”只有加速付诸现实“政企分开、政资分开、政事分开、政府与市场中介组织分开”，才能更有效地体现、发挥、鼓励市场、公民、社会组织各自努力并团结一致建设社会主义事业。

（二）运用经济法律手段

“改善经济调节，更多地运用经济手段、法律手段并辅之以必要的行政手段调节经济活动，增强宏观调控的科学性、预见性和有效性，促进国民经济又好又快发展。”对于经济发展的推动作用，要更多地发挥经济方式、法律措施的调节功能，行政手段可以使用，但并非优先选用，在利用经济手段、法律手段可以改善的情况下，不用或少用行政调节手段。

（三）突出管理服务重点

“中央政府要加强经济社会事务的宏观管理，进一步减少和下放具体管理事项，把更多的精力转到制定战略规划、政策法规和标准规范上，维护国家法制统一、政令统一和市场统一。”“地方政府要确保中央方针政策和国家法律法规的有效实施，加强对本地区经济社会事务的统筹协调，强化执行和执法监管职责，做好面向基层和群众的服务与管理，维护市场秩序和社会安定，促进经济和社会事业发展。按照财力与事权相匹配的原则，科学配置各级政府的财力，增强地方特别是基层政府提供公共服务的能力。”中央与地方分工协作，中央政府主管战略规划、政策、法规、标准规范等宏观层面，地方政府着力于中央政府的宏观政策、本地区事务的统一筹划协调和法律规定的充分有效落实，加强监管能力和资源配置的科学性。

（四）明确部门权能职责

“合理界定政府部门职能，明确部门责任，确保权责一致。理顺部门职责分工，坚持一件事情原则上由一个部门负责，确需多个部门管理的事项，要明确牵头部门，分清主次责任。健全部门间协调配合机制。”可知从部门角度，要分清各部门具有的权力和承担的责任，保证权力和责任相一致。从所管理的事务角度，要明确一项事务原则上由一个部门负责，当需要多个部门受理时，要确定主要负责部门，辨别部门之间的主要责任和次要责任。

三、融入多元主体参与，确保共同治理系统

笔者通过对《法治政府建设实施纲要（2015—2020年）》中有关建设共同治理系统内容的分析，概括为如下内容：

（一）提高科学法治水平

“加强社会治理法律、体制机制、能力、人才队伍和信息化建设，提高社会治理科学化和法治化水平。”共同治理系统的构建并非多元主体的硬性叠加，而是在各种体制机制有效运作的情况下，法律制度不断完善，信息化快速发展的背景下，各主体充分参与发挥自身优势作用。

（二）完善组织登记制度

“完善社会组织登记管理制度。适合由社会组织提供的公共服务和解决的事项，交由社会组织承担。支持和发展社会工作服务机构和志愿服务组织。规范和引导网络社团社群健康发展，加强监督管理。”以发现和弥补现存社会组织登记管理制度不足之处为监督手段，监督、规范和引导社会组织的行为。支持和发展取代制约和妨碍，作为政府对社会工作服务机构和志愿服务组织的态度，充分发挥社会组织的服务功能，将公共服务和需要解决的事项进行分类整理，以为人民服务为原则将适合社会组织负责的事项交与社会组织实施。

（三）推进治安综合管理

“深入推进社会治安综合治理，健全落实领导责任制。完善立体化社会治安防控体系，有效防范管控影响社会安定的问题，保护人民生命财产安全。提高公共突发事件防范处置和防灾救灾减灾能力。全方位强化安全生产，全过程保障食品药品安全。”完善立体化防控体系，从源头上预防、管理影响社

会安定因素，全过程控制、强化安全生产，确保食品药品安全。

（四）发挥民约章程作用

“推进社会自治，发挥市民公约、乡规民约、行业规章、团体章程等社会规范在社会治理中的积极作用。”较法律、法规、规章相比，“市民公约、乡规民约、行业规章、团体章程等社会规范”虽不具有普遍适用性，但针对性较强，能够更方便获取相对人的实际情况，制定切实可行的规范性文件，同时更好地反馈文件适用情况，及时有效地对文件实施过程中出现的问题做出调整。

第十六章　法治政府与给付行政

何谓给付行政？有学者认为给付行政为“服务行政或福利行政，系指提供人民给付、服务或给予其他利益的行政作用”[1] 要素已然不够翔实，笔者认为，给付行政是为解决公民生活困境，在条件成就的情况下行政机关依照法律规定，以有偿或无偿方式给予公民物质或非物质利益的行政行为。给付行政构建对法治政府建设有何助益？给付行政与法治政府在本质上具有一致性，均是以行使行政权为实现手段，以保障公民权益为最终目的。给付行政的有效构建是法治政府建设中必不可少的组成部分，通过丰富给付行政内容，加强给付行政落实，密切给付行政监管来促进法治政府建设目标的高效实现。同时法治政府的有效建设也为给付行政构建孕育了肥沃土壤，方便给付行政规划的贯彻实施。

第一节　给付行政概述

一、福利国家与给付行政建设

（一）福利国家给付行政内容

“福利国家集中地描述一系列由国家作为主体，按照需要且在大多数情况下通过免费的方式向全体公民提供诸如健康、教育、养老、失业等公共服务的社会政策，已经得

---

〔1〕 翁岳生著：《行政法》，中国法制出版社2009年版，第30页。

到大多数学者的认可。"[1] 福利国家建设以国家为主导，以全体公民为实施对象，以免费给付为主要方式，内容涵盖"健康、教育、养老、失业等公共服务"。内容丰富难以尽述，笔者通过阅读分析仅从专项转移支付、儿童保护完善和慈善部门建立三方面出发简要介绍中西方福利国家给付行政建设内容。

1. 专项转移支付

（1）含义界定。财政部2015年12月30日发布了《关于印发〈中央对地方专项转移支付管理办法〉的通知》（财预［2015］230号）第2条第1款规定："本办法所称中央对地方专项转移支付（以下简称专项转移支付），是指中央政府为实现特定的经济和社会发展目标无偿给予地方政府，由接受转移支付的政府按照中央政府规定的用途安排使用的预算资金。"即国家取之于民、用之于民，将来源于一般公共预算、政府性基金预算和国有资本经营预算的资金，以无偿方式下拨地方政府用于"实现特定的经济和社会发展目标"。

（2）存在问题。从宏观角度观之，专项转移支付的实施有利于保障国家财政资金依据法律规定的用途、程序使用，并能够一定程度上限制财政资金被他人非法挪用、侵占。但因预算资金的有限性，需要对受众进行资格审核和选择，其实施内容实质上是鼓励政府向着"补缺型"社会保障模式发展。"补缺型"社会保障模式虽然有利于解决部分社会问题，如缩小某些地区贫富差距、救济部分受灾群众，但覆盖面窄，受众数量有限，不符合福利国家建设实施对象全体性特点。

（3）改善方向。全民福利制度于20世纪形成，之后大多数国家苦苦维持难以承受，专项转移支付的存在较大程度地缓解了这一境遇，但其实施内容与全民福利惠及每一位公民，保障公民平等地享有国家所赋予的权益的出发点相背离。专项转移支付可以在国家财政尚无法支撑全民福利时实施，且应逐步扩大受众范围，为实现全民福利创造条件，政府也应以实现全民福利为最终目的。

2. 儿童保护完善

作为福利国家建设的重要组成部分，弱势群体儿童的保护问题是不可避免要探讨的。针对儿童权益的保障，不同国家的保护方式不同：

首先，值得借鉴的是英国的家庭寄养服务和院舍照顾服务，其针对的是受到家庭成员虐待的儿童和达到处于危机状态的被忽视的儿童。"家庭寄养在

---

[1] 靳继东：《在规范和经验之间：福利国家的制度基础及现实挑战》，载《经济社会体制比较》2015年第2期。

20世纪70年代左右开始出现并不断发展，现已成为英国儿童照料的主要形式。目前主要有3种机构进行寄养服务提供，地方政府提供寄养服务的机构、非政府组织提供的寄养服务机构和志愿组织提供的寄养服务。”[1] 将儿童放于儿童福利院机构，由福利院对儿童进行日常照顾是院舍照料方式的主要内容。20世纪70年代前在英国，院舍照料是儿童保护的主要方式，后来这种模式逐渐没落，虽然现在仍存在，但范围较小，家庭寄养是取代院舍照料现在既存的主要儿童保护方式。

其次，需要介绍的是德国的儿童保护方式。“作为一个联邦共和国，德国政府包括市镇、区、州和联邦（中央）多个层面，尽管各级政府都对儿童福利与保护负有责任，但是儿童照顾仍主要由家庭来承担。政府与志愿部门（非营利组织）在儿童照顾服务中发挥辅助的功能，只有出现儿童困境和危险状况时，政府与专业机构才会实施干预。”[2] 可知，与英国强调政府、社会功能相比，德国更注重家庭保护。

最后，介绍儿童保护方法在瑞典的适用。地方政府对儿童的保护作用受到瑞典人民重视，事前预防、事前事中调查、社会人员支持帮助、家庭亲属照顾是瑞典对陷于危险环境或有发生危险可能性的儿童所进行的四种主要救济渠道。

通过对比三个国家儿童保护制度的典型方式，可知三个国家中英国对儿童保护的主体涉及最广，包括政府、非政府组织、志愿组织和家庭，发挥主要作用的是政府、非政府组织和志愿组织。德国重视家庭保护，政府与志愿组织起辅助作用。瑞典关注政府保障，家庭与社会支持发挥次要作用。与英国和瑞典对政府的期望较高不同，德国强调应充分发挥家庭对儿童的教育、保护作用，降低政府压力。且针对儿童个体的特殊性，家庭教育更能起到针对性保护作用。但英国、瑞典政府对儿童福利的保障作用更能增强政府认同感，是福利国家给付行政的重要表现。我们国家在建设福利国家过程中应在督促家庭保护的基础上，侧重政府对儿童权益的保障功能，同时鼓励志愿组织对儿童进行保护。

---

〔1〕 360doc 个人图书馆 http://www.360doc.com/content/15/0412/11/9204025_ 462600434. shtml，2015年4月12日发表，转载于民政部网站，最后访问时间：2016年12月4日。

〔2〕 熊跃根：《福利国家儿童保护与社会政策的经验比较分析及启示》，载《江海学刊》2014年第3期。

3. 慈善部门建立

慈善部门在福利国家中发挥的积极作用是其存在必要性的原因，包括如下方面：其一，完善公共服务。与政府相比，慈善部门不但能够在数量上补充政府提供的公共服务，而且对于不同人群所提出的不同需求能够有针对性地满足，体现出福利国家救济功能的专业性，也反映了慈善部门处理慈善事务的灵活应变性。例如，受政府提供的财政预算限制，需要对受救济人员进行选择、考核，对于较为普遍存在的问题更易于获得补助，而对于那些患有万分之一及以下概率疾病的患者，或者发生某些意外事件的公民，因为其本身发生可能性较低，遭受侵害的人员也较少，很难得到政府部门关注，难以获得救助，此时慈善部门便可以发挥政府部门所不具有的快速回应性进行帮助。其二，解决就业问题。就业率下降在减少国家税收收入的同时，更会导致国民对福利需求的进一步增加。美国约翰·霍普金斯大学开展了关于非营利部门的全球范围比较项目研究，"研究发现，除宗教团体外，22 个国家的非营利部门是一个 1.1 万亿美元的产业，它们雇用了相当于近 1900 万个全职工作人员。非营利就业占所有非农就业的近 5%，占所有服务行业就业的 10%，占所有公共部门就业的 27%"[1]。可知，慈善部门等非营利性机构的建立，不仅降低国民对福利需求的紧迫性，更能为国家解决就业问题，缓解社会压力。其三，摆脱国界限制。国家提供福利的财政来源依赖于本国公民缴纳的税收，原则上国家无义务将其用于救济他国公民。与之相反，志愿性的慈善部门并无国界约束，有志于从事慈善工作的人员和临时捐款救助人员可以根据自己的想法选择世界上任何一个地方对那里的人员进行帮助。比尔和梅琳达·盖茨基金会，作为全球最大的基金会，其宗旨就是促进全球卫生和教育领域的平等。慈善部门的无国界性能够帮助更多处于困境中急需帮助的民众，也能够筹集更多的资源帮助需要的人。

（二）福利国家给付行政困境

如下笔者对现行福利国家给付行政建设过程中陷入的逻辑困境层层剥离进行分析：

1. 经济全球化、失业率提升、老龄化严重

（1）经济全球化对福利国家的影响主要表现在随着全球经济一体化进程的推进，发达国家的资本跨出了主权国家的樊篱，以资本输出取代商品输出

---

〔1〕［美］莱斯特·萨拉蒙著：《全球公民社会：非营利部门视界》，贾西津等译，社会科学文献出版社 2007 年版，第 8 页。

进行跨国经营，国家为鼓励贸易进出口，带动国内产业发展，实行禁止重复征税政策，一定程度上导致了国家税收的流失，削弱了重点用于公共福利和再分配的公共开支部分，动摇了发达国家进行国民收入再分配的权威性。另外，经济全球化为公民的生活国家、生活城市、国籍更换等提供了自由选择的权利，移民加入也是福利国家需要考虑的问题，新移民被社会福利体制排斥在外，新移民以公民身份定居于此却难以享受福利国家普通公民应该享有的福利待遇，社会的安定性将难以保障。

（2）失业人口的增多。“欧盟2013年统计数据显示，欧盟27国的失业率在2008年金融危机以后一直维持在9%以上，并呈不断上升趋势，失业者年轻化和失业期长期化特征明显。”〔1〕欧盟27国的高失业率反映了欧盟就业市场环境被严重破坏，劳动力市场结构性问题凸显。劳动力减少带来的现金给付的缴费来源国家税收收入减少，从而接受者的给付获准资格审核也将面临严峻挑战。

（3）老龄化现象的加重。青壮年劳动力数量逐渐减少，劳动力质量逐渐下降，以劳动方式取得收入向国家缴纳税收总量相应缩减。如何逐步化解人口老龄化伴随而来的国家未来困境，这不仅仅是我国亟待攻克的社会问题，其他国家也深受其弊，“英国于2010年推出了取消常规退休年龄（Default Retirement Age）的计划，2013年在政府白皮书中继续坚持这一计划。其中规定雇主不得因年龄原因强迫65岁的员工退休，如果员工愿意，65岁以后可继续工作。同时把女性的退休年龄由60岁提高到65岁。这实际上等于延长了退休年龄”〔2〕。这一计划含有两层意思，一方面女性退休年龄在原有基础上提高到65岁，关联到男性退休年龄可知男女退休年龄此时规定一致，退休年龄是雇员要求退休的基础性必要条件。另一方面达到退休年龄后，男女职工有决定是否退休的自我决定权，达到退休年龄不作为雇主解聘职工的条件。可知，英国是鼓励职工达到退休年龄后继续工作的。“法国从2009年起规定，如果雇员愿意，可以工作到70岁。2010年7月法国内阁会议通过了关于退休制度改革的法案草案，将法定退休年龄每年延长四个月，从目前的60岁到2018年延长至62岁。同时交纳退休金的年限到2013年将提高

---

〔1〕梁誉：《现金还是服务：欧洲福利国家社会给付模式的革新与启示》，载《学习与实践》2014年第7期。

〔2〕DWP, The Single- tier Pension: A Simple Foundation for Saving, [R], CM8528.

到 41 年。"[1] 与英国未规定退休年龄上限相比，法国规定雇员的法定工作年龄最高为 70 岁，70 岁以下达到当年法定退休年龄的雇员，可以决定是否继续工作，且为给雇员一个逐步适应的阶段，法国采取逐渐增加退休时间的方案。

2. 财政来源渠道受阻

福利国家建设需要国家财政支持，财政主要来源于国家税收，为保障财政对福利国家建设持续不断的供给，需要在保证原有税收数量的同时争取提高国家税收以扩大福利国家给付行政范围。而经济全球化、失业率上升和老龄化问题的产生阻碍现有税收获取的同时，也降低了实行提高税收政策的可能性，使得财政来源渠道受到阻碍。

3. 福利国家难以维持

以普遍性为最主要特征的福利政策，福利给付对象包括全国所有公民，不分年龄、种族、性别、职业、爱好、宗教信仰等，福利内容涵盖公共服务、特殊群体普遍福利和强制性社会保险。如此丰富的福利给付内容，为保障其有效运作需要良好的经济发展现状和雄厚的国家财政作后盾，否则难以为继。

综上可知，"经济全球化、失业率上升、老龄化严重""财政来源渠道受阻"和"福利国家难以维持"三者之间具有逻辑关系。正是因为存在"经济全球化、失业率上升、老龄化严重"等现象，所以"财政来源渠道受阻"，进而"福利国家难以维持"。因此要想摆脱福利国家给付行政困境，我们应先从解决经济全球化、失业率上升和老龄化严重三个问题来切入。

二、给付行政与服务型政府

（一）服务型政府建设提出

1. 2005 年中央政府工作报告

2005 年 3 月 5 日，第十届全国人民代表大会第三次会议上温家宝总理所作的中央政府工作报告内容中强调努力建设服务型政府。"整合行政资源，降低行政成本，提高行政效率和服务水平。政府各部门要各司其职，加强协调配合。健全社会公示、社会听证等制度，让人民群众更广泛地参与公共事务管理。大力推进政务公开，加强电子政务建设，增强政府工作透明度，提高政府公信力。"分析内容可知，温总理从三个方面强化服务型政府建设：提高

---

[1] 胡连生：《论西欧福利国家的危机及其未来走向》，载《当代世界与社会主义》2015 年第 4 期。

行政效率，在做好本职工作的基础上加强部门配合，完善公示、听证制度，加强政务公开。这是2005年中央政府工作报告中对服务型政府建设努力方向的表述，是对服务型政府建设内容的早期阐述。

2.《中共中央关于构建社会主义和谐社会若干重大问题的决定》

2006年10月11日中国共产党第十六届中央委员会第六次全体会议通过了《中共中央关于构建社会主义和谐社会若干重大问题的决定》，文件中完善社会管理，保持社会安定有序部分中提出要建设服务型政府。内容为“为人民服务是各级政府的神圣职责和全体公务员的基本准则。按照转变职能、权责一致、强化服务、改进管理、提高效能的要求，深化行政管理体制改革，优化机构设置，更加注重履行社会管理和公共服务职能。以发展社会事业和解决民生问题为重点，优化公共资源配置，注重向农村、基层、欠发达地区倾斜，逐步形成惠及全民的基本公共服务体系。创新公共服务体制，改进公共服务方式，加强公共设施建设。深化行政审批制度改革，进一步减少和规范行政审批事项，简化办事程序，创新管理制度，为群众和基层提供方便快捷优质服务。推行政务公开，加快电子政务建设，推进公共服务信息化，及时发布公共信息，为群众生活和参与经济社会活动创造便利条件。完善公共服务政策体系，提高公共服务质量，增强政府公信力。推进政事分开，支持社会组织参与社会管理和公共服务。加强市场监管，整顿和规范市场经济秩序”。

与2005年政府工作报告相比，此次服务型政府建设内容有所扩展，包含六方面内容，其一，文件中强调服务型政府建设的理论依据，政府的职责和公务员的准则是为人民服务。其二，介绍了行政管理体制改革的五项要求“转变职能、权责一致、强化服务、改进管理、提高效能”，提出了建设普遍适用全体公民的基本公共服务体系。其三，明确了行政审批制度改革应进一步深化，以方便群众和基层人民为管理准则。其四，应落实政府信息公开制度，完善电子政务信息公开建设，与2005年中央政府工作报告内容相契合。其五，继续开展政事分开举措，将政府与事业单位分开，减少政府以各种手段、方式、名目对事业单位事务进行干涉。其六，以监管者的身份对市场进行监督管理，规范和整顿市场秩序。

3. 第十七次全国代表大会上的报告

2007年10月25日，胡锦涛在中国共产党第十七次全国代表大会上的报告中阐明加快行政管理体制改革，建设服务型政府。具体内容为“行政管理体制改革是深化改革的重要环节。要抓紧制定行政管理体制改革总体方案，着力转变职能、理顺关系、优化结构、提高效能，形成权责一致、分工合理、决策科学、执行顺畅、监督有力的行政管理体制。健全政府职责体系，完善公共服务体系，推行电子政务，强化社会管理和公共服务。加快推进政企分开、政资分开、政事分开、政府与市场中介组织分开，规范行政行为，加强行政执法部门建设，减少和规范行政审批，减少政府对微观经济运行的干预。规范垂直管理部门和地方政府的关系。加大机构整合力度，探索实行职能有机统一的大部门体制，健全部门间协调配合机制。精简和规范各类议事协调机构及其办事机构，减少行政层次，降低行政成本，着力解决机构重叠、职责交叉、政出多门问题。统筹党委、政府和人大、政协机构设置，减少领导职数，严格控制编制。加快推进事业单位分类改革"。

此次服务型政府建设的主要方法是加快行政管理体制改革，内容具体包括：第一，明确了行政管理体制的改革方法"转变职能、理顺关系、优化结构、提高效能"和达成目标"权责一致、分工合理、决策科学、执行顺畅、监督有力"。第二，公共服务体系建设，要求继续推行电子政务。第三，明确政府职责，减少政府对企业、资产管理、事业单位、市场中介组织事务的干预。第四，建设大部门体制，方便公民办理事务，加强部门协调配合。第五，控制编制，统筹"党委、政府和人大、政协"机构设置。

4.《法治政府建设实施纲要（2015—2020 年）》

中共中央、国务院印发的《法治政府建设实施纲要（2015—2020 年）》基本原则中对服务型政府建设有所提及，"建设法治政府必须坚持中国共产党的领导，坚持人民主体地位，坚持法律面前人人平等，坚持依法治国和以德治国相结合，坚持从中国实际出发，坚持依宪施政、依法行政、简政放权，把政府工作全面纳入法治轨道，实行法治政府建设与创新政府、廉洁政府、服务型政府建设相结合"。此处仅强调服务型政府建设对法治政府建设的促进作用，要求在法治政府建设过程中应继续坚持服务型政府建设，并未对服务型政府建设内容进行规定。

服务型政府建设从 2005 年政府工作报告首次以正式文件提出后，一直受到中央政府的高度关注，并屡次拓展内涵。服务型政府建设在今后很长时间内将继续作为国家发展建设中的重要方针政策予以落实。

（二）服务型政府建设内容

通过对以上历次文件中有关服务型政府建设方案的汇总分析，可知我国服务型政府建设主要包含以下内容：

1. 设立大部门制度，统一受理、分别处理公民需要办理的事务性内容，部门间密切协作，加速部门之间工作传递、交接，高效率解决工作事项。

2. 以公示、听证、电子信息方式公开政务，大力发展电子政务。

3. 建立全民基本公共服务体系，如建设公共设施。

4. 减少干预，包括对企业、市场中介组织、事业单位、资产管理的干预等。

5. 取消不必要的行政审批、行政许可程序。

三、给付行政的基本范围

《宪法》第 45 条第 1 款规定："中华人民共和国公民在年老、疾病或者丧失劳动能力的情况下，有从国家和社会获得物质帮助的权利。国家发展为公民享受这些权利所需要的社会保险、社会救济和医疗卫生事业。""年老、疾病或者丧失劳动能力"是《宪法》中有关给付行政范围的规定，本部分我们主要通过分析现存的国家法律、法规及其他规范性文件中有关给付行政内容的规定来观察我国给付行政的基本范围。

（一）自然灾害

自然灾害与人为侵害不同，其给公民带来的危害巨大且难以弥补，通过行政手段给予受灾民众以物质或非物质帮助在彰显国民凝聚力的同时，有助于抚慰失去家园、亲人或财产等的受灾民众。《防震减灾法》第 50 条规定："地震灾害发生后，抗震救灾指挥机构应当立即组织有关部门和单位迅速查清受灾情况，提出地震应急救援力量的配置方案，并采取以下紧急措施：（一）迅速组织抢救被压埋人员，并组织有关单位和人员开展自救互救；（二）迅速组织实施紧急医疗救护，协调伤员转移和接收与救治；（三）迅速组织抢修毁损的交通、铁路、水利、电力、通信等基础设施；（四）启用应急避难场所或者设置临时避难场所，设置救济物资供应点，提供救济物品、简易住所和临时住所，及时转移和安置受灾群众，确保饮用水消毒和水质安全，积极开展卫生防疫，妥善安排受灾群众生活；（五）迅速控制危险源，封锁危险场所，做好次生灾害的排查与监测预警工作，防范地震可能引发的火灾、水灾、爆炸、山体滑坡和崩塌、泥石流、地面塌陷，或者剧毒、强腐蚀性、放射性物质大量泄漏等次生灾害以及传染病疫情的发生；（六）依法采取维持社会秩序、维护社会治安的必要措施。"地震灾害发生后，应尽力保障受灾公民的救济物品、饮食、饮用水、住所等的有效供给。2010 年 6 月 30 日通过的《自然灾害救助条例》第 4 条规定："县级以上人民政府应当将自然灾害救助工作纳入国民经济和社会发展规划，建立健全与自然灾害救助需求相适应的资金、物资保障机制，将人民政府安排的自然灾害救助资金和自然灾害救助工作经费纳入财政预算。”县级以上人民政府应认真履行职责做好各项应急性预案工作，突出性的是自然灾害应急性预案内容的阐述，确定适当措施以保障资金、物资等紧缺型资源到位，财政预算中应包含自然灾害所需费用。例如，救助费用和工作费用等。《国家自然灾害救助应急预案（2011 年）》规定：“中央财政每年综合考虑有关部门灾情预测和上年度实际支出等因素，合理安排中央自然灾害生活补助资金，专项用于帮助解决遭受特别重大、重大自然灾害地区受灾群众的基本生活困难。”“中央各有关部门应配备救灾管理工作必需的设备和装备。县级以上人民政府应当建立健全自然灾害救助应急指挥技术支撑系统，并为自然灾害救助工作提供必要的交通、通信等设备。县级以上地方人民政府应当根据当地居民人口数量和分布等情况，利用公园、广场、体育场馆等公共设施，统筹规划设立应急避难场所，并设置明显标志。”自然灾害救济措施的有效运作并非一个部门、一个机构的独立操作，需要从中央到地方各级政府有关部门的通力协作，各司其职，保障资金配备到位，设备运行正常，避难场所及时开启。

以上是对受灾救助的统一整体安排，具体操作内容并未涉及，下面以汶川地震和青海玉树地震给付行政规定内容为例进行介绍。2008 年 5 月 20 日《关于对汶川地震灾区困难群众实施临时生活救助有关问题的通知》规定，“临时生活救助包括补助金和救济粮。救助对象为因灾无房可住、无生产资料和无收入来源的困难群众。补助标准为每人每天 10 元补助金和 1 斤成品粮，补助期限三个月。因灾造成的‘三孤’（孤儿、孤老、孤残）人员补助标准为每人每月 600 元，受灾的原‘三孤’人员补足到每人每月 600 元，补助期限三个月”。“发放补助所需资金，由中央财政专项安排；救济粮由中央从中央储备原粮中无偿划拨给省级人民政府，省级人民政府统一负责原粮的出库、调运和将原粮加工成成品粮，免费提供给救助对象。”2010 年 4 月 16 日《关于青海玉树地震灾区困难群众实施临时生活救助有关问题的通知》规定，“临时生活救助包括补助金和救济粮。从灾害发生之日起，对因灾无房可住、无生产资料和无收入来源的困难群众，每人每天发放 10 元补助金和 1 斤成品粮；对因灾造成的‘三孤’（孤儿、孤老、孤残）人员，每人每月补助 600 元（受灾的原‘三孤’人员补足到每人每月 600 元），补助时间为 3 个月。青海省政府可根据当地特殊情况，适当提高‘三孤’人员补助标准”。“发放补助所需资金，通过中央财政安排的 2 亿元抗震救灾综合财力补助中解决；救济粮由中央从中央储备原粮中无偿划拨给青海省人民政府，省级人民政府统一负责原粮的出库、调运和将原粮加工成成品粮，免费提供给救助对象。”具体给付标准应考虑国家财政现状、当地生活水平、受灾人数等因素综合决定。根据文件可知，有关青海玉树地震灾区的困难群众，每人发放的补助金和成品粮并未规定补助时限，而汶川地震灾区的困难群众补助金和成品粮的补助时限规定为三个月，即三个月后无论其困难情况是否改善均不继续补助。此种限额、限时的补助方式虽然有助于鼓励受灾群众尽快重建，但适用方式不够灵活，应设置补助时限上限要求根据实际情况进行变通处理。

（二）贫困救助

贫困是给付行政实施的另一重要情况，我国规范性文件对此亦有规定。1996 年 10 月 23 日《中共中央国务院关于尽快解决农村贫困人口温饱问题的决定》规定：“增加扶贫投入。从明年开始，中央财政每年增加 15 亿元，重点用于最贫困的省、自治区的农田基本建设、修建乡村公路、解决人畜饮水、推广科学技术和农民技术培训。同时，在现有扶贫信贷资金基础上，每年再增加 30 亿元扶贫贷款，重点支持效益好、能还贷、能带动千家万户脱贫致富的种植业、养殖业、林果业和农产品加工业项目。各国有商业银行也要有一定比例的资金积极帮助和支持贫困地区的开发建设。地方各级政府要加大扶贫投入。地方投入到国定贫困县的扶贫资金比例，根据各省、自治区不同的经济发展水平和财政状况，要提高到中央扶贫投入的百分之三十至百分之五十。达不到规定投入水平的，要按比例调减中央投入到该省、自治区的扶贫资金。调减下来的资金用于能够达到配套比例的省、自治区。”单纯金钱、物质给付只能解决一段时间问题，且需求量大，持续时间长，国家财政难以维系，只有通过财物扶持和进行养殖业、种植业、林业、农产品的引入、培植，技术帮助才能从根本上解决贫困问题。1999 年 10 月 1 日起施行《城市居民最低生活保障条例》第 2 条规定：“持有非农业户口的城市居民，凡共同生活的家庭成员人均收入低于当地城市居民最低生活保障标准的，均有从当地人民政府获得基本生活物质帮助的权利。前款所称收入，是指共同生活的家庭成员的全部货币收入和实物收入，包括法定赡养人、扶养人或者抚养人应当给付的赡养费、扶养费或者抚养费，不包括优抚对象按照国家规定享受的抚恤金、补助金。”为保障城市居民生活水平，根据当地实际情况设置了最低生活保障标准，低于该标准的城市居民，均有权获得当地人民政府提供的基本生活物质帮助。2014 年 5 月 1 日起施行的《社会救助暂行办法》第 12 条规定：“对批准获得最低生活保障的家庭，县级人民政府民政部门按照共同生活的家庭成员人均收入低于当地最低生活保障标准的差额，按月发给最低生活保障金。对获得最低生活保障后生活仍有困难的老年人、未成年人、重度残疾人和重病患者，县级以上地方人民政府应当采取必要措施给予生活保障。”最低生活保障金的发放并不是形式主义而是要真正解决贫困家庭的生活难题，因此对于发放了最低生活保障金仍然无法正常生活的家庭，仍有权从县级以上地方人民政府获得帮助。2016 年 2 月 10 日《国务院关于进一步健全特困人员救助供养制度的意见》规定：“强化资金保障。县级以上地方人民政府要将政府设立的供养服务机构运转费用、特困人员救助供养所需资金列入财政预算。省级人民政府要优化财政支出结构，统筹安排特困人员救助供养资金。中央财政给予适当补助，并重点向特困人员救助供养任务重、财政困难、工作成效突出的地区倾斜。有农村集体经营等收入的地方，可从中安排资金用于特困人员救助供养工作。各地要完善救助供养资金发放机制，确保资金及时足额发放到位。”特困人员的救助供养资金来源涉及资金是否能够按时按量发放，根据文件可知，省级人民政府负责救助供养资金的绝大部分，中央财政会有补助，但是适当的，且有选择的给予某些省份，给予数量并非平均发放，而是根据实际情况进行数额调整。且不仅应从资金上帮助特困人员，还应尽可能为他们安排工作，帮助他们自给自足。

（三）医疗救助

2005 年 3 月 14 日《国务院办公厅转发民政部等部门关于建立城市医疗救助制度试点工作意见的通知》规定：“建立城市医疗救助基金。通过财政预算拨款、专项彩票公益金、社会捐助等渠道建立基金。地方财政每年安排城市医疗救助资金并列入同级财政预算，中央和省级财政对困难地区给予适当补助。城市医疗救助基金纳入社会保障基金财政专户，专项管理、专款专用，不得提取管理费或列支其他任何费用。民政、财政、监察、审计等部门要加强对基金使用情况的监督检查，发现问题及时纠正，并及时向当地政府和有关部门报告。要定期向社会公布医疗救助基金的筹集和使用情况，接受有关部门和社会监督。对虚报冒领、挤占挪用、贪污浪费等违法违纪行为，按照有关法律法规严肃处理。”医疗救助基金的建立、推广、普及对于解决因费用问题无法接受治疗的就医现状具有重要意义，是我国医疗制度改革的有效尝试。城市医疗救助基金的推广并非毫无限制，其规划、立项、申请、审评、考核各个程序的开展均受到行政机关（包括民政、财政、监察、审计等部门）的监督和社会主体监督，包括社会公众、新闻媒体等。

（四）流浪乞讨

2003 年 8 月 1 日起施行的《城市生活无着的流浪乞讨人员救助管理办法》

第 7 条规定："救助站应当根据受助人员的需要提供下列救助：（一）提供符合食品卫生要求的食物；（二）提供符合基本条件的住处；（三）对在站内突发急病的，及时送医院救治；　（四）帮助与其亲属或者所在单位联系；（五）对没有交通费返回其住所地或者所在单位的，提供乘车凭证。"救助站作为对流浪乞讨人员提供帮助的处所，应尽可能地以善良友好的方式对待流浪乞讨人员，为他们提供必要的食物、住处、医疗条件等。2011 年 8 月 15 日《国务院办公厅关于加强和改进流浪未成年人救助保护工作的意见》规定："对暂时查找不到父母或其他监护人的流浪未成年人，在继续查找的同时，要通过救助保护机构照料、社会福利机构代养、家庭寄养等多种方式予以妥善照顾。对经过 2 年以上仍查找不到父母或其他监护人的，公安机关要按户籍管理有关法规政策规定为其办理户口登记手续，以便于其就学、就业等正常生活。对在打拐过程中被解救且查找不到父母或其他监护人的婴幼儿，民政部门要将其安置到社会福利机构抚育，公安机关要按规定为其办理户口登记手续。"对未成年人的救助保护分为两种情况，一种是有可能找到其父母或监护人的，有 2 年的查找时间，这 2 年未成年人被国家安排进行照顾，2 年后找到监护人的即与监护人离开，没有找到监护人的由公安机关安排其落户、就学、就业。另一种是难以找到监护人的婴幼儿，公安机关即将其安置到社会福利机构。

第二节　给付行政构建体系

一、改革社会保障制度

（一）构建多层次保障制度

目前我国城乡区域、内陆沿海省市之间无论政治、经济还是文化差异都较大，实行统一的社会保障制度条件尚未成熟，只能根据各地实际情况，考虑经济发展状况，公民的诉求实施多层次的社会保障制度，并逐渐缩小层次之间的差距。对于沿海城市经济较发达，公民诉求强烈，可以适用较为完善的社会保障制度。对于沿海乡村公民考虑到经济情况，尚缺乏适用完备社会保障制度条件，可以选择养老、医疗、生育、失业、工伤等保障制度中诉求较为强烈的社会保障制度，以此类推。

（二）取消户籍制度限制

城市乡村居民的明显划分标准是户籍制度。取消户籍制度，给乡村老百姓以公平的享受社会保障制度的资格，“据 2013 年上半年安徽农民工监测调查，超过 50%的外出农民工没有与用人单位签订劳动合同，96.4%、86.3%的外出农民工在户籍地参加新农合和新农保，仅有 1.2%的农民工参加城镇职工基本医疗保险，1.6%的农民工参加城镇居民基本医疗保险，2.1%的农民工参加城镇职工基本养老保险”[1]。对于进城务工人员，他们同城市居民一样缴纳社会保险、养老基金等，却因为户籍限制无法享受较高的社会保障水平。

（三）建立健全法律法规

社会保障内容的规定，可散见于相关法律法规条文。如《国务院关于进一步加强和改进最低生活保障工作的意见》《国务院关于在全国建立农村最低生活保障制度的通知》《城市居民最低生活保障条例》《关于进一步规范城乡居民最低生活保障标准制定和调整工作的指导意见》，虽有规定，但内容尚不全面仍需完善，如《农民工权益保护法》在我国尚未确立。

（四）普及素质文化教育

社会保障制度的完善，应由政府、公民共同努力。普及素质文化教育对于公民了解自身应获得的权益，以及自身权益受到侵害时采取合法措施保障自身合法权益具有重要意义。公民的诉求、监督、支持作用也能推动我国社会保障制度的进一步完善。

二、推进公共服务建设体系

伴随经济全球化发展，市场交易内容已由单纯的商品交换经历了商品服务交易，到现在的服务交易。公共服务建设由以往的单纯由政府提供多元化服务到政府出资招标，市场主体承办建设，政府作为监督者的身份对公共服务建设进行宏观调控。行政机关应充分发挥志愿组织、中介机构等社会组织的作用，进一步推进公共服务体系建设。

三、完善给付行政监督机制

《法治政府建设实施纲要（2015—2020 年）》中对监督内容有所规定，笔者经过分析整理总结为如下内容：

（一）民主监督、司法监督

1. 民主监督。“健全知情明政机制，政府相关部门向政协定期通报有关

---

[1] 骆飞：《关于加快完善农民工市民化社会保障政策体系的建议》，http://ah.anhuinews.com/qmt/system/2015/01/05/006645686.shtml，最后访问时间：2016 年 12 月 6 日。

情况，为政协委员履职提供便利、创造条件。”政协委员作为民主监督主体，对给付行政实施内容进行形式审查，对发现的问题、异议应及时提出。

2. 司法监督。“支持人民法院依法受理行政案件，健全行政机关依法出庭应诉制度，尊重并执行人民法院生效裁判。检察机关对在履行职责中发现的行政违法行为进行监督，行政机关应当积极配合。”给付行政的实施过程难以避免纠纷产生，行政诉讼是对给付行政实施的司法监督，依照法律法规或其他规范性文件对给付行政实施内容、程序、方式进行审查并做出决定。检察机关具有监督给付行政执行权。

（二）行政监督、审计监督

1. 行政监督。“完善政府内部层级监督，改进上级行政机关对下级行政机关的监督，建立健全常态化、长效化监督制度。加强对政府内部权力的制约，对财政资金分配使用、国有资产监管、政府投资、政府采购、公共资源转让、公共工程建设等权力集中的部门和岗位实行分事行权、分岗设权、分级授权，定期轮岗，强化内部流程控制，防止权力滥用。各级监察机关要切实履行监督责任，确保廉政建设各项任务落实。”行政监督从两方面开展。一是上级给付行政机关对下级给付行政机关的监督，监督其行政行为手段、方式、程序、方法等。二是行政监察机关作为独立主体对给付行政的行政机关的行政行为进行监督。

2. 审计监督。“完善审计制度，健全有利于依法独立行使审计监督权的审计管理体制，建立具有审计职业特点的审计人员管理制度，基本形成与国家治理体系和治理能力现代化相适应的审计监督机制。对公共资金、国有资产、国有资源和领导干部履行经济责任情况实行审计全覆盖。强化上级审计机关对下级审计机关的领导。”审计监督在给付行政实施过程中的监督权行使是监督每一项财政预算款项的去向，是否用之于民，且个人负责制，由一名公职人员负责一项预算，包括预算的申请、审批、拨付、使用等内容。

（三）社会监督、舆论监督

1. 社会监督。“建立对行政机关违法行政行为投诉举报登记制度，畅通举报箱、电子信箱、热线电话等监督渠道，方便群众投诉举报、反映问题，依法及时调查处理违法行政行为。”建立无记名社会监督制度，对群众反映的问题应及时受理，并将处理进程公布，方便群众观察，对于实名举报情况，应将内容处理情况及时告知举报人，并应对举报人信息进行保密，严禁对举报人及其家属进行威胁恐吓，行政机关应保障举报人及其家属的生命财产安全。

2. 舆论监督。“发挥报刊、广播、电视等传统媒体监督作用，加强与互联网等新兴媒体的互动，重视运用和规范网络监督，建立健全网络舆情监测、收集、研判、处置机制，推动网络监督规范化、法治化。”重视新兴媒体的监督作用，行政机关应关注报刊、广播、电视、网络反映的情况并及时处理。同时行政机关应对新兴媒体进行合理引导、监督，禁止违反法律法规或其他规范性行为的发生。

第三节　完善多样化的给付行政程序

一、给付行政规划与立项

（一）给付行政规划

1. 制定主体

给付行政规划由各级人民政府给付行政工作部门牵头制定。国家给付行政规划由国务院给付行政部门会同其他相关部门制定并报国务院批准实施。地方行政规划由县级以上人民政府给付行政部门会同其他有关部门制定，并报上级人民政府批准实施。

2. 制定原则

给付行政规划制定应遵循三项原则。其一，中央统一筹划地方，地方政府统一安排区域。其二，以给付全体公民为目的，重点给付困难情况较严重地区。其三，以事后补救为辅，预防治理为主进行给付。三个原则相互配合保障给付行政规划制定的科学性、合理性。

3. 制定内容

给付行政规划的内容应当包括：给付行政实施目的、依据、资金来源、使用方法、程序、资金去向、考核、选择给付受众的方式、资金使用监督、对行政机关及其工作人员的渎职行为惩罚方式、对违法骗取给付行为的处理方式以及技术信息等保障给付行政实施的措施等。给付行政规划，应当对给付行政的实施主体、实施程序、实施目标等做出具体安排。

（二）给付行政立项

给付行政规划制定后，在未发生突发性紧急情况下，以立项形式具体实施。立项方式包括两种。一种由规划制定机关根据规划内容，考虑财政预算，制定项目内容在行政系统内下发，由给付行政各实施机关自由申报，并经过审批核准后，予以立项。另一种由各行政实施机关根据给付行政实践经验，提出改善给付行政现状的具体举措，并以项目形式向规划机关提出申请，由规划机关组织专家审核后决定是否予以立项。

二、给付行政的申请

全局观之，依职权方式和依申请方式可以作为给付行政两种主要给付实施形式。依职权指的是行政机关根据搜集到的实际情况，依据法律法规或者其他规范性文件的规定，按照程序给予行政相对人部分给付的情况。依申请指的是公民根据自身情况，主动向行政机关提出获得物质帮助，由行政机关审核后决定。针对突发性的灾害，如洪灾、地震等大范围灾害，鉴于受灾群体的聚集性，无须当事人申请，行政机关可以依职权发放；但若是个别贫困补助，如最低生活保障金的发放，因为其适用范围的特定性，需要公民基于自身情况向行政机关提出申请，不可以行政机关主动依职权实施。

给付行政的公民的申请方式多样，可以是当事人到行政机关申请，也可以委托他人代为申请，可以通过邮件、信件、官网等方式。行政机关收到申请后，应主动审查，并尽快决定，不可以拖延不履行行政行为，超出规定期限仍未通知申请人申请结果的，即为同意当事人申请，应该按照法律规定向其发放物质或非物质补助。

三、实施给付行政的审评与决定

（一）实施给付行政的审评

当公民能够通过自身努力摆脱生活困境，解决温饱、生存问题，是无须向行政机关寻求帮助的。在实施给付行政的审评时，需要对公民的生活情况、隐私信息进行调查、检验，其过程应秉持最低限度原则和人道主义原则，能够不获取的信息不获取，依职权获取的信息在调查结束后也应为申请人保密。

（二）实施给付行政的决定

给付行政决定的作出应适当运用说明理由制度和听证制度。行政机关不仅应对申请人的申请材料进行考察，必要时应要求申请人对申请书内容做出说明，或者对调查过程中行政机关发现的其他问题进行解释，行政机关无权剥夺申请人说明理由的权利。给付行政决定后，行政机关应告知申请人其具有提出听证的权利，申请人对决定存有异议而行使听证权，要求听证的，行政机关应尽快安排听证，并将举行听证的时间、地点告知申请人和向社会公布，听证费用由行政机关承担，听证结果应作为实施给付行政决定的必要参考因素。

四、给付行政的单独实施或共同实施

给付行政决定后的实施程序有两种。一种是行政机关自行实施，即单独实施；另一种是行政机关委托其他组织实施，即共同实施。影响选择的因素有利于发放给付且防止贪污腐败的发生。委托实施，可以委托社会保障委员会、村民委员会、居民委员会或其他社会组织实施。

五、规范给付行政的过程程序

规范给付行政过程的程序包括事前监督程序、事中监督程序和事后监督程序。《法治政府建设实施纲要（2015—2020年）》提到，“健全行政权力运行制约和监督体系。坚持用制度管权管事管人，坚持决策权、执行权、监督权既相互制约又相互协调，完善各方面监督制度，确保行政机关按照法定权限和程序行使权力”。给付行政的事前程序包括规划、立项、申请、审评、决定程序，应对其进行监督。事中程序包括给付行政的发放，事后程序包括给付行政实施后，对其已实施的行为进行形式上和实质上的审查。确保给付行政的过程程序在法定范围内开展，不违反法律法规或其他规范性文件的规定。

第十七章　法治政府与信息公开

第一节　政府信息及政府信息公开

一、政府信息概述

（一）信息与政府信息

信息是现代社会中个人、组织进行活动的基础与原动力，是决定其发展与进步的举足轻重的因素。政府是国家信息资源的最大拥有者，也是最大的信息生产者、使用者、发布者。政府信息活动规模巨大，对社会公众具有强大的影响力，政府信息对国家的发展价值极大，政府信息活动的效率和效益如何，直接关系到国家的前途和命运。信息是促进社会发展的一项重要资源，政府机构由于工作需要，累积、收藏了大量的信息资源。这些信息资源对国民经济发展有着重要的作用，如果能将这些资源开放，使资源被社会充分利用，将会产生巨大的经济效益和社会效益。

"信息"是从英文 information 翻译而来，information 也被译为资讯、情报或资料。《现代汉语词典》对信息的定义是："（1）音信；消息。（2）信息论中指用符号传送的报道，报道的内容是接收符号者预先不知道的。"[1] 此外，不同的学者和研究机构分别从不同的专业角度、不同

---

〔1〕 中国社会科学院语言研究所词典编辑室：《现代汉语词典》（第6版），商务印书馆2012年版，第1453页。

的行业角度对信息的概念、属性、特征、内容等方面做出了不同的解释，这些解释有些涉及对信息本质的概括，有些涉及对信息特征的归纳。由于信息本身的复杂性，不同的学科基于各自的需要，对于信息概念的界定也各不相同。

信息是复杂多样的，根据产生信息的客体的性质来划分，信息可以分为自然信息、生物信息和人类社会信息。[1] 本章所研究的"政府信息"属于人类信息的范畴。政府是社会信息的最大拥有者，我国学术界不同学者对政府信息的界定方式和具体表述存在着一定差异。应松年认为，"政府信息一般是指政府机构为履行职责而产生、获取、利用、传播、保存和负责处置的信息。除国家秘密、商业秘密、个人隐私外，都应当公开"[2]。张淑芬等人认为，"政府信息即政府机构为履行职责而产生、获取、利用、传播、保存和负责处置的包括政务、经济、服务、客观决策等所有信息，是人们全面考察、评价社会情况，从事政治、经济、科技、军事、文化等活动所必不可少的国家资源"[3]。

政府信息是指政府机关在依法履行行政管理职责或者提供公共服务过程中制作、获得或者掌握的，以纸质、胶卷、磁带、磁盘以及其他电子存储材料等载体反映的内容。2008年开始施行的《政府信息公开条例》中关于"政府信息"的定义是："指行政机关在履行职责过程中制作或者获取的，以一定形式记录、保存的信息。"

（二）政府信息公开

关于政府信息公开的含义，学术界的认识不尽一致。有人认为，政府信息公开就是政府机关依照法定程序以法定形式公开与社会成员利益相关的所有信息，并允许公众通过查询、阅览、复制、摘录、收听、观看、下载等形式充分利用政府所掌握的信息的行为与制度。[4] 也有人认为，政府信息公开是指行政机关通过公众便于接受的方式和途径将其利用公共资源、在行使公共权力过程中所获取的信息和情报（法律明令应予保密的除外）公之于众，允许公民、法人和其他组织通过查询、抄录、下载、复印、阅读等形式

---

〔1〕 邹志仁著：《信息学概论》，南京大学出版社2007年版，第6页。

〔2〕 应松年：《预防腐败，制度建设是关键》，载《行政法学研究》2008年第1期，第1—4页。

〔3〕 张淑芬、周艳、李庆芬：《各国政府信息公开现状比较》，载《农业图书馆情报学刊》2004年第11期，第126页。

〔4〕 诸松燕：《我国政府信息、公开的现状分析与思考》，载《新视野》2003年第3期。

了解、掌握和保存这些信息。[1] 还有人认为，政府信息公开又被称为“行政资讯公开”，可以从微观和宏观的角度上理解政府信息公开的含义。微观意义上的政府信息公开是指行政机关依照法定程序向公众或特定的公民提供有关信息的法律行为。宏观意义上的政府信息公开是指行政机关在行政管理中的一项法律制度，即行政机关向公众或特定公民提供行政管理信息的范围、主体、程序、法律后果等要素组成的法律制度。[2] 我们认为，政府信息公开就是指国家行政机关和法律、法规以及规章授权和委托的组织，在行使国家行政管理职权的过程中，通过法定形式和程序，主动将政府信息向社会公众或依申请而向特定的个人或组织公开的制度。[3]

二、政府信息公开的具体内容

（一）政府信息公开适用范围

政府信息应在多大程度上公开，是政府信息公开制度面临的首要问题。政府信息公开的总体范围决定着政府信息公开的导向，是判断一个政府信息公开程度的重要参考依据。

在《政府信息公开条例》中，第 9 条、第 10 条、条 11 条、第 12 条，以列举的方式明确了政府应该向社会公开的具体信息事项，具体包括：行政法规、规章和规范性文件；国民经济和社会发展规划、专项规划、区域规划及相关政策；国民经济和社会发展统计信息；财政预算、决算报告；行政事业性收费的项目、依据、标准；政府集中采购项目的目录、标准及实施情况；行政许可的事项、依据、条件、数量、程序、期限，以及申请行政许可需要提交的全部材料目录及办理情况；重大建设项目的批准和实施情况；扶贫、教育、医疗、社会保障、促进就业等方面的政策、措施及其实施情况；突发公共事件的应急预案、预警信息及应对情况；环境保护、公共卫生、安全生产、食品药品、产品质量的监督检查情况。

除此之外，《政府信息公开条例》中第 10 条与第 11 条，还具体规定了设区的市级人民政府、县级人民政府及其部门重点公开的政府信息，具体包括：城乡建设和管理的重大事项；社会公益事业建设情况；征收或者征用土地、房屋拆迁及其补偿、补助费用的发放、使用情况；抢险救灾、优抚、救济、

[1] 吴红宇：《知情权、WTO 与政府信息公开》，载《当代法学》2003 年第 8 期。
[2] 卢琳：《走出我国信息公开的困境》，载《行政论坛》2003 年第 7 期。
[3] 刘恒等著：《政府信息、公开制度》，中国社会科学出版社 2004 年版，第 2 页。

社会捐助等款物的管理、使用和分配情况。

对于乡镇人民政府，《政府信息公开条例》第 12 条也规定了重点公开的内容，即贯彻落实国家关于农村工作政策的情况；财政收支、各类专项资金的管理和使用情况；乡（镇）土地利用总体规划、宅基地使用的审核情况；征收或者征用土地、房屋拆迁及其补偿、补助费用的发放、使用情况；乡（镇）的债权债务、筹资筹劳情况；抢险救灾、优抚、救济、社会捐助等款物的发放情况；乡镇集体企业及其他乡镇经济实体承包、租赁、拍卖等情况；执行计划生育政策的情况。

《政府信息公开条例》除了采取列举的方式外，还规定了例外条款，即行政机关不得公开涉及国家秘密、商业秘密、个人隐私的政府信息。

（二）政府信息公开的方式

对于《政府信息公开条例》中已经纳入明确规定属于公开范围的政府信息如何公开，是政府信息公开现实运作所需要具体解决的问题。对于社会公众或政府信息公开申请人，以及办理信息公开的行政机关而言，信息公开方式及其程序是政府信息公开在现实操作中的主要问题。政府信息公开正是通过公开方式及程序得以落实的，公开方式是政府信息公开的操作平台和机制，这一平台和机制是否合理、通畅，直接影响政府信息公开的程度。政府信息公开形式多种多样，依据公开的主动性和被动性来分为两种：一种是行政机关依据职责主动公开，即主动公开；另一种是行政机关根据公民、组织的申请公开政府信息，称为被动公开。主动公开是行政机关根据法律规定或自我判断主动向公众普遍性提供政府信息的方式，被动公开是指行政机关基于特定个人、组织的申请向此人或组织提供政府信息的方式。

行政信息公开按照是否需要申请为标准，《政府信息公开条例》规定了两种公开方式，即行政机关主动公开和依申请的公开。行政机关主动公开是政府信息公开的主要内容。行政机关应当将主动公开的政府信息，及时地通过政府公报、政府网站、新闻发布会，以及报刊、广播、电视等便于公众知晓的方式公开。[1] 同时，行政机关还应当在国家档案馆、公共图书馆设置政府信息查阅场所，并配备相应的设施、设备，为公民、法人或者其他组织获取政府信息提供便利。为了便于查阅，《政府信息公开条例》第 16 条还规定，行政机关可以根据需要设立公共查阅室、资料索取点、信息公告栏、电子信息屏等场所、设施，公开政府信息。而行政机关也有义务及时向国家档

---

〔1〕 参见《中华人民共和国政府信息公开条例》第 18 条。

案馆、公共图书馆提供主动公开的政府信息。

除行政机关主动公开外，公民和单位可以请求行政机关公开与相关的信息。公民和单位申请公开信息时，一般需要填写书面的申请书。《政府信息公开条例》第 20 条第 2 款规定，申请书中应该包括如下内容：申请人的姓名或者名称、联系方式、申请公开的政府信息的内容描述，申请公开的政府信息的形式要求。针对申请的不同情况，行政机关作出不同答复：一是属于公开范围的，应当告知申请人获取该政府信息的方式和途径；二是属于不予公开范围的，应当告知申请人并说明理由；三是依法不属于本行政机关公开或者该政府信息不存在的，应当告知申请人，对能够确定该政府信息的公开机关的，应当告知申请人该行政机关的名称、联系方式；四是申请内容不明确的，应当告知申请人作出更改、补充。

申请公开的政府信息中含有不应当公开的内容，但是能够作区分处理的，行政机关应当向申请人提供可以公开的信息内容。如果行政机关认为申请公开的政府信息涉及商业秘密、个人隐私，公开后可能损害第三方合法权益的，应当书面征求第三方的意见，第三方不同意公开的，不得公开。但是，行政机关认为不公开可能对公共利益造成重大影响的，应当予以公开，并将决定公开的政府信息内容和理由书面通知第三方。

行政机关依申请提供政府信息，除可以收取检索、复制、邮寄等成本费用外，不得收取其他费用。行政机关不得通过其他组织、个人以有偿服务方式提供政府信息。行政机关收取检索、复制、邮寄等成本费用的标准由国务院价格主管部门会同国务院财政部门制定。

（三）行政信息公开的程序

任何一种公共信息都应该按照一定的程序公布于众。这种程序的要求应该和本国的行政程序法的基本要求相一致。其公开的程序应该满足方便行政相对人获得的基本要求，也就是便民原则。其次才可以考虑公开信息的机关的利益。具体来说，可包括以下内容：第一，公共行政主体依据职权应该主动公开的，应该按照最快捷、最容易获得方式公布。第二，公共行政主体被动公开的，当事人必须向拥有信息的特定机关提出申请，该申请必须具体陈述申请的内容、申请人的姓名、住址和通信方式等。第三，不管是哪种信息的公布，都应该充分考虑时效的问题。也就是说，主动公布信息原则上自信息形成之日起就要公布，申请公布的信息原则上也应该有规定答复的时效。

（四）政府信息公开的例外

一般而言，所有的公共信息都应该公开。但是，当某些公共信息属于秘密文件，涉及国家、团体组织或个人的隐私时，则应该属于信息公开的例外情况。当然这里有一个基本的判断标准，而且具体公共机关也应该对此负有举证责任。当然，如果可以将公共信息中的例外部分与其他部分分开，则公共机关一定要经过处理后将应该公开的信息对社会公开。对某些例外的信息，公共机关也可以考虑征得利害关系人的同意。

（五）政府信息公开的监督及救济制度

《政府信息公开条例》中，对于政府信息公开的监督作出了规定。具体来说，政府信息公开的监督包括内部监督和外部监督两种。内部监督是指由主管政府信息公开的部门和监察机关进行监督，监督的方式主要包括建立健全政府信息公开工作考核制度、社会评议制度和责任追究制度等。除此之外，各级政府机关还要编写政府信息公开年度报告，其报告内容包括：行政机关主动公开政府信息的情况；行政机关依申请公开政府信息和不予公开政府信息的情况；政府信息公开的收费及减免情况；因政府信息公开申请行政复议、提起行政诉讼的情况；政府信息公开工作存在的主要问题及改进情况；其他需要报告的事项。

政府信息公开的外部监督是指公民、法人或者其他组织对行政信息公开的单位来进行监督。公民、法人或者其他组织具体监督的途径有：向上级行政机关、监察机关或者行政信息公开的主管部门举报；向行政复议机关提起行政复议；向人民法院提起行政诉讼。

任何一种制度的架构都应该考虑到给予相应利害关系人以救济途径，至少在法律上应该保证当事人可以通过一定的途径对公共信息持有者的行为提出异议和审查。对此世界各国通常有三种不同的做法：一是通过议会监察专员制度，或者通过特设的议会委员会进行干预，如北欧国家与加拿大；二是通过行政机关内部的复议或者审查机制进行干预，如美国的纽约州与康涅狄格州；三是通过普通法院的司法审查进行干预，大部分普通法国家都是这样。而就我国目前现有的法律制度来看，关于政府信息公开的监督和法律救济途径还十分不完善。

三、政府信息的价值分析

资源最重要的特征是可利用性，在整个社会信息资源中，政府信息蕴含着无法估量的价值。对公众而言，政府掌握的信息中有许多与自己切身利益密切相关的事项，这些信息是人们在考察、评价社会整体情况的基础上明确自身定位并从事政治、经济、文化等活动必不可少的资源；对于国家和社会而言，充分利用信息资源，可以创造更多的物质和精神财富，加快经济发展和社会进步。因此，政府信息公开实际上就是政府信息的资源化再利用，无论对社会经济的发展，还是对政府的改革创新，或者对公民权利的更好实现，都具有相当大的促进作用。

（一）政府信息公开是保障公民知情权的客观需要

在现代社会中，选举被认为是政府合法产生的基本途径，选举权的行使是社会公众对政府统治权的行使的同意和授权的法定形式。政府的组建必须以取得民众同意为前提，政府的权力来源于人民，人民有权了解政府在行使权力的过程中获取的相关信息。“公民有权知道他应该知道的事情，国家应最大限度地确认和保障公民知悉、获取信息，尤其是政务信息的权利。”[1] 我国《宪法》第 16 条、第 17 条规定的参与管理权，第 27 条规定的意见、建议、监督权，第 41 条规定的批判、建议、申诉、控告和检举权，从中必然派生出知情权，而其行使权利的前提就是政府信息公开。在现实社会中，行政机关掌握了大量的公共信息，公开和告知这些信息也就成为与公民知情权相对应的行政机关的义务。只有行政机关主动、积极公开其所掌握的公共信息，公众的知情权才能真正得到实现。

（二）政府信息公开是建设法治政府的内在要求

2004 年，国务院颁布了《全面推进依法行政实施纲要》，正式提出建设法治政府的基本目标和具体步骤。在依法行政的指导思想、基本原则、基本要求、体制改革、决策机制与制度建设等方面，对政府信息公开法制化提出了一系列要求。将“行为规范、运转协调、公正透明、廉洁高效的行政管理体制；政府提供的信息全面、准确、及时；制定的政策、发布的决定相对稳定；行政管理做到公开、公平、公正、便民、高效、诚信”确立为建设法治政府的具体目标。2015 年中共中央、国务院印发的《法治政府建设实施纲要（2015—2020 年）》明确要全面推进政务公开。坚持以公开为常态、不公开为例外原则，推进决策公开、执行公开、管理公开、服务公开、结果公开。完善政府信息公开制度，拓宽政府信息公开渠道，进一步明确政府信息公开范围和内容。

法治政府的关键就是通过法律遏制政府权力，以防止权力被滥用。政府必须受到法律的控制，政府整体行为和个体行为都必须合法化、规范化，同时，政府作出的每个行政行为都必须让公众知晓并行使监督权。而建立政府

〔1〕 谢鹏程著：《公民的基本权利》，中国社会科学出版社 1999 年版，第 263 页。

信息公开制度、打造阳光政府、透明政府是建设法治政府的基本前提。行政机关的职责权限、办事程序、办事结果、监督方式等信息公布于众，这样就保障了人民群众的参与权和监督权，有利于人民群众监督政府部门正确地行使行政权力，真正实现依法行政。

（三）有利于促使个人作出理性决定

个人作出理性决定需要有足够的信息做保障，但获取信息必然要付出一定的成本甚至代价。保密极有可能使政府无法获取重要信息，从而影响决定的作出，即使个人最终可以获得信息，获取信息的成本无疑会大大增加。相反，政府信息公开制度以信息公开为原则，为个人获得相关信息创造了相对快捷的途径，有助于节省整个社会的运作成本，有利于个人作出恰当的决定。

（四）有利于经济发展和节省社会成本

政府所持有的信息有多重作用。政府信息，包括调查报告、统计资料、公共服务成本等数据，都具有一定的生产力价值，政府信息的公开可以提高市场效率、促进经济发展。保密和内部信息只能让少数人受益，有损于整体经济的健康发展，可靠信息的自由、稳定的流通，有利于经济的健康发展。

（五）有利于提高行政管理的质量

对不少行政机关和公务员而言，政府信息公开是一项费力而不讨好的事情，不仅需要付出诸多的人力、物力去处理大量的申请，从而很可能影响到行政效率，而且公开的信息可能会导致不可控制因素的增加。不过，从长远来看，政府信息的公开有利于提高行政管理的质量，提高行政效率。“阳光是最好的防腐剂”，政府信息的有效公开可以增加掩盖非法行为的难度从而减少腐败。不仅如此，政府信息公开要求行政机关在近乎透明的条件下开展工作，对行政机关自身提出了更高、更严的要求。为了应对外在的环境变化，行政机关需要对有关管理机制和工作方式作出必要的调整和改变，与此相应地，公务员必须提高自身能力。在这个意义上，可以说政府信息公开不仅可以使行政机关和公务员更加负责，而且有助于提高行政管理的质量和水平。

第二节　深化行政公开下的透明政府建设

一、行政公开原则

行政公开是行政程序法的一项基本原则。行政公开是行政主体在行使行政职权时，除涉及国家机密、个人隐私和商业秘密外，必须向行政相对人及其社会公开与行政职权有关的事项。通过行政公开行政相对人可以有效地参与行政程序，以维护自己的合法权益。社会民众因此可以通过行政公开，监督行政主体依法行使行政权力。行政公开是现代民主理论和基本人权理论发展的结果，它是行政主体的法定职责，同时也是行政相对人的权利。行政公开的本质是通过一种法律程序实现对行政权的制约，具有程序法律意义。[1]

行政公开原则的内涵可以概括为两个方面内容：一是行政机关的议事活动及其过程公开；二是行政机关制定或决定的文件、资料、信息情报公开。首先，行政机关的议事活动及其过程公开。行政机关是国家权力机关的执行机关，依照宪法、法律的规定行使国家行政权。行政职权所涉范围极其广泛，《宪法》第89条规定了最高国家行政机关国务院的职权范围，《宪法》第107条规定了地方各级（县级以上）行政机关的管理权限。从内容上看，行政机关执行权力机关的决定和国家法律、法规的活动，包括了经济、教育、科学、文化、卫生等各个方面。行政公开，就是让广大人民群众了解国家行政机关讨论、决策、执行的过程，知悉由其选举代表组成的人民代表大会所产生的行政机关及其工作人员执行国家法律、法规的情况，同时激发人民群众的参政、议政热情，充分体现出人民是国家主人翁的政权性质。另外，行政公开也可以使人民群众了解行政机关的决策依据、行为结果，理解决策的缘由，稀释不满情绪，整合社会利益。行政机关的活动包括行政决策和行政执行两个阶段。行政公开所要求的行政机关议事活动及其过程公开，实际上就是要求行政机关将行政决策活动和行政执行活动公开，除此之外，行政公开还应当包括行政决策与行政执行的程序公开。（1）行政决策公开。它是指行政机关在就行政事项进行决策时，其决策的过程应当向社会公开，包括决策的理由、依据、阶段、方式等。（2）行政执行公开。它是指行政机关在实施具体的行政行为时，应当向社会公开，既要让当事人了解，也要让其他公民或组织了解，为公民和组织评价行政机关的具体行政行为的合法性与合理性提供机会。（3）行政决策与执行的程序公开。它是指行政机关决策与执行的方式、步骤、顺序向社会公开。行政机关的任何行政行为，无论是抽象行政行为还是具体行政行为，都必须经过一定的方式、步骤、顺序，才能得到实施。在行政法迅猛发展的今天，程序公开日显重要。

其次，行政机关制定或决定的文件、资料、信息情报公开。行政机关议

---

〔1〕 章剑生：《论行政程序法上的行政公开原则》，载《浙江大学学报（人文社会科学版）》2000年第6期，第100页。

事活动及其过程公开，是公开原则的内涵之一。从时间上看，行政公开原则反映出行政活动时间上的连续过程；从空间上看，行政公开原则体现出了行政活动在形式上的客观存在。所以，无论从时间上看还是从空间上看，行政公开原则的内涵必然延伸至行政决策与行政执行的结果公开，即公开通过决策方式制定或决定的文件、资料和信息情报。只有将行政机关决策与执行的过程与其相对应的结果都予以公开，才能构成完整的行政公开原则的全部内涵。从辩证法的角度看，行政机关的议事活动及其过程公开是形式，议事活动的结果公开是内容。所以，行政机关议事活动的结果公开更具决定意义。行政机关议事活动的结果公开，是基于保障公民和其他组织“了解权”的需要。“了解权”又称“知情权”，虽然初始于新闻自由的范畴中使用，但今天其涵义已特指“社会组织和公民对国家活动享有了解的权利”。直接体现为公民有通过各种途径要求得到必要的官方情报的权利。〔1〕行政公开原则已经成为“知情权”的载体，有的国家已将行政公开原则法律化，制定出了具体实施行政公开原则的系列法律制度。〔2〕公开行政机关议事活动结果，具体地说就是公开下列内容：（1）公开行政机关在各种会议上通过的决议、决定、命令、文件等。行政机关的重要会议就有关事项所形成的决议；针对特定问题所作出的决策、决定；有行政法规、行政规章制定权的行政机关所通过的相关法规、规章。（2）公开各种行政机关会议记录。公开会议记录是防止行政“猫腻”和行政活动暗箱操作的有效方法。（3）公开行政决策、决定的依据。主要是指公开行政机关作出决定所依据的相关资料、证据等。（4）公开行政机关的行为结果。有些行政机关的行政活动会产生相应的结果，对这种结果必须公开。上述四者比较起来，公开行政决议、决定、法令和行为结果往往容易做到，我国有些行政机关实际上已经在施行了；但公开行政机关各种会议记录和公开决策、决定依据操作起来难度很大，目前行政部门尚无实例，这正是我们要努力的方向。〔3〕

二、政治顽疾：“三公”经费

“三公”经费公开的基础，是我国在 2008 年 5 月 1 日施行的《政府信息

〔1〕参见罗豪才主编：《行政法学》，中国政法大学出版社 1989 年版，第 77—78 页。

〔2〕如美国于 1966 年制定了《情报自由法》，1976 年通过了《阳光下的联邦政府法》，1972 年的《联邦咨询委员会法》和 1974 年的《联邦隐私权法》也有行政公开的内容。参见王名扬著：《美国行政法》，中国法制出版社 1995 年版，第 953—954 页。

〔3〕吴建依：《论行政公开原则》，载《中国法学》2000 年第 6 期，第 91—92 页。

公开条例》。根据《政府信息公开条例》第 10 条的规定，县级以上各级人民政府及其部门应当在各自职责范围内，确定主动公开的政府信息的具体内容，并重点公开财政预算、决算报告。

2011 年中央部门带头公开三公经费之后，我国县级以上政府部门也相继宣布公开三公经费，该政策的施行逐渐走上了制度化的道路，公开成为一种常态。同时，中央、各省以及各地市也不断出台了关于三公经费公开的相关规定和要求。2014 年 3 月 17 日，国务院办公厅印发的《2014 年政府信息公开工作要点》要求加大三公经费公开力度，详细公开所有财政拨款所安排的三公经费，细化说明因公出国（境）团组数及人数、公务用车购置数量及目前保有量、国内公务接待的有关情况和三公经费增减变化原因等信息。

从 2011 年起我国政府三公经费公开工作取得了一些效果和成绩，但是，也反映出了很多问题，如：三公经费公开执行部门认识不到位；三公经费公开缺乏具体的实施细则；三公经费公开监督流程不完善；三公经费公开缺乏责任追究机制等。为此，三公经费公开的完善需要针对我国国情，提出具体的完善措施。作为一项具体的制度，从提高思想认识、制定公开标准、加强监督、强化问责等多方面着手，共同推动。具体包括：一是提高认识，促进三公经费公开常态化；二是制定标准，促进三公经费公开科学化；三是加强监督，促进三公经费公开透明化；四是强化问责，促进三公经费公开规范化。[1]

三、关键：官员个人财产申报制度

公务人员财产申报制度是促进廉洁、反腐败的有效措施，已在世界许多国家和地区建立起来，成为世界公认的行之有效的反腐基本制度，其制度内容和设计理念均得到国际社会的广泛认同，被誉为“阳光法案”。公务人员财产申报制度是指根据国家有关法律规定，一定范围内的国家公职人员按照法定期限和方式，对其个人及与之相关的人员所拥有财产的状况向专门机关如实申报，接受该机关和社会公众检查监督并承担相应法律责任的制度。作为以法律的形式强制要求公务人员申报和公开财产状况，通过保障公众的知情权进而实现公民监督权、以权利制约权力的制度安排，财产申报制度体现了控制和规范权力的法治主义精神，也是公职人员职业伦理的内在要求。财产申报制度与生俱来的公共监督、反腐等功能和作用，对于预防国家公务人员

---

〔1〕 汤潇雅：《我国政府三公经费公开问题研究》，山东财经大学 2016 年硕士学位论文。

腐败犯罪、建立廉政高效政府具有积极意义。

信息社会，公众知情权是行使一切民主权利的前提和防止出现恶劣政府的要件。法律所确认的知情权，主要是保护公民对于政府信息有知晓、监督的权利，其深层意义在于保障民众借此自治并自由监督政府。掌握公权力的官员应当接受民众监督，其中官员个人财产申报是公众知情权的一项内容，也是信息公开阳光政府的必然要求，是行政民主的表现。《政府信息公开条例》要求行政机关公布其自身的具体行政行为和抽象行政行为，基本不涉及行政机关工作人员个人信息。但官员的某些个人信息并不完全属于官员个人的隐私，按照公共利益优先原则，官员的某些具有公共性的信息应该被列入政府信息公开范围，因此《政府信息公开条例》应该对官员财产申报问题加以说明。由于行政机关的各级官员及公务员大多都是中国共产党党员，按照党内纪律，一定级别以上的工作人员要遵守《关于领导干部报告个人有关事项的规定》以及《关于省部级现职领导干部报告家庭财产的规定（试行)》，同时也要遵守并践行《政府信息公开条例》。《政府信息公开条例》与《关于领导干部报告个人有关事项的规定》的规制主体有交叉之处，为使二者都能顺畅执行，《政府信息公开条例》也应该对“报告个人事项”以及“报告家庭财产”作出说明，至于采取何种方式进行说明，属于立法技术问题，而把财产申报纳入立法规划，则属于指导思想问题。因此，《政府信息公开条例》应该增加财产申报及公开的内容，以使政府信息公开与财产申报做到法律衔接。〔1〕

第三节　政府信息公开制度的完善与改革

一、《政府信息公开条例》的不足与局限

尽管我国的政府信息公开制度已经有了进步，但是由于我国政府信息公开尚处于发展阶段，所以仍然存在一些不足。主要表现在以下几个方面：

1. 法律位阶偏低。作为我国第一个公开政府信息的立法项目，《政府信息公开条例》的出台标志着我国政府信息公开向法制化迈出了具有深远意义的重大一步，有利于我国迅速建立信息公开制度。但是，它毕竟只是由政府制定并颁布的一部行政法规，并不具备国家成文法的约束作用和权威地位，且易受到其他法律（如《保守国家秘密法》《著作权法》《档案法》《立

〔1〕 刘志勇：《中国官员财产申报：现状及对策》，载《政治学研究》2012年第8期。

法法》等）的限制。

由于《政府信息公开条例》只是行政法规，制约了政府信息公开制度功能的发挥。它的调整范围有限，无法涵盖我国许多重大决策产生的信息，更为关键的是，它无法更改《保守国家秘密法》《档案法》等这些上位法“没有完全贯彻和体现信息公开的原则”的现状。[1]

2. 实施机制刚性不足。这突出表现在三个方面：一是设置不合时宜的申请政府信息的“特殊需要”要求。[2] 二是没有建立起强有力的实施机制。《政府信息公开条例》在政府系统中建立起了以国务院办公厅作为最高主管部门和以地方政府的相应机构作为主管部门，共同负责推进、指导、协调、监督本行政区域的政府信息公开工作。虽然国务院办公厅及地方政府的相应机构在政府序列中权力很大，但它们同样是政府信息公开主体，不具有相对的中立性和独立性，难以赢得公众信赖的公正和独立形象。三是没有建立有效的监督机制。《政府信息公开条例》在政府系统外设置行政复议和行政诉讼监督机制，作为推进政府信息公开的外部监督机制。然而，对政府信息公开的行政复议和行政诉讼，《政府信息公开条例》并未设置特殊的制度，甚至未作具体规定。

3. 规定模糊、内涵缺失。《政府信息公开条例》的一些重要规定过于原则、笼统，影响实施成效。首先，条例在公开的内容、公开的方式、收费标准、监督和保障的手段、行政机关的法律责任等方面只做原则规定，可操作性较差。其次，虽规定涉及国家秘密、商业秘密和个人隐私的政府信息不予公开，但对三者缺乏明确界定。条例中的个人隐私概念含糊，缺乏详细规定，个人信息公开的范围界定不清晰。条例规定公开信息可能“危及国家安全、公共安全、经济安全和社会稳定”时不予公开，但对国家安全、公共安全、经济安全和社会稳定的认定标准或认定程序同样缺乏明确交代。最后，对现代通行的政府信息公开的要求——以公开为原则，《政府信息公开条例》恰恰未明确作出规定，致使各方对条例整体精神的理解和把握出现分歧。[3]

4. 监督救济机制难以真正发挥效用。《政府信息公开条例》相当倚重政

---

〔1〕 参见姜明安：《政府信息公开条例实施一年评说》，载《中国周刊》2009 年第 2 期。

〔2〕《政府信息公开条例》第 13 条规定：“除本条例第九条、第十条、第十一条、第十二条规定的行政机关主动公开的政府信息外，公民、法人或者其他组织还可以根据自身生产、生活、科研等特殊需要，向国务院部门、地方各级人民政府及县级以上地方人民政府部门申请获取相关政府信息。”

〔3〕 杨伟东著：《政府信息公开主要问题研究》，法律出版社 2013 年版，第 65—66 页。

府信息公开主管部门，希冀能通过政府信息公开主管部门的作用，推动政府信息公开，因而赋予了其甚至高过行政复议和行政诉讼的地位。但对政府信息公开主管部门定位却存在偏差，根据《政府信息公开条例》的规定，政府信息公开主管部门担负着推进和监督政府信息公开的职能，然而主管部门本身又是条例所规定的政府信息公开义务主体，是行政机关的组成部分，虽然国务院办公厅及地方政府的相应机构在政府序列中权力很大，但它们的身份决定了难以置身于行政机关本身的利益考虑之外，以更中立的立场推进政府信息公开，至少公众会怀疑主管部门是否会尽全力推进政府信息公开，不可能或难以产生赢得公众信赖的公正和独立形象。[1]

《政府信息公开条例》在行政系统外设置行政诉讼制度，作为推进政府信息公开的外部监督和救济机制。尽管行政诉讼是可依赖的监督和救济途径，但其作用的发挥却难以预料。众所周知，自我国行政诉讼制度建立二十多年来，虽然地位不断提高，作用日益显著，但在外部环境和内在运作机制等多重因素的制约之下，始终未摆脱运作不良的局面，面对大量的违法行政现象，法院却存在有案不敢受、有案不敢判的情形，在此局面下，希冀法院能在有关政府信息公开行政诉讼中给行政机关更多的制约和给公众的救济可能只是一厢情愿。

二、对我国政府信息公开的完善

法律制度的设定和执行不是一蹴而就的，它有一个逐渐推进的过程。《政府信息公开条例》的出台只是我国政府信息公开制度建设的一个重要环节，不意味着制度建设工作的完成，更不可能指望《政府信息公开条例》规定的各项制度能够顺利实施。由于政府信息公开是一项全新的制度建设，是对政府管理方式的一次巨大变革，所以政府信息公开工作的开展将会面临各方面的阻力，需要在实践中不断完善发展。

（一）将公民知情权作为政府信息公开的基本价值

政府信息公开关系到公民的知情权，对公众获取政府信息的保障是国家民主进程的必然要求，也是民主建设的必由之路。只有实现了这一基本理念的转变，将知情权作为公民的一项基本权利，并将政府信息公开作为实现和保障这一基本权利的重要途径和手段，才能从根本上保证我国政府信息公开进程的长足、健康发展。因此，在政府信息公开的工作要求中，应当明确以

---

〔1〕 杨伟东著：《政府信息公开主要问题研究》，法律出版社2013年版，第235页。

公开为原则，不公开为例外。

（二）明确相关重要概念的内涵

进一步明确条例中一些重要规定的含义，如国家秘密、商业秘密和个人隐私等概念的范围。明晰公开与不公开的界限范围，处理好公开与保密的关系。在西方的信息公开法案中，都对可以不公开的信息进行了严格规定。例如，美国还限制了申请保密的程序。这一点是我国在政府信息公开方面的一个瓶颈问题，所以最直接的办法是进行明确的法律条款规定，发挥公民的信息公开主体作用，确立政府职责与公民权利的正确对应关系。

（三）加强政府信息公开配套法律体系的建设

政府信息公开制度不仅包括信息自由制度，还应包括行政程序制度、保密制度、救济制度等一系列配套法律法规。配套法律法规是政府信息公开制度的重要组成部分，是有机的整体。在完善配套法律的同时还要注意其可操作性和针对性，否则也难以成为保障和实现公众知情权的有效途径和渠道。对于已有的《档案法》《保守国家秘密法》等与政府信息公开密切相关的法律法规，政府应当根据实际情况和工作需要进行调整和修订，以确保政府信息公开工作的整体、有序推进。

（四）改变完善监督规则和救济机制

设置专门机构，且该机构在主管部门内相对独立。应当在政府信息公开主管部门内设立高于一般职能部门级别的专门机构来负责政府信息公开，这是它担当起推进和监督政府信息公开工作的基本条件。这种独立性既包括不受其他机构常规性工作的约束，使其能专门负责政府信息公开工作，也包括有专门经费以及其他保证该机构有足够独立性，不受其他机构影响的机制。此外，应结合政府信息公开的本质特点，确立审理政府信息公开行政复议和行政诉讼案件的特殊规则。[1]

三、条件成熟时，制定专门的政府信息公开法典

从世界范围来看，信息公开制度采取议会立法是一个世界性的趋势。美国在政府信息公开的理论与实践上一直居于领先地位。美国于1966年制定《信息公开法》，1976年制定《阳光下的政府法》和1996年制定《电子化信息公开法》，这些都为世界上其他国家所仿效。澳大利亚在1982年，日本在1999年，英国在2000年，已分别制定了信息公开法。这些国家有关信息公开

〔1〕 杨伟东著：《政府信息公开主要问题研究》，法律出版社2013年版，第237页。

立法的趋势表现，保障公民的知情权，增加政府的透明度，公开的范围日益扩大，以公开为原则，不公开为例外，注意协调信息公开与个人隐私、商业秘密、国家秘密间的关系。国外的信息公开法，除确定了信息公开的原则之外，还规定了政府信息公开的具体做法，具有可操作性，并非泛泛而谈。

从一些发达国家信息公开的演进历史过程及趋势看，政府信息公开制度构建的标志最终都表现为专门的政府信息公开法律，即便是在以保守闻名的英国，从其政府信息公开立法的进程也可以看出这一轨迹。在 20 世纪 80 年代，英国的信息公开制度模式倾向于分散式立法，在《地方政府法》《数据保护法案》《个人资料获得法案》《环境和安全信息法案》等单行法律中都有信息公开的零散规定。进入 90 年代之后，制定独立的《信息公开法》的呼声日渐高涨，英国政府的阻挠和抵制并未能阻挡这一趋势，英国政府在社会舆论压力下不得不出台了《开放政府》《你的知情权》两部白皮书，并于 2000 年 11 月通过了《信息公开法》。

《政府信息公开条例》由国务院制定并颁布实施，仅仅是一种行政法规，只对行政部门及其下级机关具备约束力，效力不及人大、政协、司法、军队等广义政府部门。因此，我国应在《政府信息公开条例》实施的基础上，广泛征求民意，加紧立法调研，借鉴学习国外的先进立法经验。在条件成熟时，整合现有的信息公开规定，制定一部适合我国国情的政府信息公开专门法律——《政府信息公开法》。将政府信息公开不仅作为一种制度，更作为一种理念，渗透到政府运作中，为政府信息更加透明化打下基础。

第十八章　法治政府与应急机制

突发事件，自古有之。自然中，有风雨雷电、地震海啸等灾害；社会中，有安危存亡，治乱的危机。人类与各种灾害祸患斗争历史悠久，防灾应急的思想源远流长。例如，《周易》曰：“安而不忘危，存而不忘亡，治而不忘乱。是以身安而国家可保也。”《左传》曰：“居安思危，思则有备，有备无患。”《礼记》曰：“凡事预则立，不预则废。”

《突发事件应对法》规定：“本法所称突发事件，是指突然发生，造成或者可能造成严重社会危害，需要采取应急处置措施予以应对的自然灾害、事故灾难、公共卫生事件和社会安全事件。”在这种社会状态中，常态条件下的社会秩序被打破，社会冲突与危机此起彼伏，社会整体或部分的正常进程全部中止或部分中止。

中共中央关于全面推进依法治国的决定明确提出了促进国家治理体系和治理能力现代化，深入推进依法行政，加快建设法治政府的任务与目标。此外，法治政府建设实施纲要提出了法治政府要创新社会治理，提高公共突发事件防范处置和防灾救灾减灾能力。

目前，我国已经形成了以《突发事件应对法》《突发公共卫生事件应急条例》《重大动物疫情应急条例》《电力安全事故应急处置和调查处理条例》等法律、行政法规、规章以及与大量政府规范性文件相结合的应急管理法律制度，实现了政府应急管理领域规范化、制度化、法制化。

第一节　突发事件应急改革机制

一、建构政府常态职能与应急职能的整合

（一）行政环境与行政职能

事物的存在和发展都是在一定的环境中进行的。政府职能的履行受到自身和客观环境的限制与约束，从而使政府职能履行的实效受到行政环境的影响。行政环境，是指直接或者间接作用、影响行政主体及其活动方式、活动过程的所有外在因素的综合。行政环境具有客观性、多样性、复杂性。行政职能，是指政府依法对国家政治、经济和社会公共事务进行管理时所承担的职责和任务。行政职能反映了政府管理活动的内容和基本方向，决定了政府的规模和管理方式。[1] 行政环境的变化可能导致行政职能的间歇性转化。

按照不同的标准，可以把行政环境划分为不同的类型。以行政环境是否发生危机性以及危机程度的不同为标准，行政环境可被划分为常态行政环境、低度危机冲突环境、中度危机冲突环境、高度危机冲突环境和极度危机冲突环境五种。[2] 在第一种和第五种行政环境中，政府是以单一体制进行管理和运行的。即在第一种环境中，政府进行常态化的单一管理，在第五种行政环境中，政府完全放弃常态管理体制而转向应急性的单一管理体制。例如，战时军事管制体制等。在第二种至第四种行政环境中，因为危机发生的时空有限，影响不大，政府采取双重管理，即常态管理与应急管理双轨并行制。

（二）常态职能与应急职能

政府常态职能是政府最基本职能，是政府在常态行政环境下，即社会秩序相对稳定条件下，依法对国家事务和社会公共事务进行管理的行政职能。政府常态职能具有一般性、稳定性、全局性。

政府常态职能体系一般包括政府基本职能和政府运行职能。政府基本职能强调政府的职权范围，即“做什么”。党的十八大首次提出了推进中国特色社会主义事业建设的“五位一体”总体布局，则我国政府的基本职能相应包括经济职能、政治职能、文化职能、社会职能、生态职能五个方面。政府运行职能强调政府“怎么做”，是实现政府基本职能的方式、方法和流程，具体

---

〔1〕 张永桃主编：《行政学》，高等教育出版社 2009 年版，第 80 页。

〔2〕 王浦劬：《防治“非典”时期的政府双重管理问题分析》，载《北京大学学报（哲学社会科学版）》2003 年 5 月第 3 期。

包括决策、计划、组织、协调、控制、监督六个方面的职能。

政府应急职能是指政府为了有效应对和解决突发事件，对突发事件风险进行事前监测与预防、事中处置与控制、事后重建与纠正的动态过程与机制。政府应急职能具有复杂性、应变性、风险性。

根据《突发事件应对法》的有关规定及体系安排，政府应急职能体系主要包括预防与应急准备、监测与预警、应急处置与救援、事后恢复与重建四个方面的内容。一般来说，按照突发事件进行的时间顺序，政府应急管理职能分为事前、事中、事后三个阶段的职能。事前阶段以监测与预防为主，全面推进建设政府突发事件监测预警系统，不断及时完善政府应急管理的“一案三制”即应急预案，政府应急管理的体制、运行机制和法制，着力支持突发事件应急战略物资储备以及增加应急风险预算准备等。事中阶段以处置与控制为主，有效组织协调一切可利用资源进行救援，最大限度减少损害，防止事态扩大和次生、衍生事件的滋生。事后阶段以重建与纠正为主，恢复社会发展秩序，总结突发事件应急经验，完善政府应急职能。

（三）政府常态职能与应急职能的整合

政府的常态职能与应急职能不是割裂分立的，政府行政环境的复杂性决定了政府常态职能与应急职能整合的必然性。

政府常态职能是政府应急职能产生的前提和基础。一般而言，行政常态环境占据社会生活的主流，政府常态职能带有一般性、稳定性、全局性的主导地位。突发事件是在常态环境中突发的，进而启动政府的应急职能。此外，政府应急职能应是政府履行常态职能进行理性设计的产物。

政府应急职能检验并提高政府常态管理水平。突发事件通过考验政府应急职能进而检验政府在行政决策、行政组织、行政协调、行政执行和行政公开等常态职能的能力和水平，可以促使政府不断改进和完善政府常态职能，带动提升政府应急职能以便更好地应对突发事件。

政府常态职能与应急职能在主体、范围等方面存在交叉关系。政府常态职能与应急职能不是重合、包含（于）、对立矛盾关系，而是交叉关系。两者存在共性，但又有各自的特殊性。特殊性是由其所处的行政环境决定的。总之，政府的常态管理与政府应急管理并不是截然分开的，两者往往相互依赖、相互影响。

在政府常态管理与政府应急管理状态下，两者的服务主体都是人民政府，服务对象都是人民群众，在本质上都是“为人民服务”。政府常态管理与政府应急管理都来自同一个政府主体，在法制、体制、机制高度统一融合的基础上，将政府常态管理与政府应急管理通过制度上的融合与创新，实现政府常态管理与应急管理的高度整合，无缝衔接，并通过相应的协调机制，实现政府常态管理与应急管理的一体化协同与联动，以共同应对和解决常态或应急状态下的各类事件。

加快建设法治政府，整合政府常态职能与应急职能，对实现国家治理体系和治理能力现代化，推动经济、政治、文化、社会、生态等方面安定有序发展，具有深远意义。

二、完善城市应急联动系统建设

2006年6月26日国务院出台了《关于全面加强应急管理工作的意见》，明确指出“加快国务院应急平台建设，完善有关专业应急平台功能，推进地方人民政府综合应急平台建设，形成连接各地区和各专业应急指挥机构、统一高效的应急平台体系”的要求，这对于推动法治政府建设，实现政府治理能力现代化具有重要意义。

城市应急联动是一个城市治理现代化的重要标志，是保护人民生命财产安全，维护社会秩序稳定的重要手段。城市应急联动系统就是通过整合各种城市应急资源，由政府统一调配、联合实施行动，为社会公共安全提供强有力的保障。城市应急联动系统在应对突发事件、处理紧急事态中起着不可忽视的作用。因此，完善城市应急联动系统建设有着极为重要的现实意义。

（一）完善应急法律体系建设，编制城市应急联动预案

科学完善的法律规范体系是城市应急联动系统得以有效发挥其作用的根本性制度保障。应急法律体系应当以宪法规定为前提，以《突发事件应对法》为基本法，以相关的部门应急法和实施细则及针对某一独立环节的特别立法、特别条款等构成一个完整的体系。增强应急法律的针对性和可操作性，制定具体的实施细则、办法，尤其是制定紧急行政程序性法律规范。

城市应急联动预案是行政机关应对突发事件的有计划、有步骤的实施方案，是行政机关应急联动的行动指南。为了建立完善的城市应急联动体系，各地应当成立城市应急联动预案编制工作组，在《国家突发公共事件总体应急预案》的基础上，自上而下地编制本地区的城市应急联动预案。在预案编制过程中，充分运用公众参与、专家论证、风险评估等决策机制，保障预案编制的民主性与科学性。

（二）创新应急联动体制，理顺联动运行机制

联动体制创新是城市应急联动系统建设的关键。随着社会发展，新情况

新挑战不断出现，地方各级政府根据属地的实际情况对应急联动的管理机构设置进行了一系列的调整和创新，不同地区采用的体制模式各不相同，各有利弊。城市应急联动系统的体制创新，要综合考虑现有各种因素的影响，如政府的财政能力、城市的区域范围、城市的网络化水平等。

城市应急联动的运行应当有效地整合、协调政府各部门、各区域的应急资源，从全局出发打破部门、区域利益，消除各部门条线分割、各自为政的影响，建设高效的应急指挥中心，强化指挥中心的领导权威，筑造强有力的指挥协调枢纽。

（三）依靠高新技术手段，建立应急联动信息平台

科学技术是第一生产力，充分利用各种高新技术手段，依靠技术支持城市应急联动系统的研究和创新，及时规划与筹建统一协调、高效便捷、安全可靠的现代化城市应急联动信息平台。通过建立信息平台以整合现有条件下应急联动运行机制，充分发挥各种应急资源的优势，更好地应对突发事件。

（四）加强联动理念宣传，培养应急联动人才

城市应急联动理念与以往政府各个部门、区域单独应对突发事件的模式有着很大的区别，应当加强城市应急联动理念的宣传，提高政府各部门对应急联动的认识。在应急演练中营造应对突发事件城市应急联动的氛围，深化对有关应急联动理念的理解，加强应急培训以提高政府工作人员在应急联动中的工作素质。

城市应急联动系统建设的关键在于人才。政府应当抓紧应急联动人才库体系建设，不仅在常态职能中充分发挥应急联动人才的作用，而且应当通过各地人才交流和培训机制，不断提高本地区应急联动整体水平。同时，为了确保突发公共事件发生时，能更好地应对突发事件的工作，充分利用各行各业的应急管理人才，可以把分散在各部门的人员编成若干个紧急应对队伍，当发生突发事件时，这些队伍按照预案有条不紊地实施救援和处置。

总而言之，随着社会的不断发展，科技水平的不断提高，城市应急联动系统在应对突发事件的实践中不断发展完善，一定会在未来的城市发展中发挥越来越重要的作用。

三、扩大社会参与的渠道和机制

突发事件不仅是对政府能力的挑战，更是对社会整体能力的综合考验。特别是在市场、政府和公民社会形成三足鼎立的时期，政府管理已由过去的

单一治理模式转向共同治理模式。[1] 在当今社会发展的转型时期，仅靠政府力量是很难做到突发事件应对的高效、快速与便捷，而各类非政府组织、群众自发性组织以及公众自身的突发事件应对的风险意识、预防能力和水平成为制约政府应急管理水平的重要因素。

《突发事件应对法》第 6 条明确规定了“国家建立有效的社会动员机制，增强全民的公共安全和防范风险的意识，提高全社会的避险救助能力”的社会参与机制。扩大社会参与的渠道和机制，有利于行政机关整合各种突发事件信息的来源渠道，提升政府应急决策的可信度和可行度。同时，各类型社会力量可以通过自身应急事件运作，对政府应急管理提供力所能及的支援。所以，应急事件的有效预防和处置，需要政府依法履行职责，更需要全体社会成员集思广益，积极参与。

（一）完善社会公众参与的主体制度

目前我国突发事件应对中，政府处于主导地位，培育多种类型的社会参与主体以及完善各主体之间的协调机制成为突发事件下应对各类风险的重要途径。

1. 拓宽社会参与应对突发事件的主体

社会公众参与的主体首先是公众个体，个体参与是公众参与的基础。公众个体参与一般可分为个人参与和临时公众组织两类。个人一般是指有关听证会中的公民代表等。临时公众组织是指社会群体因为临时的共同利益诉求而联结在一起的，如社区成员、志愿者组织成员等。社区承担着该居住区域内的部分社会职能，社区自治逐渐成为一种重要的治理模式，社区成员在居住区域内发挥着不可忽视的作用。志愿者组织是比较常见的一种社会公众参与形式，一般都具有自愿性、无偿性、服务性等特点，志愿者一般是指自愿进行社会公共利益服务而不获取任何利益、金钱、名利的活动者。例如，在 2008 年汶川地震中，志愿者组织发挥着不可忽视的作用，通过募集款物，提供资金和物质帮助，在灾区现场进行各种专项救援和服务等，为应对抗震救灾贡献了重要力量。

此外，常见的社会参与主体还有非政府组织、专家队伍等。非政府组织弥补了国家和市场难以涉及某些方面的缺陷，在现代社会中往往发挥着政府难以充分发挥的作用。专家作为在某一特定学科领域里有深入研究的人员，在提高社会公众参与的科学性、专业性，提升重大事项决策的质量等方

---

〔1〕 张维平著：《政府应急管理——“一案三制”创新研究》，安徽大学出版社 2010 年版。

面有着不可替代的作用。例如，在制定应急预案、灾后重建方案等方面，专家通过自己的专业知识，弥补政府在应对突发事件领域的不足。而在某些社会热点问题上，专家也可作为社会公共利益的维护者，提出自己的独到见解，更好地维护社会公共利益特别是弱势群体的权益。

2. 形成各参与主体之间的协调机制，推动各参与主体规范化法治化建设

拓宽社会参与应对突发事件的主体，形成各参与主体之间的协调机制，充分发挥各主体的作用并将其制度化、规范化、法治化。在应对突发事件的过程中，政府处于主导地位，应当通过协调使各个社会参与主体处于法律可控范围内。

各社会参与主体参与突发事件范围、权利义务以及行为方式应当在法律规定的范围内进行。根据《突发事件应对法》的规定，各社会主体仅限于参与突发事件处理过程中，突发事件的启动与终结应当以官方文件为根据。与此同时，逐步完善我国的行政合同法律规范，政府与各参与主体之间签订有关应急保障的协议，各社会参与主体按照这些协议帮助政府储备、运输救援物资，这样做有利于减轻政府负担，保障应急救援物资的供应。在法律层面上，协议一方面明确了双方的权利义务，另一方面可以保护各参与主体的合法权益。

（二）建立健全社会参与的程序性制度

1. 健全信息公开制度

信息公开是程序正当原则的基本制度之一，也是社会公众参与应对突发事件的重要制度。有关突发事件下政府信息公开原则、条件、程序、范围、权限、法律责任等内容，不仅适用《政府信息公开条例》的有关规定，而且应当适用《突发事件应对法》等应急法律规范的有关规定。一般来说，就应急条件下政府信息公开范围主要有两个方面内容。一是发布有关突发事件的真实信息；二是澄清有关突发事件的虚假信息。政府在突发事件条件下进行信息公开应当确保信息公开的及时性、真实性、客观性以及全面性。

行政机关应当及时有效地保障相关信息的真实性。在突发事件发生后，社会秩序陷入混乱，社会危机此起彼伏，社会整体或部分的正常进程全部中止或部分中止，此时行政机关应当及时介入，防止事态扩大和次生、衍生事件的滋生。所以行政机关应当及时对掌握的信息进行公开，指导社会公众规划行为，预防风险，保护生命财产安全。

行政机关应当切实保障信息的客观性。客观性在于没有倾向性、不偏不倚、保持自身立场的中立，即仅限于事件描述。突发事件后，由于信息闭

塞，可能导致各种与客观事实相悖的谣言四起，严重干扰行政机关领导各项工作进行决策，引发社会公众恐慌心理，造成次生危机。所以，行政机关应当将所掌握的突发事件信息向社会公布，保持信息的客观性，确保政府的公信力与权威性。

行政机关应当保障信息公开的全面性。根据我国政府信息公开条例等有关规定，我国政府信息以全面性公开为原则，选择性公开为例外。但是，由于突发事件下政府信息公开与常态下政府信息公开的条件不同，行政机关应当对信息公开的全面性予以裁量，对相关敏感的信息做慎重的处理，一切以有利于社会公益的最大化为准绳。

2. 完善公众参与渠道与途径机制

近年来，社会参与机制一般包括听证会、座谈会、公众调查等。可是在目前我国的应急管理体制中，对于这些参与机制的设定并不完整，只是分散于各种规范性文件中，所以，完善社会公众参与机制，应当在现有机制基础上，整合相关法律规定构建社会公众参与机制体系。

听证会、座谈会等是常见的社会公众参与形式。例如，《国务院关于加强市县政府依法行政的决定》明确规定了推行重大行政决策听证制度建设，对听证的范围、程序、听证代表的条件等进行原则性规定。

随着互联网及新技术的发展，公众调查逐渐成为社会公众普遍的参与形式。例如，行政机关建立官方微信号、网站等征询社会公众对有关事务的建议。这种参与方式有操作性强、简便快捷、成本低等特点，使得社会大众也乐于参与调查。

此外，非政府民间组织如民众自发组织的救援队伍通过直接参与的方式，在历次突发事件中发挥了一定作用，拓展了社会参与的形式。随着社会治理体系和治理职能现代化，社会公众参与的内容、形式会不断得到丰富与发展，这对于应对突发事件有着重要意义。

（三）建立完善社会参与的监督体系与法律救济途径

社会公众参与应当在法律监督下进行，完善法律监督体系建设，确保社会公众参与依法有序进行。随着时代发展与技术进步，网络媒体在社会舆论方面发挥着越来越重要的作用。在突发事件下，媒体可以把事态发展、政府措施及时向社会发布，为公众参与提供了信息基础，更重要的是媒体的参与有助于监督政府及公众的行为。因此，社会公众参与需要加强媒体监督。

在突发事件应对过程中，不可避免地存在国家权力与公民权利的冲突。在社会公众参与越来越普遍的现代社会，只有形成有效的救济制度才能保障社会公众参与制度的有效运行，使公民得以有效参与应对各种突发事件。

党的十八届四中全会明确提出“增强全社会尊重和保障人权意识，健全公民权利救济渠道和方式”的要求，这对于保障公民权益，推进社会参与法律救济具有重要意义。一般而言，社会参与法律救济的基础是私人救济。私人救济一般包括民法、行政法、刑法实体或程序等方面的救济途径。例如，可以根据我国现有的民事诉讼、行政诉讼或者刑事诉讼等手段保护私人权益。此外，对于有关社会公共权益的损害，可以通过公益诉讼的方式予以保护。

第二节　公用事业紧急保障措施之临时接管

随着社会主义市场经济的发展，近几年来在我国社会公用事业领域发生的临时接管以及由此引发的纠纷时有发生。例如，2006 年辽宁省兴城市因特许供热经营企业供暖质量不合格而临时接管该供暖企业，2008 年湖北省十堰市因特许经营公交公司与员工利益纠纷导致集体停运事件而临时接管该公交企业，2009 年黑龙江省方正县政府因供热公司间的合同纠纷临时强行接管了供热企业。

党的十八届三中全会明确提出全面深化改革，深入推进经济体制改革，充分发挥与平衡政府和市场在经济发展运行中的作用，鼓励和引导社会资本参与基础设施和公用事业建设运营，提高公共服务质量和效率。《市政公用事业特许经营管理办法》明确了市政公用事业特许经营在协议主体、条件、职责等方面的原则性问题。作为公用事业紧急保障措施的临时接管，在确保公用事业稳步有序进行，维护社会公共利益等方面发挥着重要作用。目前，公用事业临时接管制度分散于法律法规及规章之中，这不利于充分发挥临时接管的保障作用。因此，建立健全完善公用事业紧急保障措施之临时接管相关法律制度，对促进公用事业的健康发展有着重大意义。

一、临时接管的界定和性质

（一）临时接管的界定

一般而言，接管可分为行政接管、民事接管和军事接管等。行政接管是指政府为了维护社会公共利益，依法对特定对象采取的强制性接收和管理行为。

在中国市场经济实践中主要包括政府对银行等金融机构进行的接管和政

府对公用事业特许经营企业等进行的接管。根据通说，前一种属于经济法部门领域政府审慎监管制度，而后一种被认为是行政法部门领域的接管制度。所以，临时接管是指行政主体为了维护社会公共利益，保证公用事业运营的持续性和安全性，依法对特定对象采取强制性应急保障措施。

（二）临时接管的性质

1. 临时接管是一种具体行政行为

临时接管体现了政府监督管理职能，是行政机关依法在特定情况下就特定事项针对特定对象实施的行政行为，具有行政法上的效力，因此，临时接管是一种具体行政行为。

公用事业涉及的行业一般具有公益性、垄断性等特点，事关公民的人身财产安全等切身利益，这决定了市政公用事业不能仅仅依靠市场机制来运营规范，政府在特定条件下必须及时采取行动，对相关公用事业企业予以监管，保护公民生命财产安全。

2. 临时接管是对特定对象经营管理权的中止

临时接管是接管主体依法实施的接收和管理行为，是对被接管主体经营管理权的直接干预，导致被接管主体经营管理权的中止。临时接管在法律性质上不同于行政征收、行政征用、行政征调等具体行政行为，也不是责令停产停业等行政处罚措施，更不是商法领域企业破产、兼并，临时接管并不发生所有权和债权债务关系的转移。

实施临时接管时，只是由接管主体全面介入被接管主体的日常运营管理活动中，被接管主体的运行管理权临时转移到接管主体，由接管主体具体负责该项公用事业的运营，待到突发事件危机消失后，再由被接管主体恢复日常管理，继续经营运作，所以在临时接管后被接管企业的特许经营主体资格并不发生变化。采取临时接管措施的行政机关不因其接管行为而承担被接管主体的债务和费用，而被接管主体仍须承担接管前后的债务和在接管期间产生的各项费用。

3. 临时接管是一种紧急保障措施

临时接管不同于常态管理下的行政接管。一般而言，作为紧急保障措施的临时接管的实施条件有三种情况：一是突发紧急情况下的临时接管；二是特许经营企业违反有关法律法规规定、特许经营协议约定情况下的临时接管；三是特许经营企业因特殊情况无法继续经营下去而申请解除特许经营协议情况下的临时接管。紧急保障措施的适用有着严格的条件限制，行政机关及其工作人员不能滥用临时接管，更不能以合法形式掩饰非法目的滥用行政权，从而损害公用事业经营者的合法权益。因此，政府在不符合法定标准情形下不能随意实施临时接管。

二、临时接管的特征

（一）临时接管必须严格依法进行

临时接管是法定的行政监管主体在法定条件下依照法定程序，决定和组织实施接管的一种行政行为，和其他行政权力的行使方式一样应当依法进行。与此同时，接管行政机关、被接管企业等主体及其之间复杂的相互关系，需要通过制定相应法律予以规范。

（二）临时接管具有必要性

临时接管是为了解决已经发生或将要发生的对社会公共人身财产安全产生威胁的事项而采取的紧急保障措施，所以临时接管具有不可逃避的必要性。一方面，如果政府采取其他一般行政措施能够解决突发事件，行政机关就没有必要采取更具有强制性的临时接管。另一方面，临时接管是在特许公用企业不能单独解决危机或者恶意提供公共服务时才采取的强制措施，如果该企业能够规范有序经营并有能力应对风险，行政机关也没有接管的必要。

（三）临时接管具有临时性和过渡性

临时接管是一种紧急状态下的应急措施，具有临时性和过渡性。临时接管是为了让被接管企业渡过“危难期”，如果危难期渡过后仍由行政主体接管，这不仅是对企业经营管理权的侵犯，而且是对行政机关执法资源的浪费。因此，行政机关必须结束接管，让被接管企业自行经营。

三、临时接管的立法现状及其问题

到目前为止，我国尚无统一的公用事业立法，公用事业临时接管法律制度主要规定于建设部的《市政公用事业特许经营管理办法》，以及由六部委制定、国务院批准的《基础设施和公用事业特许经营管理办法》和各地制定的有关基础设施、公用事业的特许经营管理条例以及其他规范性文件等。

例如，《北京市城市基础设施特许经营条例》《湖南省市政公用事业特许经营条例》《山西省市政公用事业特许经营管理条例》《新疆维吾尔自治区市政公用事业特许经营条例》《青海省市政公用事业特许经营管理条例》《贵州省市政公用事业特许经营管理条例》《杭州市市政公用事业特许经营条例》《哈尔滨市市政公用事业特许经营条例》《深圳市公用事业特许经营条例》《淮南市公用事业特许经营条例》等。

这些法规、规章以及其他规范性文件对于规范我国的临时接管事务发挥了一定作用，但是由于没有统一专门的临时接管法律规范进行指导，临时接管在立法领域存在诸多问题。

（一）有关临时接管的法律规范位阶过低

我国有关临时接管的法律规范普遍存在位阶较低。中央层面只制定了《市政公用事业特许经营管理办法》《基础设施和公用事业特许经营管理办法》，而在地方层面上仅有部分省市制定了公用事业特许经营的地方性法规，其余的都只是地方政府规章和规范性文件等。

根据我国《立法法》第 8 条的有关规定，公用事业临时接管制度原则上应当由全国人大或其常委会通过制定法律来予以设定，如果尚未制定法律，全国人民代表大会及其常务委员会有权做出决定，授权国务院可以根据实际需要，对其中有关公用事业临时接管的事项先行制定行政法规。因此，行政规章、地方性法规、地方政府规章和其他规范性文件均无权设定有关临时接管的事项。综上所述，《市政公用事业特许经营管理办法》第 18 条规定主管部门可以实施临时接管，则有违立法法有关法律保留的规定，而在较低位阶上各地制定的地方性法规、政府规章和规范性文件也存在相同的问题。

（二）有关临时接管的法定适用条件不明确

临时接管的启动条件关系着政府何时履行接管职能，如果政府出手太早，会侵犯到公用事业企业的经营权，如果出手太迟，则社会公众利益会遭受到损害。所以，规定严格明确、可执行性强的临时接管适用条件是很有必要的。

综合我国现有法律规范对临时接管启动条件的规定，一般只对临时接管的启动进行了原则性规定，需要行政机关自由裁量，缺乏针对性和可操作性。此外，还存在下位法制定不符合上位法规定的临时接管条件等问题。例如，有的下位法超出上位法的规定范围来适用临时接管的启动条件，有的下位法自行设置临时接管适用条件从而扩大接管的适用范围等。

《市政公用事业特许经营管理办法》第 18 条规定了临时接管的适用条件，即擅自转让、出租特许经营权的；擅自将所经营的财产进行处置或者抵押的；因管理不善，发生重大质量、生产安全事故的；擅自停业、歇业，严重影响到社会公共利益和安全的；法律、法规禁止的其他行为五个事项。而《北京市城市基础设施特许经营条例》也规定了五种适用条件，但是这五种情形与《市政公用事业特许经营管理办法》的规定不完全一致，《北京市城市基础设施特许经营条例》规定只要擅自歇业、停业就可接管，至于是否严重影响社会公共利益与安全则不予以考虑。此外，《贵州省市政公用事业特许经营管理条例》《吉林市市政公用事业特许经营管理办法》等也存在与《市政公用事业特许经营管理办法》规定不一致的情形。

（三）有关临时接管的法定程序和期限存在空白

现有相关立法对公用事业紧急保障之临时接管的程序和期限基本上未作规定，例如临时接管的决定程序、实施程序、终结程序及被接管企业救济程序等。在现有立法中，《湖南省市政公用事业特许经营条例》第 19 条规定了 90 日的临时接管期限，《山西省市政公用事业特许经营管理条例》第 34 条规定了 3 个月的临时接管期限。临时接管是一种临时性和过渡性的行政措施，不具有终局性，所以在临时接管决定书中明确临时接管的期限很有必要。如果不明确规定临时接管的期限，容易产生临时接管行政机关滥用行政自由裁量权、侵犯被接管企业利益的情形，这是与临时接管的目的相悖的。

四、临时接管的改革与完善

公用事业紧急保障之临时接管有利于应对各种突发事件，预防和化解风险，保障社会公共事业的顺利进行，维护社会公共利益。但是，临时接管是对被接管企业的经营自主权甚至所有者权益的一种直接干预和限制，如果临时接管措施被接管主体滥用，其将严重损害被接管企业的合法权益。因此，应当及时改革与完善公用事业临时接管法律制度。

（一）加强公用事业的监管，提高公用企业的应急水平

社会公用事业关系着人民群众人身和财产安全以及生活质量的水平，政府应当确保社会公用事业产品和服务的安全性、稳定性和持续性，不断提高对社会公用事业的监管水平，在日常行政管理过程中，行政机关对社会公共事业的监督管理是前提和基础，行政机关的临时接管是应对突发事件的应急保障措施。因此，行政机关应该慎用临时接管措施，侧重于公用事业的监督与管理，防患于未然，规避社会公用事业被接管的风险。

与此同时，公用事业特许经营企业需不断提高自身应急水平，在行政机关的指导下制定突发事件下的临时接管应急预案，组织企业资源定期进行演练。行政机关加强对社会公用事业的监管，提高公用企业的应急管理水平，可以极大降低突发事件下临时接管措施对社会秩序、公共安全、被接管单位的负面影响，并可以减轻行政机关的工作压力，节约有限的行政资源。

（二）通过制定《社会公用事业法》来规范临时接管制度

我国有关社会公用事业的规范分散于各种法律法规、规章以及其他规范性文件，这使得社会公用事业规范杂乱无章，容易造成上位法与下位法错位，遗漏某些重要规定等。因此，我国应当制定《社会公用事业法》规范社会公用事业的各项内容，使之成为一个呈体系化的有机整体，并对社会公用事业临时接管制度予以完善。

《社会公用事业法》应当对公用事业临时接管的适用条件予以明确规定。一般情况下，社会公用事业中的公共利益已经受到或可能遭受损害是实施临时接管的前提条件，更为重要的是应当满足危机已经严重到损害社会公共利益，公用事业企业经先行处理、行政机关采取相应措施仍不能有效排除危机的条件下，行政机关方可采取临时接管措施。

《社会公用事业法》应当对公用事业临时接管的正当程序予以详细规定。临时接管是行政机关紧急条件下的强制性措施，如果缺乏相应的正当程序约束行政机关的临时接管行为，行政机关可能滥用临时接管权力损害被接管企业的合法权益。因此，《社会公用事业法》应当规定公用事业临时接管的正当程序。

（三）完善临时接管的法律救济途径

临时接管作为紧急条件下的强制性措施，很容易产生行政机关滥用行政权损害被接管企业合法权益的情形。因此，应当在整合现有救济机制的前提下，完善临时接管的法律救济途径。例如，如果行政机关在违反临时接管条件的前提下，仍然强制性接管社会公用企业，则该被接管企业可以申请行政复议或直接向人民法院提起行政诉讼。如果接管行政机关在临时接管期间内，由于决策失误或故意造成被接管企业损失，则该被接管企业可以申请行政补偿或者行政赔偿。

总而言之，公用事业关系人民群众日常生产生活，各经营企业应该严格保证社会公用服务和产品的质量和经营的连续性。与此同时，政府应当切实做好监督管理工作，必要时采取临时接管措施保障公用事业的运行。

第三节　政府应急征用法律制度完善

征用是国家为了公共利益的需要，根据法律法规强制取得集体所有土地的使用权、公民私有财产的使用权或劳务，并给予适当补偿的法律制度。[1]与常态下一般行政征用相比，政府应急征用在适用前提、实施过程、遵循的程序等方面存在差异。因此，相对于一般行政征收，政府应急征用是指行政主体为了应对突发事件，维护公共利益，依法强制性地取得行政相对人财产使用权或者劳务，并适当给予合理补偿的一种具体行政行为。

一、政府应急征用法律体系概况

政府应急征用法律体系是对政府应急征用法律规范分类组合而形成的一个呈体系化的有机联系的统一整体。目前随着我国政府应急实践的不断开展，法治进程的不断推进，在立法方面我国已经逐步建立起了一套相对统一的行政征用法律制度。

《宪法》第 10 条规定："国家为了公共利益的需要，可以依照法律规定对土地实行征收或者征用并给予补偿。"第 13 条规定："国家为了公共利益的需要，可以依照法律规定对公民的私有财产实行征收或者征用并给予补偿。"

2015 年 3 月 15 日第十二届全国人民代表大会第三次会议《关于修改〈中华人民共和国立法法〉的决定》规定了对非国有财产的征收、征用需要制定法律，切实保障公民合法财产利益，确保行政征收依法进行。

《突发事件应对法》第 12 条规定："有关人民政府及其部门为应对突发事件，可以征用单位和个人的财产。被征用的财产在使用完毕或者突发事件应急处置工作结束后，应当及时返还。财产被征用或者征用后毁损、灭失的，应当给予补偿。"

2014 年 11 月 1 日第十二届全国人民代表大会常务委员会第十一次会议《关于修改〈中华人民共和国行政诉讼法〉的决定》规定了对征收、征用决定及其补偿决定不服的，可以提起行政诉讼。这是我国诉讼法领域对征用救济的有关规定。

此外，我国已制定应对自然灾害、事故灾难、公共卫生事件和社会安全事件等突发事件的法律法规，基本建立了以宪法为根据、以突发事件应对法为核心、以相关单项法律法规为配套的政府应急管理法律体系，这些规范性文件对行政征用也都进行了规定，政府应急征用工作走上了规范化、制度化、法制化的轨道。与此同时，中央和各级政府经过不断努力、探索，在总结经验教训的基础上，政府应急管理"一案三制"建设卓有成效，部分应急预案

---

〔1〕 沈开举著：《征收、征用与补偿》，法律出版社 2006 年版，第 19 页。

对政府应急征用进行了较为详细的规定。

特别是党的十八届四中全会以来，为加快建设法治政府，实现国家治理体系和治理能力现代化，国家不断完善相关法律规定，增强法律规范的针对性和可执行性，政府应急体制机制法治化建设不断推进，有关政府应急征收法律规范也不断得到拓展。

二、政府应急征用法律制度存在的问题

（一）应急征用的主体存在冲突

《突发事件应对法》第 12 条和第 52 条都规定了突发事件应急征用主体的内容，根据突发事件应对法以及相关权威部门发布的有关该法的释义来看，突发事件应急征用的主体应当是政府，而不是政府的部门。但是，作为突发事件法下位法的法规规章及其他规范性文件等与作为上位法的突发事件法之规定存在冲突。例如，《抗旱条例》规定有关地方人民政府防汛抗旱指挥机构是应急征用的主体。《自然灾害救助条例》规定县级以上地方人民政府或者人民政府的自然灾害救助应急综合协调机构是应急征用的主体。《防治船舶污染海洋环境条例》规定有关沿海设区的市级以上地方人民政府、海事管理机构是应急征用的主体。部门规章、地方性法规规章和其他规范性文件也都规定了政府或政府部门作为应急征用的主体。这些应急征用主体的规定已经超出突发事件法所规定的应急征用主体的范围。

（二）缺乏应急征用的具体程序性规定

应急征用程序是政府开展应急工作的流程、步骤和阶段，对于规范政府应急征用行为有着极为重要的意义。然而，目前我国有关应急征用的规定都是原则性的，缺少细化的内容，没有具体的程序性规定。例如，只规定政府有权应急征用，征用的物资使用完毕要返还并给予相应补偿等。一般而言，政府应急征用具体程序包括应急征用的申请、审查、批准、公布、变更、终结、特殊情况的处理以及应急征用的方式、时限等。

（三）应急征用行政补偿缺乏统一标准

在我国有关应急征用行政补偿的法律规范中，也都是一些比较原则性的规定。例如，按照国家有关规定给予相应补偿、依照有关法律规定给予补偿、按照国务院有关规定给予适当补偿等。但是在实践中，很难判断国务院有哪些“有关规定”，所谓适当补偿、相应补偿的标准是什么？此外，在应急征用的补偿方式上，仅仅规定了货币补偿的方式。另外，由于各地规定的差异，致使各区域的补偿标准不一致，容易造成社会不公，引发社会有关人员

不满，不利于社会的和谐稳定。

三、政府应急征用法律制度的完善

（一）明确应急征用主体、征用相对人以及两者之间的法律关系

《突发事件应对法》第52条规定履行统一领导职责或者组织处置突发事件的人民政府为应急征用的主体。各级人民政府遵循统一领导、综合协调、分类管理、分级负责、属地管理的应急管理体制。

根据常理，突发事件发生地的人民政府是最主要的应急主体。在实践中，统一领导应对突发事件的人民政府与前线处置突发事件的人民政府可能为同一主体，也可能是不同主体。如果二者是上下级关系，为了在突发事件条件下便于协调应急征用行为，则前线处置突发事件的人民政府更适合作为应急征用主体。

如果突发事件的发生地和应急征用地为不同区域，则两地人民政府属于协助关系。经突发事件发生地政府与应急征用地政府协商，还可以由共同上级政府协调，由征用地政府行使征用权，使用地政府（突发事件发生地政府）和征用地政府承担连带责任。应急相对人如果对征用或补偿不服，可以向征用地人民政府或使用地政府（突发事件发生地政府）提出异议。

一般来说，应急征用相对人可以是公民、法人或者其他组织，应急征用主体根据应对突发事件的需要依法定程序向这些应急征用相对人征用财产或劳务等。

应当明确应急征用主体与应急征用相对人之间的法律关系。应急征用主体应当严格按照法定程序组织开展征收工作，在征用工作终止时应当及时返还征用财产并予以补偿。应急征用相对人应当按照应急征用主体的规定到指定地点报到、交付征用财物、履行指派任务等，在征用工作终止时要求应急征用主体返还财产并予以补偿，在自身合法权益受到损害时可以依法提起行政诉讼，进行权利救济等。

（二）明确应急征用的程序

政府应急征用是在突发事件前提下进行的行政行为，与常态管理下的行政征用相比可以在程序上有所简化，但是应急征用必须满足最基本的正当程序的要求，应当包括以下阶段：第一步，出具应急征用文书，因情况紧急或条件限制，也可以口头征用，但事后应当及时制作文书，记录在案。第二步，在征用双方共同参与下填写应急征用清单，标明应急征用财产项目、数量等。第三步，告知应急征用相对人的救济途径和期限，因情况紧急或条件

限制，在征用相对人申请救济期间，不停止应急征用行为的执行。第四步，终止应急征用，征用主体根据征用期限、征用事项完成情况以及突发事件应对情况决定是否解除应急征用。第五步，征用主体返还征用财产并给予补偿，制作并送达物资返还证明书或补偿书。征用主体对于征用财产能够返还的予以返还并填发物资返还证明书，不能返还的给予补偿并制作补偿书。第六步，征用相对人依法获得补偿，征用主体向征用相对人依法提供货币补偿或其他方式的补偿。

（三）建构多样的补偿方式，确定公平合理的补偿标准

建构各式各样的补偿方式可以在应急征用管理过程中对各种不同情形做出不同处理，使征用相对人在补偿方式上有更大的选择自由，充分体现应急征收补偿上的公平价值。应急征用主体可以采用多种方式对征用相对人进行补偿，除货币补偿、返还财产、恢复原状外，还可以采取实物补偿，精神补偿等补偿方式，这些方式可以单独适用，也可以混合适用。

应急征收行政补偿应当坚持公平合理的补偿原则，政府应当根据对被征用的财产或劳务的公允价值、再利用价值、征用期间的损耗等因素确定应急征用补偿的具体标准并向社会公布。如果应征相对人对应急征用补偿标准持有异议，可以通过有关专业机构进行评估。

总而言之，政府应急征用虽然不同于常态管理下的一般行政征用，但也应遵循基本的法治原则，在追求应急效率和保护征收相对人的合法权益之间寻求平衡。在法治原则的基础上，政府应当建立应急征用预案，完善各种应急征用物资、设备等的登记工作并及时更新，以便遇到突发事件时可以高效、便捷征用。

参考文献

第一章

[1]［古希腊］亚里士多德著：《政治学》，吴寿彭译，商务印书馆 1965 年版。

[2]［英］威廉·韦德著：《行政法》，徐炳译，中国大百科全书出版社 1997 年版。

[3] 邵建东：《从形式法治到实质法治——德国“法治国家”的经验教训及启示》，载《法律评论》第 2004 年秋期。

[4] 王人博、程燎原著：《法治论》，山东人民出版社 1989 年版。

[5] 姜明安：《论法治中国的全方位建设》，载《行政法学研究》2013 年第 4 期。

[6] 余凌云：《法治国家、法治政府与法治社会一体化建设的途径》，载《法学杂志》2013 年第 6 期。

[7] 袁曙宏著：《全面推进依法行政实施纲要读本》，法律出版社 2004 年版。

[8] 许文惠、齐明山、张福成主编：《行政管理学》，人民出版社 1997 年版。

[9] 夏书章主编：《行政管理学》（第二版），中山大学出版社 1998 年版。

[10] 石佑启、杨海坤、黄新波著：《论行政体制改革与行政法治》，北京大学出版社 2009 年版。

[11] 应松年：《政府职能的演变与行政规划》，载《郑州大学学报（哲学社会科学版）》2000 年第 1 期。

[12] 张国庆主编：《行政管理学概论》（第二版），北京大学出版社 2001 年版。

[13] 江国华著：《立法：理想与变革》，山东人民出版社 2007 年版。

[14] 季卫东著：《法律程序的意义》，中国法制出版社 2004 年版。

[15] 徐显明：《论“法治”的构成要件》，载《法学研究》第 18 卷第 3 期。

[16] 郭红岩：《从系统论看我国社会主义法律体系的构建》，载马海涛、李亮主编：《国际法学法理与实践》，中国法制出版社 2006 年版。

第二章

[1]《邓小平文选》第 2 卷，人民出版社 1983 年版。

[2]《中共中央法制讲座汇编》，中国法制出版社 1998 年版。

[3] 刘靖华、姜宪利著：《中国政府管理创新·总论》，中国社会科学出版社 2004 年版。

[4] 季卫东：《从法治到民主的里程碑》，载《财经》2004 年第 6 期。

[5] 宁吉喆：《强化对行政权力的制约和监督》，载《人民日报》2014 年 12 月 2 日。

第三章

［1］张文显著：《法哲学范畴研究》，中国政法大学出版社 2011 年版。

［2］张文显主编：《法理学》，人民出版社、高等教育出版社 2010 年版。

［3］杜晓：《权威解析三个“法治”为何要“一体建设”》，载《法制日报》2013 年 3 月 1 日，第 4 版。

［4］［英］阿克顿著：《自由与权力》，侯健、范亚峰译，译林出版社 2011 年版。

［5］吕叔湘、丁声树主编：《现代汉语词典》，商务印书馆 2005 年版。

［6］炽亚：《国际法律学家会议发表德里宣言》，载《现代外国哲学社会科学文摘》1959 年第 5 期。

［7］中共中央马克思恩格斯列宁斯大林著作编译局：《马克思恩格斯全集》（第 21 卷）。

［8］［德］弗里德里希·恩格斯著：《家庭、私有制和国家的起源》，人民出版社 2003 年版。

［9］汪永清：《善于运用法治思维和法治方式开展政法工作——深入学习习近平同志关于法治思维和法治方式的重要论述》，载《长安》2014 年第 8 期。

［10］陈金钊：《法治思维和法治方式的意蕴》，载《法学论坛》2013 年第 5 期。

［11］李正斌：《法治思维和法治方式》，载《北京人大》2013 年第 5 期。

［12］应松年、杨小君著：《法定行政程序实证研究》，国家行政学院出版社 2005 年版。

［13］江国华著：《立法：理想与变革》，山东人民出版社 2007 年版。

［14］李步云：《实行依法治国，建设社会主义法治国家》，载《中国法学》1996 年第 2 期。

［15］杨心宇著：《法理学导论》，上海人民出版社 2002 年版，第 348 页。

［16］胡建淼：《“依法治国”基本方略的新提升》，载《瞭望新闻周刊》2013 年 6 月 29 日。

［17］王玉周：《法治建设必须坚守好公正这条生命线》，载《天津日报》2015 年 2 月 12 日。

第四章

［1］燕继荣主编：《服务型政府建设：政府再造七项战略》，中国人民大学出版社 2009 年版，第 7 页。

［2］蒋云根：《提升基层政府公共服务供给能力的路线思考》，载《甘肃行政学院学报》2008 年第 3 期。

［3］罗杰群：《服务型政府的构建与社会阶层和谐的实现》，载《中国行政管理》

2007 年第 11 期。

［4］何钐：《内部行政行为与外部行政行为的界分标准学说分析》，载《法制博览》2014 年第 3 期。

［5］杨生：《一种特殊重合的行政行为探析》，载《行政法学研究》1994 年第 4 期。

［6］肖穆辉、赵楠：《内部行政行为与外部行政行为之模糊领域分析》，载《黑龙江省政法管理干部学院学报》2009 年第 1 期。

［7］王绍光：《代议型民主与代表型民主》，载《人大论坛》2014 年第 3 期。

［8］刘金源：《工业化时期英国城市环境问题及其成因》，载《史学月刊》2006 年第 10 期。

［9］刘雨修：《上海市旧区改造公共参与机制的完善》，载《上海政法学院学报》2014 年第 3 期。

第五章

［1］刘莘著：《法治政府与行政决策、行政立法》，北京大学出版社 2006 年版。

［2］杜进飞著：《法治政府建构论》，浙江人民出版社 2011 年版。

［3］《中共中央关于全面深化改革若干重大问题的决定》，人民出版社 2013 年版。

［4］刘丹著：《法治政府：基本理念与框架》，中国法制出版社 2008 年版。

［5］卓泽渊著：《法治国家论》，中国方正出版社 2001 年版。

［6］杨海坤、关保英著：《行政法服务论的逻辑结构》，中国政法大学出版社 2002 年版。

［7］沈荣华、周传铭著：《中国地方政府规章研究》，上海三联书店 1999 年版。

［8］陈新民著：《中国行政法学原理》，中国政法大学出版社 2002 年版。

［9］陈振明著：《政策科学——公共政策分析导论》，中国人民大学出版社 2003 年版。

［10］孔令望等著：《国家监督论》，浙江人民出版社 1991 年版。

［11］甄树青著：《论表达自由》，社会科学文献出版社 2000 年版。

［12］［美］W. 阿瑟 · 刘易斯著：《经济增长理论》，梁小民译，上海三联书店 1994 年版。

［13］［英］戴雪著：《英宪精义》，英文版第 10 版。

［14］［法］卢梭著：《社会契约论》，何兆武译，商务印书馆 1994 年版。

［15］［法］莱昂 · 狄骥著：《宪法学教程》，冷静译，辽海出版社、春风文艺出版社 1999 年版。

第六章

［1］马怀德主编：《政府绩效评估指标体系研究报告》，中国人民大学出版社 2010 年版。

[2] 唐琦玉著:《政府效能评价体系》,湖南人民出版社 2012 年版。
[3] 郑方辉、冯健鹏著:《法治政府绩效评价》,新华出版社 2014 年版。
[4] 王义著:《困境与变革:政府绩效评估发展论纲》,湖南人民出版社 2007 年版。
[5] 申喜连著:《政府绩效评估研究》,光明日报出版社 2013 年版。
[6] [美] 托马斯·戴伊著:《理解公共政策》,彭勃等译,华夏出版社 2004 年版。

第七章

[1] 关保英著:《行政法学》,法律出版社 2013 年版。
[2] 刘莘著:《行政立法研究》,法律出版社 2003 年版。
[3] 曾祥华著:《行政立法的正当性研究》,中国人民公安大学出版社 2007 年版。
[4] 刘莘著:《行政立法原理与实务》,中国法制出版社 2014 年版。
[5] 李林:《政府立法的几个理论问题》,载中国法学网 2004 年 12 月 14 日。

第九章

[1] 冯粤:《论积极守法》,载《伦理学研究》2008 年第 3 期。
[2] 谢晓尧:《守法刍议》,载《现代法学》1997 年第 5 期。
[3] 关保英:《应强调行政执法中的法服从》,载《法制日报》2004 年第 1 期。
[4] 中共中央马克思恩格斯列宁斯大林著作编译局:《马克思恩格斯选集》第 3 卷,人民出版社 1972 年版。
[5] 关保英:《行政执法中法服从之探讨》,载《法治论丛》2004 年第 1 期。
[6] 应松年、袁曙宏主编:《走向法治政府》,法律出版社 2001 年版。
[7] 关保英著:《行政法学》,法律出版社 2013 年版。
[8] [法] 孟德斯鸠著:《论法的精神》(上),许明龙译,商务印书馆 2011 年版。
[9] [美] 约翰·罗尔斯著:《正义论》,何怀宏等译,中国社会科学出版社 1997 年版。

第十一章

[1] [德] 毛雷尔著:《行政法学总论》,高家伟译,法律出版社 2000 年版。
[2] [德] 沃尔夫、奥拓·巴霍夫、罗尔夫·施拖贝尔著:《行政法》(第 2 卷),高家伟译,商务印书馆 2002 年版。
[3] [法] 里伟罗、瓦利纳著:《法国行政法》,鲁仁译,商务印书馆 2008 年版。
[4] [日] 盐野宏著:《行政法》,杨建顺译,法律出版社 1999 年版。
[5] 翁岳生著:《行政法》(上册),中国法制出版社 2009 年版。
[6] 吴庚著:《行政法之理论与实用》,台北三民书局 2001 年版。
[7] 江红利著:《行政过程论研究》,中国政法大学出版社 2012 年版。

［8］湛中乐著：《现代行政过程论：法治理念、原则与制度》，北京大学出版社2005年版。

［9］江必新著：《法治政府的制度逻辑与理性构建·十八大与法治国家建设丛书》，中国法制出版社2014年版。

［10］宋大涵主编：《建设法治政府总蓝图——深度解读〈法治政府建设实施纲要（2015—2020年）〉》，中国法制出版社2016年版。

［11］应松年主编：《法治政府》，社会科学文献出版社2016年版。

［12］中国政法大学法治政府研究院编：《法治政府蓝皮书：中国法治政府发展报告2015》，社会科学文献出版社2015年版。

［13］姜明安主编：《行政程序研究》，北京大学出版社2006年版。

［14］王锡锌著：《行政程序法理念与制度研究》，中国民主法制出版社2007年版。

［15］姜明安等著：《行政程序法典化研究》，法律出版社2016年版。

［16］张兴祥等著：《外国行政程序法研究》，中国法制出版社2010年版。

［17］马怀德主编：《行政程序立法研究：〈行政程序法〉草案建议稿及理由说明书》，法律出版社2005年版。

［18］关保英著：《行政法学》（下册），法律出版社2013年版。

［19］宋雅芳著：《行政程序法专题研究》，法律出版社2006年版。

［20］金国坤著：《行政程序法论》，中国检察出版社2002年版。

［21］关保英著：《行政法分析学导论》，商务印书馆2011年版。

［22］关保英著：《行政法的时代精神研究》，中国政法大学出版社2008年版。

［23］章剑生著：《现代行政法专题》，清华大学出版社2014年版。

第十五章

［1］曲福田等主编：《行政管理学》，南京大学出版社2013年版。

［2］娄成武主编：《行政管理学》，高等教育出版社2010年版。

［3］刘萍、王炜、洪富艳主编：《行政管理学》，中国财富出版社2014年版。

［4］徐双敏主编：《行政管理学》，科学出版社2016年版。

［5］郭小聪主编：《行政管理学》，中国人民大学出版社2016年版。

［6］陈潭主编：《行政管理案例分析》，北京大学出版社2015年版。

［7］夏书章主编：《行政管理学》，中山大学出版社2013年版。

第十六章

［1］于家富著：《行政给付的行为规范研究：以最低生活保障制度实践中失范行为规制为中心》，中国政法大学出版社2015年版。

［2］喻少如著：《行政给付制度研究》，人民出版社2011年版。

［3］杨建顺主编：《比较行政法：给付行政的法原理及实证性研究》，中国人民大学出版社 2008 年版。

［4］许兵著：《政府与社会保障基于给付行政角度的分析》，国家行政学院出版社 2013 年版。

［5］熊勇先著：《行政给付诉讼研究》，法律出版社 2016 年版。

［6］关保英著：《行政法学（上下册）》，法律出版社 2013 年版。

第十八章

［1］韩大元、莫于川主编：《应急法制论——突发事件应对机制的法律问题研究》，法律出版社 2005 年版。

［2］王晓君著：《政府危机管理法律问题研究》，山东人民出版社 2008 年版。

［3］马怀德负责：《应急反应的法学思考——"非典法律问题研究"》，中国政法大学出版社 2004 年版。

［4］马怀德、李程伟主编：《地方层面突发事件应对的法律规制》，中国社会出版社 2009 年版。

［5］马怀德主编：《应急管理法治化研究》，法律出版社 2010 年版。

［6］戚建刚著：《中国行政应急法学》，清华大学出版社 2013 年版。

［7］戚建刚著：《中国行政应急法律制度研究》，北京大学出版社 2010 年版。

［8］戚建刚著：《法治国家架构下的行政紧急权力》，北京大学出版社 2008 年版。

［9］张维平著：《政府应急管理——"一案三制"创新研究》，安徽大学出版社 2010 年版。

［10］沈开举著：《征收、征用与补偿》，法律出版社 2006 年版。

［11］陈荣编著：《应急管理史鉴》，山东人民出版社 2012 年版。

［12］张永桃主编：《行政学》，高等教育出版社 2009 年版。

［13］谢斌主编：《行政管理学》，中国政法大学出版社 2014 年版。

［14］吴春华主编：《行政管理学》，南开大学出版社 2008 年版。

［15］姜秀敏、吴长春主编：《行政管理学》，东北财经大学出版社 2012 年版。

图书在版编目（CIP）数据

法治政府概论 / 关保英主编．—北京 ：中国法制出版社，2017.12

ISBN 978-7-5093-9056-6

Ⅰ.①法… Ⅱ.①关… Ⅲ.①社会主义法制-建设-研究-中国 Ⅳ.①D920.0

中国版本图书馆 CIP 数据核字（2017）第 277707 号

责任编辑 侯 鹏　　封面设计 周黎明

法治政府概论

法治政府概论 FAZHI ZHENGFU GAILUN

主编/关保英

经销/新华书店

印刷/北京九州迅驰传媒文化有限公司

开本/710 毫米×1000 毫米 16 开　　印张/24.75 字数/431 千

版次/2018 年 1 月第 1 版　　2018 年 1 月第 1 次印刷

中国法制出版社出版

书号 ISBN 978-7-5093-9056-6　　定价：69.00 元

北京西单横二条 2 号　　值班电话：010-66026508

邮政编码 100031　　传真：010-66031119

网址：http：//www.zgfzs.com　　**编辑部电话：010-66060794**

市场营销部电话：66033393　　**邮购部电话：010-66033288**

（如有印装质量问题，请与本社编务印务管理部联系调换。电话：010-66032926）